ZHOUYI
JIYIFA

周易记忆法

张金磊 著

UNITY PRESS
团结出版社

图书在版编目（CIP）数据

周易记忆法 / 张金磊著 . -- 北京 : 团结出版社，2021.3（2023.9 重印）

ISBN 978-7-5126-8560-4

Ⅰ . ①周… Ⅱ . ①张… Ⅲ . ①《周易》- 通俗读物 Ⅳ . ① B221-49

中国版本图书馆 CIP 数据核字（2021）第 026472 号

出　版：团结出版社
（北京市东城区东皇城根南街 84 号　邮编：100006）
电　话：（010）65228880　65244790（出版社）
（010）65238766　85113874　65133603（发行部）
（010）65133603（邮购）
网　址：http://www.tjpress.com
E-mail：zb65244790@vip.163.com
tjcbsfxb@163.com（发行部邮购）
经　销：全国新华书店
印　装：天津盛辉印刷有限公司

开　本：170mm × 240mm　16 开
印　张：34.5
字　数：500 千字
版　次：2021 年 3 月　第 1 版
印　次：2023 年 9 月　第 4 次印刷

书　号：978-7-5126-8560-4
定　价：89.00 元

序 言

自古以来，《周易》就以难懂、难背而著名。在古代，《周易》以艰涩难懂为拦路虎，因此懂得的人凤毛麟角，因而姜子牙、诸葛亮、刘伯温等人因为熟知《周易》，并会八卦预测之术、有经世济民之才，从而卓著于众人，而为君王所器重，从而拜相封侯。在当代，《周易》已经有众多解读的书籍，因此其内容已不再晦涩难懂了，看得懂《周易》已不是问题。但现实情况是，《周易》的普及率依然很低，远远低于《论语》《道德经》。大众大多能说出几句《论语》《道德经》经典名句，但是却很少有人能背出《周易》的卦爻辞来。一方面原因是，在中小学的义务教育阶段，《周易》内容很少出现在课本中，没有得到重视；另一方面原因是，现代解读《周易》的著作可能没有完全解读到周文王和周公创作《周易》的本来意思；第三个方面的原因，是现代解读《周易》的著作，把简单的几千字的《周易》解读扩充到了几十万字，这倒不是问题，但是解读的内容太庞杂，会容易形成一种离散状态，会让人看了后面的忘了前面的，再加上《周易》是有 64 卦和 386 爻的内容框架，这么多的内容，如果找不到前后联系的紧密感，很容易让人望而却步，乖乖投降，不愿再继续阅读下去。最后一个原因，就是涉及到《周易》知识的学习和记忆问题，而这是学习《周易》的最大拦路虎。

本书《周易记忆法》，就是针对《周易》的记忆难度这个难题，进行了记忆法方面的创新。

一、周易的重要历史地位

《周易》（也称《易经》）是中国千百年来封建王朝官方尊崇和奉行的正统国学，被尊称为“群经之首”、“大道之源”，是中华智慧的总源泉，中华文化的方方面面都深受周易的影响。周易在中国历史上具有非常重要的、无可替代的历史地位：

1. 自孔子开始，儒家尊之为“六经之首”（《周易》、《尚书》、《诗经》、《礼记》、《春秋》、《乐经》，其中《乐经》已失传），周易就成为了儒家的必修课。

2. 孔子评价《周易》为：“《易》与天地准，故能弥纶天地之道……夫《易》广矣大矣……天地设位，而《易》行乎其中矣……《易》有圣人之道四焉者……是故《易》有太极，是生两仪。两仪生四象，四象生八卦。八卦定吉凶，吉凶生大业。”

3. 西汉司马迁《史记·孔子世家》记述：“孔子晚而喜《易》，序《彖》、《系》、《象》、《说卦》、《文言》。读《易》，韦编三绝。曰：‘假我数年，若是，我于《易》则彬彬矣。’”韦编三绝的故事，就是孔子对周易爱不释手，读了许多遍，以至于把串联竹简的牛皮带子都磨断了几次。

4.《周易》道家奉之为“三玄之冠”（三玄，即：《周易》、《老子》、《庄子》）。

5.《周易》是唯一一部为儒家和道家共同奉为经典的经书著作。

6. 司马迁在《史记》中高度评价了“文王拘而演”的《周易》是“究天人之际”的学问。

7. 自汉朝开始，汉武帝听取董仲舒“罢黜百家，独尊儒术”建议，把《周易》列为五经之首，即：《周易》、《尚书》、《诗经》、《礼记》、《春秋》。

8.《周易》一直为中国封建王朝科举考试的必考科目。自汉朝开始的类似于科举的“考试进用”，一直到隋朝正式的科举考试，直到清朝最后的科举考试制度结束，官方都将儒家经典的四书五经列为必考科目，其中《周易》位列其中。

9. 唐代修撰的《五经正义》,《易》为首经。宋代注解的《十三经》,《易》为首经。元、明、清三代,《四书》、《五经》为官方指定教材,《易》居“五经”之首。明朝的《永乐大典》,《周易》为首部经书。清代的《十三经注疏》,仍然将《易》排在首位。清代编纂的《四库全书》,同样将《周易》列为第一部经书。

10.《四库全书》中的《总目提要》这样介绍《周易》:“易道广大,无所不包,旁及天文、地理、乐律、兵法、韵学、算术,以逮方外之炉火,皆可援易以为说,而好易者又援以入易,故易说至繁。”

11. 享誉中国历史长河的姜子牙、诸葛亮、刘伯温,无不是因为通晓周易八卦,会用兵,有经国治民之本领,会预测未来、趋吉避凶,而为君王所重用,并拜相封侯。

12.《周易》思想贯穿于中国古代所有文化之中,是中华文化的源头,儒家、道家、兵家、农家、医家、法家、杂家等思想无不深受《周易》的影响,并借鉴融入到其理论体系之中。《周易》,对中华民族的政治、经济、军事、农业、文化等都产生了巨大影响。

《周易》是群经之首,是经典中的经典,哲学中的哲学,谋略中的谋略。从《周易》中,可以看到辩证思维,可以看到世道兴衰,可以看到治世方略,可以看到经营的攻守进退。中国自古强调“修身、齐家、治国、平天下”,而《周易》是智慧的书,《周易》里的 64 卦都是在讲做人、做事、从政、战术、为民、修德等方面的智慧,因此,《周易》还具有修身养性的重要作用。

正如唐朝唐太宗宰相虞世南所说:“不读易,不足以为将相;不读易,不足以言太医”。

二、周易不仅晦涩难懂难记忆,而且远未大众普及化。

《周易》全书如果只计算“卦辞”、“大象辞”、“爻辞”,即不算《易传》部分内容,仅有几千字,但由于都是古文字,十分晦涩难懂,犹如天书。哪怕是到了现代社会,出现了许多关于《周易》注释、解读的书籍,使得人们读《周易》不再像以前那么困难了，但公众依然对《周易》只懂只言片语，而不懂其全貌，公众仍然是无法记住《周易》全部内容，甚至是学习《周易》多年的人士，往往也经常难以把《周易》的64卦内容记全。这是为什么呢?

这是因为，现代的关于《周易》注释、解读的书籍，它们把周易的每一卦、每一句话、每一个字词都详细地进行了注释、解读，每一卦、每一句话、每一个字词都扩充到了非常充实甚至稍显复杂的地步，这样原本只有几千字的《周易》变为了几十万字的《周易》。《周易》共有64卦，那么：就有64个卦辞、64个彖辞、64个大象辞、384+2个爻辞，384+2个小象辞，共964个知识点。经过解读后、扩展后的《周易》已有几十万字规模，哪怕就是全部都懂了，要记住、背住，也是一个巨大的挑战！这也是许多人看了《周易》之后，立马望而却步、不再往下看的原因了。这样庞大的《周易》内容体系，记忆当然变得吃力了。但其实这并不是造成记忆困难的最主要原因。

记忆《周易》困难的更本质原因，是现代对《周易》注释、解读的书籍，每一卦、每一句话、每一个字词都经过了详细的注释、解读，却容易形成“各自为战”的离散状态。每一个解读都很全面，但却容易彼此之间很孤立，失去了相互之间的联系。人们对于没有前后逻辑的、零散的、又是数量众多的内容，是无法记住的。

现代对《周易》解读的书籍分为两类，一类是偏专业化、学术化，里面充满了大量的《周易》专业词汇，很明显，普通民众一般看不懂，这除了真正安下心来想学习的人能看懂外，普通大众绝对是敬而远之。另一类是偏大众化，这类书籍，大多是直译，也是更容易把《周易》内容解读的直白化，更容易形成快餐式的粗制滥造，造成最终没有很好地解读《周易》的本来意思。

所以，无论是古代《周易》原书晦涩难懂的内容，还是现代学术型解读《周易》的书籍，还是现代大众化解读《周易》的书籍，都没有解决《周易》的一个大问题，就是记忆问题。古代和现代对《周易》解读的书籍众多，这些解读体现了作者们对《周易》理解的各种不同的立场、观点和看法。但是，这些古代的、现代学术型、现代大众型解读《周易》的书籍，其内容是精彩纷呈的，也是内容庞大的，所以也造成记忆《周易》的困难，因为容易呈现一个“遍地开花、一盘散沙”的《周易》，使得人们无法轻易记忆住数量达到964个知识点的《周易》。内容的数量庞大，容易让学习者，常常是看了前面的忘了后面的，顾此失彼，完全连不上来整体意思，这就会给人以更大困惑，犹如陷入迷宫，陷入了“不识庐山真面目，只缘身在此山中”的迷茫境地。

这也是造成《周易》是如此的充满了智慧，如此重要，但是从古至今，对它的掌握却寥寥无几，能运用它的更是凤毛麟角。因此，《周易》的普及率仍然是很低的，哪怕到了现代社会，依然只为少数人能掌握。在古代，在官方，一旦《周易》学成在身，就成为一项经国志民本领，必然如姜子牙、诸葛亮、刘伯温等，成为拜相封侯之朝廷大臣。在民间，一旦一个人懂了《周易》，运用到风水、占卜、吉凶预测上，则此人必被看成高人，犹如身怀绝技、变幻莫测、仙道飘飘。

三、《周易记忆法》解决了记忆难题

《周易》，千百年来，神秘莫测，寥寥几千字，却犹如密码本。《周易》的每一句话都寥寥数语，非常精简，这就非常考验古今解读《周易》的学者。作为《周易》的创作者，周文王和周公早已离我们远去，他们没有告诉我们创作《周易》时候的具体背景和当时语境，我们已不可能完全知道他们在写《周易》时候想要表达的真实意思。但从西周、商朝和周朝的历史资料，以及《周易》中频繁出现的人名、地名、政治、军事、治国、为民、做人等关键词，都在处处暗示着我们，《周易》可能是在描写西周周文王家族长期奋斗，最终灭商建立了周朝的事情，可能是在描写周文王和周公其本人的一些亲身体会、政治观点、军事观点、治国观点、为民观点。

如果《周易》的事实果真如此（但我们已经无法确认了），那么古往今来，对《周易》进行解读的书籍，就可能没有完全理解和解读周文王和周公作《周易》的真意和真传。那么，这可能就是部分原因，造成对《周易》

即《周易》进行解读的书籍，依然这么难于理解、难以记忆的原因所在了。因此，本书认为，《周易》可能是在讲西周的周文王家族领导西周历经百年的艰苦卓绝的奋斗和努力，最终战胜商朝的艰险过程的记录。《周易》可能大部分内容是在描述和记录历史，同时兼顾了《周易》的八卦内容的学术性研究。

本书在认为《周易》是在讲西周周文王和周公是在记录西周长期奋斗到最终灭商兴周的历史结论基础上，在爻辞部分，重新对《周易》进行解读。本书把每一卦的六爻爻辞解读为一个整体的历史故事或历史经验，这样，原先独立的、相互看不到联系的六个爻，现在是连成了一个历史故事，那么再来记住一个卦的六个爻辞就全部记住了。而且本书认为《周易》主体是在叙述历史故事，是有一定的史料依据，是竭尽全力去接近和反映出周文王和周公写作《周易》的真实情景，是以《周易》古文字内容为基础，以相关西周、商朝、周朝的历史资料为依据。《周易》的每一卦的六爻一旦形成只有一个历史故事，《周易》里面许多晦涩难懂的爻辞，一旦结合当时西周、商朝特殊的历史背景就好懂了，好记了。

《周易》里的主要内容就是由64卦组成的，“卦”古文就是指“挂”，就是“挂起来的画”，《周易》从伏羲创造出来开始，就是与“画”形影不离的，这个“画”就是《周易》的卦象。因此《周易记忆法》书，也对卦象进行全方位、立体的论述，使得卦象更加栩栩如生、立体的呈现出来，让人一看就获得了此卦卦象的画面感，从而深深记忆在脑海里。

最后，《周易记忆法》书对《周易》64卦辞的卦辞也进行了更详细的逻辑严密的解读，对每一个卦辞都进行了“说理”性的甚至是举例子的解读和论证，做到有理由、有证据，那么这个卦辞就理解透了，也就容易记忆住了。

谁都喜欢看《007》系列电影，但鲜有人会去看弗莱明写的《007》原版书籍；青春少女喜欢看《还珠格格》，但基本没几个人会想到买本《还珠格格》书来看看；谁也都喜欢看电视剧《西游记》，但大部分人很少去看出版的《西游记》书；《明朝那些事儿》成为畅销书为大众所喜爱，因为里面故事性非常强，但是大众很少去专门买明史的书看。这就是本书《周易记忆法》的写作原理所在，化艰涩难懂的《周易》经文为栩栩如生的卦象画面感、论证严密的卦辞说理性、美丽动人的爻辞故事性，那么，从此记忆《周易》不在话下，不再是问题了。

四、本书内容框架安排

由于《周易》的核心知识是周文王和周公所作的64卦的卦辞、爻辞，因此本书对卦辞和爻辞进行了记忆法的解读。《周易》的卦象辞（大象）具有重要的描述一个卦的画面意境的作用，因此本书也对卦象进行了记忆法的解读。《周易》的卦象，就是《周易》的灵魂，懂得了卦象，就差不多理解了《周易》的大半了，所以本书把卦象放在最前面。本书对于孔子所作的“十翼”的《易传》部分，由于已有研究表明，小象辞对爻辞的解读更多有点牵强附会，甚至曲解，因此对小象辞不予记忆法的解读，主要放在附录部分进行注释和译文。

对于“十翼”的其它部分内容，除了彖辞的部分内容放在附录部分进行注释和译文，其它部分内容，由于古今不存在理解上的争议，本书的立意是“记忆法”，即帮助理解和记忆《周易》中难以记忆的那部分内容，所以也不再予以解读。本书的最后增加了《周易》八卦的相关知识点，以方便读者进行了解。本书在附录部分，加入了“《周易》全文注释译文”，以方便读者随时翻看《周易》原文和参考译文。因此，本书的内容结构就是：卦名卦象记忆法、卦辞记忆法、爻辞记忆法、周易八卦知识点、《周易》全文注释译文。

本书的创新之处，是按照卦名卦象、卦辞、爻辞，分类进行《周易》内容记忆法的解读，不同于传统《周易》书籍以一整卦为单位进行阐述。这样做，更有利于读者集中精力去学习、记忆每一类别的内容，不再有内容类别的在一个卦里的跳跃，更具有记忆的稳定性和快速性。

目 录

一、卦名卦象记忆法

二、卦辞记忆法

三、爻辞记忆法

四、六十四卦卦义和卦体

五、易经八卦知识点

附录:《易经》全文注释译文

一、卦名卦象记忆法

1【乾为天】䷀

卦象：天行健，君子以自强不息。

译文：乾卦像天道运行一样，刚健而永不停息。君子由此得到启示，要效法天道，自我奋发图强，永远不停止地去努力追求进步。

卦象记忆法：

“乾为天”，乾象征天，是纯粹由阳气构成的，主宰天道，充满阳刚健壮之气。天是永远不停、昼夜不息地在运转的，即“**天行健**”。万物生长靠太阳，万物全靠天的供养。乾卦是关于生生不息的“生命力”的阐述。

君子因此就要学习乾天的永不停息、奉献的精神，自己要“**自强不息**”，要像“永动机”那样，一直追求上进，努力奋斗。乾卦主要讲“做”的，即人要闯事业、要做事。

卦名记忆法：

【乾为天】：乾天刚健，自强不息。

2【坤为地】䷁

卦象：地势坤，君子以厚德载物。

译文：坤卦是大地地理形态的象征，柔顺宽广。君子因此应当效法大地的深厚远大，培养优良品德，去载育天下万物。

卦象记忆法：

“坤为地”，坤就是顺的意思，坤卦是大地地理形态的象征，大地虽然有高低起伏，但是整体形势还是西高东低，呈现出柔顺宽广的形势，即“**地势坤**”。

坤取象于地，大地是柔顺的，天圆地方，地是方的，地顺从于天，大地从而孕育万物、承载万物、包容万物。因此君子要向大地学习，胸怀宽广，宰相肚里能撑船，要修身厚德，即君子以“**厚德载物**”。坤卦主要是讲“德”的。

卦名记忆法：

【坤为地】：坤地方柔，厚德载物。

3【水雷屯】䷂

卦象：云雷屯，君子以经纶。

译文：上云下雷，这是屯卦的卦象。君子处在这样的情况，要用屯卦作为指导，要去治理国家，经略天下大事。

卦象记忆法：

“水雷屯”，为什么卦象叫“云雷屯”而不是“水雷屯”呢？云，就是水汽上升到天空，凝结成云，但云还没下雨，就还是云，云下成雨了就立马变成水了。云还没下雨，就说明还在酝酿、准备阶段，因此屯卦就是囤积、蓄势阶段。而“雷”是震动、行动的寓意，整体卦象就是乌云滚滚、雷声大作，就要下大雨的征兆，但“雷声大，雨点小”，就是在造势。所以，屯卦是积蓄、酝酿阶段，积累实力，即“**云雷屯**”。

屯卦是蓄势待发的，“初生牛犊不怕虎”，也“广积粮”了，以图大干一番事业。从古至今，君子有了实力，都图建功立业，做一番留名千古的事业。“满腹经纶”，说的就是那些有大志向的君子英雄人物他们的“运筹帷幄之中，决胜千里之外”的高瞻远瞩、放眼寰宇的气概，即“**君子以经纶**”。

卦名记忆法：

【水雷屯】：水聚雷上，屯积建业。

4【山水蒙】䷃

卦象：山下出泉，蒙。君子以果行育德。

译文：就像山下冒出泉水，这就是蒙卦的卦象。君子要学习蒙卦，行动要果断，要养育德性。

卦象记忆法：

“山水蒙”，蒙卦的结构是下卦为坎为水，上卦为艮为山，按照看卦次序，是从下往上看，因此蒙卦的象，首先遇到的是坎水，遇险了；再次前进，则又遇艮山，遇水拦腰、遇山挡路，山间水汽蒙蒙，看不到半米远。整个山水迷境使得人围困在中间，进退不得，犹如“不识庐山真面目，只缘身在此山中”，人好像被蒙蔽了双眼，不知所从，所以叫作“**山水蒙**”。

为什么叫“**山下出泉**”而不是“山下出水”呢？因为泉，是水之源，是纯净的，泉水可怡养人，味甘形美，泉水也是智慧的象征，泉水的涌出、冒出，象征启发智慧、大彻大悟，就会赶走蒙昧，智慧就会“取之不尽，用之不竭”，这是“**蒙**”的最高境界：从蒙昧到启蒙到大彻大悟的升华。

人生的“蒙”，是需要自己身体力行去破除，也需要领路人的“指点迷津”。启蒙、教育、成长需要“行动派”，最怕“空想家”。“纸上得来终觉浅，绝知此事要躬行”，知识和智慧需要学习和掌握，要学习、领会，然后实践，才能获真知，要“知行合一”，即“**果行**”。同时还要像泉水那样，保持学习过程中的纯洁的德性，心中带着“德”去学，这样才能保证学到真知识、真智慧，而不会走入“邪门歪道”，即“**育德**”。所以，“**君子以果行育德**”。

卦名记忆法：

【山水蒙】：山下流水，启蒙育德。

5【水天需】䷄

卦象：云上于天，需。君子以饮食宴乐。

译文：云气升到了天上，这就是需卦的卦象。君子从需卦中得到启示，要饮食宴乐。

卦象记忆法：

“水天需”，需卦的上卦是坎为水，下卦是乾为天，所以是“云上于天”。乾为君子大人，乾君子向前进则头顶上遇到了坎险，君子遇到了险要怎么办呢？唯一的正确做法就是“**需**”，需就是等待的意思。就相当于突然下大雨了，要暂时找个地方避一避雨，等等再走。所以“**云上于天，需**”。

从卦象上，“**云上于天**”，为什么不说雨或水呢？也是水汽上升到高空中，还未下雨，就是“乌云密布”，要下雨就要“翘首以待”。

等待不是消极厌世的等待，不能无所事事的等待，“机会是留给有准备的人”，要“养精蓄锐”。等待是最消耗人的体力和精力，因此君子这时候就要吃好饭、锻炼好身体、陶冶情操、娱乐放松、心态放好、劳逸结合、以静待动，即“**君子以饮食宴乐**”，对了，再听个小曲。千万不能茶不思、饭不想，心怀“出师未捷身先死”的忧虑，而把身体搞垮了，却忘了“身体是革命的本钱”。只有“留得青山在，不怕没柴烧”的“等待”战略，才能等来“时来运转”和“笑在最后”。

卦名记忆法：

【水天需】：水集天上，需以饮食。

6【天水讼】䷅

卦象：天与水违行，讼。君子以作事谋始。

译文：天和水反向而行，这就是讼卦的卦象。君子因此做事要提前谋划好，做事的成败在于开始的谋略。

卦象记忆法：

“天水讼”，讼卦是上卦为乾天，下卦为坎水。天是高高在上的，水是在下是往下流的；天体又是自东向西运转的，而水却是自西向东流（中国情况，因为易经是中国的）。二者总是相违而行，这样就会产生争讼，即“**天与水违行，讼**”。

出了讼事，原因在哪里？还是一开始没谈好，遗留下了问题，一出现问题，那就是都觉得自己有理，都想为自己好。但从古至今，任谁遇到诉讼之事，都是头大的事情，烦得很，没有谁想打官司，耗时耗力，啥事都干不成了，“官司缠身”就是这个意思。打赢了，最多保本；打输了，钱财有损，心情还搞得乱糟糟的，你说是不是？因此，一旦出现了讼事，在最开始就要赶快把它化解掉，不要恋战，更不要“持久战”，须知讼事是要耗钱的。或者为避免讼事，一开始就要做好打算，“白纸黑字”先说好，“先小人后君子”，“丑话说在前头”，即“**君子以作事谋始**”，只有如此，才能有备而无患。

卦名记忆法：

【天水讼】：天西水东，讼事谋先。

7【地水师】䷆

卦象：地中有水，师。君子以容民畜众。

译文：地中蓄藏着水，便是师卦的卦象。君子要效法师卦，要容纳人民、畜养兵众。

卦象记忆法：

“地水师”，师卦上为地，下为水，即地下蕴藏了大量的水，就是“地下水”非常丰富，水与地紧密地融合在一起，大地像国家母亲一样，水就像蕴藏在广袤大地的民众、军队，不“显山露水”，就像军事一样，绝对不能让你知道我的底细，我的底牌，不能让你清楚看到我的战力、我的战争资源、我的兵力配置，这些都是秘密的隐藏在地下，不能摆上台面的，军事机密！军事机密！所以叫“**地中有水，师**”。

师卦描绘了真实的兵法，即要“平时为民，战时为兵”的状态，造就了“召之即来，挥之即去”的便利性，也是强调军事斗争要隐蔽、要欺敌。也是一种备战状态，战争是需要动员广大民众和战争战备资源的，这些不会凭空而来，要靠一国的经济实力和民变为兵的速度。平时安居乐业，一到战时，则锄头变枪炮、西装变军装、汽车厂变身为坦克厂，那就雄师百万，可以横刀立马了。这种平时“歌舞升平”、“老虎不发威，当我是病猫”般的“隐君子”，才是最可怕的。它是“藏兵于民”，它能瞬间爆发出高于平时百倍的战力，哪个敌人不发抖还敢轻易挑衅呢？所以作为统帅的君子，当知这些的重要性，因此要“**君子以容民畜众**”。

卦名记忆法：

【地水师】：地中藏水，师名畜众。

8【水地比】䷇

卦象：地上有水，比。先王以建万国，亲诸侯。

译文：地上汇聚着水，这就是比卦的卦象。先王们要以比卦的精神，分封万国，亲近诸侯。

卦象记忆法：

“水地比”，比卦上为水，下为地，地面上布满了水，水紧紧“贴”在地上，没有间隙，像亲吻大地一样，与大地亲密无间，形成一种亲比关系，所以“**地上有水，比**”。同时，水都在地面上了，“和尚头上的虱子，明摆着”，就是就像物品都摊在桌面上了一样，一清二楚，可以“比大小”了。这就是“**地上有水，比**”。

水代表资源，地代表君王国家。这么多的“水”，如何分配？“普天之下，莫非王土；率土之滨，莫非王臣”，君王的国土广阔，一个人是守不过来的，如何分蛋糕、稳天下是第一要务。从古至今，没有其它好办法，就只有一个：“割土分封诸侯”。但割土还讲究学问，不能割大了，防止有诸侯一家做大，有抗衡的本钱了，要切的又小又细，再广泛分封于很多的诸侯，达到“万国”，每个诸侯都有，但每人分到的都不大，就没实力去有非分之想。只有这样才能“守僵固边”，保政权稳定、天下太平，即“**先王以建万国，亲诸侯**”。

卦名记忆法：

【水地比】：水汇于地，比亲万国。

9【风天小畜】䷈

卦象：风行天上，小畜。君子以懿[yì]文德。

译文：风在天上吹，这就是小畜卦的卦象。君子要按照小畜卦之道，美化人文与德业，加强自身修养。

卦象记忆法：

“风天小畜”，小畜卦上为风，下为天，风在天上吹，象征着风是有力量的，风汇聚而蓄积，吹动了天，但风又不是持久存在的，吹过去了一阵风，转瞬即逝，所以风的蓄积、吹动了天，只能是暂时的“小畜”，即“**风行天上，小畜**”，就像雪花一样，春天到来终将融化逝去。

小畜卦实际上是描绘了风刮天上，朵朵白云飘过，天空无雨，一副“天苍苍，野茫茫，风吹草低见牛羊”的诗情画意的景象。在这种意境下，正是诗意大发的时候，也是修身养性养德的好时机，怎能不“吟诗一首”？实际上小畜卦是要说明，文化和文明德性的重要性。“人靠衣装马靠鞍”，美好的景象需要人的德性修养来理解，需要人的德性修养来塑造和维持，人的德性修养离不开自己知识水平和精神文明境界的提高，因此，君子在小畜卦时要“**君子以懿文德**”。

卦名记忆法：

【风天小畜】：风行天上，小畜修德。

10【天泽履】䷉

卦象：上天下泽，履。君子以辨上下，安民志。

译文：上面是天，下面是泽，这就是履卦的卦象。君子要辨别上下等级尊卑秩序，安定天下民心。

卦象记忆法：

“天泽履”，履卦天在上，泽在下，天本来就是高高在上的，泽本来就是在下面的，而且还低于地的，这是自然宇宙之真理，“自然宇宙真理”最大，最大就要听它的，就要听老大的，所以就要踏踏实实地去履行，即“**上天下泽，履**”。

履卦生动描写了“天尊高、泽卑下”的自然正道反映到人类社会就要有的“尊卑有别”秩序，只有确立了稳固的国家政治、社会生活、民间交往中的人与人之间的上下尊卑关系，上至天子下至黎民百姓都各安于自己的身份，人民懂得礼法和规范了，社会才不会乱套，秩序才能井然，从而做事会有所预期，而不是什么都不确定；不确定，民心就不稳了，民众就会焦虑，那就啥都不敢做了。只有民心稳了，社会才能得到治理，民众才敢放心付出劳动和投入，才能有最终的国富民安，这就是“**君子以辨上下，安民志**”的重要性。

卦名记忆法：

【天泽履】：天上泽下，上下辩履。

11【地天泰】䷊

卦象：天地交，泰。后以财成天地之道，辅相天地之宜，以左右民。

译文：天地阴阳二气交合，这就是泰卦的卦象。君王由此得到的启示，要裁制出符合天地运行的规律，辅助天地的安排，以此来指导民众，扶植国计民生。

卦象记忆法：

“地天泰”，泰卦地在上，地为阴气，阴气向下走；天在下，天为阳气，阳气向上走，这样天地阴阳二气相交相合，万物通泰，所以“**天地交，泰**”。

天地相交，万物通泰，必将迎来物产富饶、国泰民安的太平盛世。这时候国力强盛，国库殷实，君王就要去“投资”和会“投资”，而不能光看着、愣着。就要趁机用雄厚国力财力去做有利于国计民生发展的事情，在天地之间大展拳脚，即“**后以财成天地之道**”，以顺天应地，顺势做好符合天地自然规律、社会规律、经济规律的事情，即“**辅相天地之宜**”，那么最终就能左右到民众的福祉，“**以左右民**”，到达富裕。

卦名记忆法：

【地天泰】：地天交感，泰道通达。

12【天地否】䷋

卦象：天地不交，否。君子以俭德辟难，不可荣以禄。

译文：天地阴阳二气不相交，这就是否卦的卦象。君子要以收敛德性约束自己以避开灾难，不可追求高官厚禄来荣耀自己。

卦象记忆法：

“天地否”，否卦天在上，天为阳气，阳气向上走；地在下，地为阴气，阴气往下走，天在天上、地在地下，导致天地阴阳二气不再相交，天地沉寂不动而否塞，即“**天地不交，否**”。

否卦之时，是“否之匪人”当道，此时“小人道长，君子道消”，社会黑暗，豺狼当道，没有正义。从古至今，君子仁人志士一看到乱世到来，立马就要逃入深山老林中，说啥都不出来的。这没有啥好难懂的，就是此时候的世道不再讲道理，而且君子的仗义执言、两袖清风的言谈举止很容易“鹤立鸡群”，一下子显摆出来了，就容易成了“出头鸟”，必然为“匪人”所嫉妒，因为你凸显了“匪人”之“匪”处，“枪打出头鸟”，被“匪人”惦记着可就危险了。因此，处否卦之时，要“**君子以俭德辟难，不可荣以禄**”，要低调，要隐世，要韬光养晦，要明哲保身，此时更是万万不可出来做官妄想贪图荣华富贵，要理智的远离是非，远离小人，远离灾难。

卦名记忆法：

【天地否】：天地不交，否道俭避。

13【天火同人】䷌

卦象：天与火，同人。君子以类族辨物。

译文：天与火在一起，这就是同人卦的卦象。君子要效法同人卦的大同精神，归类族群，分辨万物。

卦象记忆法：

“天火同人”，同人卦是天在上，火在下，但卦象并没有说“天下有火”或“火在天下”，却说“**天与火**”，为什么呢？是因为天为阳，阳气向上升；而火性炎上，二者都是向上，性质相同，犹如人的本性，“**天与火**”

因此“**同人**”；也因为乾天代表的“天道”文明与离火代表的人类社会创造的“人道”文明也是异曲“同”工，因此“**天与火，同人**”。

同人卦举出“**天与火**”的例子，归纳了二者的相同之处，就是在讲“同”是需要相同条件的，意味着有甄别程序，不然就区分不出来哪些是“同”的，哪些又是“不同”的了。“物以类聚，人以群分”，君子从同人卦中得到启示，就是要明确分辨能力，即“**君子以类族辨物**”。练就“火眼金睛”，要分清楚“君子小人”、“善恶是非”，千万不能“黑白颠倒”、“敌我不分”，导致不加辨别“认贼作父”，乱作一团，必有祸乱。

卦名记忆法：

【天火同人】：天下生火，同人类聚。

14【火天大有】☲☰

卦象：火在天上，大有。君子以遏恶扬善，顺天休命。

译文：火在天上燃烧，这就是大有卦的卦象。君子由此卦得到的启示，就是要崇尚光明、抑制邪恶，发扬美善，顺承天道的美德，求得人生的吉庆。

卦象记忆法：

“火天大有”，大有卦是火高高在天上，使得火焰闪亮，照见天底下万物众多，即“大有”，大量的“有”，“有”区别于“无”。另外火光在天上照亮，照得天地之间善恶无所遁形，全部显现出来了，善恶什么都“有”了。所以“**火在天上，大有**”。

大有，就是特别富有、富庶，“大有”是来自于火照于天，离为火为日，“万物生长靠太阳”，从而万物得以生长，是天之所赐。君子享有“大有”，则“穷则独善其身，达则兼济天下”，君子就要发扬“大有”的火光普照天下、善恶毕现的精神，抑制邪恶，发扬美善，顺承天道和使命，即“**君子以遏恶扬善，顺天休命**”。

卦名记忆法：

【火天大有】：火烧天亮，大有顺天。

15【地山谦】䷎

卦象：地中有山，谦。君子以裒[póu]多益寡，称物平施。

译文：地里包藏着山，这就是谦卦的卦象。君子从谦卦中得到启发，要减损多余的增益缺少的，就像称量物品那样，做到公平施予。

卦象记忆法：

“地山谦”，谦卦是地在上面，山在地中，山通常明明是高起于地上的，怎么就跑到地下了呢？这就好比一个人明明是个高人，但却从来不显露自己拥有的“高度”，而是非常谦卑，非常低调，到哪都是低姿态，从来“不把别人比下去”，这就是谦虚的表现，即“**地中有山，谦**”。

上面的“谦”的过程，就是降低自己、抬高别人，实际就是一种“分配”机制，形成一种平等的、不“鹤立鸡群”的效果。本来自己是冒尖了，硬是收敛下来，和别人平起平坐，有种“劫自己富、济别人贫”的感觉，即“裒取多者，增益寡者”，使得物品平均分配，这就是“**君子以裒多益寡，称物平施**”。“谦”就是君子内心的一种重新分配机制。君子这样“谦”是有理由的，原因就是“满招损，谦受益”。

卦名记忆法：

【地山谦】：地中有山，谦君平施。

16【雷地豫】䷏

卦象：雷出地奋，豫。先王以作乐崇德，殷荐之上帝，以配祖考。

译文：雷声在地上震动轰鸣，这就是豫卦的卦象。先王从豫卦中得到启示，制礼作乐推崇美德，用丰盛的祭礼敬献于上帝，同时也配享给历代的祖先。

卦象记忆法：

“雷地豫”，豫卦雷声在天空震动，惊醒了地里的万物，万物像听到号令一样，知道是时候可以安全钻出地面了，于是都是憋足了劲，使劲往地面爬，干什么？春天来了，又到了万物复苏、生机勃发、一片温暖祥和的季节，要迎着阳气，奋力生长，即“**雷出地奋，豫**”，雷声一打出，地里的万物都兴奋地往外爬。

万物齐刷刷跃出地面，拼力迎着阳气生长，形成“百花齐放，百花争鸣”的大场面，也容易乱哄哄。这时候作为先王，作为最高地位的统治者，有责任也有义务“制礼作乐”，宣扬最好的品德，赞美上帝与祖先，即“**先王以作乐崇德，殷荐之上帝，以配祖考**”，为“百花齐放，百花争鸣”做示范，以使得这些“百花”们能学学榜样，从而能排好队、站好岗、不乱套，规范其无序性。

豫卦实际上呈现的是古代祭祀的场景，庄严神圣，通过礼乐之礼祭献给上帝和先祖，宣扬他们的“崇德”，即“**先王以作乐崇德，殷荐之上帝，以配祖考**”。

卦名记忆法：

【雷地豫】：雷出地上，豫乐崇德。

17【泽雷随】䷐

卦象：泽中有雷，随。君子以向晦入宴息。

译文：泽湖中有雷在蛰伏，这就是随卦的卦象。君子由此要在到了黄昏时候，便要进入安静休息的状态。

卦象记忆法：

“泽雷随”，随卦泽在上，雷在下，不说“泽中雷动”，而说“泽中有雷”，说明此时的雷不在动了，进入藏伏状态，雷藏在泽下，不再是以前“趾高气昂”动不动就震声隆隆吓唬人了，而是现在乖乖躲藏在泽水下面，那么，在泽水下面，在“别人屋檐下怎能不低头”？就要看别人脸色，就要随遇而安、就要随从，即“**泽中有雷，随**”。

在周文王的后天八卦图中，随卦的下卦震卦位于日出的东方，兑卦位于日落的西方，卦是从下往上看的，即随卦形成了从日出到日落的这样一个自然循环现象，太阳跟随自然规律，东升西落，也即“**泽中有雷，随**”。

寰宇世界、天地间，最大“随”是什么？就要顺天，就要顺时而动，因此君子就要跟随天时，“日出而作，日落而息”，与天同步，才能养好身体，才能头脑清晰，才能做事有力，即“**君子以向晦入宴息**”。

卦名记忆法：

【泽雷随】：泽中有雷，天下随时。

18【山风蛊】䷑

卦象：山下有风，蛊。君子以振民育德。

译文：山下吹着风，这就是蛊卦的卦象。君子因此要振兴民生，培育道德。

卦象记忆法：

“山风蛊”，蛊卦山高高在上，风在山下，但不说“山下风行”，而说“山下有风”呢？因为山太高太大，把风阻住了，风被山围在山下，吹不出去，就不能“风行”了，最多只能叫“有风”，就是这个风已经软绵绵了。这个软绵绵的风，在山里乱转，不换气，山里空气郁积无法宣发，导致各种物体就会开始腐败，臭味就过来了，就是蛊坏了，即“**山下有风，蛊**”。

蛊坏之时，就是空气不通、思想僵化、社会停滞，就是有事，而且是出大事了。这时候，作为国之栋梁，君子“治国平天下”的君子之德就要发挥出来，拯救此天下蛊坏之事，就要采取措施振兴民生，“**振民**”，养育民德，“**育德**”，以荡除藏污纳垢、污秽不堪的蛊象，还朗朗乾坤，即“**君子以振民育德**”。

卦名记忆法：

【山风蛊】：山下有风，去蛊振民。

19【地泽临】䷒

卦象：泽上有地，临。君子以教思无穷，容保民无疆。

译文：地在泽的上面，这就是临卦的卦象。君子要按照临卦之道，尽自己能力教化民众至于无穷，宽容保护民众没有止境。

卦象记忆法：

“地泽临”，临卦地高于泽，泽水边界就是岸边，岸上就是地了，地与泽亲“临”，地是近距离地贴近、靠近“居高临下”看泽，又有“临幸”的味道，所以“**泽上有地，临**”。

临，就是上临下，领导临百姓，君王临臣民。上临下，则下莫不喜悦激动。上临下的时候，往往也是领导上台讲话“长篇大论”，训话、教导、讲政治课的时候，往往也离不开拨款拨物以表现亲民爱民情怀，即“**君子以教思无穷，容保民无疆**”。君子为什么要这么做呢？“**教思无穷**”能启发民众思想、教化民众，使民众成才，这样国家就会人才济济、集思广益；“**保民无疆**”则是保护国家自己力量，使得疆土无限广阔而安定有人守卫。

卦名记忆法：

【地泽临】：地高泽卑，君临保民。

20【风地观】䷓

卦象：风行地上，观。先王以省方，观民设教。

译文：风吹拂于地上，这就是观卦的卦象。先王由此得到启示，要省视四方，观察民情，设立教化。

卦象记忆法：

“风地观”，观卦风吹行于地上，风无处不去、无孔不入，风所到之处遍览庶物，对一切都观察细微，风土人情皆所获悉，什么都看到了，广泛而深入，即“**风行地上，观**”。

风，吹行于地上，无所不至，就像君王巡视四方，遍及四海，察看民情，“**先王以省方**”。“读万卷书，还要行万里路”，亲临一方，才能获取第一手资料，而不是高坐殿堂等着部下报上来“报喜不报忧”的二手资料，从而准确获悉民生民情舆论，进而实事求是、因地制宜地设定教化治理方案，即“**观民设教**”，从而使教化决策深入人心，教化就会风行大地。

卦名记忆法：

【风地观】：风吹大地，观民教化。

21【火雷噬嗑】䷔

卦象：雷电噬 shì 嗑 hé，先王以明罚敕 chì 法。

译文：雷电交加、电闪雷鸣，这就是噬嗑卦的卦象。因此，先王应该效法噬嗑卦，要明确刑罚，确定法律，公布以民众，使民众有所畏惧，不触犯法律。

卦象记忆法：

“火雷噬嗑”，噬嗑卦离为火为电在上，震为雷在下，有火电而明、震雷而威之意，雷电在一起，则雷电交加、电闪雷鸣，吓人的场面！人世间如此惊心动魄，宣示雷电怒气威严的场合也就是用刑用狱的场合了，就是把你拿下，吃定了你，即“**雷电噬嗑**”。

火电天下明，雷震天下威，使得作奸犯科无法躲避，民众为之畏惧，威和明俱在，则就会有效果。先王就是“火雷噬嗑”用刑用法的制定者和执法者，就要开诚布公的颁布刑律，设立“红线”，亮明威严，告示万民，使民知晓哪些要避开不要“以身试法”，心怀畏惧之心，“不敢越雷池一步”，即“**先王以明罚敕法**”。

卦名记忆法：

【火雷噬嗑】：火照雷击，噬嗑明罚。

22【山火贲】䷕

卦象：山下有火，贲 bì。君子以明庶 shù 政，无敢折狱。

译文：山下升起了火，这就是贲卦的卦象。君子看到贲卦这样的形象，就要明治各种政事，不可带着文饰和求情去治狱。

卦象记忆法：

“山火贲”，贲卦山下燃起了火，火明照亮山体，山体通明，山上藏聚着众多草木禽兽，一下子皆被照见，山体和草木禽兽被火光照耀映射的红彤彤一片，似火树银花般艺术妆点，即“**山下有火，贲**”。

火是明亮，也是文明；山则是参照物，火光照耀山体，光明所到之处，山体和草木禽兽皆受文明之光之点缀，齐刷刷露出头来，点头哈腰，不敢对“明”说半个不字。君子当然从来都是文明这一派的，是“光明使者”，而从来不是黑暗势力那一派的，因此君子秉承文明之使命，以“明”来躬身于庶民万般事物，在“明”的信仰之下，绝没有半点私心和人情去干预断狱，即“**君子以明庶政，无敢折狱**”。

卦名记忆法：

【山火贲】：山下火焰，贲饰文美。

23【山地剥】䷖

卦象：山附地上，剥。上以厚下安宅。

译文：山依附于地上，这就是剥卦的卦象。统治者要以民为本，厚待下民，使其安居。

卦象记忆法：

“山地剥”，剥卦山立于地上，山是怎么来的呢？是地壳运动从大地隆起变来的，就是山本来就属于大地母亲的一个分子，山实际上是寄附于大地之上的，不可“数典忘祖”。山隆起于地，高耸于云端，必遭受长年累月的风吹雨打、饱经风霜、遭受飞沙走石侵蚀，最终山体日益风化、崩塌、剥落，即“**山附地上，剥**”。

山体的泥沙、石块掉落于大地，回归本源，回归大地母亲怀抱，这样反而不再有之前作为山体每天都要担心摇摇欲坠、分崩离析的事情发生。“尘归尘，土归土”，“剥”卦象揭示的，是下面厚实了，回归大地本源了，才是最安全的。因此，作为统治者的“上”，其也是出自于“下”，依附于“下”。没有“下”，就成为了孤家寡人了，吃啥喝啥？因此从古至今，统治者都要“以民为本”，功臣爱将可以杀，对谁不好就不能对民不好，民为水，“水能载舟，亦能覆舟”，民的力量是最强大的。因此“上”必须要厚待“下”，这样才能根基厚实、安全稳固，地基稳，房梁、墙体、屋顶也才能稳固，这样睡在宅子里也才能睡得着觉。这就是“**上以厚下安宅**”的重要意义。

卦名记忆法：

【山地剥】：山附于地，防剥厚下。

24【地雷复】䷗

卦象：雷在地中，复。先王以至日闭关，商旅不行，后不省方。

译文：地中雷在孕育，这就是复卦的卦象。先王因此在冬至这一天，闭上关卡，安静修养，商旅的人在这一天也不出行，国君也不再省察四方。

卦象记忆法：

“地雷复”，复卦雷在地中蛰伏，雷不是在天上吗？怎么跑到地下了呢？因为不是夏季，是到了冬季了，雷不得不躲入地下躲避寒冷，但“我还会回来的”！回来即复返，雷只能是雷，雷的本性是迟早和必须要“爆雷”的，而不会哑火成为“闷炮”。雷最终要复返天空，迎接春天的到来，即“**雷在地中，复**”。

复卦是一阳爻在下，五阴爻在上，是“一阳复始”，这时候到了节气的一年之中的冬至时刻。冬至之时，天地之间是天寒地冻，“千里冰封，万里雪飘”，万物都在蛰伏沉睡之中，复卦刚刚冒出来的“一阳独苗”，稚嫩而脆弱。这个“一阳独苗”哪里是冰天雪地阴寒冷酷冬至的对手？因此，先王就立下了规矩，冬至之日，一切活动暂停，政府领头，衙门不办公，各行各业都放年假，暂停一切应酬，商旅停摆，君王也不再巡视四方，即“**先王以至日闭关，商旅不行，后不省方**”。闭关修养，一切都为了休养生息，滋补、调养好那“一阳独苗”，以期阳气逐渐累积，养精蓄锐，“待到春暖花开时”，便可以“厚积薄发”再次绽放生命。

卦名记忆法：

【地雷复】：地中有雷，刚复慎行。

25【天雷无妄】䷘

卦象：天下雷行，物与无妄。先王以茂对时育万物。

译文：天下打雷，这就是无妄卦的卦象。先王观察无妄卦现象，就要凭借威严来顺时而行，来使百姓和万物都茂盛、繁育。

卦象记忆法：

“天雷无妄”，无妄卦说“天下雷行”，而不是“天下有雷”，“有雷”就是静态的，而“雷行”就是动态的、在行动，就点明了这个“雷”是气势汹汹的、不是开玩笑的，天下万物莫不害怕、惊恐万分，不敢虚妄、妄为，只会“瓜是瓜，豆是豆，种瓜得瓜种豆得豆”，老老实实的各守本分，不敢有任何“小动作”。天下雷行，阳气爆棚，大地万物莫不感受到了，万物根据自身本性，老老实实地、没有差错地、各安其道地顺时生长。这些就是“**天下雷行，物与无妄**”。

天下万物是归属先王管辖的，先王观察到天下万物“无妄”而“不惹是生非”，顺天时、顺自性生长，就要及时地趁机为天下万物“添一把火”，即“**茂对时**”，目的是繁育更多的万物，即“**育万物**”，帮万物万民也是帮自己，这样自己也能万古长青。“大道之行，天下为公”，这些都是先王为王之时“在其位，谋其政”应该做的，所以“**先王以茂对时育万物**”。

卦名记忆法：

【天雷无妄】：天下打雷，万物无妄。

26【山天大畜】䷙

卦象：天在山中，大畜。君子以多识前言往行，以畜其德。

译文：天包含在山中，这就是大畜卦的卦象。君子由此要学习大畜卦，学习山的蓄藏能力，多学习前贤往哲的言谈举止，以此来积蓄自己的德性。

卦象记忆法：

“山天大畜”，大畜卦天在山中，这个世界，最静止的莫过于山，最大的莫过于天，天这么大，怎么就包含在山中呢？这其实是静止的山是在修行，修行的是心。心有无边智慧，装满无量智慧，当然可以包住广阔无边的天，所以“**天在山中，大畜**”。

大畜卦的山充满智慧、包容、格局，它装的是“乾天”天命、天道、天理。它这些并不是凭空而来的，是靠自己辛苦修行，靠潜心学习得来的。它追求的不是物质，是德行、道德修养。君子因此深受启发，就要学习古之圣贤言行，因为其中蕴含着“天命、天道、天理”，并“知行合一”，信了它还要用了它在实践中。有此，其德性必将越畜越多。即“**君子以多识前言往行，以畜其德**”。

卦名记忆法：

【山天大畜】：山中有天，大畜养德。

27【山雷颐】䷚

卦象：山下有雷，颐。君子以慎言语，节饮食。

译文：山下响动震雷声，这就是颐卦的卦象。君子从颐卦中得到的启示，要谨慎言语，节制饮食。

卦象记忆法：

“山雷颐”，颐卦是上为山，下为雷，上面的山岿然不动，而下面的雷时不时地震一下，即上面不动、下面动，这就像人的嘴巴吃东西，仔细观察，吃东西的时候嘴巴的上颚是不动的，下颚却在活动以咀嚼吃进的东西，因此所以说“**山下有雷，颐**”。颐就是吃。从卦象上看，上卦山下卦雷形成的初九、上九为阳爻，中间四爻为阴爻的象，像极了一个张开的嘴巴。

颐，就是讲吃的、养生的，与嘴巴有关。山，是静止的，雷，是震动的，因此山雷颐卦强调了嘴巴的动静适当的重要性，须知“病从口入，祸从口出”，因此“**君子以慎言语，节饮食**”，以养德养身。

卦名记忆法：

【山雷颐】：山下有雷，颐养之道。

28【泽风大过】䷛

卦象：泽灭木，大过。君子以独立不惧，遁世无闷。

译文：泽水淹没了树木，这就是大过卦的卦象。君子看到此象，要审时度势，进则敢作敢为、独立自主，退则隐身遁世无怨无悔、不苦闷。

卦象记忆法：

“泽风大过”，大过卦上为兑为泽水，下为巽为木，泽水在上，漫过了下面的树木，就把树木灭掉了、枯槁掉了，这不仅表示泽水“过大”，水太大、发大水了，泛滥成灾，导致树木遭遇了“灭顶之灾”，这当然是“大过”了，所以“**泽灭木，大过**”。

泽水泛滥导致树木遭遇“灭顶之灾”，死亡降临了，这个时候说不怕的除非是“真汉子”，不然大多还是“伪君子”，说说漂亮话而已，转身就跑了。大难临头，这时候各类俗人、大老粗、庸脂俗粉，跑的跑、逃的逃，随波逐流、随风而去，“泯然众人矣”。但君子不同于常人，有“过人之处”，也是应了“大过”之意，君子是守住文明制度和国家社稷的“最后一道防线”。他们“头可断，血可流，志不屈”，即使是在这样的“大过”的极度危局中，仍然可以坚守节操，以独立自尊、不怕死的心态不惧危险，哪怕离开了这个世界，遁隐于山林之中，也丝毫没有不开心，连一点点的沉闷憋气都没有。这就是“**君子以独立不惧，遁世无闷**”。

卦名记忆法：

【泽风大过】：泽淹风木，大过审时。

29【坎为水】䷜

卦象：水洊[jiàn]至，习坎。君子以常德行，习教事。

译文：前水至后水又至，这就是坎卦的卦象。君子要效法坎水的长流不息的精神，要经常进行道德修行，同时练习、学习教育之事。

卦象记忆法：

“坎为水”，坎卦上下皆为坎水，是前水至后水又至，即“**水洊至**”，水一波接着一波，预示着坎险一重接着一重，困难重重，人生谁能不遇到几次难？遇到险难了，最主要的就要迎难而上，深入“难”中，反复学习、了解、攻破，即“**习坎**”，做到“知己知彼”。熟悉了这个“险难”，必将知道“克敌制胜”之道，就能“化险为夷”了。所以，“**水洊至**”不怕，就要“**习坎**”，学习、摸清这个坎，才能“对症下药”，才能最终做到“药到病除”。

“**习坎**”的道理是困难来了，要去战胜困难，要积极迎战，去获得智慧的战胜经验，而不是吓尿裤子了，胆小如鼠、不敢应战了。因此君子在遇到坎险时，最主要的就是平时的“战备”如何？平时有没有“养兵千日，用兵一时”去准备？平时的心理状态，平时的智慧修养，平时的战略和定力，这些都是“处乱不惊”的法宝。但这些不是凭空而来，需要“养兵千日，用兵一时”的修为，“临时抱佛脚”就晚了。君子就要学习水的“水流不息”的优点，勤操练、常磨刀，平时就要常修德行，多练学习教育之事，“熟能生巧”自然能“庖丁解牛”，再多的险难也不怕了，即“**君子以常德行，习教事**”。

卦名记忆法：

【坎为水】：习坎为水，行德脱险。

30【离为火】☲

卦象：明两作，离。大人以继明照于四方。

译文：太阳明照两次出现，是非常的更加的明亮，这就是离卦之象。大人圣贤由此卦象启发，要继承此光明、前人的明德，照耀四方。

卦象记忆法：

“离为火”，离卦上下都为离，离为日，日为明，明上加明，“**明两作**”，更加明亮、光芒万丈，一片光明的世界，显现出人间的“真善美”，美丽的景象，同时“离”不仅有“离开”的意思，还有“丽、附丽”的意思，因此，“明”就是“光明、美丽”，就是“附丽”，即“**明两作，离**”。

这个世界有两个事物可以带来光明、产生光明，一个就是日，太阳；另一个就是“大人”，大人“以德言则圣人，以位言则王者”。“大人”具有和太阳一样的高尚品德，就是“燃烧自己，点亮别人”，只有“大人”才能担当此光明照亮世界的重任，只有“大人”才能办得到。宇宙世界、万事万物都在追求光明世界，“大人”温暖的明光照亮世界，带来了期盼，充满了向往，燃起了希望，创造了文明。因此“**大人以继明照于四方**”的意义“惊天地，泣鬼神”，是站在了世界文明和光明的高度。

卦名记忆法：

【离为火】：丽离为火，明照四方。

31【泽山咸】䷞

卦象：山上有泽，咸。君子以虚受人。

译文：泽湖在山上面，这就是咸卦的卦象。君子受咸卦启发，要虚怀若谷，虚心接受众人。

卦象记忆法：

“泽山咸”，咸卦泽水在山上，泽水性往下流，能渗润山体，从而感知到山的里里外外；山性往上承，山上能存在泽水，则是山有容纳之心，山体还有虚空的空间来承载、感受泽水，泽水感知山、山也感受泽水，咸为感，因此“**山上有泽，咸**”。泽水在山上，则泽水长年累月风吹日晒容易变咸，所以也可称为“**山上有泽，咸**”。咸卦上卦是兑泽为少女，下卦是艮山是少男，象征少男手捧鲜花单膝跪地追求高高在上的公主少女，少男、少女涉世不深、两小无猜，是无心的感应在一起，也可“**山上有泽，咸**”。

泽水能够存于山顶，说明山的大气容纳、虚怀若谷，说明山是还有虚空的地方可以让泽水留存。山体再密，仍然是能渗入水进去的，山体看似“铜墙铁壁、刀枪不入”，其实“别有洞天”，还是中虚的。君子因此就要学习山的“宰相肚里能撑船”的“虚”的度量，要虚怀若谷，要虚心容纳别人，即“**君子以虚受人**”。

卦名记忆法：

【泽山咸】：泽在山上，咸感受人。

32【雷风恒】䷟

卦象：雷风，恒。君子以立不易方。

译文：雷与风交相互动，这就是恒卦的卦象。君子因此要立身修德，不变易自己的操守。

卦象记忆法：

“雷风恒”，恒卦卦象是“雷风”并列，在大自然中一旦出现了雷声了，立马风起云涌，雷响就会风刮，雷迅而风疾，二者从来都是齐头并进、相互助长的，这是恒久不变的现象，从来没有差错过，所以“**雷风，恒**”。恒卦上卦是震卦为长男，下卦是巽卦为长女，二者结合，长男主外、长女主内，形成了恒久稳固的家庭关系，也是“成功男人的背后都有一个伟大的女人”，也即“**雷风，恒**”。

持之以恒的“恒”最难能可贵。要想做成事，要想成就一番大业，非得有长年累月的“雷打不动”的坚持定力和必胜信念不可。如果“朝三暮四”、“朝令夕改”，立场不坚定，“见风使舵”，那谁都怕，想要成功更是“痴人说梦”，因为任何成功都需要“深耕”的，正所谓“十年磨一剑”，才会出成果、出精品。所以，君子就要“**君子以立不易方**”，就要“富贵不能淫，贫贱不能移，威武不能屈”，立场坚定，坚持原则，恒心不变，才是成功之本，才能拿到成功的钥匙。

卦名记忆法：

【雷风恒】：雷动风随，恒常不变。

33【天山遁】䷠

卦象：天下有山，遁。君子以远小人，不恶而严。

译文：天底下矗立着大山，这就是遁卦的卦象。君子由此遁卦象，要远避小人，不显露声色的厌恶，同时也要庄严持重。

卦象记忆法：

从古到今，仁人志士一旦遇到时局混沌、时运不济时，想要隐遁了，都奔哪个方向跑呢？都是往有山的幽静的地方、“天高皇帝远”的地方去隐遁，即“**天下有山**”的地方，清净、潇洒、自在，特别适合“**遁**”。

遁卦是“天山遁”，下面两个阴爻逐渐逼近上来，此时是阴逐渐壮大之时，是“阴进阳退”，上面四个阳爻处于守势、下面两个阴爻处于攻势。“识时务者为俊杰”，在“小人道长”逐渐增强时候，“近朱者赤，近墨者黑”，君子是不能与小人为伍的。小人奸佞当道，君子就要知道是退遁的时候了。君子在“遁”之时，就要“全身而退”，不可“拖泥带水”，更不能“惹得一身骚”，再想任性的退遁而去，那时恐怕再想退就是“一厢情愿”、“想得美”了。“遁”就要干净利落，不亲近小人，也不得罪小人，还要不让小人发现你讨厌他。不然得罪了小人，小人就会像非洲的“平头哥”一样，心眼小，非缠死你不可，此时你再想“遁”，“遁”的意义还何在？没得清净了。所以，远离小人，明哲保身，非常重要。这就是“**君子以远小人，不恶而严**”的重要意义。

卦名记忆法：

【天山遁】：天高山远，君子隐遁。

34【雷天大壮】䷡

卦象：雷在天上，大壮。君子以非礼弗履。

译文：雷在天上滚动轰轰作响，这就是大壮卦的卦象。君子学习大壮卦处世，不做不合礼的事情，要做就要做的光明正大、守礼守则。

卦象记忆法：

“雷天大壮”，大壮卦雷在天上轰隆隆作响，声势浩大，壮观雄伟，所以叫“**雷在天上，大壮**”。又大壮卦的上雷下天结构组成了四个阳爻在下、两个阴爻在上，是“阳进阴退”，阳气越来越盛，“壮阳、壮阳”，阳多了就是“壮”，所以“**雷在天上，大壮**”。

大壮卦的卦象造型像极了一只领头公羊，硬顶着两个羊角死命地向前冲，其它羊在领头羊公羊的带领下，也“鱼贯而出”、“声势浩大”地紧跟着往前冲，但秩序井然，紧跟“带头大哥”领头羊公羊。这就是紧紧围绕“核心”的重要性和团队紧密协作的必要性的价值意义。君子因此就要“**君**

子以非礼弗履”，不做不合礼节、不合规矩、不听指挥、破坏团结的事情。再者，在天上已经雷声隆隆之下，“老虎已经发威了”，已经发出强烈警告信号了。此时还胆敢“不收手”吗？还敢“越雷池半步”吗？君子更应该带头“**君子以非礼弗履**”，做出表率。

卦名记忆法：

【雷天大壮】：雷滚天上，大壮守礼。

35【火地晋】䷢

卦象：明出地上，晋。君子以自昭明德。

译文：太阳从地上升起，这就是晋卦的卦象。君子因此要效法晋卦，使得自己的固有品德彰显出来，显示自己光明的德性，由此会得到赏识，得到晋升。

卦象记忆法：

“火地晋”，晋卦上为离日，下为坤地，象征一轮红日从大地上徐徐升起，越升越高；大地万物也开始苏醒活动，活跃度越来越高，越来越忙碌了，忙是为了进取、为了生存、为了提升自己。太阳的冉冉升起，带来了大地万物的越发忙碌进取，都是一片“晋”的景象，即“**明出地上，晋**”。

当太阳冉冉升起的时候，就暗示了“晋”的重要性。天地万物也不傻，挤破头了想要上进、想要分得一杯羹，“早起的鸟儿有虫吃”，就要“提前排队”排到前头来。人也要在太阳升起的时候，进取以获得晋升。如何被伯乐相中，为什么不提拔别人就“晋”升你？“酒香也怕巷子深”，那么，君子一方面要修德，要“打铁自己硬”，有“明德”实力，还要主动发射自己的“明德”光芒，让别人发现你，即“**君子以自昭明德**”，从而被伯乐捕捉到，才有提拔你的机会。“晋”之时也是上升通道的最佳时位，有种“错过再等一年”，“过这个村就没那个店”的紧迫，因为日出上升之后就是开始日落西山，时间不等人。

卦名记忆法：

【火地晋】：火明地上，赏识升晋。

36【地火明夷】䷣

卦象：明入地中，明夷。君子以莅众，用晦而明。

译文：光明潜入大地，这就是明夷卦的卦象。君子看到这样的卦象，就要莅临政事统领民众，要晦藏聪明智慧之手段，韬光养晦，以赢得光明到来。

卦象记忆法：

“地火明夷”，明夷卦上为地面，下为明火，象征太阳落入地下，光明被夺去、太阳受伤了，地上一片黑暗，夷就是受伤的意思，所以“**明入地中，明夷**”。

光明落入地中，说明太阳尚且也有收起光明藏而不用的时候，太阳是智慧的，这样做自有其道理的。夜幕来临，就要韬光养晦、隐藏光明智慧以自保。君子的智慧高不过太阳，太阳都乖乖的躲起来了，收起了光明，你还能比太阳厉害？那就要学习太阳的晦藏光明而不用的智慧，就要在众人面前，“**君子以莅众**”，不能“严以律人，宽以待己”，这样就会没朋友。就要装糊涂，即“**用晦而明**”，不要在众人面前显摆自己的聪明劲，那不仅不能显出别人是“傻帽”，反而自己变成傻帽。待人也不要苛刻，即要“**用晦而明**”，“水至清则无鱼，人至察则无徒”，水搞得这么清，处处犯规、犯险，惹人尴尬生气，让别人没法“浑水摸鱼”，谁还来？隐藏光明智慧也是不惹人嫉妒，在黑暗降临时自保的必要手段。这就是“**君子以莅众，用晦而明**”。

卦名记忆法：

【地火明夷】：地下火沉，明夷养晦。

37【风火家人】䷤

卦象：风自火出，家人。君子以言有物，而行有恒。

译文：火燃烧就生成了风，这就是家人卦的卦象。君子因此说话要诚实、要有事实根据，做事要有规矩、要持之以恒。

卦象记忆法：

“风火家人”，家人卦上为巽为风也为木，下为离为火，五行中木生火，火燃烧又产生风，即风（木）和火相辅相成、互相成就彼此，就像一家人一样，所以“**风自火出，家人**”。又家人卦内卦为离为火，外卦为巽为风。内卦离卦为火，似家里烧火做饭，外卦巽卦为风，似烟囱里冒出来的袅袅炊烟随风飘散，这就是“有户人家”的家人卦之象，即“**风自火出，家人**”。

家庭是家庭成员事务的地方，“家和才能万事兴”，因此家庭是需要经营的。“修身、齐家、治国、平天下”，要想齐家，首先就要往前溯源，就是首先把“身”修好，就是家庭成员的教养，教养好了才能齐家。家庭里只有人情世故、言谈举止，不再有严肃的律例刑规，“父母是孩子最好的老师”，就要做出表率，言行一致，“一言既出驷马难追”。“修身、齐家、治国、平天下”，“家庭”是君子必过的第一关，必然要“**君子以言有物，而行有恒**”，即说话要实在，不能虚头巴脑、诳言乱语；做事要靠谱，不能今天答应明天答应，让人捉摸不透、屡次失望。做到了这些，君子才能合格地走出家门，为国效力，施展抱负。

卦名记忆法：

【风火家人】：风自火出，家人之道。

38【火泽睽】䷥

卦象：上火下泽，睽[kuí]。君子以同而异。

译文：火焰上窜，泽水下流，这就是睽卦的卦象。君子体察睽卦，在处世中，要求大同而存小异。

卦象记忆法：

“火泽睽”，睽卦上为离火，火性向上燃烧，并且是燥热、干燥的；下为兑泽，泽性向下流动，并且湿润。二者不仅运动的方向不同，而且性质也相反，这就各走各的路，“你走你的阳关道，我走我的独木桥”，渐行渐远，两者彼此远离，不交融在一起，就是“睽”违了，不合了，所以“**上火下泽，睽**”。

睽卦是上离下兑，离又为中女、兑又为少女，两个女儿在一起本来就免不了每天“叽叽喳喳”、“小打小闹”的，三天两头就会吵起架来耍小性子谁都不理谁。但这些都是“鸡毛蒜皮小事”，是家庭内部矛盾，不是敌我矛盾，儿女一旦“睽”起来，他们也就“哼”的一声，谁都不理谁，“眼不见心不烦”、“井水不犯河水”，打两天冷战就过去了，还没到“不是你死就是我活”要做个了断的严重程度。君子在处理家庭内部“睽”的矛盾时候，要以“家”的共性来感召，要强调“都是自家人”这一共识，即“**以同**”。至于“睽”的原因，就是各自个性使然，要包容，要尊重每个人的个性和主张，要“求同存异”，即“**而异**”，要“大事化小小事化了”。这就是“**君子以同而异**”。

卦名记忆法：

【火泽睽】：火上泽下，睽异求同。

39【水山蹇】䷦

卦象：山上有水，蹇[jiǎn]。君子以反身修德。

译文：水漫山上，山上有水，这就是蹇卦的卦象。君子从蹇卦中学到，要在遇到困难险阻的时候，首先是反求诸己，从自己身上找问题，反省自身，加强自我修德。

卦象记忆法：

“水山蹇”，蹇卦水跑到了山上，山又高又险，本来就不是好容易爬的，现在山上又到处是积水，山路本来就不好走，山路之途又到处布满了不知深浅的水，这就造成走起山路来“深一脚浅一脚”的泥水，陷进去拔都拔不出来。这就是山高水深、跋山涉水，“祸不单行”，一个人同时要挑战“山”和“水”的两大险难，这还让人怎么走？真的是举步维艰。所以“**山上有水，蹇**”。

遇到了“蹇”难，到底怎么回事？出现问题，不要怪老天爷，更不能怪别人，不要什么都推到别人身上。而是要照照镜子，首先要从自己身上找答案，万事万物“皆有因果”，到底是怎么回事、什么原因导致现在的“蹇”？就要“反求诸己”，就要停下来好好反省自己。这时候最大的问题反而不是“蹇”，而是自身的德行修为如何了。“有容乃大，无欲则刚”，做好自己德行修为，就会“自助者，天助之”，一切问题自然就会“迎刃而解”、“水到渠成”，就不会有“蹇”难，或者即使不小心遇到了“蹇”难，也会因为自己有德行、有智慧，也会很快解除了。所以，“**君子以反身修德**”。

卦名记忆法：

【水山蹇】：水漫于山，蹇难知返。

40【雷水解】䷧

卦象：雷雨作，解。君子以赦shè过宥yòu罪。

译文：打雷降下雨水，这就是解卦的卦象。君子即统治阶级从解卦中得到启示，就是先前的困难都解除了，那么也要赦免民众的过失、宽恕轻罚有罪的人。

卦象记忆法：

“雷水解”，解卦震为雷在上、坎为水在下，就是天空雷声大作，下面下起了雨水，大雨滂沱，万物被雨水浇灌透地，“干得冒烟”的饥渴的旱情得解，万物解脱了生存生长的困局，所以“**雷雨作，解**”。

雷雨大作，万物得解，空气中弥漫着清新的味道，一切好像到来了一个干净、整洁的新世界，没“解”之前的因为“干旱”导致的众生喝不上水、吃不上饭而带来的一切混乱、饥不择食、杀人越货，都荡然无存，消失得无影无踪。君子因此就要知道，非常时期有许多“难言之隐”、“无奈之举”，不是“被逼上梁山”，“谁又愿落草为寇”，干起“人吃人”的事情？因此君子就要体谅“非常时期非常之举”，在“解”到来后，万物维新之时，不能“上纲上线”，要“大赦天下”，过错要通通赦免、宽恕，有罪则虽不能免除也要减轻，即“**君子以赦过宥罪**”。“非常时期”罪、过太多，只有这样做，才能“法不责众”，安民心，也给其改过自新的机会。

卦名记忆法：

【雷水解】：打雷下水，解难脱险。

41【山泽损】䷨

卦象：山下有泽，损。君子以惩忿[fèn]窒欲。

译文：山下有湖泽，这就是损卦的卦象。君子从损卦中学到的，就是要惩戒自己的愤怒，控制自己的私欲。

卦象记忆法：

“山泽损”，损卦山在上、泽在山下，山体下有泽水，则泽水不停地冲刷、侵蚀山体，山体就会有损失，所谓“水滴石穿”，再坚硬的山石都怕水泡、水蚀，所以“**山下有泽，损**”。

损卦外卦为艮山，内卦为兑泽，艮有止的意思，代表止欲、修行；兑又有说话、愉悦的意思，代表情欲、欲望。所以内卦兑代表内心的情欲、欲望甚至愤怒大爆发，气势汹汹的向外爆、向外冲，这可不得了！幸而及时有外卦艮代表守在外面的伟岸的大山“最终扛住了一切”，守住了欲望冲动的“洞口”，压制住了兑的内心的情欲、欲望甚至愤怒的“冲击波”，避免了冲动，“冲动是魔鬼”，所以是好事情。君子观此象就要学习损卦，就要“内修于心，外练于行”，即“**君子以惩忿窒欲**”，以避免损失。

卦名记忆法：

【山泽损】：山下湖泽，损下利上。

42【风雷益】䷩

卦象：风雷，益。君子以见善则迁，有过则改。

译文：风裹挟雷声，雷助风势，这就是益卦的卦象。君子从中要学习到，见到别人善处的能增益自己的就要学习改变，自己的缺点过错就要改正。

卦象记忆法：

“风雷益”，益卦上为风、下为雷，二者在一起，风雷一旦在一起，就会“风起云涌”、“雷声滚滚”，风裹挟着雷声，雷声震天又助风势，二者相互增益，相互助长，所以“**风雷，益**”。

“益”之道是什么？就是在成长的道路上不断抖掉不好的东西，不断地去掉不完善的东西，同时不断地吸收进来好的东西，这样最终拥有美好的东西越来越多、剩余的“不好”则越来越少，这就是一直在“益”，没有“损”发生。所以，君子就要“**君子以见善则迁，有过则改**”，这样就会一直“益”，就是好事情。

另外，益卦上卦为巽为风，风就是风向标，“站得高看得远”，一看情势不妙、苗头不对，就会立马就发出警报；下卦为震为雷，雷听到风发出的警报，立马“雷厉风行”，以“迅雷不及掩耳之势”，就“见风使舵”，改变方向。君子法此象，采纳和实施“**君子以见善则迁，有过则改**”。

卦名记忆法：

【风雷益】：风雷激荡，相得益彰。

43【泽天夬】䷪

卦象：泽上于天，夬[guài]。君子以施禄及下，居德则忌。

译文：泽水蒸发至天上，这就是夬卦的卦象。君子要效法夬卦，普施利禄于下面百姓，最忌居功自居而不施惠于百姓。

卦象记忆法：

“泽天夬”，夬卦泽在上卦、天在下卦，泽水飞到了天上了，这泽水水位不能说不高了，而是已经高到吓人的程度了！泽水到了天上，泽水水性向下，而天并无所遮拦，并未设城墙防守、拦挡住，泽水磅礴、气势压人、万吨压顶，泽水如此势大必然要溃决、一倾而下，这就是“**泽上于天，夬**”，夬就是决的意思。

泽水跑到了天上，为天所有，天就掌握了丰富的泽水资源。泽水跑到了天上，那天下就少了泽水，天下万物、子民“翘首以待”，急盼泽水的降临。此时，天要做的，不是据为己有、囤积居奇，而要决下泽水，天降雨露，普惠万民，“雨露均沾”，广施恩德。要知道，泽水上天，天只是代管者，是“形象代言人”，泽水的本源还是来自于大地，还要还回于大地，“**君子以施禄及下**”，这就叫作“取之于民，用之于民”。功劳在于泽水，并不在于天，天千万不要“居功自傲”，“**居德则忌**”。如果天（天子）把泽水自视私产，囤积居奇，恩德不施，则泽水最终决口不降往天下，那就要倒灌而水漫天庭。因此，君子观夬卦，就是要“**君子以施禄及下，居德则忌**”。

卦名记忆法：

【泽天夬】：泽升于天，夬决小人。

44【天风姤】䷫

卦象：天下有风，姤[gòu]。后以施命诰四方。

译文：天下有风吹起，这就是姤卦的卦象。君王因此要把自己的命令广泛昭告到四方，使得每个人都知道，遵照执行。

卦象记忆法：

“天风姤”，姤卦上为天、下为风，就是天下刮起了风，风无所不到，天下万物无不与风姤遇，所以就是“**天下有风，姤**”。

姤卦上天下风构成的卦象是一个阴爻在下、五个阳爻在上，有一女姤遇五男之象，所以，也是“**天下有风，姤**”。

姤卦就是天下刮起了风，天下万物都“听到了风声”，风把消息带到了五湖四海、大江南北，风到之处，草倒树斜。这个意象，就是像天子发号施令、庶民乖乖听令之状一样。所以“天风姤”形象和效果，就是“**后以施命诰四方**”，即政令不可以不致四方，不然君王与庶民无法姤遇，“上情不能够下达”，君王就成空架子了，孤家寡人一个，徒有其名，久而久之，“天高皇帝远”，君王的教化无人能听、无人能知，庶民就只能听见本地“山大王”的号令了，就进入了“占山为王”、“诸侯割据”的时代了，那就“君将不君”、“国将不国”了！

卦名记忆法：

【天风姤】：天下风行，姤遇四方。

45【泽地萃】䷬

卦象：**泽上于地，萃。君子以除戎器，戒不虞**[yú]。

译文：水不断汇聚形成泽居于地上，这就是萃卦的卦象。君子观察萃卦之象，就要做到平时要修治兵器，以防备不测之变，防范出乱子。

卦象记忆法：

“泽地萃”，萃卦泽水汇聚于地上，泽水的位置一般是低于地的高度的，现在泽水超过了地面，漫过了地面，在地上汇聚了，说明各个方向的水不断汇聚而来，五湖四海的水都跑过来了，江河湖海已经盛不下，就继续往上漫到地上来了，汪洋一片、热闹非凡，真的是“群英荟萃”的景象，所以“**泽上于地，萃**”。

萃卦泽水高过了地面，是说明已经“沟满河平”了，河水暴涨，水开始向道路、城镇蔓延，这就危险了！“水火无情”！所以，一旦出现泽水漫过地面，就要立刻警惕，就要做好防备工作，以防祸患，即“**君子以除戎器，戒不虞**”。

“萃”之意就是聚众、聚会。任何人、任何事物，只要一聚，力量、能量立马巨大，众聚也会带来大量的是非、争斗、煽动、蛊惑。所以，从古至今，一遇到萃聚之事，当局都是“如临大敌”，手心、手背、连脑袋瓜子都直冒汗，唯恐出乱子。在萃聚之时就会提前“里三层、外三层”做好防备工作，并全程监控萃聚动态。“聚众”和“闹事”往往形影不离，成为“聚众闹事”，所以就要“**君子以除戎器，戒不虞**”。

卦名记忆法：

【泽地萃】：泽在地上，萃才聚物。

46【地风升】䷭

卦象：**地中生木，升。君子以顺德，积小以高大。**

译文：地中生长出树木，这就是升卦的卦象。君子看到升卦的景象，就要顺理而进，遵循积小成大的道理，最终在修身和从政上变得成熟稳重，能成大事。

卦象记忆法：

"地风升"，升卦上为坤地，下为巽木，木是从地下长出的，先是"贴着地平线"冒出的稚嫩幼苗，经年累月，逐渐长成"直上云霄"的参天大树，这就叫作"始于毫末，终至合抱"，整个过程就是一个树木树梢逐渐长高、上升的镜头，所以"**地中生木，升**"。

"十年树木，百年树人"，升卦就要讲究循序渐进、遵循自然界固有的发展规律，就要"顺其自然"，就要有"顺德"，即"**君子以顺德**"，你干急也没有，干瞪眼也没法，"顺其自然"很重要，不能"拔苗助长"，不能一口吃成胖子。只有这样才能积少成多，"**积小以高大**"，慢慢吃，不用愁最终就能吃成胖子了。因此"**君子以顺德，积小以高大**"。

卦名记忆法：

【地风升】：地生风木，积小升大。

47【泽水困】䷮

卦象：泽无水，困。君子以致命遂志。

译文：泽中没有水，这就是困卦的卦象。君子从困卦中得到启示，即使要牺牲生命，也要实现志向，即舍生取义，也在所不惜。

卦象记忆法：

"泽水困"，困卦泽在上，水在下，泽上竟然无水，说明沼泽枯竭干涸了，没有水了。"水是生命之源"，无水则万物皆被困住了，那就危险了，所以"**泽无水，困**"。

遇到困境，只有小人才会"举手投降"。从古到今，君子一向是上天"眷顾德对象"、"重点培养对象"，君子总能化险为夷。君子遇到"困"了，其实是上天的安排，是"天将降大任于斯人也，必先苦其心志，劳其筋骨，饿其体肤，空乏其身"的锻炼。何为君子，就是"顺天应命"，就是怀揣“修身、齐家、治国、平天下”的抱负，征服一个又一个困难。因此，君子遇到“困”从来都是迎难而上、拼力一搏，“砍头不要紧，只要主义真”的，哪怕牺牲生命，都要追求自己的理想、实现自己的志向，即“**君子以致命遂志**”。

卦名记忆法：

【泽水困】：泽上无水，困境有志。

48【水风井】䷯

卦象：木上有水，井。君子以劳民劝相。

译文：木头之上有水，这就是井卦的卦象。君子观察井卦之象，就要激励人民勤劳，号召人民互相帮助。

卦象记忆法：

“水风井”，井卦上为坎水，下为巽风、巽木，木头到了水下面了，木头不都是漂在水上的吗？什么时候木头在水下面？那就是打水的时候，就是这个木头是木桶，木桶到水下打水，然后提上来，这个形象过程就是“打井水”，所以“**木上有水，井**”。

“三个和尚没水喝”说的就是三个和尚互相推诿，都懒，谁不愿意去挑水，都不想出力，最终导致都没水喝的故事。所以，“打井水”的事情是需要勤快、自己动手的，也说明要互相合作帮助，这就是“**劳民劝相**”。井水的美德，就是“一方井水养一方人”，井水汲养人源源不断，但却从不见少，也从没见过收费，完全无私和免费。井水无私的恩惠的美德，教导人们要互相帮助，不要吝啬，要拿出自己的东西帮助别人，这就是要劝别人，即“**劝相**”。所以“**君子以劳民劝相**”。

卦名记忆法：

【水风井】：水源风木，井养不移。

49【泽火革】䷰

卦象：泽中有火，革。君子以治历明时。

译文：泽水中有火，这就是革卦的卦象。君子从革卦中得到启示，要制定历法，明确时令，以跟上变革和变化，方便民众安排生产生活和作息。

卦象记忆法：

“泽火革”，革卦上为泽水，下为火，火在下面烧上面的泽水，有可能把水烧干；上面的泽水也可能倾盆而下把火浇灭。火性炎上、水性流下，二者必然“短兵相接”，不是火烧干了水、就是水浇灭了火，双方就是要干掉对方，“革命，革命”，这是要命的节奏，所以“**泽中有火，革**”。

革卦上卦为泽，泽又为泽水，泽水为水，水为“坎”，坎又可为“月”；下卦为火，火为“离”，火又可为“日”，所以“泽火革”就是记录日月星辰天地之间变化的，包括：日月更替、昼夜轮回、冬去春来、夏去秋来，所以“革”就是日夜交换、四季更替，变个不停、变幻不止。这个时候就必须要制定历法、明确时辰，以使生活作息、农业耕作、政务人事可明辨时令、按时完成，不致延误。即“**君子以治历明时**”。

卦名记忆法：

【泽火革】：泽湿火燥，革故择时。

50【火风鼎】䷱

卦象：木上有火，鼎。君子以正位凝命。

译文：木在燃烧，这就是鼎卦的卦象。君子观鼎之象，在其位要保持端正稳重的形象，倾力凝心于所受使命。

卦象记忆法：

“火风鼎”，鼎卦下卦为巽卦为木为风，上卦为离卦为火，木在下，木生火，火在木上燃烧，反过来，上卦火又借下卦巽风之势，火势更旺，这是一幅火烧鼎物烹饪食物的景象，所以“**木上有火，鼎**”。

鼎，历来就是“国之重器”，是神器，也是江山稳固的象征。鼎立在那里，端正、威严，鼎是永远端正鼎立着的，即“**正位**”，充满了保佑国家强盛的使命感，即“**凝命**”，鼎就是天命的授权，保佑君王政权万世永续，鼎也是永远承载着国家威严、政权权威、法律至上的护佑使命，即“**凝命**”。所以在鼎卦，“**君子以正位凝命**”。

卦名记忆法：

【火风鼎】：火烧风木，鼎新正位。

51【震为雷】䷲

卦象：洊雷，震。君子以恐惧修省xǐng**。**

译文：雷声阵阵，接连不断，震惊四方，这就是震卦的卦象。君子体察震卦，就要以恐惧敬畏之心，来修身省过。

卦象记忆法：

“震为雷”，震卦上下卦都是雷，是雷声一个接着一个，雷声滚滚、轰隆隆，震天动地，天地万物无不被震动波及，所以“**洊雷，震**”。

雷是天在发怒，是天威，天威之下，必须恐惧，要怀有畏惧之心，即“**恐惧**”，上天“有好生之德”，“吃软不吃硬”，君子就会平安落地。雷是天威天怒，是在发出一个警告，天威天怒不是随便发的，“无事不登三宝殿”。那就要想想了，自身是不是真的有问题，是不是真的什么地方做错了？“平生不做亏心事，半夜不怕鬼敲门”，所以就要“**修省**”，“有则改之，无则加勉”。“人在做，天在看”，君子就要“**君子以恐惧修省**”。

卦名记忆法：

【震为雷】：震响为雷，戒惧自省。

52【艮为山】䷳

卦象：兼山，艮gèn**。君子以思不出其位。**

译文：两山并立，这就是艮卦的卦象。君子效法艮卦之道，思考、思虑和思想不能超出自己的本位。

卦象记忆法：

“艮为山”，艮卦上下都为山，两山并立、并峙，各自岿然不动，各处其位，既互不干涉，也“老死不相往来”，都保持静止状态，所以“**兼山，艮**”。

艮卦内卦为山，外卦又为山，形成了“山外有山，人外有人”的形象，就要告诫君子，不可有此“好高骛远”的思想，不可“这山望着那山高”。要学习艮山的“不动如山”、“止欲、静思、修行”的品德，要“不在其位，不谋其政”，即“**君子以思不出其位**”，这就是“不越雷池半步”的重要意义。“当一天和尚撞一天钟”虽显平庸、敷衍了事了些，但也在做本职工作，而“狗拿耗子多管闲事”却从来都是贬义的。另一方面，“**兼山**”即两山并立，各自站在自己的位子，不乱跑动，也是“**不出其位**”的意思，所以，“**君子以思不出其位**”。

卦名记忆法：

【艮为山】：艮为山止，止欲守己。

53【风山渐】䷴

卦象：山上有木，渐。君子以居贤德善俗。

译文：山上的树木依山势而生长，这就是渐卦的卦象。君子学习渐卦之象，就要积累贤德，改善风俗。

卦象记忆法：

“风山渐”，渐卦上为巽木，下为艮山，木在山上，即树长在山上。不像树长在地上，树长在山上，山远，你发现不了树在生长，但它一直在长，渐渐地长，直至长成了参天大树，终被人发现巨大的变化，因此“**山上有木，渐**”。

“风山渐”的另一个画面就是，树在山上，树随山坡走势渐渐走高，而不是“忽高忽低”的那种跳跃突兀，因此“**山上有木，渐**”。

“十年树木，百年树人”，山上的树木成长是要循序渐进的，不可一蹴而就，“**善俗**”也要如此。山上的树也是“站在巨人的肩膀上”居高山之上，一开始就有了高度，因此可以起带头示范作用，即可以“**居贤德善俗**”。树又有“前人栽树，后人乘凉”的伟大胸襟，也是“**居贤德**”。因此，要学习渐卦，“**君子以居贤德善俗**”，君子以修自己德行方面的高度，自己有了高度就有仁德感化能力，然后通过“随风潜入夜，润物细无声”这样的方式渐渐地“美教化，移风俗”。无论是树的成长、德行的养成，还是“美教化，移风俗”，都需要“潜移默化”的“**渐**”进而行。

卦名记忆法：

【风山渐】：风木附山，循序渐进。

54【雷泽归妹】䷵

卦象：泽上有雷，归妹。君子以永终知敝。

译文：雷在沼泽上震动轰鸣，这就是归妹卦的卦象。君子观察归妹卦之象，就要永远坚持男女生息之道，同时要知道弊坏的害处，有所预防。

卦象记忆法：

“雷泽归妹”，归妹卦上卦为震雷声，下卦为兑泽水，雷声震响激起泽水碧波荡漾、心花怒放，泽水少女因此按捺不住，主动挑逗勾引震雷长男。“男追女隔座山，女追男隔层纸”，更别提还是妙龄少女倒追老男人，主动送上门，这谁受得了？这就是“**泽上有雷，归妹**”。归妹，就是姐姐出嫁而妹妹跟着陪嫁就叫归妹，不是夫妇之道，是纳妾之道。

归妹卦少女是由于仰慕长男老男人的成熟魅力，这让少女如痴如醉、崇拜似狂，不顾一切主动上前追求、挑逗、投怀送抱。少女急不可耐的、“如狼似虎”般“往上扑”，最容易失贞，也最容易得不到珍惜。太主动，这从一开始就违背了千古年来男欢女爱的求偶模式，就是女的要矜持，要端庄，要“待嫁闺中”，要耐心等待“白马王子骑着白马”或者是至尊宝“盖世英雄有一天踩着七色云彩”前来迎娶紫霞仙子。因此，“归妹”从一开始就不是“夫妇之道”，而是“纳妾之道”，从一开始就是基于私情爱欲，就失去了“夫妇正统”之道。没有“善始”，又怎能期盼得到“善终”呢？因此，君子就要提前“打好预防针”，要是一件事情初始就知道有敝坏，“**知**

敝”，那就不能“**永终**”，要想达到“**永终**”，那就要提早避开初始就有问题的“**归妹**”。这就是“**君子以永终知敝**”。

卦名记忆法：

【雷泽归妹】：雷动泽悦，归妹当礼。

55【雷火丰】䷶

卦象：雷电皆至，丰。君子以折狱致刑。

译文：雷的威震和电的闪耀一起到来，这就是丰卦的卦象。君子因此要效法丰卦，就要威严光明公正的判案，决定刑罚尺度。

卦象记忆法：

“雷火丰”，丰卦上雷下电，雷震，是天威天怒；电闪，是天之光耀。二者同时出现在天上，同时把天威天怒和天之光耀都请出来了，这是多大的排场，多大的气势！真的是雷电交加、电闪雷鸣！多么丰大的景象！所以“**雷电皆至，丰**”。

丰卦上卦震雷代表威，下卦离火代表明，上天对待天下的万物生灵是威严与明理并举的。按照读卦次序，是从下往上看。“雷火丰”首先映入眼帘的是下卦离火、离电，即上天首先以火照通明、没有阴暗的、“明理”来“明察秋毫”断案，就不会有隐情、冤假错案；然后上卦震雷以“威严”来“铁面无私”定刑，量刑就会“罚当其罪”、恰如其分。这就要求“**君子以折狱致刑**”，效法“雷火丰”。

为什么“火雷噬嗑”卦象是“雷电噬嗑，**先王以明罚敕法**”，而“雷火丰”卦象是“雷电皆至，丰。**君子以折狱致刑**”？在这里，“火雷噬嗑”是离明在上、雷动在下，雷是“光打雷不下雨”，是吓唬、吓阻，是“丑话说在前头”，先立法来个“下马威”，差点点就要动手判刑了。画面一转，到了上卦，最后上卦为离明，是文明行事、守法公民，没犯事，是遵纪守法的、听话的，所以就只能是“**明罚敕法**”，不能拘捕判刑人家。而“雷火丰”是雷动在上、离明在下，是离明已经公开讲明要正大光明做人、要坦荡明亮做事，即首先下卦离表示已经“约法三章”了，但上卦却是震雷，就是依然不听话、乱作为，就是“目无法纪”触犯了法律、震动了上方，那必然要“办你”，即“**折狱致刑**”。所以，“**君子以折狱致刑**”。

卦名记忆法：

【雷火丰】：雷鸣火闪，丰盛硕大。

56【火山旅】䷷

卦象：山上有火，旅。君子以明慎用刑，而不留狱。

译文：山上有火在燃烧，这就是旅卦的卦象。君子效法旅卦，就要明察狱情，谨慎定刑，而不滞留拖延不判狱案。

卦象记忆法：

“火山旅”，旅卦火在山上，火光在山上照耀，象征旅行之人夜晚在山上安营扎寨露宿，为了防止野兽的靠近侵袭，点燃篝火，吓退野兽，这样就形成了“山上有火光”的画面，所以“山上有火，旅”。

“火山旅”还可如此理解，火在山上烧，把山烧完了，火终会熄灭，即山并非火长居之所、久留之地，火也是短暂在山上“旅”行，去了就走，火也是“匆匆过客”。家里的炉灶，才是火“永久的家”。所以，“**山上有火，旅**”。

“火山旅”上卦为离明，下卦为艮山，艮山在于止，就是有所谨慎、有所控制；上卦离明，离明在于公开透明，就是明镜高悬、公正廉明，君子观察此象就要“**明慎用刑**”。“火山旅”，火在山上烧，火光“漫山遍野”，所到之处，一片不留，烧了个精光，所以君子观此象，就要“**不留狱**”。即“**君子以明慎用刑，而不留狱**”，就是要公开公正透明慎重的断案判刑，不容“暗箱操作”，同时要不积压案卷，使得案子早日得到解决，还当事人公道和安宁。

卦名记忆法：

【火山旅】：火燃山上，行旅难居。

57【巽为风】䷸

卦象：随风，巽[xùn]。君子以申命行事。

译文：风紧接着风不断地吹拂，这就是巽卦的卦象。君子从巽卦中得到启示，要先行申明号令自己的命令，使民众广泛听到，听令付诸行动。

卦象记忆法：

“巽为风”，巽卦上卦为风，下卦也为风，就是两风前后、上下相随，相随就是顺从，即巽为“顺”意，所以“**随风，巽**”。

巽风又为“号令”的意思，“号令”要风驰电掣的传达下去。上下两个巽风，就是“三令五申”、“千叮咛万嘱咐”，即“**申命**”；两个巽卦上下叠加，就像指令一层层向下传达，即“**申命**”；上卦巽就代表君王下达的指令，下卦巽就代表臣民火速执行，即“**行事**”。因此，“巽为风”卦象传达的就是“**君子以申命行事**”。

卦名记忆法：

【巽为风】：巽为风顺，听命行事。

58【兑为泽】䷹

卦象：丽泽，兑。君子以朋友讲习。

译文：悦上加悦，则更加喜悦，泽连着泽，则更加浸润彼此，这就是兑卦的卦象。君子从兑卦得到启示，就要和志同道合的朋友一起互相讲习，互相增益进步。

卦象记忆法：

“兑为泽”，兑卦上下皆为兑泽，两个泽水相邻，彼此能互相滋益对方，这样双方都皆大欢喜，所以“**丽泽，兑**”，丽，就是“相连”的意思。

“兑为泽”，两个泽互相滋益、互相帮助对方，就像“**朋友**”互助；兑又为“口”的意思，两个“口”象征互相“**讲习**”，互相拉家常、切磋交流、“家长里短”，聊得越来越起劲，非常喜悦，悦也是“**兑**”。君子观此象，就要“**君子以朋友讲习**”。

卦名记忆法：

【兑为泽】：兑为泽润，诚悦待人。

59【风水涣】䷺

卦象：风行水上，涣。先王以享于帝，立庙。

译文：风吹水面，这就是涣卦的卦象。涣卦卦象给了反面的启示，就是如何使人心不涣散，那就是祭祀天帝，建立宗庙，传播信仰，只有信仰才能把人心凝聚在一起。

卦象记忆法：

“风水涣”，涣卦风吹行于水面，水面没有风则“水平如镜”，风一旦吹起水面，则水面“泛起涟漪”、“波光鳞鳞”、“碧波荡漾”，风如果再大点，就要“波澜壮阔”了，水面就不再是平静的一面镜子，而是风吹水散，水涣散开来，所以“**风行水上，涣**”。

“涣”难之时，天下“人心涣散”、“分崩离析”、“乱作一团”，“涣”难之时就要救，救民于水火，不能“见死不救”、“袖手旁观”，就要救人心，就要凝聚人心，稳住乱局。古时最好的凝聚人心的方法，就是建造宗庙，真心祭祀，献祭上帝，传播国家、民族共同精神信仰，使得“天下归心”。所以，“涣”难来临，最高统治者先王的职责就要“**先王以享于帝，立庙**”。

卦名记忆法：

【风水涣】：风吹水面，涣散则聚。

60【水泽节】䷻

卦象：泽上有水，节。君子以制数度，议德行。

译文：泽湖上面还有水，这就是节卦的卦象。君子从节卦得到启示，要按照人的尊卑贵贱制定不同的礼节待遇，并考察人的道德行为是否节制合规。

卦象记忆法：

“水泽节”，节卦水在泽水上，泽水本来就有水了，又来了水，泽水上加水，就要加固堤防、建设闸门，多了就放水、少了就蓄水，就是要“节”制水，即“**泽上有水，节**”。

另，“**泽水困**”，泽上无水，水跑到泽下面去了，就“困”，说明水严重不足；而“**水泽节**”，泽水本来就有水，又来水跑到泽水上面，则说明泽水更加“多多有余”。泽湖里的水再多，也不是“小宇宙”，蓄藏的水也是有定量的、有限的，而不是无限的，不可以“取之不尽，用之不竭”，就是说再富有，更要省着花，所以要节约使用，就要“量入为出”。所以首先就要制好“**数**”，做好“尺量”和统计，知道自己“家底”有多少。然后就是做好使用标准的“**度**”，科学化管理，要把握住“度”，就是要“节约”、“节度”、“节制”。同时制好了“**数度**”，并不是“高枕无忧”，什么都不管了，“规则是死的，人是活的”，还要对先前制定的“**数度**”，根据现场情况、实际情况，因地制宜，适时调整，灵活变通，即“**议德行**”，使得“客观规律性”和“主观能动性”有机结合，做到定量和定性相辅相成，做到这些，才是完美的“节”而不“失节”。所以，“**君子以制数度，议德行**”。

卦名记忆法：

【水泽节】：水满泽湖，节制有度。

61【风泽中孚】䷼

卦象：泽上有风，中孚。君子以议狱缓死。

译文：风吹在泽上，这就是中孚卦的卦象。君子效法中孚卦，心中有诚信，就会在判案之前不武断独断而会进行广泛调查讨论，不留可疑之处，对死刑从缓执行，以查清定罪依据，秉公执法，不留冤情。

卦象记忆法：

“风泽中孚”，中孚卦上卦为巽风，风为教化，巽风在上，就是教化风行于大地之上；下卦为兑泽，泽水润下，犹如恩泽普惠于下面黎民百姓；这样，教化风行于上，恩泽普惠于下，中间就虚空出来了，就是“**中孚**”。同时，无论是教化风行，还是恩泽普惠，都需要内心真诚的表示，即“**中**

孚”，不能有半点虚伪和虚假。因此，“**泽上有风**”，呈现出来的就是“**中孚**”，即“**泽上有风，中孚**”。

中孚卦的卦象是上面两个阳爻、下面两个阳爻，像上下两个坚硬的保护壳；中间两个阴爻，象征生命躲在里面的空间。因此，中孚卦又是“蛋壳”的象，而且“孚”不仅是“诚信”的意思，在古代也是“孵”的意思，就是母鸟在孵化蛋，正在孵化新生命，这正应了中孚卦“蛋壳”的象。而“中孚”卦是说这个人一直都是讲诚信的，一直诚信待人、“童叟无欺”，是个大好人，“暮鹊投林意自深，向来一诺抵千金”。因此，“中孚”就是“无形资产”，一个人一旦是“中孚”之人，就要念及其过去的“童叟无欺”的大好人表现，可以为其目前的“一念之差铸成大错”而“网开一面”，可以“**议狱缓死**”，就是可以商议狱刑的量刑空间，哪怕是死罪也可以暂缓执行。中孚卦卦象又是“蛋壳”的形象，其中孕育着生命，更要“**缓死**”。因此，面对“中孚”，君子就要“**君子以议狱缓死**”。

卦名记忆法：

【风泽中孚】：信风吹泽，中孚心诚。

62【雷山小过】䷽

卦象：山上有雷，小过。君子以行过乎恭，丧过乎哀，用过乎俭。

译文：雷在山上响起，这就是小过卦的卦象。君子感悟小过卦，就要尽量避免犯过错，就要行为更加恭敬，丧事要更加哀痛，花销费用要更加节俭。

卦象记忆法：

“雷山小过”，小过卦雷在上、山在下，雷在山上响起，雷声被一座又一座山忽左忽右阻挡，雷声就不能全部通过了，只有部分过，就是“小过”，因此“**山上有雷，小过**”。

又，小过卦卦形是中间两个阳爻像鸟身，上面两个阴爻、下面两个阴爻像鸟的两个翅膀展翅飞翔。小过卦的上卦是震为动，下卦是艮为山。所以，整个小过卦就是小鸟振翅飞行，飞“过”了一座山，但是鸟要飞“过”天空，才是真正的大的飞“过”，所以目前的飞“过”山，还是“小过”，就是"小"的飞过，所以"**山上有雷，小过**"。

小过卦是上两个阴爻、下两个阴爻，夹攻中间的两个阳爻，阴为"小"，阳为"大"，所以小过卦就是"小"超过了"大"，所以是"小"的过。因此，小过卦就是在"小"事上可以"过"，"不伤大雅"，"礼多人不怪"，因此"**君子以行过乎恭，丧过乎哀，用过乎俭**"，过分恭敬、过分哀痛、过分节俭，这没事的，不会有人说的，这些都是"小"事，不是国家大事。另一方面，处于"小过"之时，虽"小"尤大，从"小"看大，"千里之堤溃于蚁穴"，"小"不忍则乱大谋，"小"时偷针，大时偷金。因此，处于小过之时，更要在"小"事情上用心，及时"亡羊补牢"，以守住防线，不使"小"过向"大"过蔓延，所以，"**君子以行过乎恭，丧过乎哀，用过乎俭**"，这些举措，就是给"小"过来个"急刹车"，降降温。

卦名记忆法：

【雷山小过】：雷响山惊，小过小为。

63【水火既济】䷾

卦象：水在火上，既济。君子以思患而豫防之。

译文：水在火的上面，这就是既济卦的卦象。君子学习既济卦，就要居安思危，防微杜渐，提前思虑祸患隐患，提前预防，做到防患于未然。

卦象记忆法：

"水火既济"，既济卦水在上，火在下，有用火烧水之象，就是架起锅，"烧火做饭"之象，因为做饭必然要在锅下面生"火"，锅里放"水"煮饭。这样，通过火烧水，火和水都各司其职，还不相克；饭菜又做好了，有饭吃了，生命也得到救济，一切都是这么美好，所以"**水在火上，既济**"。

水在火上烧，饭菜即将可以端上来，因此刚开始是很醇美的画面。但是，形势都是可以瞬息万变的。如果水一直在火上烧，"水火无情"，如果无人看守，即没有想到"**思患**"的事情，稍不小心，锅就可能被比如小动物撞翻或被风吹倒，就有可能水一倾而下把火浇灭；或者火一直烧，火能把水烧干、把锅烧透，这就危险了！因此，水在火上烧时，就要"**君子以思患而豫防**

之”，就要思虑有可能发生的隐患，就要提前预防，不要走开，时时看守着。

卦名记忆法：

【水火既济】：水火交融，既济守成。

64【火水未济】䷿

卦象：火在水上，未济。君子以慎辨物居方。

译文：火在水的上面，这就是未济卦的卦象。君子从未济卦中得到启示，谨慎辨别物类，又要物当位，找到属于自己的位置，各居其位，不使秩序紊乱。

卦象记忆法：

“火水未济”，未济卦火在上、水在下，火性炎上、水性流下，方向相反；离火在南方，坎水在北方，方位不同；火热、水寒，性质各异。二者总是“背道而驰”、“各行其是”，老是对着干，未能相济为用，所以，“**火在水上，未济**”。

另，“火水未济”卦的六爻全部失位、不正，象征没有一个摆正位置，位置未摆正，一切失序、失位，还做什么事？什么事都做不成的，即“**火在水上，未济**”。

火热、水寒，说明物体“人各有志”性质不同；火在南方、水在北方，说明所居方位不一样。因此君子就要谨慎“**辨物**”和“**居方**”，使得“**物**以群分，**方**以类聚”，使得不同事物能够“各尽其职”，不被“张冠李戴”，能够充分发挥自己作用；使得都站在正确的方位，做好“定位”，因为方位错了，“南辕北辙”，那就什么都错了。这样，“**辨物**”和“**居方**”之后，就会发现“**火水未济**”的错误，就赶快纠正和调整，**物**尽所能、摆对**方**位，最后才能“乾坤大挪移”，重返“**水火既济**”。所以，君子就要“**君子以慎辨物居方**”。

卦名记忆法：

【火水未济】：火上水下，未济事业。

二、卦辞记忆法

1【乾为天】䷀

卦辞：乾。元亨利贞。

译文：乾卦。元，开始的意思、大的意思、仁的意思，万物的根本、根源。亨，亨通、通达、畅通无阻的意思。利，有利、收益、宜、吉的意思。贞，正 、正道的意思。“元亨利贞”合起来，就是健的意思。

卦辞记忆法：

乾卦的卦辞最好记的，“**元亨利贞**”，是四德最齐全的，没有任何疑问和难记。

记住这四个字不是最主要的，最主要的是领会其含义。除了上面的解释，“元亨利贞”古人也释“春夏秋冬”，即元：春，一年的开始，万物生发；亨，夏，万物疯长发展，亨通；利，秋，万物成熟，利来了；贞，冬，万物果实收藏，贞正固定。而春夏秋冬四季循环往复，主宰着大自然，主宰着万物生命的循环。

从五行来看，元，春天，属木；亨，夏天，属火；利，秋天，属金；贞，冬天，属水。木居东方、火居南方、金居西方、水居北方，土居中央，五行相生相克循环不已。乾坤为天地，乾坤卦卦辞都有“**元亨利贞**”，天地因此通过春夏秋冬四时运行变化，“有天地然后有万物”，世界由此丰富多彩。

2【坤为地】䷁

卦辞：坤。元亨，利牝[pìn]马之贞。君子有攸往，先迷后得主，利西南

得朋，东北丧朋。安贞吉。

译文：坤卦。元始，亨通，有利于像母马一样的贞正。君子有所前往时，如果争先走在前会迷路，如果跟随在后，则会找到主人，吉利。往西南方可以得到朋友，往东北方向则会丧失朋友。必须要安于贞正，才能吉庆。

卦辞记忆法：

乾坤卦是“阴阳之根本，万物之祖宗”，乾坤两卦是64卦最特殊的两卦，乾坤不可分离，有天有地才有万物，缺一不可。乾是阳，至健，坤则是阴，至顺。因此，正如“**元亨利贞**”象征“春夏秋冬”，坤卦的“元亨利贞”具有了不同于乾卦的，母性的“牝马”的属性，坤卦是大地属性，古代大地上就牛、马最多，《易经》里也是描写到马为多，在大地上，在古代，无论是生产生活还是交通，都离不开马，所以，有了马，就相当于现在的“有房有车”，当然就是利贞，就是“**利牝马之贞**”，干啥事都方便了。

《易经》全篇都是在强调“君子”的，正如宫斗剧写的都是“皇上、太后娘娘”之类的，而从不会写老百姓一样，因此做大事情的，起示范、领导、带头作用的人物只能是“君子”，即“**君子有攸往**”，也只有君子才会有所作为，因为他学识渊博，超高于当时社会其它阶层。

但是君子也不是神通，特别是出门做事是件危险得很的事情，水浒传里的住旅店过大山的“蒙汗药”并不是吹牛吓唬人的，因此如果抢在前头去探路，着急忙慌的，路不熟必然会“**先迷**”，这也不合坤卦的“顺”性。但是经过一番摸索，摸爬滚打，特别是总结了经验，知道学习别人、跟随别人的指引的重要性，这是最难能可贵的，那么就会“**后得主**”，这个“主”有领导、指引自己的意思，“功夫不负有心人”，最终都会有个归宿的。

在中国古代，包括现在也是，对于方位是固定的，不会乱动的，《礼记乡饮酒义》记载“天地严凝之气始于西南……天地温厚之气始于东北……”即西南属阴，坤是阴，在属于自己归属的地方是游刃有余、理直气壮的，名正言顺做事也顺，因此“**利西南得朋**”。东北则属阳，且坤卦最主要是“顺”，要以乾为主，服从于乾，所以在东北方，要“丧朋”，不能结党营私，即“**东北丧朋**”。

坤卦就是要像大地那样，安静、安定、贞正，而不是“狂野”、“招摇”，坤卦就是要有坤卦的样子，自然就“吉”，即“**安贞吉**”。

3【水雷屯】䷂

卦辞：屯。元亨利贞，勿用有攸往，利建侯。

译文：屯卦。具有元始、亨通、有利、贞正的品德。不易有所前往，利于建功立业、建侯立君。

卦辞记忆法：

万事开头难，屯卦就是讲各种“难”的，这种难，是事业刚开始的难，不是中间，也不是最后阶段，这种难，“前途未卜”，但却有“无限种可能”。水雷屯，雷在水下爆起，就像鱼雷在水下爆炸、爆竹在水下炸响那样，象征即将爆破喷发而出、水花四溅，向上的气势还是很足的。

屯，是乾坤天地产生的第一卦，也是象征着“新生力量”在向上爬的各种未知和艰难，但新生力量犹如“早晨八九点钟的太阳”，“未来毕竟是属于你们的”，“新生力量”是最有前途的，所以，“**元亨利贞**”，必将“破土而出”、“化茧成蝶”。

屯卦代表的是新生力量，《序卦传》里讲“屯者物之始生也”，这时候是力量最弱小的时候，也是经验最不足的时候，根基都没扎牢，没有大本营、根据地，肯定不能乱动，就是“**勿用有攸往**”，不要四处出击，能力有限。

这个时候能干什么？这个时候最恰当的事，就是打基础，扎牢根基，“高筑墙，广积粮，缓称王”，就是积累力量实力、巩固根据地，就是“**利建侯**”。“万丈高楼平地起”、“不积跬步无以至千里”，雄心壮志、称王称霸的想法就是在“屯”时可以确立的，不能等到“垂垂老矣”再想起来去“建侯”，那就晚了。所以屯卦作为“物之始生”，立下“**建侯**”之志，是最合适的时机，是有利的。

4【山水蒙】䷃

卦辞：蒙。亨。匪 fěi 我求童蒙，童蒙求我。初噬 shì 告，再三渎 dú，渎则不告。利贞。

译文： 蒙卦。亨通。不是我去求蒙童来受教，而是蒙童来求问于我。初次来时真诚的求教，便告知他。但如果一而再再而三地来滥问烦扰，便有对先生亵渎的意思，就不再告知他。利于坚守正道。

卦辞记忆法：

蒙，就是讲“蒙昧，启蒙”的，是讲教育的，“百年大计，教育为本”，教育是最有价值的事业，所以必“**亨**”。

教育强调勤奋、礼貌求教，而不是傲慢娇气等人来教，从古到今，都是尊师重教，学生主动去求教老师，最著名的故事就是“程门立雪”，所以“**匪我求童蒙，童蒙求我**”。

向人请教，心必须要诚，不能带有半点试探、挑衅、不恭不敬的成分，老师一般都是有“传道授业解惑”的职业感，对于初次登门求教的，都是会告诉，“**初噬告**”；但是对于心不诚的则会有所保留，即对于反复挑衅亵渎的，则“**再三渎，渎则不告**”。

教育的事情，“误人子弟”是最大的罪过，所以不可随意为师，称职了达到为“师”的标准了，才可“到处讲课、教人做事”，即教育要“**利贞**”，要坚持传授的是正道的、正确的东西。

5【水天需】䷄

卦辞：需。有孚，光亨，贞吉。利涉大川。

译文： 需卦。有诚信，前程光明、亨通，坚守贞正就会吉祥。有利于涉水通过大川。

卦辞记忆法：

需卦，讲的就是“等待、耐心等待”。等待就要有耐心、有诚意，即“**有孚**”，才能等到想等的人或物。能耐心等待的人，都是前途光明、能做大事的人，即“**光亨**”，其人品、智慧自然都不会差，自然是走在“**贞**”的道路上，不会耍弄邪门歪道，自然“吉”，即“**有孚，光亨，贞吉**”。

会等待的人，就是那种具备了超强的心理素质，知道在最关键的时刻，才会抬脚作“临门一脚”，才会拿起画笔“画龙点睛”，是具备高修养、高素质的。会等待，也是在等待危险过去，等待时机，不冒进。因此“**利涉大**

川”，毫无问题。

6【天水讼】䷅

卦辞：讼。有孚窒惕，中吉，终凶。利见大人，不利涉大川。

译文：讼卦。有诚信被窒塞的象征，需要警惕。中和中止会是吉祥的，如果坚持争讼到终，会有凶险。利于见大人物，不利于涉渡大川。

卦辞记忆法：

讼，就是争讼、打官司的意思。讼，就是涉及到两方的争斗问题，必然是有诚信被破坏的现象发生了，就是为了利益而“背信弃义”，不然都按部就班、说到做到，就不会闹官司了，所以就是“**有孚窒惕**”，有诚信被堵塞了。

诉讼这种事，只有经历过了，就会明白，纠缠于其中，是长期的拉锯战，耗时耗力，有时候虽然没有金钱损失，但投入的时间也是“钱”啊，现在人最耽误不起的就是时间，最没有的就是时间，因此最好双方协商一致，及时握手言和，不然死磕到底，赢了的一方，也赔进去了大把其它成本进去；而输了的，也不见得拖到最后能有什么额外好处、意外惊喜出现，即“**中吉，终凶**”，中止才会吉利，闹到最后都凶险，“各退一步，海阔天空”。

有争讼了，“公说公有理，婆说婆有理”，必须要请一个第三方主持公道才行，什么样的第三方才能让争讼双方都信服？才能做到“一碗水端平”？只能是德高望重的“大人”，即“**利见大人**”。

争讼的事情，不是一天两天的事情，当事人身上有讼事，出远门是不现实的，即“**不利涉大川**”。“打扫干净屋子再请客”，只有解决好了诉讼的事情，才能抽出身来。只有等一件事情结束了，才能开始第二件事情。

7【地水师】䷆

卦辞：师。贞，丈人吉，无咎。

译文：师卦。守持正道，以有谋略贤明长者为统帅，就会吉祥，没有灾祸。

卦辞记忆法：

师卦，就是讲军事的、兴兵打仗的事情。“师出有名”、“得道多助，失道寡助”，打仗最重要的是要做正义之师、做正义之事，是为国为民的，而不是为了烧杀劫掠，所以“师”的第一要务，就是“贞”，要正义、在正道上。不然“不义之师”会群神共愤、天下共诛之。

军队需要绝对的优秀的将领来领导才行，即“丈人吉”，“领头羊”很重要，“纸上谈兵”的领导，只会带偏了队伍，战略战术失误，可不是闹着玩的，因为战场上都是真刀真枪，容不得开玩笑。有了“丈人”，才能“无咎”。正是“三军易得，一将难求”，将帅太重要了。

8【水地比】䷇

卦辞：比。吉。原筮 shì，元永贞，无咎。不宁方来，后夫凶。

译文：比卦。吉祥、吉利。再三考察、研究、审查，（如果亲比者）尊长、成熟稳定、贞正，则没有灾咎。以前不朝王归顺的也来归附了，落在后面的后来者，便是情况不妙有凶险的。

卦辞记忆法：

比，就是亲比的意思，就是人与人之间的相亲相和。中国人讲究“以和为贵”，所以比卦全卦都是积极意义的，是“吉”的。

本卦中的“比”在当时古代环境，是讲政治上的亲比，所以，这时候有前来想亲“比”的，还是有必要再三考察、确认的，即“原筮”，就像现在的“政审”一样，只有具备了优良品质“元永贞”，才可“比”，才能保证“无咎”。

态度很重要，站队很重要。不表态、打太极，或站错队伍，都是很危险的，别人不会信任你，更不会当成“自己人”。谁都喜欢认可投靠自己的人，所以“不宁方来”，之前没归顺，现在来了，归顺了，“七擒孟获”、“亡羊补牢”也是不晚的，也会给安排好位子、给予待遇。但对于落在最后来的，已经没有突出价值意义了，就是“鸡肋”，“食之无味，弃之可惜”，就是“多你不多，少你不少”，只有“凑数”的意义了。中国人讲究“先来后到”，最后来的只能吃别人剩下的，当然就“后夫凶”了。

9【风天小畜】䷈

卦辞：小畜。亨。密云不雨，自我西郊。

译文：小畜卦。有亨通的品德。乌云密布却不下雨，从我西郊飘过来就开始的现象。

卦辞记忆法：

“畜”字，从玄从田，玄是水的颜色赤黑色，所以“畜”就是田里有水，可以长庄稼，就是有小蓄养、小财富，就是种些田过小日子，不是“大买卖”。只要有蓄积，即使是“小”，但不是对外散财，那当然是“**亨**”的，所以，小畜卦是亨通的。

小畜卦就是讲过小日子、不对外散财、小蓄养、小积累的，“畜”就是“蓄止”的意思，就是讲究“憋功”，凡是有小积蓄的，都是一分钱一分钱都会节省下来，都是有很好的克制力，不随便消费，这就是“**密云不雨**”的功力，比喻乌云密布却并不下雨，说明了乌云的克制力。乌云为什么不下雨？也是有原因的，云彩飘自西方，即“**自我西郊**”。“云行东，车马通；云行西，披雨衣”，生活经验也告诉我们，从西面刮来的风，很少能下雨，都是干风；只要一刮东风或东南风，凉飕飕的，下雨的概率就大了，而且往往飞沙走石、乌云密布，一会雨就下来了，这也与我国的地理气候特征相符合。

10【天泽履】䷉

卦辞：履lǚ虎尾，不咥dié人，亨。

译文：履卦。踩在老虎尾巴上，老虎却不咬人，亨通。

卦辞记忆法：

履就是踩的意思，64卦中，只有履卦是去踩虎尾巴的，虎还不咬人，所以奇特、特别，独特景观。

履卦，不仅讲实践、履行的意思，而且还是讲“礼”的方面。“礼多人不怪”，只要礼节到位，能以和悦、谦卑的礼节待人接物，哪怕遇上凶猛的老虎，老虎也会欣赏你的礼貌，也会安然无恙而亨通的，所以“**履虎尾，不**

咥人，亨”。“来而不往非礼也”，“你敬我一尺，我必敬你一丈。你若得寸进尺，我必寸步不让”。力的作用是相互的，人与人之间，甚至人与动物之间也是相互的，只要你以诚待我，那么狗熊、豹子、虎、狼也都可以和你称兄道弟、和平相处的，新闻报道的熊、虎、狮子、豹子和人类成为亲密伙伴的并不少。都是自己兄弟了，还会吃了你吗？生活中也是如此，你就是对恶人点头哈腰、礼貌谦卑，他也不好下手去伤害你了，坏人吝气重，但也不会没道理的去伤害一个对自己示弱的人。

11【地天泰】䷊

卦辞：泰。小往大来，吉亨。

译文：泰卦。小的往去，大的到来，吉祥，亨通。

卦辞记忆法：

泰，就是通的意思。《易经》以阳为大，以阴为小，泰卦是“地天泰”，天在下为阳，地在上为阴，阳气往上来，“**大来**”，阴气往下走，“**小往**”，所以“**小往大来**”，二者交融，阴阳合作、万物生遂、生命诞生，就是天地相交、阴阳二气相通，这是自然界最好的一种状态，生机盎然，所以“**吉亨**”。

12【天地否】䷋

卦辞：否之匪人，不利君子贞，大往小来。

译文：否卦。（天地不交则万物不生）否闭不通，不是人间正道，不利于君子贞正，大的去，小的来（阳往阴来）。

卦辞记忆法：

否卦，就是讲天地不交、不通。这种状况就是“**否之匪人**”，否闭不通，不是人间正道。这时候小人当道，黑白颠倒，是非不分，当然就“**不利君子贞**”了。《易经》以阳为大，以阴为小，天地否，天在上为阳，地在下为阴，阳气往上来，阴气往下走，所以“**大往小来**”，二者不相交，这时候就是“小人道长，君子道消”了。

否卦也为十二消息卦，属农历七月，七月又为中国民间著名的中元节

“鬼节”。否卦是阳气上升越升越远，阴气下降越降越下，导致阳气越升越高飞走了，阴气越沉越重，这就造成二者相离越来越远，中间，就类似于人世间，短暂形成了黑漆漆的一片空洞，无生机、死寂一片，这也是中元节定在七月否卦的缘由，这个时候是最适合鬼魂之道的。

13【天火同人】䷌

卦辞：同人于野，亨。利涉大川，利君子贞。

译文：（同人卦）会同众人于远处郊野，亨通。利于涉渡大川，利于君子坚持正道。

卦辞记忆法：

同人，是与人同，就是与人相同，而不是不同、不和。最大的同人是什么呢？就是“天下大同”，天下人都“同”，即“**同人于野**”，“野”就是最郊野、最边远的地方，连最边远地方的人都“同”了，那当然就“天下大同”了。“天下大同”的时代，也就是差不多“天下为公”、“共产主义时代”了，因为只有天下人都有为公的心和意识，才能达到“天下大同”。那么，“同人于野”的“天下大同”的社会文明必然高，所以“**亨**”也是必然的。

这种社会文明背景下，“路不拾遗，夜不闭户”，没有偷抢扒拿，所以“走遍天下都不怕”，即“**利涉大川**”。社会文明程度再高，天下再大同，也离不开每个个体的文明素养，“打铁还需自身硬”，因此君子还需时刻修身贞正，而且“同人于野”的时代也是有利于君子坚持贞正原则、进行修身的时刻，即“**利君子贞**”。

14【火天大有】䷍

卦辞：大有。元亨。

译文：大有卦。元始、亨通。

卦辞记忆法：

全 64 卦，只有大有卦只说了“**元亨**”两个字，就只有这两个字，而别无它字。“元亨”是大的亨通。

为什么呢？古代也强调个人财富的重要性，与同人卦不同，同人是与别人同，是“先天下之忧而忧，后天下之乐而乐”的情怀，而大有卦是强调“物归我有”，而且是大大的有。大有，也是说明天下人，人人皆有，人人富足，“仓廪实而知礼节”，社会才能安定团结，国家才能强盛，这是盛世的景象，这是无论是国家还是个人追求的最高目标，当然“**元亨**”。

15【地山谦】䷎

卦辞：谦。亨，君子有终。

译文：谦卦。亨通，君子因为谦让的品德终有成就、善终。

卦辞记忆法：

谦卦是64卦中最好的一卦，所有卦辞、爻辞都是好的。“满招损，谦受益”，因为“谦”是人世间最好的品格，谦则必亨通，即“**亨**”。但谦是要讲究真正的谦，是君子般的谦，而不是小人般的、“笑面虎”般的、“表面一套背地一套”的谦。小人谦不长久，只有君子谦才能感动天地人，君子以谦德伴随终生，则必会有所成就，也会因此善始善终，即“**君子有终**”。

16【雷地豫】䷏

卦辞：豫。利建侯行师。

译文：豫卦。利于建立侯王事业，利于行军出师征战。

卦辞记忆法：

豫，有喜乐的意思，也有预备、预测的意思。豫是“雷地豫”，上卦为震为雷，下卦为坤为地，雷震动于地上。雷震动，那就要做事情的、是要做一些改变的事情，不是小打小闹，是要做大事的征兆，要兴师动众了；而坤则为地，有聚众、聚集之象。因此，豫卦就具备了兴师动众的“震”的举动和聚众的“坤”的群众基础，所以“万事皆具备”，豫卦可以“**利建侯行师**”了，就是利于建立侯王事业和行军出征，因为有群众基础了，也积极筹划进行了前期准备了。这与屯卦不同，屯卦是新生力量，啥都没有，所以只能“利建侯”而不敢“行师”。豫卦总体上是讲“备战”，讲预备、准备，而师卦就是出师了，讲“实战”。

17【泽雷随】䷐

卦辞：随。元亨利贞，无咎。

译文：随卦。具有根元的、亨通的、利益的、守正道的德性，当然是没有灾祸的。

卦辞记忆法：

随，就是跟随、追随、跟从的意思。随卦类似于谦卦，谦虚、低调，不张扬，“不做出头鸟”，而是先跟随学习，少说多听，这就是最好的“**元亨利贞**”，当然就“**无咎**”。

随，还有“随遇而安”、“随它去吧”，接受现实的意味，即认识到人生的现实和实际，不再对未来空想，接受现实；也不再活在过去，死去活来的后悔这后悔那，即整个人的心态发生了重大变化。人的心态太重要了，心态就如同人的指挥部大脑一样，决定了人的一切，所以心态好了，就是一切想开了，就好了，剩下的就是脚踏实地、按部就班的迎难而上、过好日子。《易经》最重视当下，所以随的状态，不与人争风吃醋、耍横斗狠，而是少说多听、随遇而安，就是“**元亨利贞**”，就是“**无咎**”。

18【山风蛊】䷑

卦辞：蛊 gǔ。元亨，利涉大川。先甲三日，后甲三日。

译文：蛊卦。具有根元、亨通的德性，利于涉渡大川。在治蛊之前要详细谋划，在治蛊之后要总结经验。

卦辞记忆法：

蛊，本来是腐败、不通的意思，就是社会腐败堕落黑暗。物极必反，乱世出英雄，英雄就会“横空出世”，反而英雄就有用武之地了，来果断治理这个“蛊”，因此蛊卦就是革除旧弊的，因而会“**元亨**”。这个时候，是大展拳脚时候，大江南北、河流山川都要征战闯荡，因此“**利涉大川**”。

蛊，不是小事，而是大坏事，大坏事就要做好长期斗争的准备。从古至今，革命者必须保持冷静和斗争，必须“**先甲三日，后甲三日**”，持久战要打的。

19【地泽临】䷒

卦辞：临。元亨利贞。至于八月有凶。

译文：临卦。具有根元、亨通、有利、贞正的四种德性。但到了八月有凶祸。

卦辞记忆法：

临，是居高临下、君临天下，君王是最高地位，是天子，君“临”，天子来了，当然要“**元亨利贞**”。君临天下，自然是威风凛凛、霸气十足的气势，但越是这样往往意味着再无人能约束君王，君王可以自由洒脱，“一句顶一万句”，这就危险了，长久这样就会出事，即“**至于八月有凶**”。

临卦也是十二消息卦之一，临卦代表十二月，八个月后是观卦，代表八月。临卦和观卦互为综卦，且临卦是阳气上升，观卦则是阴气上升，八个月后完全逆转了，凡是都怕“一百八十度大转弯”，当然要凶险了，即“**至于八月有凶**”。

20【风地观】䷓

卦辞：观。盥guàn而不荐，有孚颙yóng若。

译文：观卦。祭祀前洗净双手，还没有供献祭品，已经是心中有信仰、恭敬的状态。

卦辞记忆法：

《易经》最重要的，就是“设卦观象”，一个就是“象”，一个就是“观”，这概括了《易经》的核心。人的一切学识、技能、经验都来自于“观”，双目失明，是没法“观”的，就中断了外界信息“输入”的途径，自然就没有自身感知“输出”的产出。“当局者迷，旁观者清”，“当局”说的就是临卦，就是身临其境，光临现场，因此所见就眼前那一片，视野受限；而“旁观”就是观卦，观就是与现场拉开了距离，看得更远、更广阔。观卦是临卦的综卦，观卦是两个阳爻在五爻、六爻上，高高居上。观是涉及到人的思想和教化的，因此观是从上往下观，眼睛向下看，观卦的五爻、六爻相当于眼睛。

“观（觀）”字从雚从见，雚是一种鸟，观即“鸟之所见”，鸟瞰。

观卦，就是讲，天子先王观天下，也同时暗含了天下百姓观天子先王，观卦五爻、六爻两阳爻象征天子先王，下面四爻阴爻象征黎民百姓。观，是两个地位悬殊的群体的观，因此必须要遵循神圣的仪式，内心保持圣洁清净的心。这个观，最讲内心的虔诚，心到了，“荐不荐”都不重要了。所以“**盥而不荐，有孚颙若**”。

21【火雷噬嗑】䷔

卦辞：噬嗑。亨。利用狱。

译文：噬嗑卦。亨通，有利于判案和施用刑狱。

卦辞记忆法：

噬，就是啮，嗑，就是合，噬嗑就是咬合的意思。嘴里有东西了，才需要去咬合，嘴里没有东西就是颐卦了。因此，要咬合的东西就是这个“九四爻”，有了“九四爻”，初爻和上爻象征上嘴唇和下嘴唇，就合不上嘴了，九四爻象征有“从中作梗”、“眼中钉”、“肉中刺”，导致不通畅，所以必须给它吃掉、咬掉，铲除这个梗，必“除之而后快”才能舒坦。吃掉“九四爻”之后，就是颐卦了，就是吃饱了，也代表赢了对方，自然亨通，即“**亨**”。

噬嗑卦，就是讲要咬掉像“九四爻”这样的硬物，铲除异己、除掉障碍，这是涉及到残酷剧烈的斗争的，那么就不可能用甜言蜜语、软言细语去实施，是要动手动枪动刀子的，就得要“**利用狱**”，要动真格的才有效果，书生意气、娘娘腔从来都是要失败的。

22【山火贲】䷕

卦辞：贲。亨，小利，有攸往。

译文：贲卦。亨通，可以有小利，可以前往。

卦辞记忆法：

贲卦就是讲“文饰”的，目的是为了更好地展现自己、推销自己。善于营销，这首先会达到吸引人的注意力，有了注意力，也就有了更大几率买卖的可能，因此是“**亨**”的。

但贲卦的“文饰”是依附在物的“质”上的，故文饰不能太过，文饰只能是装饰，而不能喧宾夺主，故而只能“**小利**”，不能作为主业而达到“大利”。文饰也是有必要的，适当的装扮更有利于展现自己，因此“**有攸往**”，值得前往去做这件事情，即“贲”。

23【山地剥】䷖

卦辞：剥。不利有攸往。

译文：剥卦。不利于有所前往。

卦辞记忆法：

剥，就是“剥落”的意思，就像墙体剥落、不停地往下掉墙皮、砖瓦，肯定不能再前往靠近了，所以“**不利有攸往**”。

另外，剥卦是十二消息卦之一，代表九月秋冬之际，这个季节植物正在面临枝枯叶败、凋零的时刻，只剩最上面一个阳爻了，阳气将要剥尽，更不能出动出击了，要保存实力，原地不动。《易经》中，阳一般代表君子，阴代表小人，这时候小人得势，君子更不能前往“凑热闹”，即“**不利有攸往**”，宜等待时机。

24【地雷复】䷗

卦辞：复。亨。出入无疾，朋来无咎。反复其道，七日来复，利有攸往。

译文：复卦。亨通。阳气初生生长没有阻挡、没有侵害，其它诸阳朋友必定结伴前来，渐次生长，自然没有灾祸。阴阳此消彼长之道，过了七天就变为复卦，利于有所前往。

卦辞记忆法：

复卦也有“小父母卦”之称。复卦就是讲复出、初生、生长的，代表了新生命、新气象，有种“东山再起”、“十八年后又是一条好汉”的味道，当然就是“**亨**”。

复，就是要一直生长，没有阻拦，还要拉队伍、壮大前行的力量，这时候的复，一阳爻始生，开始阳进阴退的“君子道长，小人道消”的阶段，因此“**出入无疾，朋来无咎**”，即生长没有阻挡、来的朋友一起助阵前行，更加的安全无咎。

复卦是从剥卦变化过来的，经历了七次变爻过程，因此“**反复其道，七日来复**”，也说明复的到来是不容易的，一阳始生，破坏容易复建难。而且“复”代表未来方向，不是“垂垂老矣”，当然是“**利有攸往**”。

25【天雷无妄】䷘

卦辞：无妄。元亨利贞。其匪正有眚shěng，不利有攸往。

译文：无妄卦。不妄为，则元始亨通、利于坚守正道。如果妄为不守正道就有灾祸，不利于有所前往。

卦辞记忆法：

无妄，就是不轻举妄动，冷静不冲动，这是处理事物的最高城府，无妄，是发自内心的真心、本心，不会妄为，而不是虚伪、虚头巴脑的假装奉承，当然就会“**元亨利贞**”。

无妄，反过来说，就是“妄为”，即“**其匪正**”，则就会有灾祸，“**有眚**”。只要妄为，就会有灾祸，当然就“**不利有攸往**”，就要果断停止妄为。因此“**其匪正有眚，不利有攸往**”。

26【山天大畜】䷙

卦辞：大畜。利贞。不家食，吉。利涉大川。

译文：大畜卦。有利于坚守正道。不食于家中（食禄于朝廷），是吉利的事情。有利于涉渡大川。

卦辞记忆法：

大畜，指牛马之类大动物，小畜则是鸡鸭狗之类小动物，这些与现代的“房、车”一样，都是古代人财富的实力象征。大畜，就是家境殷实，古代君子有“穷则独善其身，达则兼济天下”的胸怀，“仓廪实而知礼节”，有了“大畜”，就要“兼济天下”，就要出马为国尽职效力了。

大畜卦就是讲为国效力，不要待在家不为国家做贡献，人要积极入世、为人民服务、为国家服务，而不能自私，只管自己吃饱饭问题。这样国家才能强盛，人民才会富裕，自然是“**利贞。不家食，吉**。”

这样的格局，当然是可以“**利涉大川**”的，为国家做事，自然是山南海北的指点江山。

27【山雷颐】䷚

卦辞：颐。贞吉。观颐，自求口实。

译文：颐卦。颐，养的意思。养正则吉利。观其所养人之道，也观自养口实之道。

卦辞记忆法：

颐，就是养的意思、吃饭的意思，无论是养人，还是自养，都是解决民众吃饭问题，是稳定社会的高尚事业；颐卦也是在讲养生之道，养正了，才能远离疾病。因此，都是“**贞吉**”的。

颐养，细观下来，分养人和自养，都是讲“吃饭之道”的，人生还是要靠自己双手去吃饭，要自立自强，“不吃嗟来之食”，就是“**观颐，自求口实**”。

28【泽风大过】䷛

卦辞：大过。栋dòng桡ráo，利有攸yōu往，亨。

译文：大过卦。栋梁虽然弯曲了，仍有利于有所前往，亨通。

卦辞记忆法：

大过，是“大”过头了，此卦四阳爻二阴爻，《易经》中有四阳爻的卦共有15个，但单单此卦为“大过卦”，是因为四个阳爻集中在卦中间、中部，二阴爻分散在初爻和上爻上，造成“肚大，却头细、脚小”，那么二阴爻就无法承受四阳爻的重量，故有压弯之象，即为“**栋桡**”。

大过卦卦辞这里涉及到了“栋”这个词，这个词比较敏感。虽然“栋桡”了，梁弯了，但涉及到“栋梁”，是一间屋的顶梁柱，是“主心骨”，“栋梁”更是象征着一个国家的核心力量、核心荣誉。这个时候，“栋梁”弯曲了，没有退路，退无可退，退就失去家园了、亡国了，就必须迎难而上、勇往直前，必须解决它，这时候的主动抗击不退缩，拼命往前冲是有利的，即“**利有攸往**”，就像“八年抗战”一样，最终反而会换来“**亨**”。当涉及到核心利益的时候，没有退路了，不怕死般的奋起反击，反而爆发力惊人，必然会“力挽狂澜于既倒，举扶大厦于将倾”，从而“**栋桡，利有攸往，亨**”。

29【坎为水】䷜

卦辞：习坎。有孚，维心，亨，行有尚。

译文：习坎卦。心有诚信，坚定内心的信念，就会亨通，付出行动也会有希望。

卦辞记忆法：

坎，就是险难的意思。“坎”字本身是“欠土”，少土，少土的地方就是坑洼，就是坑坑洼洼的地方。“坎”又为水，水是往下流的，流经之地都是坑坑洼洼的。习坎卦，就是险上加险，就是一路坑坑洼洼、险象环生，面临无限深渊。因此，坎不是小问题，是人生最大的难处，就是遇到了“坎”。

人生遇到坎，遇到困境，只要坚定信念、心诚，必然会有转机、会亨通，即“**有孚，维心，亨**”。人生遇到困难，千万不能充满幻想不去努力，更不能悲观消极，实干付出行动，必然会脱离险境，即“**行有尚**”。

30【离为火】䷝

卦辞：离。利贞，亨。畜牝牛，吉。

译文：离卦。有利于贞正，亨通。蓄养母牛，吉利。

卦辞记忆法：

离，就是火、明、太阳的意思，阳光普照、正大光明。离为火还有一个特点，就是碰到易燃的物体，着火即燃，不问好坏贵贱，一律烧毁。所以，离之道，首先要“**利贞**”，即火或明要发挥它的正面作用，然后才会达到“**亨**”的状态。不然用到反面，用在烧毁物体，就是“水火无情”了，离用在反面，就不会亨通。

离卦又是阴卦，离又是中女的意思，而坤是母亲为“牝马”，所以离取“牝牛”象；而离卦也是六二阴爻包在下卦之中、六五阴爻也包在上卦之中，即都在“畜”这个阴爻，象征母性的“牝牛”，所以叫“**畜牝牛**”。畜牝牛，不仅有“畜”即物质财富积累了，而且牝牛性格温顺，还能干活，自然“**吉**”，双喜临门。

31【泽山咸】䷞

卦辞：咸。亨，利贞，取女吉。

译文：咸卦。亨通，利于坚守正道，娶妻吉祥。

卦辞记忆法：

咸，就是感的意思，男女相感，万物相感，相感而不是绝交不来往，必然“**亨**”。感，就是要诚心诚意、走正道，不能虚情假意，即就要“**利贞**”。

咸卦就是讲男女感情的，所以“**取女吉**”。得到女方了，“**取女**”，咸卦就成功了，当然就“**吉**”了。

32【雷风恒】䷟

卦辞：恒。亨，无咎，利贞。利有攸往。

译文：恒卦。亨通，没有灾祸，利于贞正。利于有所前往。

卦辞记忆法：

恒卦讲夫妻之道的，“宁拆十座庙，不毁一桩婚。”夫妻贵在白头偕老、风雨同路，所以必然“**亨，无咎，利贞**”，就是利于终身保持贞正的夫妻之道。

恒，夫妻之道，每个人一生都是需要的，都是要追求它的，人生是需要伴侣的，所以“**利有攸往**”。

33【天山遁】䷠

卦辞：遁。亨，小利贞。

译文：遁卦。亨通，有小的利益和贞正。

卦辞记忆法：

遁，就是退的意思，“三十六计，走为上计。”打不赢就要跑，不要恋战，保存实力，因而会亨通，即“**亨**”。

遁卦虽然明智，看情势不对不恋战立马就跑，但也说明这时候绝对不会有大惊喜，但因为跑路了，避开了损失，所以还是可以保全实力的，有“**小利贞**”的。

遁卦也是十二消息卦之一，代表六月，这时候阴气上升到两个爻，“小人之道长，君子之道消”，君子此时必须退避，省得惹来灾祸或污染自己。

34【雷天大壮】䷡

卦辞：大壮。利贞。

译文：大壮卦。利于守正。

卦辞记忆法：

大壮卦，此时阳爻已上涨到四个爻，阳盛，强壮有势，此时最容易盛气凌人、恃强凌弱，那就会折损“**大壮**”，反而终会就不壮了！因此“**大壮**”之时，贵在贞正，讲正气，走正道，这样才能继续“**大壮**”，所以身处“**大壮**”，更要“**利贞**”。

大壮卦也是十二消息卦之一，代表二月，这时候草长莺飞，阳气旺盛，生机勃勃，利于做阳光生长、快乐正义的事情，即“**利贞**”。

35【火地晋】䷢

卦辞：晋。康侯用锡 xī 马蕃 fán 庶 shù，昼日三接。

译文：晋卦。安国康民的诸侯被天子赏赐了众多马匹，一日之中多次受到接见。

卦辞记忆法：

晋，就是讲晋升、提拔的。晋升、提拔的时候是什么样的隆重场景？就是得到了君侯的各种赏赐，即“**康侯用锡马蕃庶**”，并得到了多次接见，即“**昼日三接**”，说明这个晋升是得到了君侯的高度认可和信任的，是重点培养的对象。

36【地火明夷】䷣

卦辞：明夷。利艰贞。

译文： 明夷卦。利于在艰难中守正。

卦辞记忆法：

明夷，就是明入地下，文明坠落，进入黑暗，这时候是最艰难时期。黑暗笼罩，黑暗势力太强大，抗争无力，力量单薄，这时候应该怎么办？明智的做法，只能是不轻举妄动，咬牙坚持，不声不响的默默地做各种斗争准备，即“**利艰**”。同时，时代再黑暗、再扭曲，自身仍要保持正义的信念和原则，即“**贞**”。所以文明坠落的黑暗时刻，“**利艰贞**”。

37【风火家人】䷤

卦辞：家人。利女贞。

译文： 家人卦。利于女子守持正道。

卦辞记忆法：

家人卦，就是讲家庭问题，讲持家之道，中国传统是主张“男主外、女主内”，家庭就是女人的天下，女人的贞正与否决定了一个家的家道兴旺，这个“贞”，在古代就是要“从一而终”，要遵从“三从四德”，如果“**女贞**”，就有“**利**”，就会旺这个家，即“**利女贞**”，此时就会形成“家和万事兴”的大好局面。

38【火泽睽】䷥

卦辞：睽。小事吉。

译文： 睽卦。做小事吉利。

卦辞记忆法：

睽，就是相违、不和的意思，双方互相瞪眼。这时候人心不齐、同床异梦，肯定不能做大事，做大事肯定有人捣鬼，因此只能做一些小事，而且小事自己就可以解决，能将风险控制在一定范围，所以“**小事吉**”。

39【水山蹇】䷦

卦辞：蹇。利西南，不利东北。利见大人，贞吉。

译文： 蹇卦。去往西南有利，去往东北不利。利于出现大人物（救难），守持正道吉利。

卦辞记忆法：

“蹇”字，上为“寒”，下为足，足有寒气就会走不动路，就是险难的意思。遇到险难了，就更要想清楚下一步到底往哪个方向走，不能走错了，不然越陷越深、越来越难，就麻烦了。西南是坤位，坤为顺为地，路好走，而东北是艮位，艮为险为山，路不好走，因此身处蹇难之时，就要去西南，不能去东北，即“**利西南，不利东北**”。

往往在险难时期，“乱世出英雄”，就有杰出大人物出现来救世，在蹇难时刻，也只有“**大人**”的足智多谋才能力挽狂澜，所以“**利见大人**”，“**大人**”的出现是件大好事情，所以“**贞吉**”。

40【雷水解】䷧

卦辞：解。利西南，无所往，其来复吉。有攸往，夙 sù 吉。

译文：解卦。利于前往西南，没有险难就不要前往，退回来仍然吉利。有险难就要前往，越早解决越吉利。

卦辞记忆法：

解，就是解除险难，西南是坤位，坤顺，好解决问题，所以方位选西南方是有利的，即“**利西南**”。

如果险难问题解决了，就不要再到处惹是生非、无事生非，“**无所往**”，此刻最需要的就是要及时退回来，就地休养生息，这样就会吉利，即“**其来复吉**”。

如果还有险难，还没解决，还有任务要去做，“**有攸往**”，就要速战速决，越早越好，即“**夙吉**”。

41【山泽损】䷨

卦辞：损。有孚，元吉，无咎，可贞，利有攸往。曷 hé 之用？二簋 guǐ 可用享。

译文：损卦。心中有诚信，就会元始、亨通，没有灾祸，可以守持正道，可以有所前往。减损之道怎么表现出来呢？就是用二簋祭品就足够表示祭祀的诚敬了。

卦辞记忆法：

损卦之所以名为“损”，是因为它“损下益上”，剥损下面的老百姓，享用给上面的统治者，这时候的“损”，如果是用于“**有孚**”的事业，比如剥损老百姓，是用来支持国家事业建设的，则可以“**元吉，无咎，可贞，利有攸往**”。另一方面来讲，能够愿意减损自己的，必然是有信仰、本心纯正的人，所谓“吃亏是福”就是这个道理，这样的人就是具有“**有孚，元吉，无咎，可贞**”的德行，这种行为也是值得鼓励和前往的，即“**利有攸往**”。

这时候的减损之道怎么表现出来？即减损了是否会最终增益于我呢？即“取之于民”之后，有没有“用之于民”呢？即“**曷之用**”？“损”的精神就是要节俭节约，不需要在“勒紧裤腰带”时候铺张浪费，去祭祀表忠心，只要保持真心就行了。而且“损”也是用在“**有孚**”的正道上的，那么你的付出自然会有神明保佑，只要诚敬，“**二簋可用享**”，简单祭祀，就够了，最终会得到神明保佑。

42【风雷益】䷩

卦辞：益。利有攸往，利涉大川。

译文：益卦。有利于有所前往，利于涉渡大河。

卦辞记忆法：

益卦之所以名为“益”，是因为它“损上益下”，是国家或统治者还富于民，让下面的老百姓得到了好处，所以这是走群众路线、得人心的好事，也巩固了群众基础，因此从长远来看是有利于国家发展、利国利民的，因此，“**利有攸往**”。就值得继续做，向前进，在祖国大地上普惠这种作为，即“**利涉大川**”。

43【泽天夬】䷪

卦辞：夬。扬于王庭，孚号有厉，告自邑[yì]，不利即戎，利有攸往。

译文：夬卦。在王庭上当众公布小人的罪恶，以至诚之心去号令众人提高警惕戒备，并诏令告知城邑之人，不利于立即兴兵动武制裁，有利于继续前进。

卦辞记忆法：

夬，就是讲决断、决去小人的意思。夬卦是五阳爻在下，只有一个阴爻在上六，阴爻象征小人，又靠近九五君侧，因此与宫廷剧一样，奸臣小人是极端狡猾阴险的，又被君王宠信，一不小心忠良就会遭其暗算陷害，所以对小人一定要防之又防才行。因此，决去小人，就要讲究智慧。就要一方面要在王庭上大声公布其罪状，“**扬于王庭**”，广而告之，让君王和众人都知道和防备，“**孚号有厉**”，并让城邑里市民也知道，即“**告自邑**”。

但不可即刻采取武力行动，因为小人在君侧，一般得君王宠信，动武很敏感，也不一定能成功，即“**不利即戎**”。真正明智的策略就是要公开、光明正大的搜集、固定、公布小人的罪恶证据，步步为营，即“**利有攸往**”，最终决除掉小人。

夬卦也是十二消息卦之一，代表三月，这时候阳春三月，万物茂盛，基本上阴冷气息消失的仅存一点点了。

44【天风姤】䷫

卦辞：姤。女壮，勿用取女。

译文：姤卦。女子太强壮强势，不宜娶此女为妻室。

卦辞记忆法：

姤卦，是一个阴爻在下，五个阳爻在上，有“一女遇五男”之象，即此女交往的男的太多了，显得“壮”，就是“**女壮**”，这种情况当然是不提倡的，此女行为不正、不贞的，故不可娶为妻室，即“**勿用取女**”。

45【泽地萃】䷬

卦辞：萃。亨，王假有庙。利见大人，亨，利贞。用大牲吉，利有攸往。

译文：萃卦。亨通，君王至庙中祭祀。利于出现大人（统治指挥），亨通，利于守正。用大牲口祭祀吉利，利于有所前往。

卦辞记忆法：

萃卦是讲会聚之道的，一般指的是“群英荟萃”，因而“萃”当然就是好事，所以“**亨**”。如何聚合天下人、财、物？最好的办法就是统一思想和信仰，就是通过入庙主持祭祀形式，把人心笼络统一起来，即“**王假有庙**”。

会聚起来就意味着人多物多，就需要一个坚强领导人来维护秩序，不能乱，更不能发生“踩踏事件”了，就是“**利见大人**”，这样才会保证“**亨**”。会聚还要“师出有名”，不能是“乌合之众”，即要坚持“**利贞**”原则。

萃聚时刻，觥筹交错、碰杯声此起彼伏，则说明物产丰饶，这时候就不要小气了，要“**用大牲吉**”，要舍得祭祀，祭祀本来就是大事。萃聚时刻，物产丰饶、物质充足，是可以大展拳脚、有一番作为的，即有了奋斗的本钱了，所以可以继续前进探索，“**利有攸往**”。

46【地风升】䷭

卦辞：升。元亨，用见大人，勿恤，南征吉。

译文：升卦。元始亨通，得到大人物接见、任用、提携，不要担忧，往南前进吉利。

卦辞记忆法：

升卦，就是上升、提拔的意思，这对任何上进奋斗的人，都是最终目标，“人往高处走”嘛，所以“升”永远都是“**元亨**”的事物。

但升，是要大人物赏识你、提拔你才行，自己不能提拔自己，也没有升迁的权力，所以要靠“**用见大人**”。

一旦“用见大人”，获得赏识，获得了“升”，就什么都不要担心了，“**勿恤**”，此刻只要保持聪明才干被赏识，并继续向着“光明”前进，“光明”在南方，因为南方为“离”，为光明明亮，即是“**南征**”，那么就会吉利，即“**吉**”。

47【泽水困】䷮

卦辞：困。亨，贞，大人吉，无咎。有言不信。

译文：困卦。亨通，坚守正道，大人物吉，没有灾祸。说话没有人相信。

卦辞记忆法：

困，就是陷入困境了。越是遇到困境了，越能激发人的潜能和斗志。真正有本事的君子大人物，不会被困住，往往有各种办法脱困到达亨通，即“**亨**”，因为他们不仅有聪明才智，还能经受得住“苦其心志、劳其筋骨、饿其体肤”等各种磨难，“**贞**”，从而怒发冲冠，跳出重围。也只有君子大人物能“变困为亨”，“**大人吉**”，因为他们守正道，也有能力突破，所以最终能脱困而“**无咎**”。

无论如何，“穷在闹市无人问”、“人微莫劝人，人穷莫入众”。处于困境的时候，人微言轻的时候最好还是少说话，因为你处困境的时候，也没几个人敢轻易相信你，因为看起来“你都没成功，凭啥教别人做事？”所以“**有言不信**”。

48【水风井】䷯

卦辞：井。改邑不改井，无丧无得，往来井井。汔[qì]至，亦未繘[jú]井，羸其瓶，凶。

译文：井卦。城邑可以迁移，但井却不可以随意移动，井水（虽经常汲取）不见少也不见多，来来往往的人都汲用这口井水。用绳子拴着瓶罐汲水，汲水瓶快要提出井口了，但还未到达井口，汲水瓶却翻了，有凶险。

卦辞记忆法：

井卦，就是阐述井养的精神，一方水井养育一方人的精神。城池可以移走，但是井，是不能移动的，“**改邑不改井**”，平时再怎么汲水使用，也不会看到井里的水变少或变多的，“**无丧无得**”，也就可以无穷尽的养育一方人，“**往来井井**”。

从井里打水，尤其要注意瓶水快要提出井口时候的关键时刻，“**汔至**”，稍不小心，就会打翻瓶子，“**亦未繘井，羸其瓶**”，前功尽弃，当然就不好了，因此“**凶**”。

49【泽火革】䷰

卦辞：革。己日乃孚，元亨，利贞，悔亡。

译文：革卦。变革在己日施行，可以取得信任支持，可以元始、亨通，有利于贞正，没有悔恨。

卦辞记忆法：

革卦是讲革命、变革的，从古至今，革命在初始阶段都是不被人们理解，被看作异类。革命或变革也是对旧事物开刀，是要触碰一些人的利益，所以纵观历史，成功的革命，无不是在已经做了前期辅助工作的基础上，等待时机成熟，在恰当的时刻，才推行改革、革命，即革命需要铺垫的时间，即要在“**己日**”才能进行，“己”就是十天干“甲乙丙丁戊己庚辛壬癸”中的第六位，已过半数，已做了足够时间的准备工作了，此时可以发起革命，时机适当，肯定“**乃孚**”。

革命本来就是符合历史进程的，革除旧的落后的，迎接新的先进的伟大事业，所以“**元亨**”。革命也需走正道，不能挂羊头卖狗肉，喊着“革命”的口号却是去趁火打劫的，即要“**利贞**”。干了革命就没有回头路了，不能再后悔，即“**悔亡**”。所以革就是“**元亨，利贞，悔亡**”。

50【火风鼎】䷱

卦辞：鼎。元吉，亨。

译文：鼎卦。元始吉祥，亨通。

卦辞记忆法：

鼎，“革故鼎新”，“革故”，革除旧社会是很复杂的，风险很大，需要谨慎戒惧，因此革卦卦辞的“元亨”是有条件的，要“己日乃孚”、“利贞”。与“革故”不同，“鼎新”，则是建立了一个新世界，万象更新，无条件的，亨通的，所以“**元吉，亨**”，是大大的吉利，并且亨通。鼎，就像建立了一个新世界，就像诞生了一个新国家，当然是举国欢庆，万民之福了，所以“**元吉，亨**”。

51【震为雷】䷲

卦辞：震。亨。震来虩（xì）虩，笑言哑哑。震惊百里，不丧匕（bǐ）鬯（chàng）。

译文：震卦。亨通。震雷来的时候，惊惧而战战兢兢，又表现出谈笑自如、镇定自若。震雷响彻百里，却不会吓丢掉手里拿着的匕和鬯。

卦辞记忆法：

震卦，既讲人要有“畏惧之心”，要有所敬畏；又讲人更要有在紧急时刻要“稳住阵脚，临危不惧”的定力，就是外面再打雷下雨，我也不怕。一个是要“惧”，一个是要“不惧”，“惧与不惧”相辅相成、辩证统一。能领悟“惧与不惧”的真谛，并可任意切换使用，“**亨**”是毫无疑义的。

因此，真正成熟的人，经历了人生百态、酸甜苦辣之后，懂得对这个世界要有畏惧之心，即“**震来虩虩**”，震来的时候，心里有所畏惧恐慌。同时有了人生阅历和应对经验，就能做到“手中有粮，心中不慌”，人就有了自信和能力，就“**笑言哑哑**”，不再惧怕。

具备了这种“惧与不惧”的坚强修养，哪怕突然天空来个“大雷子”，响声震天！也不会“吓尿”到失色、失态，而是纹丝不动、从容不迫，手里的东西更不会掉落，即“**震惊百里，不丧匕鬯**”。

52【艮为山】䷳

卦辞：艮其背，不获其身，行其庭，不见其人，无咎。

译文： 艮卦。止住其背，就不能看到其本身了，行走在其庭院中，（由于背对）看不到其人，没有灾祸。

卦辞记忆法：

艮卦，是讲“止”的，因为《易经》主题内容就是讲“天地人”三才的，天地太大，是个整体，没有也不好指到具体部位，也没法止住。而人体却是具体的，从头到脚了解透彻的。人体最默默无闻、最不经常动的就是背部了，因此讲怎么形容“止”，找人体上的部位，最适用的对象就是背部了，就是“**艮其背**”，止在背部。

这下把背“定住了”，身体转不过来，肯定看不到其本人尊容了，就是“**不获其身**”。哪怕是“**行其庭**”，经过庭院中，由于背对着，也就“**不见其人**”。无论如何，艮卦讲“止”，由于没有“轻举妄动”，不冒险，“**无咎**”是肯定的。

53【风山渐】䷴

卦辞：渐。女归吉，利贞。

译文：渐卦。女子出嫁是吉利的，利于贞正。

卦辞记忆法：

渐，就是“循序渐进”的意思。“十年树木，百年树人”。人生最大的事是什么？是结婚，婚姻是一个人的“终身大事”，不可以“快刀剪乱麻”，必须慢慢来，慎之又慎，“女怕嫁错郎，男怕入错行”。因此，古代乃至现代，女子出嫁都要遵循一系列的程序和礼节步骤，一个环节都不能少，即“纳采、问名、纳吉、纳征、请期、亲迎”。婚姻大事，不仅自己视为一辈子大事，必然要求隆重，也是运用传统礼节最多的场合，父母更是会牢牢把住关，保证不出差错，所以，用“**女归**”来阐释“**渐**”，是最合适不过的，“**女归**”是遵循礼节顺序的，所以“**吉**”也是必然的。

渐卦的“**女归**”，是在讲中国女子出嫁的传统，“传统”就会世代相传，说明其是贞正的，所以女归是有利于贞的，即“**利贞**”。

54【雷泽归妹】䷵

卦辞：归妹。征凶，无攸利。

译文：归妹卦。前往就会有凶险，没有获利之处。

卦辞记忆法：

归妹，是说女子并不是被“明媒正娶”，而是陪嫁做偏房，这种事情由于嫁过去女人众多，不免争风吃醋，还由于是陪嫁做偏房，地位并不高，所以陪嫁过去难免被使唤，被欺负，这也是事实。女人都希望自己被“明媒正娶”，自己的男人只爱和只娶自己一人。所以，归妹，女人成为自己婚姻中的配角而不是婚姻家庭中的主角，很容易成为“受气包”，所以“**征凶，无攸利**”。

女人物权、所有权观念是很重的，女人一生的最高追求也是最高人生成就，就是男人是只爱自己，对自己言听计从，然后再熬成“皇太后”，儿孙绕膝。归妹，对于女人天生的所有权观念，从来都是瞧不上的。她一生都要牢牢抓住属于自己的东西和幸福，不是迫不得已，对“归妹”绝对是嗤之以鼻的。

55【雷火丰】䷶

卦辞：丰。亨，王假之，勿忧，宜日中。

译文：丰卦。亨通，君王很大度，不用担忧，日蚀出现在日中是最好的最正常的。

卦辞记忆法：

丰卦讲的这个“丰”，与我们现在所认为的“丰”并不一样。《易经》在创作的时代，是很朴素的，都是借鉴比喻自然现象和当时人间社会百态。丰卦的“丰”是指“日蚀”这一天文现象，即大白天，太阳被月亮遮住了，遮天蔽日的阴暗到来。此阴暗犹如黑暗之神来临，气大势大，鸡飞狗跳、飞沙走石，所以叫“丰”，丰大，遮天蔽日。

“丰”的意义从“日蚀”的“遮天蔽日”推而广之，还是讲“丰大”的，气势很好、气势很大，因此“亨”。

但是，没关系，日蚀并不会造成什么伤害，就是自然现象，一会儿就会退去消失了，君王是知道日蚀的道理和原理的，但是普通百姓好多并不知道，惊慌失措。于是，君王前往进行安抚，“**王假之**”，大度的表示不用担心，“**勿忧**”。

同时，日蚀在“日中”即正中午发生最好，那么日蚀一会儿退去，太阳还在天空，光明重现；如果日蚀发生在傍晚时候，那么等日蚀退去了，就到了天黑了，就不方便了。“日中”也是人们稍作休息之时，所以日蚀发生也不耽误百姓的日作，如果日蚀是在上午或下午，正是忙碌之时，则不适宜，所以“**宜日中**”。

56【火山旅】䷷

卦辞：旅。小亨，旅贞吉。

译文：旅卦。小的亨通，羁旅在外守正才能吉利。

卦辞记忆法：

旅，就是旅行、羁旅在外的意思。“穷家富路”，出门在外肯定不如在家有保障、吃喝不愁。不同现代，古代的羁旅更是辛苦和艰险，路上必须备足了盘缠才行。但旅途毕竟可以见多识广，比待在家里成长成熟的快，但想有大的成就也很难，“**小亨**”可以有。

旅行在外，要处处小心，能依靠的只有自己。再是牛人乃至武林大侠，也是“强龙不压地头蛇”。你再牛，出门在外，走到哪都是别人的地盘，你始终是你一个人，单枪匹马，别人地盘是一群人。到了别人的地盘，你就是赤裸裸的外人，不是“自己人”。这时候只能贞正走正道，“**旅贞**”，不招惹是非，不做非分之想，没有歪点子，则可保旅途平安，“**吉**”，即“**旅贞吉**”。

57【巽为风】䷸

卦辞：巽。小亨，利有攸往，利见大人。

译文：巽卦。小的亨通，有利于有所前往，利于出现大人。

卦辞记忆法：

巽，八卦的卦象为风，就是“入”的意思。“随风潜入夜”、“无孔不入”，没有风吹不进的地方，所谓“风行天下”。风的行进是不需要通行证的，天下任其行，呼的一下就吹过来了，呼的一下又吹走了。风，是可以吹进入事物的内里，吹散郁气；也可以像“枕头风”，软化和改变一个人的思想；也可以像一股国家社会风气，吹遍大街小巷，带来国家社会风貌的改变，因而“**利有攸往**”。但风毕竟是风，是“吹拂”，力量偏柔，而不是“铲除”那样的强力彻底，不是彻底改造，所以只能是“**小亨**”。

巽风所至，无所不吹到，正是君王诏令天下到达万民那里的最好最快的方式和途径，因此此时对于“**利见大人**”是最好，“**大人**”作为类似于“中间驿站”，来执行和传达君王的政令，使得君王的政令可以“一日千里”、“朝发夕至”，传遍大江南北。

58【兑为泽】䷹

卦辞：兑。亨，利贞。

译文：兑卦。亨通，利于贞正。

卦辞记忆法：

在古代，“兑”就是“说”，兑、说是一个字。“说”就是“悦”，喜悦，就是兑卦是讲喜悦的，能喜悦、有喜悦的事情，肯定是“**亨**”的。

喜悦不能是“把自己的幸福建立在别人的痛苦之上”，喜悦不能“燃烧别人，照亮自己”，喜悦不能是为了自己私欲。真正的喜悦，要走在正道上，即“**利贞**”，是“先天下之忧而忧，后天下之乐而乐”。这种喜悦，是发自内心的、最有成就感的喜悦，也就不会有“乐极生悲”的忧虑了。所以，兑，要“**利贞**”。

59【风水涣】䷺

卦辞：涣。亨。王假有庙，利涉大川，利贞。

译文：涣卦。亨通。君王至庙中（祭祀、祷告、求助），有利于涉渡大河，利于贞正。

卦辞记忆法：

涣，就是涣散的意思，在此处是指天下涣散，是发生了国家涣散大事情，不是某个人的精神涣散小事情。涣卦全卦都是在讲如何治涣的问题，讲的是拯救天下涣散的国家层面的大事情，因此“**亨**”。

天下涣散了，就要凝聚人心，这是君王的责任。古代最能凝聚人心、唤起共鸣、引起共同身份认同的做法，就是君王至宗庙祭祀，即“**王假有庙**”，感怀天下人共同的祖先，从古至今，莫不如此。同宗同族的身份意识瞬间被唤醒，人心凝聚，天下就不再是涣散的一盘散沙。

拯救和治理了天下涣散的国家层面的大事情，当然就“**利涉大川**”，国家大事，不可能不涉及到“大川”。

涣卦是讲治涣，治理天下涣散，是有利于贞正的、是向好的，所以“**利贞**”。

60【水泽节】䷻

卦辞：节。亨，苦节不可贞。

译文：节卦。亨通，过分节制是不可守正长久的。

卦辞记忆法：

节卦，就是讲“节制”的。节，是控制，是往“小”的节，往大了就是“铺张浪费”了，就不是“节”了。节，要在一个适度的范围，节本来就有自律的意思，也有节省节约的意思，因此，“节”了，就会“**亨**”。

过分的节制，节制的成为了“小扣”、“吝啬鬼”，就是“**苦节**”了，就不懂得“舍得”、不懂得投资、不懂得“钱生钱”，甚至闹到“一天到晚吃馒头就咸菜，把身体搞坏了”的地步，这就得不偿失了。这种“**苦节**”太小家子气，要不得，当然“**不可贞**”。

61【风泽中孚】䷼

卦辞：中孚，豚[tún]鱼，吉，利涉大川，利贞。

译文：（中孚卦）心中有诚信，使得泽水里的豚鱼也感而信之，吉利，有利于涉渡大河，利于贞正的方向。

卦辞记忆法：

中孚卦就是讲心中的诚信。中孚卦是“风泽中孚”，卦象是讲风吹拂泽面，这个风是信风，准时的到来，这个信风的守信守诺，吹动泽面，泽面是最先感受到了，最终连泽水里的豚鱼也感受到了守信守诺，说明这个中孚是实至名归的“中孚”，彻彻底底的“中孚”，不仅感动了泽水和泽水里的豚鱼，也足以感动天地，所以“吉”，就是“**中孚豚鱼吉**”。

中孚即诚信，“诚信赢天下”，心中有诚信，就可以行走天下，即“**利涉大川**”。

中孚即心中诚信，是世间最宝贵的，没有中孚的心中诚信，这个世界就不稳定了、不确定了，说好的事情，一切都变得可以随时变卦。没有诚信，社会就会失序，人人自危，什么事情都没法干了。因此，反过来说，有了“中孚”，心中诚信，就是“稳定器”、“担保方”，就像“支付宝”、京东是买卖双方的第三方支付安全保证一样，社会就会稳定，人们也就安心的愿意互相交往、交易。因此“中孚”，是要求“**利贞**”的。

62【雷山小过】䷽

卦辞：小过。亨，利贞。可小事，不可大事。飞鸟遗之音，不宜上宜下，大吉。

译文：小过卦。亨通，有利于守正。可以做寻常小事，但不可以做天下国家大事。鸟飞过留下微音，不宜于向上飞，宜于向下飞，大吉利。

卦辞记忆法：

小过，是小的方面过了，小事过了，重点在“小”，而不是“过”。在“小”的背景下，都是鸡毛蒜皮小事，不是国家大事。生活中，作为老百姓的我们，为了糊口、挣一口饭吃，往往在这些“小”事上面，奋力地“过”度付出。往往会付出百倍努力和辛劳，就是为了把关系我们自己生存的日常生活“小”事做对，能做成功，这时候我们往往付出加倍“过分”的辛劳和努力，相信“大力出奇迹”，反正这个“过”就是使用我们身上的，最不值钱的时间和体力，有的是。在这种生活寻常“小”事面前，“过”了，即使失败了，伤害的范围、损失也往往局限于自己，不会对国家社会造成较大影响。而且这种“小”的“过”，也是最值得钦佩和鼓励的，是底层百姓奋斗的写照，是可以“**亨**”的，当然不能用“过”的不正当的违法犯罪手段去获得这个“小”，要正当、走正道，所以要“**利贞**”。

“小”就有“小”的行事逻辑，也有“小”的风险范围，这个时候千万不可“癞蛤蟆想吃天鹅肉”、“人心不足蛇吞象”，用“小”的思维去“生搬硬套”贸然强行去干大项目、接大盘子，去做事关黎民百姓、关系国家社会层面利益的“大”事。这时候自身的境界、悟性、智慧、能力都没有跟上来，这个世界很现实，“种瓜得瓜，种豆得豆”，幻想“一飞冲天”，往往最终会倒大霉、栽大跟头，所以“**可小事，不可大事。**”

小过卦的卦形是像一个飞鸟样子，中间两阳爻像鸟的身体，上下各有两阴爻就像鸟的两个翅膀，因此卦辞用“飞鸟”来比喻。小过的“过”不能太过，凡事都要适可而止，不然物极必反。所以，“**飞鸟遗之音**”，意即飞鸟刚飞过没多远，就是刚“过”，鸟的声音还“遗留”在附近，还能听到呢，不是太“过”，太过连鸟声都不会听到了。

小过的情况下，仍然是只适宜做小事，不适宜做大事，要“就低不就高”，因为没那个实力。所以这个时候，不能再冒险往上冲，往上冲是需要本钱的，也会消耗大量本钱，这是小过情况下所承受不起的。飞鸟往上空冲更会消耗体力，且天上漫无目标、更没有食物，还是往下飞的好，可口美味的食物还是在大地上的多，虚无缥缈的空中却啥也没有只有空气，因此“**不宜上宜下**”。做到了上面那些，就会“**大吉**”。

63【水火既济】䷾

卦辞：既济。亨小，利贞。初吉，终乱。

译文：既济卦。亨通，连小事都会亨通，利于贞正。初始吉祥，最终会有变乱。

卦辞记忆法：

既济卦以“已经渡过河水”之意，来表示事业已成功、已完成。既济卦放在整个 64 卦的倒数第二卦，与最后一卦未济卦一样，是《易经》作者的整体布局，一种逻辑安排，是基于运用 64 卦对世间万物发展过程理论阐述的一个大收尾、大总结。这时候的“既济”，是形容万事万物经历一系列磨难、“九九八十一难”之后，最终“修成正果”，达成一种平衡，一种安定下来的状态，一切的矛盾和问题都暂时得到解决了，无论大事小事，都得到了归宿，这是一种皆大欢喜的欢乐祥和的场面。但是，无论是怎么样的经历磨难，到达了终点，实现了成功，当要记住，这个成功，只是一个小阶段的成功，是“**亨小**”，人生还要“七七四十九道弯”，还要继续赶路，还要“谦虚谨慎、不骄不躁”，继续保持“**利贞**”的作风，迎头而上继续开始下个征程。因此，“**既济**”了，不能自满，因为还是“**亨小**”的成功，还要继续保持“**利贞**”，迎接下一个挑战。

既济，就是事物在“九九八十一难”的“媳妇熬成婆”之后的成功、胜利、完成。任何事物，在到达胜利的终点时，都是最佳状态，最丰厚的收获的，但是“打江山难，守江山更难。”稍一不慎，全盘皆输，“满招损，谦受益”，所以处在“既济”之时，“**初吉，终乱**”是非常容易高风险发生的。再者，“**初吉，终乱**”也是《易经》里重复强调的规律，例如在谦卦的彖辞中“天道亏盈而益谦”，丰卦的彖辞中“日中则昃，月盈则食，天地盈虚，与时消息，而况于人乎，况于鬼神乎。”这个世界永远都在不停歇的向前运转，满足于已有成就，“**初吉**”，坐吃山空，再完美的老本也会被吃完，“**终乱**”。

64【火水未济】䷿

卦辞：未济。亨，小狐汔济，濡rú其尾，无攸利。

译文：未济卦。亨通，小狐狸就快要渡过河了，尾巴不慎沾湿，没有利益。

卦辞记忆法：

与“既济卦”相反，“未济卦”以“没有渡过河水”之意，来表示事业还未成功、还未完成，有种“革命尚未成功，同志仍须努力。”的感觉。《易经》之所以把未济卦放在既济卦之后，放在全64卦最后一卦，正是说明了世间一切万物经历了“九九八十一难”之后到达成功的终点的“既济”，一个历程结束了；马上另一个新的历程“未济”又要揭幕。就是又回到原点了，即“周而复始、循环往复、生生不息”。新的开始，潜力无限，也是开始又一番大展拳脚、施展抱负的时刻，所以“**亨**”。

未济卦是进入了又一个新的历程、新的阶段，以前的一切经验和规则不再完全适用，“老者”的身份也重新变成了“新手”，“新手”在这里比喻成了“小狐”，因为老手常被称为“老狐狸”。未济时，面对新情况，最怕新手经验不足，就是快要成功了，在最后一刻“临门一脚”、“画龙点睛”时，脚一抖射偏了、手一抖画歪了，就是“**小狐汔济，濡其尾**”，就是小狐狸快要渡过河了，最后还是不幸把自己尾巴沾湿了，意味着遇到了危险，功亏一篑，未济。不同于老狐狸，小狐狸渡河没有经验，渡河就算快要渡过去了，却不知收高自己的尾巴，导致沾湿在河里，这就有受淹要命的危险了！这种情况还哪来的“利”啊，只能是“**无攸利**”，能保命就不错了。

《易经》把未济卦放在整个64卦最后，放在倒数第二卦既济卦之后，是要郑重说明，“旧的不去，新的不来”。一个事物乃至一个时代、一个朝代真正的结束，都必须要“新的”出现，来亲手终结它、埋葬它。“旧的不去，新的不来”也可以说成“新的不来，旧的不去”。只有新的来了，才就彻底宣告旧的灭亡，才真正把一个周期走完，同时完美地衔接去迎接下一个循环的开始，世界又翻开了崭新的一页。

三、爻辞记忆法

1【乾为天】䷀

[爻辞暗示]：此卦是讲“乾天”的，因此整个六爻辞都是围绕“龙”这个要素，借助“龙”的各种状态，来描述西周这条“龙”的发迹轨迹。“乾”在这里就是“天、龙”的意思。

初九，潜龙勿用。

注释：潜，潜伏。用，动。

爻辞记忆法：

[历史故事]

《周易》是周文王姬昌在狱中写就的，此时的周文王深刻理解此时此刻的商周力量对比，认识到了商朝的强大，西周国力实在弱小，还不是起兵伐纣推翻其统治、干一番建国伟业的时候。周文王所在的姬姓家族几代人都是具有高超智慧的人，具有卓越的政治才能，也具有强大的哲学思想，更具有宽厚待人的品德，是德才配位。

因此，以周文王姬昌为代表的西周统治者，包括其祖父古公亶父、其父亲季历、其二儿子周武王姬发和四儿子周公姬旦等，祖孙四代统治者都是杰出的谋略家、哲学家、思想家，是“天之骄子”。从周文王的祖父古公亶父开始，就骨子里认为自己是“龙”，自信是“龙的传人”，想要改变商朝的许多不合理、不人道的制度，一心为民。

但直到周武王伐纣之前，西周国的实力一直较弱。所以从周文王姬昌祖父古公亶父“一代”那时起，就奉行西周这条“龙”，此时要“潜伏”下来，不能施展用处，即要“**潜龙勿用**”。这样，西周“不露锋芒”、“夹着尾巴做人”，所谓“闷声发大财”。商朝看不到西周静悄悄的发展实力，“眼不见心不烦”，危险自然不会找上门来。

[时间脉络线 1/6]：西周要灭商，就要潜伏、低调、隐藏实力，不引起注意。

九二，见xiàn龙在田，利见大人。

注释：见，现。田，田地，地。大人，大人物。

爻辞记忆法：

[历史故事]

西周到了“二代”季历时期，季历非常有才华，骁勇善战、南征北战，接连灭了程国、臣服了义渠国、灭了鬼方国、灭了戎狄，等等。此时的季历战功卓著，一下子显现出来与众不同之处，是个豪杰式人物。就从之前的默默无闻，到现在“**见龙在田**”，像一条龙一样冒了出来，脱颖而出。西周“二代”季历凭借战功，一颗“政治新星”冉冉升起。

季历能取得这么多的战绩，并不是自己一个人的功劳，是因为身边谋士多、良将多，还有一些姻亲的帮助、诸侯的协助，即“**利见大人**”。这些“仁人志士”、“忠臣良将”愿意辅佐，是因为季历是深怀儒雅仁义的君主。

[时间脉络线 2/6]：西周“二代”季历凭借战功，崭露头角，并得到一批谋士良将辅佐。

九三，君子终日乾乾，夕惕若，厉，无咎。

注释：乾乾，警惕。夕，晚上。惕若，警惕的样子。厉，危险。咎，过错。

爻辞记忆法：

[历史故事]

西周“二代”季历在战场上所向披靡，为商朝灭了众多小诸侯，战功卓著，同时一点也不“韬光养晦”，违背了父亲教导。这时候“功高盖主”，为商王文丁所忌惮，商王一起劲、一股脑就把他拘禁了起来，后季历死于狱中。“杀父之仇，不共戴天”，季历的儿子，“三代”姬昌哪能咽下这口气？此时的姬昌才十几二十来岁，正是毛头小子，血气方刚！姬昌怒发冲冠，急于复仇，轻率的就率军讨伐商朝，最终毫无疑问，“鸡蛋碰石头”，“自不量力”惨败。

这时候的“三代”姬昌日子可不好过，吃了败仗，损兵折将，还要面临杀头的命运，自然“**君子终日乾乾，夕惕若，厉**”，整日提心吊胆、晚上也害怕睡不着觉，这是危险的时刻。

但是这时候的商朝也是一身的事，周边的小诸侯一个个不是“省油的灯”，都“虎视眈眈”持续不断袭扰，搞得商朝也是睡不着觉，“脊背发凉”。所以，看姬昌年纪也不大，自己也是先杀了他爸爸，理亏在先，就可怜他放了姬昌一马。最终，姬昌“**无咎**”，平安落地。

[时间脉络线 3/6]： 西周“二代”季历功高盖主被杀，姬昌为父报仇惨败，最终被商朝赦免，逃过一劫。

九四，或跃在渊，无咎。

注释： 或，可能。渊，深渊。

爻辞记忆法：

[历史故事]

经历了鲁莽的率军讨伐商朝大败而归的惨痛教训，姬昌就老实多了，“性情大变”，整个人像变了一个人一样，开始了“影帝”般的演戏生涯，“早叩首晚礼拜”般诚敬商朝统治者。对商王朝“早请示、晚汇报”，一个劲地拍“彩虹屁”。

说明姬昌还是慧根深，底子好，能“识时务者为俊杰”。吃了败仗以后，周文王姬昌痛定思痛、重新定位，全部时间用于“勤于政事、爱民如子、集思广益、广施仁政、礼贤下士、任用贤良”，开始了“广积粮、缓称王、高筑墙”的战略部署。所做的一切，造就了姬昌拥有了超级“智囊团”、超级“行政班底”、超级“民间口碑”。也逐渐使西周国力逐渐恢复元气，强盛起来。

一晃数十年过去，“沧海桑田”，这时候周文王治下的西周已是“兵强马壮”、“兵多将广”，而商王朝东征西伐、国力消耗严重，逐渐在走下坡路，“事情正在起变化”。最终“斗转星移”、“风水轮流转”，商朝开始走下坡路了、西周则强盛了起来。西周“**或跃在渊**”，一飞冲天“改朝换代”，再也“不再是梦”，因为此时已经具备了实力，这时候想低调“实力不允许”了，所以可以“**无咎**”。

[时间脉络线 4/6]：“三代”姬昌在战败之后，迅速调整战略，对商王朝恭恭敬敬，同时低调发展国力，最终西周又强大了起来，具备了腾飞的实力。

九五，飞龙在天，利见大人。

注释：飞，腾飞。

爻辞记忆法：

[历史故事]

西周经历了“一代”祖父古公亶父、“二代”季历、“三代”周文王姬昌的“苦心经营”，终于“拨云见日”，一条巨龙“腾空而起”，“祥云瑞气”布满天空！商朝商纣王越加“倒行逆施”，完全没了刚登基时候的天资聪颖、能言善辩、力大无穷、文武双全的模样。随着商纣王越加宠爱佞臣、近美色、嗜美酒、好歌舞，搞得朝廷之上歌舞升平、乌烟瘴气，商王朝整个行政系统近乎瘫痪，没了人形。“祸不单行”，商纣王又得到了“天仙般美人”苏妲己，商纣王“集万千宠爱”于苏妲己一身，愈加荒淫奢靡无度，“酒池肉林”、“炮烙之刑”、“比干挖心”、“箕子被囚”、“微子归隐”，导致国库日益亏空、朝中日渐无人。而西周却是秩序井然有序，治国有方，深藏不露，实力“与日俱增”。“敌进我退，敌退我进”，终于到了摊牌“比大小”，决战的时刻了。

此时，已是“四代”的姬发周武王继位，前呼后拥着众多杰出谋士、将领，国力强盛，万民归心，到了决战的时刻。于是开始了轰轰烈烈的“武王伐纣”，发起了对商朝的总攻。经过了“牧野之战”，西周军队攻入商朝首都朝歌，纣王抱玉自焚，商朝自此灭亡。周朝从此登上了历史舞台。此时“**飞龙在天**”，西周这条龙终于飞上了天。而无论是周武王起兵伐纣还是胜利之后建国立业，都少不了身边谋臣的谏言献策、将士的左右护佑，要多出现这些“**大人**”，多多益善，即“**利见大人**”。

[时间脉络线 5/6]： 西周经历了三代人的苦心经营，到了“四代”姬发周武王终于成功推翻商朝，周朝建立，这离不开众多谋士、大将的辅佐。

上九，亢龙有悔。

注释： 亢，过度、极度。悔，悔恨。

爻辞记忆法：

[历史故事]

商朝灭亡，周朝建立了起来。姬家几代人的努力终告成功，周武王和文武百官非常激动、兴奋、感慨，真的是“百感交集”。但建国伊始，百业待兴，况且只是占领了商朝的首都朝歌，还有广大的商朝领土实质上的统治还未抵达，更别提更有众多商朝的遗老遗少一下子还没回过神来，接受不了周朝这个西部小诸侯国的统治。况且“瘦死的骆驼比马大”，商朝无论人口、疆域，还是文化、商业都相对比西周高多了。“打江山易，守江山难”，此时作为打了胜仗的周武王姬发，处于这个节点上，前路如何走？最难办。“胜者为王，败者为寇”，以胜利者的姿态，最容易产生傲慢、藐视生命的傲气。一冲动、一强硬，心狠起来，就会“刀光剑影”、“杀人如麻”，旧商朝人就会顷刻间到处“尸横遍野”、“粉身碎骨”！这就是胜利的这条西周之“**龙**”，最容易“**亢**”奋，最容易冲动行事，那就必然“冲动是魔鬼”，造成人间惨案，从而“**有悔**”。

这一卦应该是周公姬旦所写，周公即周文王的四子，周武王的弟弟。于是，周武王就商朝灭亡之后如何处理这些商朝遗老遗少、反抗军、摇摆民众问题，首先咨询了姜太公吕尚，姜太公态度一如他以往猛男“狠”的风格，就是“全部杀光，一个不留”。周武王莫衷一是，又问了周公姬旦，姬旦则是智慧仁慈如其父周文王，他的回答是“既往不咎，把商人遗民和西周人一视同仁，罪责都往商纣王一个人身上推便是了”。这个答案，让周武王大喜，慷慨接受，认为这下天下能够安定了！因此，这个爻辞是周公写的，也是周公对周武王的建言，即不可“**亢龙有悔**”。

[时间脉络线 6/6]：西周灭商后，周朝建立，一下子成为了天子之国，最怕"胜王败寇"心理，傲视一切，容易亢悔，所以必须注意收敛。

用九，见群龙无首，吉。

注释：首，首领，领头。吉，吉祥，吉利。

爻辞记忆法：

[历史故事]

周武王接纳周公姬旦的建议，"一视同仁"的对待商朝的文武百官、商旅工农百姓，周武王此政策深得商朝遗民的心，他们悬着的一颗心终于落下了，再没有人闹事。接着周武王又略施小恩小惠拉拢商朝贵族的心，又打开商朝的国库把里面的粮食钱财散给商朝的民众，进一步收买人心。最夸张的，是周武王亲自深入旧商民间，拽住老百姓的手，嘘寒问暖，令百姓无不动容。

然后，周武王班师回到了西周，并在西周举行了盛大的祭祀典礼，祭祀典礼期间颁布了影响深远的最重要的号令，就是"封建诸侯"，不仅封了一大批原有的西周各个王侯的后人做诸侯，又封了降服归顺的殷商一些名士重臣为诸侯，最重要的是分封了自己的亲族和功臣为各地诸侯。封了诸侯的，土地、官位、人口样样少不了，皆大欢喜。同时，周武王的"封建诸侯"政策，使得每个诸侯都得到了一块封地，但都不大，大大小小的诸侯几十上百个，谁都"有头有脸"，但谁也不能"一家做大"来抗衡周朝，达到了"**见群龙无首**"的效果。此时诸侯和周朝中央达到了一种均衡状态，处于"蜜月期"，所以"吉"。周武王由此颁布了"偃武修文"政策，"刀枪入库，马放南山"的成语典故就来源于此。

[时间脉络线 0/6]：周朝建立了，周武王"封建诸侯"，使得周朝天下星罗棋布散布着众多分封的诸侯，但都势力不大，相安无事，也无法与周朝抗衡，处于稳定状态，所以这样安排是吉祥的。

2【坤为地】䷁

[爻辞暗示]：此卦通过"坤为地"卦，来描述"西周灭商"要做的工作，因此整个六爻辞都是借助"地"的要素和形象来展开内容。"坤"在这

里就是“地”的意思。

初六，履霜，坚冰至。

注释：履，踩。

爻辞记忆法：

[历史故事]

西周统治者周文王祖孙四代既然下定了决心要灭商立周，改变商朝的各种暴政，就走上了“一条不归路”，没有回头路。“路漫漫其修远兮，吾将上下而求索”，推翻商朝统治不是一朝一夕的事情，是一个长期的斗争过程，是“此消彼长”等待时机的过程，是需要几代人的努力才能完成使命。那么，刚开始踏上“灭商”这条道上，就要明白，这是干革命、是“脑袋别裤腰带上”超级危险的事情，就如同“如履薄冰”，即“**履霜**”。要超级提高警惕、小心翼翼。走在“灭商”这条道上，一切才刚刚开始，脑门已经开始冒冷汗了，抬起头来好像看到一座大山横亘在面前，“万里长征才迈开了第一步”，就抬腿困难、压力巨大，可想而知，以后的路会更加难走，即“**坚冰至**”，更多的冰在后面。

[时间脉络线 1/6]：西周统治者周文王祖孙四代决定灭商立周，就踏上了一条危机四伏、杀机重重的道路，踏出了第一步，感觉到前路漫漫、任重道远，就要意料到更大的艰险、更残酷的斗争还在后头。

六二，直方大，不习，无不利。

注释：直方大，正直、端方、宏大。习，习染。

爻辞记忆法：

[历史故事]

西周要想灭商，推翻商朝统治，就要“内练神功”，“打铁还需自身硬”，就要学习大地母亲的正直、端方、宏大的胸怀，不习染坏的东西，即“**直方大，不习**”。周文王就是这样教导后世子孙的，灭商大业非同小可，必须以最高标准来塑造他们，“好的修来，恶的不沾”，“有容乃大，无欲则刚”，即“心中有乾坤”，又“洁身自好”，必然会“所向披靡”，“无往不胜”，即“**无不利**”。

[时间脉络线 2/6]：要想成功，必练神功。因此西周要想灭掉商周，统治者自身就要高瞻远瞩、心有乾坤、洁身自好，这样才能无往不胜。

六三，含章可贞，或从王事，无成，有终。

注释：章，文采，才华。贞，贞正、正道。王事，君王事业。终，善终。

爻辞记忆法：

[历史故事]

要灭商，修身养性、洁身自好是一方面，同时还要保持低调，要收起羽翼，贴地飞行，隐藏自己的实力，放烟雾弹迷惑对方，就像“财不外露”，这样不仅不会引起“贼惦记”，还可“闷声发大财”，即“**含章可贞**”。有了实力还低调，说明心智成熟、内有城府了，然后西周“二代”季历和“三代”周文王奉旨行事，也是打着商王的名号“夹带私货”，有种“鸡毛当令箭”，四处征战周边小诸侯，“替王办事”，即“**或从王事**”。虽然这种“为他人作嫁衣裳”极有可能“吃力不讨好”，还可能造成自己“元气大伤”，即“**无成**”；但更多的，是“有心栽花花不开，无心插柳柳成荫”，是不仅可以在战斗中锻炼自己、树立威望、壮大实力、扩大势力范围，而且还可以赢得商王的好感，为君“分忧解难”，赢得信任，“机会总是留给有准备的人”，有了前面的铺垫，当机会和时机到来时，就能“万事俱备只欠东风”，就可“揭竿而起”，“一呼百应”，即“**有终**”。

[时间脉络线 3/6]：要灭商，光有修身还不够，还要隐藏实力，保持低调，优点不是用来显摆的。那么再经过替商王征战战场锻炼，就“文武双全”了，即使短期看不到灭商成功的希望，但最终会“抱得美人归”。

六四，括囊[náng]，无咎，无誉。

注释：括，捆，束紧。囊，囊袋。誉，赞誉。

爻辞记忆法：

[历史故事]

西周在经过长期的修身养性、低调行事，已然国力雄厚，商周二者实力发生了微妙的变化，各方面形势开始有利于西周，包括经济、军队、民心、舆论等等。这时候，西周就不能“循规蹈矩”，即“**括囊**”，顾忌“以下犯上”是“大逆不道”的大罪，就要“该出手时就出手”。如果“左顾右盼”，犹豫不决，贻误战机，虽然在情况不明朗时这样做，是最安全的做法，一点风险都没有，即“**无咎**”；但时机往往“转瞬即逝”，“**括囊**”就可能是“妇人之仁”，是在“沽名学霸王”，最后得来的，可能是“**无誉**”，从而“抱憾终身”。

[时间脉络线 4/6]：长期的低调经营已然使西周实力壮大，具备了“该出手就出手”的条件，此时如果还“抱死猪头啃”，那就会可能失去机会，一切付出都将“付之东流”。

六五，黄裳，元吉。

注释：黄裳，黄色下衣。元，大。

爻辞记忆法：

[历史故事]

在皇权时代，黄色是最尊贵的颜色，也只有皇家、皇上可以使用。因此，西周的革命最终成功，就是要登上皇位、“黄袍加身”，“君权神授”，名正言顺，天下才能归顺，才算最终的成功，即“**黄裳，元吉**”。也是在灭商之后，周武王正式定明黄为尊，为皇家用色，后世皇朝皆效仿沿袭。

[时间脉络线 5/6]：革命的最终成功，是“问鼎中原”、“黄袍加身”，必须取得皇权，必须名正言顺，才是最终的胜利。

上六，龙战于野，其血玄黄。

注释：战，战斗。野，野外，原野。玄，青黑色。

爻辞记忆法：

[历史故事]

前面五爻已经全部交代了战争准备阶段的要领，接下来就是开战，最后摊牌的时候到了，西周吹响了冲锋的号角。两虎相争，必有一战，即“**龙战于野**”，一场恶战在所难免。战争是残酷的，也是惨烈的，必然战火纷飞、尸横遍野，即“**其血玄黄**”。

[时间脉络线 6/6]：决战的时刻到了，吹响了冲锋的号角，西周和商朝的最终决战，是决定西周命运的“战略决战”，必然战事浩大，是一场惊心动魄的血战。

用六，利永贞。

注释：永，永久。

爻辞记忆法：

[历史故事]

革命的事业是时刻不能松懈的，既然定下来要灭商的决心，就要坚定信念、坚持到底、持之以恒，没有什么事情是可以“唾手可得”的，都是“熬出来”的，都需要长年累月的艰苦卓绝的付出、隐忍。“吃得苦中苦，方能开路虎”，“幸福从来都是靠奋斗得来的”，想通过“三天打鱼两天晒网”就想“飞黄腾达”，是不可能的事情，即要“**利永贞**”，只有“坚持”到底，才能迎来胜利的曙光。

[时间脉络线 0/6]：革命的成功，是需要艰苦卓绝的长期斗争准备和战斗，当“逃兵”，革命就会功亏一篑。

3【水雷屯】䷂

[爻辞暗示]：此卦通过“水雷屯”卦，来描述西周早期屯垦建国所作的各种努力，以及各种艰辛、凶险，因此整个六爻辞都是借助“屯”的要素和形象来展开内容。“屯”在这里就是“屯垦、屯聚”的意思。

初九，磐 pán 桓 huán，利居贞，利建侯。

注释：磐，大石头。桓，恒，恒心。建侯，建功立业。

爻辞记忆法：

[历史故事]

“万丈高楼平地起”，再伟大的基业也要有自己的根据地。因此，西周从初代统治者开始，就屯垦农业、兴修水利，并最终在岐山周原站稳了脚跟。创业维艰，千难万险，最需要的就是内心要像大石头那样不动摇，“**磐桓**”，埋头苦干，“心无旁骛”，即“**利居贞**”，才能打下属于自己的一份天地，即“**利建侯**”。

[时间脉络线 1/6]： 西周创基业初始，实干兴邦，必须埋头苦干，“经历了风雨，才能见彩虹”，“幸福是靠奋斗出来的”。

六二，屯如，邅zhán如，乘马班如，匪寇，婚媾gòu。女子贞不字，十年乃字。

注释： 屯，聚集。如，……样子。邅，回旋不前。班，原地打转。匪，非。婚媾，求婚。贞，守正。不字，不嫁。

爻辞记忆法：

[历史故事]

西周在领导人的励精图治之下，终于小有成就，“富甲一方”，已经初具小诸侯的规模，此时是季历在位，骁勇善战，有口皆碑，慕名而来的各色人物络绎不绝，聚集在西周郡府，像热闹的集市一样，“**屯如，邅如，乘马班如**”，都是要谋一份工作。不明就里的人还以为来了匪寇了呢，“**匪寇**”，甚至上门提亲的也来了，“**婚媾**”。但季历及其团队倒是很冷静，宁缺毋滥，来的人太多，就要精挑细选，即“**女子贞不字，十年乃字**”，女子守住贞操不嫁，因为没有看上合适的，终于十年挑选到如意郎君后才嫁出去。

[时间脉络线 2/6]： 西周小有名气之后，投奔的人“车水马龙”，这时候要“火眼金睛”，看人要准，“宁缺毋滥”。

六三，即鹿无虞，惟wéi入于林中。君子几，不如舍，往吝。

注释： 即，追逐。虞，虞官，掌管田猎的官。惟，同“唯”，只有。几，追赶、谋求。舍，舍弃、放弃。往，前往。

爻辞记忆法：

[历史故事]

西周强盛起来之后，提意见的人多了，这些人“七嘴八舌”、“高谈阔论”、“指点江山”，都觉得自己的主意不错、有眼光、有前途，一个比一个提的大胆，一个比一个提的夸张和冒险。有的建议季历做这个，有的建议季历干那个。反正不用花他们的本钱，“吹牛不用上税”，试验田用的都是西周的材料。但是“投资有风险，决定需谨慎”，像那不靠谱、不沾边，太冒险的事，就如同“**即鹿无虞，惟入于林中**”，去打猎不带向导就跑进去林子中，就有可能“肉包子打狗，有去无回”，两手空空而回，“打了水漂”。因此，这种高风险的事情，还是“**君子几，不如舍**”，追赶不如舍弃，不然就会“遭遇滑铁卢”，就会“**往吝**”，前往就会有悔吝。

[时间脉络线 3/6]： 西周财大气粗之后，各项建设和投资决定更需谨慎，不然“一招不慎满盘皆输”，会亏得“连底裤都没得穿”。

六四，乘马班如，求婚媾。往吉，无不利。

注释： 班，原地打转。婚媾，求婚。往，前往。

爻辞记忆法：

[历史故事]

西周虽如新星冉冉升起，但还是小诸侯，时不时的还是遭人嫉妒、挑衅。因此西周统治者深知，一个人的力量还是有限的，要抱大腿，最好的抱大腿，就是“化敌为友”，就是结姻亲，使得双方都成了一家人，就不会再互相猜忌，“一家人不说两家话”。于是，季历的婚姻大事被提上了日程，要联姻，肯定要找势最大的那家，那就是商朝皇室。于是，季历高头大马、聘礼诚意十足的、求婚队伍浩浩荡荡的，去商朝皇家求亲，即“**乘马班如，求婚媾**”。季历高大英俊、骁勇善战，又是官二代，商王帝乙也是看中了西周对于稳固江山的重要意义，也是能看上眼的“有头有脸”的封疆大吏，心里也正有此意，就应允了婚事，把妹妹许配给了季历，这就是历史上的“帝乙归妹”，所以季历必然“**往吉，无不利**”。

[时间脉络线 4/6]： 西周让自己强大的更好的办法，就是不仅要靠自己，还要“借力打力”，“化敌为友”，抱上商朝皇室的大腿。有老大罩着，就更安全了。

九五，屯其膏，小贞吉，大贞凶。

注释：膏，肥膏、肥肉、财力。

爻辞记忆法：

[历史故事]

西周诸侯季历继续励精图治、殚精竭虑，苦心经营西周的方方面面，搞好发展生产、抓紧日常练兵、不断开垦荒地拓展疆土，财力物力人力逐渐殷实，小有规模，即“**屯其膏**”。但是“人怕出名猪怕壮”，小康家庭还好，“**小贞吉**”；如果大富大贵，可以达到“治国、平天下”的实力，免不了“树大招风”，引起商朝朝廷的注意，必然会引来“削藩”式的灾难，即“**大贞凶**”。

[时间脉络线 5/6] ：西周逐渐小有积蓄，但是处于“进退两难”的境地，西周国力做小了，喂饱自己倒是没问题，但灭商大吉就无望了；做大了呢，则会引来商朝注意力，惹来灾祸。

上六，乘马班如，泣血涟 lián 如。

注释：班如，徘徊不前。泣血，眼睛哭出血。涟如，直流。

爻辞记忆法：

[历史故事]

最终，西周统治者季历“难逃一劫”，为商王文丁所不容，拘禁关押致死。父亲死讯传来，西周国上下一片悲伤气氛。这时候的姬昌满腔愤慨，但心里也是没什么主意，犹如一匹马一样原地踌躇，不知所往，“**乘马班如**”。父亲的逝去，使得姬昌眼睛都快哭瞎了，西周满朝文武百官莫不悲痛万分，西周黎民百姓也是“如丧考妣”，“**泣血涟如**”。早期的创业者，都是充满了血泪史，尤其是打江山，更不易。

[时间脉络线 6/6] ：“天妒英才”，最终商王心胸狭隘，视季历为“眼中钉，肉中刺”，杀了西周季历，季历“飞来横祸”，一代英才“溘然而去”，西周上下痛哭一片。

4【山水蒙】䷃

[爻辞暗示]：此卦通过“山水蒙”卦，来描述周文王阐述未来一旦西周战胜商朝，西周入主朝歌城，进城应该怎么做好群众工作的事情，因此整个六爻辞都是借助“蒙”的要素和形象来展开内容。“蒙”在这里就是“宣传、说教”的意思。

初六，发蒙，利用刑人，用说桎（zhì）梏（gù），以往吝。

注释：发，启发。蒙，启蒙、开窍。刑人，牢狱之人。说，脱。桎梏，刑具、枷锁。以往，过往。

爻辞记忆法：

[历史故事]

周文王在世的时候，一直没能有机会灭掉商朝，建立全新的周朝政权。他阐述未来一旦打败商朝，入主商朝首都朝歌城，就要做好群众工作。首先，进城后，要广泛宣传西周政策，“**发蒙**”，西周以仁义、宽待为主，请大家不用惊慌。并首先以商朝在押监狱犯人为突破口，“**利用刑人**”，打开监牢，大赦罪犯，无罪释放，令其归家，“**用说桎梏**”，以往犯法犯罪“既往不咎”，“**以往吝**”。

[时间脉络线1/6]：西周入主朝歌城，要宣传政策，首先释放监狱犯人，大赦天下，赢得民心。

九二，包蒙，吉。纳妇，吉。子克家。

注释：包，包容。纳，接纳。妇，妇孺百姓。子，子民。克，克服。

爻辞记忆法：

[历史故事]

西周未来一旦打败商朝，入主商朝首都朝歌城，就要包容朝歌城里的民众，不能当成敌人看待，“**包蒙**”，因而“**吉**”。西周坚决也是从来不搞屠城政策，而是接纳城内的妇孺百姓成为自己的子民，“**纳妇**”，这无疑不仅减少了杀戮，同时迅速为西周增加人口，壮大实力，成为自己子民了，因而“**吉**”。朝歌民众为之感动，从内心不再纠结于自己曾经是商朝子民，不再认为自己是商朝的人，不再认为商朝是自己的家，即“**子克家**”，而是归顺西周。

[时间脉络线 2/6]：西周入主朝歌城，要包容和接纳城内民众，吸收为自己民众力量。

六三，勿用取女，见金夫，不有躬。无攸利。

注释：取，娶。金夫，有钱人。躬，身躯、尊严。攸利，好处。

爻辞记忆法：

[历史故事]

西周未来一旦打败商朝，入主商朝首都朝歌城，还要对朝歌城内的各类人进行甄别区分，对于曲意逢迎、溜须拍马、毫无底线的人，他们就如同拜金女见钱眼开、愿意失身一样，“**勿用取女，见金夫，不有躬**”，要保持警惕，这类人“**无攸利**”，没有多少价值。

[时间脉络线 3/6]：西周入主朝歌城，对于失去节操主动逢迎的人，要警惕。

六四，困蒙，吝。

注释：困，困惑。

爻辞记忆法：

[历史故事]

西周未来一旦打败商朝，入主商朝首都朝歌城，对于那些死心眼，就是想不通，还效忠于商朝的人，处于困惑、摇摆状态的，“**困蒙**”，他们没有眼力见，不识时务，最终会后悔，“**吝**”，还没有认清西周替代商朝乃大势所趋、人心所向，是天意不可违。

[时间脉络线 4/6]：西周入主朝歌城，还有存在困惑没想通的民众，他们会后悔没看清大势所趋。

六五，童蒙，吉。

注释：童，愿意，听话。

爻辞记忆法：

[历史故事]

西周未来一旦打败商朝，入主商朝首都朝歌城，对于那些最先的能很快开始接受西周的统治的官员和民众，理解和认为西周是更好的政权的人，“童蒙”，愿意接受宣教，这就是好事情，“吉”，这些人要重点团结。

[时间脉络线 5/6]：西周入主朝歌城，有迅速接受统治的民众，他们脑子转得快。

上九，击蒙，不利为寇，利御寇。

注释：击，回击，攻击。寇，敌寇。

爻辞记忆法：

[历史故事]

西周未来一旦打败商朝，入主商朝首都朝歌城，肯定有一些思想转不过来弯，坚决抵抗，不接受西周占领的官员和民众，他们是最冥顽不化的一群人，那么对待这部分人，就要坚决回击，“击蒙”。此时对这部分人，他们在商朝已经灭亡，大势已去的情况下，还负隅顽抗，这时候就是不利的、不理智的，对于西周来说，他们就相当于是“寇”了，即“不利为寇”。西周已经入主朝歌城，大军降临，商朝已经摧枯拉朽，此刻西周乘胜追击，必然势如破竹，利于消灭残余势力，即“利御寇”。

[时间脉络线 6/6]：西周入主朝歌城，对于冥顽不化的，利于打击消灭。

5【水天需】䷄

[爻辞暗示]：此卦通过“水天需”卦，来描述周武王姬发东征殷商，发动牧野之战，商朝灭亡的历史事件，因此整个六爻辞都是借助“需”的要素和形象来展开内容。“需”在这里就是“军队驻扎”的意思。

初九，需于郊，利用恒，无咎。

注释：需，驻扎、等待。郊，郊野。恒，恒心。

爻辞记忆法：

［历史故事］

周武王出师率军东征伐纣，在西周的都城丰邑郊野集结驻扎兵马，“**需于郊**”，四代西周领导人的兴周灭商的坚定信念，一直是恒心不变，“**利用恒**”，誓要推翻暴政殷商的统治，为天下苍生百姓福祉着想，今天终于修成正果。西周是替天行道，推翻残暴、落后、行将就木的商朝统治，“**无咎**”。

［时间脉络线 1/6］：周武王东征伐纣，首先大军驻扎于都城郊外集结。

九二，需于沙，小有言，终吉。

注释：沙，沙地、沙滩。有言，埋怨。

爻辞记忆法：

［历史故事］

周武王出师率军东征伐纣，大军开始向商朝都城朝歌进发。殷商在现在的河南安阳，在黄河北，而西周丰邑在现在的陕西西安，在黄河的西南，大军进军朝歌，首先就要过黄河，于是到了黄河边。黄河边黄沙泛滥，大军聚拢来，全部驻扎在黄河岸边的沙地上，“**需于沙**”。这对于车马行进，很吃力，很难走，而且黄河也是天险，要想办法渡过去，因此“**小有言**”。但幸好这只是影响了大军交通出行问题，只是耽误了几天行军时间，倒没什么大碍。最终大军耽搁了几天，想尽了办法，终于过了黄河，“**终吉**”。

［时间脉络线 2/6］：周武王东征伐纣，大军到达了黄河岸边驻扎。

九三，需于泥，致寇至。

注释：泥，泥泞、淤泥。致，导致。

爻辞记忆法：

［历史故事］

周武王出师率军东征伐纣，大军一路摧枯拉朽，行军迅速，很快行进到了距离殷商首都朝歌不远的牧野，牧野距离朝歌只有几十公里远的距离了。西周都城无论是先前的岐山（西岐）还是后来的丰邑，都是在现在的陕西咸阳、西安附近，是处于西部了；而殷商朝歌、牧野是位于现在的河南安阳附近，已经是处于中国东部了，西安和安阳东西直线距离相差500公里，气候会有很大区别，就是殷商更靠近东部的海岸线，雨水会更多。因此，西周大军到达了牧野，很可能牧野地面比较泥泞，因此大军就是驻扎于泥泞湿漉漉的牧野之地，“**需于泥**”。此时西周大军已经是相当于“兵临城下”了，商朝怎能不派兵迎战？于是对于西周来说，商朝的军队前来对战，就相当于“**致寇至**”。

[时间脉络线3/6]：周武王东征伐纣，大军到达了商朝朝歌城外几十里的牧野。

六四，需于血，出自穴。

注释：血，血泊。穴，巢穴、老巢。

爻辞记忆法：

[历史故事]

周武王出师率军东征伐纣，商周军队在牧野遭遇，两军对垒，交战不可避免，于是终于交上了火，刀光剑影、杀声震天、血光冲天，即“**需于血**”。商朝是相当于倾巢出动，商纣王更是亲自上阵亲征，兵力全部出动，“**出自穴**”。

[时间脉络线4/6]：周武王东征伐纣，商周两军遭遇交战。

九五，需于酒食，贞吉。

注释：酒食，美酒和美食。

爻辞记忆法：

[历史故事]

周武王出师率军东征伐纣，最终牧野之战西周军队大胜，商纣王见大势已去，从战场上回到朝歌自焚于鹿台，商朝就此灭亡。周武王战后举行典礼，准备了许多美酒和美食犒劳三军将士，“**需于酒食**”，西周大军齐欢乐庆祝，西周四代的“兴周灭商”恒心即“**贞**”终获成功，因此“**贞吉**”。

[时间脉络线5/6]：周武王东征伐纣，取得胜利，商朝灭亡。

上六，入于穴，有不速之客三人来，敬之，终吉。

注释：穴，穴居、老巢。不速之客，不请自来客人。三人，是约数，很多。

爻辞记忆法：

[历史故事]

周武王出师率军东征伐纣，周武王在牧野之战胜利、商纣王自焚而死后，正式率领大军进入商朝首都朝歌，“**入于穴**”，直攻商朝老巢、巢穴朝歌。商朝的一些忠良大臣武将也纷纷前来臣服于西周，愿为西周效劳，“**有不速之客三人来**”。周武王依然发扬了西周的求才若渴的传统，对这些忠良大臣武将都予以妥善安置，给予待遇，“**敬之**”。这样做，就会使西周人才济济，人才对于即将成立的周朝至关重要，是百业待兴、急需人才，正是用人之际！所以留住人才、安置人才，最终是对即将成立的周朝有利，“**终吉**”。

[时间脉络线 6/6]：周武王东征伐纣，接收商朝，广纳人才。

6【天水讼】䷅

[爻辞暗示]：此卦通过“天水讼”卦，来描述周文王对于争讼的看法和建议，因此整个六爻辞都是借助“讼”的要素和形象来展开内容。“讼”在这里就是“争讼、诉讼”的意思。

初六，不永所事，小有言，终吉。

注释：永，永久、长久。有言，怨言。

爻辞记忆法：

[历史故事]

周文王认为，争讼这个事，最好不要长期纠缠于此，在刚陷入争讼、争端之际，就要立马打住，“**不永所事**”，不再陷入其中。这可能为别人不理解，会说两句，有点怨言，“**小有言**”，毕竟是退让的姿态。但是他不明白，争讼的事情大多是会耗时耗力、最终也是两败俱伤，只有及时半途打住，悬崖勒马，才能“**终吉**”。

[时间脉络线 1/6]：争讼在刚开始的时候就要及时止住。

九二，不克讼，归而逋 bū，其邑人三百户，无眚。

注释：克，战胜。逋，逃跑。眚，灾难。

爻辞记忆法：

[历史故事]

一旦不可制止，卷入争讼之中，然后失了争讼，输了官司，“**不克讼**”，那就要“三十六计走为上计”，要赶快逃跑，“**归而逋**”，这样就不会连累自己的乡邻们，“**其邑人三百户，无眚**”。

[时间脉络线 2/6]：争讼输了，就要马上逃跑，以不连累无辜。

六三，食旧德，贞，厉，终吉。或从王事，无成。

注释：旧德，传统道德、乡规民约。王事，公差、公事、朝廷为官。

爻辞记忆法：

[历史故事]

对于一旦发生争讼，陷入争讼之中，还要先尝试按照传统道德、乡规民约来谈判，“**食旧德**”，能让步就让步，坚持这样的“息事宁人”的态度，才会“**贞**”。但可能会引起对方的“得寸进尺”、“变本加厉”，“**厉**”，但最终是有利于达成妥协的结果，有利于尽早脱身，“**终吉**”。但这种处理争讼的方式，不能适用于在公家办事，“**或从王事，无成**”，因为公家要以身作则、公正严明，不容许有半点打折扣、走人情、商量的余地。

[时间脉络线 3/6]：争讼的制止，还可以尝试用民俗旧德来谈判妥协。

九四，不克讼，复既命，渝，安贞吉。

注释：克，克服、战胜。复，复返。既，已发生。命，认命、服从。渝，让步、改变。

爻辞记忆法：

[历史故事]

如果还是避免不了争讼，并且争讼输了，“**不克讼**”，那就要就势“顺水推舟”，从了对方，“**复既命**”，作出让步，“**渝**”。这样就免于继续陷入持久不断的争讼之中，就“**安贞吉**”了。

[时间脉络线 4/6]：争讼输了，就认输，及时了结。

九五：讼，元吉。

注释：元吉，大吉。

爻辞记忆法：

[历史故事]

如果对方一而再再而三的争讼、骚扰，欺人太甚，那就退到墙角了，就不能再退步，就果断应战，集中一切火力与之争讼，“**讼**”，“破釜沉舟”、“决一死战”，反而会有意外惊喜，取得胜利，万事才能大吉，因此，“**元吉**”。

[时间脉络线 5/6]：迫不得已必须争讼，那就争讼到底，直到胜利。

上九：或锡 xī 之鞶 pán 带，终朝三褫 chǐ 之。

注释：锡，通“赐”，赏赐。鞶带，腰带、指显贵官服。朝，朝廷。三，数次。褫，剥夺、收回。

爻辞记忆法：

[历史故事]

争讼终于胜了，追回了本该属于自己的东西，得到了战利品，如同朝廷赏赐了显贵官服，“**或锡之鞶带**”。但是争讼毕竟是“杀敌一万，自损三千”，就如朝廷赏赐了显贵官服，“**或锡之鞶带**”，但却多次训斥你，把官服一天之内收回来了好几次，“**终朝三褫之**”，有如“赢了官司，却输了人品”，“虽胜犹败”。

[时间脉络线 6/6]：争讼虽胜犹败。

7【地水师】䷆

[爻辞暗示]：此卦通过“地水师”卦，来描述行军打仗的要求，因此整个六爻辞都是借助“师”的要素和形象来展开内容。“师”在这里就是

“行军打仗”的意思。

初六，师出以律，否臧凶。

注释： 律，军纪。否，否则、不。臧，好、善。

爻辞记忆法：

[历史故事]

军队出兵行军打仗，必须要有严明的军纪，“**师出以律**”，否则的话，军纪涣散，就会有凶险，军队就会有吃败仗的危险，“**否臧凶**”。

[时间脉络线 1/6]： 军队行军打仗，要军纪严明。

九二，在师中，吉，无咎，王三锡命。

注释： 师，军队。王，君王。锡，赏赐、委任。

爻辞记忆法：

[历史故事]

军队出兵行军打仗，将帅必须要跟随大军一起行动，要在军中坐镇指挥，“**在师中**”，这样才能对战场瞬时情况实时了解，能够根据战场形势随时和及时调度指挥，做出正确指令，也能稳定军心，才能“**吉，无咎**”。这样的将帅，指挥得力，于是会得到君王的信任，会得到更多的作战命令授权，“**王三锡命**”。

[时间脉络线 2/6]： 军队行军打仗，将帅要坐镇指挥。

六三，师或舆 yú 尸，凶。

注释： 或，有时。舆，运载。

爻辞记忆法：

[历史故事]

军队出兵行军打仗，打仗是难免不了要死人的。如果打仗死人太多，达到了用车拉的程度，“**师或舆尸**”，那说明军队打仗遇到了猛烈的抵抗，军队伤亡惨重，这样必然是遇到了强敌，因而凶险，“**凶**”，就要考虑改变战略战术了。

[时间脉络线 3/6]：军队行军打仗，死人太多，那就是遇到凶险了。

六四，师左次，无咎。

注释：左次，退后、撤退。

爻辞记忆法：

[历史故事]

军队出兵行军打仗，一旦遇到死了太多人，久攻不下，战场形势非常严峻，那是遇到强敌了，那就要明智的见机行事，赶快把军队撤下来，“**师左次**”，这样就会减少伤亡，也是明智之举，“**无咎**”。

[时间脉络线 4/6]：军队行军打仗，形势不妙，就要赶快撤军。

六五，田有禽，利执言，无咎。长子帅师，弟子舆尸，贞凶。

注释：田，田野。禽，禽兽。执言，采纳建议。长子，有才能的人。弟子，才疏学浅的人。

爻辞记忆法：

[历史故事]

军队出兵行军打仗，田野里出现了野禽啃吃死人的现象，“**田有禽**”，这是因为之前的伤亡惨重的重大过失，原因是没有好好听建议，没有及时撤军，说明这个军队的将帅有问题。因而遇到伤亡惨烈的战斗，就要多听献言献策，“**利执言**”，这样就不会犯重大军事失误，“**无咎**”。军队打仗，有才能的人可以率领军队，“**长子帅师**”，而才疏学浅的就不能带兵，否则会要死好多人的，“**弟子舆尸**”。所以，一定要在带兵的将帅上，要谨慎选将用人，才能避免凶险，“**贞凶**”。

[时间脉络线 5/6]：军队行军打仗，将帅的作用至关重要，决定军队的生死。

上六，大君有命，开国承家，小人勿用。

注释：大君，君王、天子。命，命令。开国，封诸侯国。承家，建造府第。

爻辞记忆法：

[历史故事]

军队出兵行军打仗，将帅在经历了重大伤亡之后，痛定思痛，总结了经验教训，终于打了胜仗，消灭了对方，君王嘉奖三军，“**大君有命**”，对见机行事、灵活转变战略战术的有才能的将帅加官晋爵、封地，即“**开国**”，建立小诸侯国；赏赐金银财宝，有财富了，就可以“**承家**”，建造府第。而对于造成重大伤亡的无才能的将帅，不能任用，更没有奖赏，有必要的话还要治罪，“**小人勿用**”。

[时间脉络线 6/6]： 军队行军打仗，战斗胜利，君王论功行赏。

8【水地比】䷇

[爻辞暗示]：此卦通过“水地比”卦，来描述西周各种亲比政策及其效果，因此整个六爻辞都是借助“比”的要素和形象来展开内容。“比”在这里就是“亲比”的意思。

初六，有孚比之，无咎。有孚盈缶 fǒu，终来有它，吉。

注释： 有孚，有诚信。比，亲比。盈，满。缶，缸缶。

爻辞记忆法：

[历史故事]

亲比的总原则。要有诚意的去和别人亲比，“**有孚比之**”，那么就会没有不对的，“**无咎**”。有诚意的程度就如缸缶里装满了水那样满怀诚意，“**有孚盈缶**”。那么“来而不往，非礼也”，对别人有诚意的交往，也会得来别人的亲比，“**终来有它**”，这样互相往来，“皆大欢喜”，“**吉**”。

[时间脉络线 1/6]： 亲比的总原则，要有诚意去亲比别人，别人也会有诚意前来亲比你。

六二，比之自内，贞吉。

注释： 自内，自己内部。

爻辞记忆法：

[历史故事]

亲比，首先要和西周自己内部的人亲比好，“**比之自内**”，就是首先要和自己人处好亲比关系，然后才有基础再去和外面人亲比。如果和自己内部人都亲比不了，再想着去亲比其他人，那是不现实的，也是虚伪的。和自己人亲比，当然是应该的、必须的，“**贞**”，也会“**吉**”。

[时间脉络线 2/6]：亲比首先要和自己人亲比好。

六三，比之匪人。

注释：匪人，平民、奴隶。

爻辞记忆法：

[历史故事]

亲比，也要和西周的平民、奴隶亲比好，“**比之匪人**”，他们是西周人口的绝大多数，是统治的基石，不可忘了他们。

[时间脉络线 3/6]：亲比要和最广大的西周平民、奴隶亲比好。

六四，外比之，贞吉。

注释：外，外部之人。

爻辞记忆法：

[历史故事]

亲比，不能局限在西周之内，范围要扩大，还要和西周外面的人亲比，“**外比之**”，扩大自己的朋友圈，和天下人做朋友，这样做，自然“**贞吉**”。

[时间脉络线 4/6]：亲比还要和西周外面的人亲比好。

九五，显比，王用三驱，失前禽，邑人不诫，吉。

注释：显，明显。三驱，三面驱赶。邑人，当地人、民众。诫，戒备。

爻辞记忆法：

[历史故事]

亲比最终达到了最高境界，就是西周内外大家都相互亲比，这种亲比公开化、普遍化、谁都能看得见的亲比，“**显比**”。君与臣之间、君与民之间、民与民之间关系亲比融洽，那么君王就会宽厚仁慈、平易近人、多方为民着想，即“**王用三驱，失前禽**”，就如打猎的时候，也会只围起来三面，“网开一面”，让那一面的禽兽有机会跑掉。而民众更是对王放心，亲近王，而没有戒备之心，“**邑人不诫**”，一切都是这么的安详、融洽，所以“吉”。

[时间脉络线 5/6]：亲比的最高境界是西周内部亲比、西周和外部天下人也亲比，达到了朋友遍天下程度。

上六，比之无首，凶。

注释：无首，无原则、无底线。

爻辞记忆法：

[历史故事]

但是，亲比还是要有亲比的原则和底线的，就是不能随便的、毫无原则的和任何人亲比。如果“**比之无首**”，随便亲比，没有原则，和谁都交朋友，就会有可能“与狼共舞”、“狼狈为奸”、“蛇鼠一窝”，自然会有凶险，“凶”。

[时间脉络线 6/6]：亲比还要不能随便亲比，守住亲比原则和底线。

9【风天小畜】☴

[爻辞暗示]：此卦通过“风天小畜”卦，来描述西周经历了周文王伐商的惨败之后，重整旗鼓，准备小有积蓄，再图东山再起灭商的事情，因此整个六爻辞都是借助“小畜”的要素和形象来展开内容。“小畜”在这里就是“小有积蓄”的意思。

初九，复自道，何其咎？吉。

注释：复，复返。自道，原来的道路。

爻辞记忆法：

[历史故事]

西周周文王姬昌经历了对商朝的用兵失利了之后，差点被商朝抓起来投入大牢被杀头，西周灭商事业再次回到了原点，被打回了原形。但西周几代领导人定下的灭商兴周的宏伟目标，不能放弃。于是，周文王暗下决心，灭商的大业在内心又开始复燃了，“**复自道**”，周文王是抱定了要灭掉商朝，“九头牛都拉不回来”，为什么这么坚决？因为商朝的统治者商王昏庸无道、沉迷酒色、诛杀忠臣、谋害忠良、鱼肉百姓还有惨无人道的活人殉葬，商王的罪状简直是罄竹难书，重新举起灭商的大旗，有什么不对呢？“**何其咎？**”周文王所做的灭商事业是在“替天行道”，是百姓之福，所以“**吉**”。

[时间脉络线 1/6]：西周伐商战争失败后，又回到了起点，灭商雄心再次燃起。

九二，牵复，吉。

注释：牵，牵引、引导。

爻辞记忆法：

[历史故事]

西周周文王内心重新燃起了灭商的决心，但经历了与商朝的一场恶战之后，突然“一夜回到了解放前”，西周损失惨重。同时，西周毕竟是一个地方诸侯，实力有限，仅凭一己之力，无法完成灭商大业。“要团结一切可以团结的力量”，于是，西周在周文王的领导下，广泛与其他地方诸侯交朋友，有事没事和他们唠嗑，引导他们理解商朝的各种腐败、惨无人道的一面，让他们明白商朝已经“气数已尽”，不值得再对它效忠，也是变相邀请他们一起加入到灭商的大军中，即“**牵复**”。这样加入的诸侯越多，灭商的队伍就越大，成功的机率也就更大，所以“**吉**”。

[时间脉络线 2/6]：灭商大业单打独斗不行，需要同路人。

九三，舆说辐，夫妻反目。

注释：舆，车轮。说，脱。辐，辐条。

爻辞记忆法：

[历史故事]

虽然周文王“晓之以理，动之以情”阐述了商朝的各种腐败、无道，但是还是有些地方诸侯、一些老臣一会半会脑筋没转过弯来，他们并没有被西周姬昌说服，不是每个人都能理解周文王的抱负。还有些人“今朝有酒今朝醉”不思进取，对商朝的各种腐败、无道睁只眼闭只眼，更对西周的说服不大感兴趣。同时有些人反应更激烈，认为“君权神授”，皇帝就是皇帝，是神圣不可侵犯的，他们认为商朝已经统治几百年了，作为臣子就应该一直效忠，他们言辞凿凿，并不与姬昌的反商思想站在一起，甚至是激烈反对，犹如“**舆说辐，夫妻反目**”。

[时间脉络线 3/6]： 灭商大业有同路人，同时也有反对者。

六四，有孚，血去，惕出，无咎。

注释： 血，恤，忧虑。惕，警惕。

爻辞记忆法：

[历史故事]

西周周文王姬昌是个智慧绝顶的人，他用真诚和诚意与别人交往，“**有孚**”，逐渐打动了这些诸侯、大臣，明白了姬昌的“灭商主张”的道义性、合理性、可行性，使得他们的顾虑和担心都消除了，“**血去，惕出**”，所以就“**无咎**”。

[时间脉络线 4/6]： 姬昌通过诚意使得诸侯大臣消除了疑虑。

九五，有孚挛如，富以其邻。

注释： 挛如，连接一起。邻，近邻。

爻辞记忆法：

[历史故事]

西周姬昌更加的用真诚和诚意去和地方诸侯和朝中大臣交往说服，渐渐的更多的诸侯和大臣理解了姬昌的灭商思想，是一个正义的事情，更多的诸侯和大臣加入了姬昌的灭商队伍，形成了“**有孚挛如**”的亲密、信任关系。姬昌则不会亏待任何一个朋友，自己有好东西从不吝啬拿出来分享，这些诸侯大臣从姬昌那没少拿到好处，即“**富以其邻**”。

[时间脉络线 5/6]： 姬昌的灭商队伍新加入的朋友越来越多。

上九，既雨，既处，尚德载。妇贞厉，月几望，君子征凶。

注释：既，已经。雨，下雨。处，停。尚德载，高尚品德承载。几，接近、快要。望，十五。

爻辞记忆法：

[历史故事]

“路遥知马力，日久见人心”，姬昌用时间证明了，他是仁心宽厚、关心民众疾苦、智慧绝顶、想朋友之所想的好君子、好统帅。诸侯、文臣武将、广大民众投靠到西周姬昌麾下的人越来越多，姬昌终于又熬出头了。从伐商失利，一败涂地，“输得裤衩都不剩”，狼狈撤军到西周；到数年后，自己领导下的西周又人丁兴旺、物产富饶、人才济济，伐商的实力又回来了，“**既雨**”。但这一次，坚决要忍住，坚决不能再冲动、再冒险了，要冷静冷静再冷静，要观察观察再观察，要按兵不动，“**既处**”，只有这样才是充满智慧和等待有利时机之举，“**尚德载**”。但是如果谨慎过了头，那就有如“**妇贞**”，过于贞洁保守，就会错过反商灭商机会，反而“**厉**”了。这就犹如月亮快要圆了，“**月几望**”，月圆的同时还预示着月亮马上就要转亏了，那么如果在月就要圆的时候，保守、犹豫不决、不快速出击，那么“月圆即亏”，机会就会“擦肩而过”，君子这时候再想去有所作为，就会有凶险，“**君子征凶**”。

[时间脉络线6/6]：姬昌的灭商实力又重现，但不再冲动贸然出击伐商，需要等待时机；一旦时机到，就要及时出击，不可再等待。

10【天泽履】䷉

[爻辞暗示]：此卦通过“天泽履”卦，来描述西周几代领导人长期准备，最后灭掉商朝的几个重要节点，因此整个六爻辞都是借助“履”的要素和形象来展开内容。“履”在这里就是“推翻商朝的事业”的意思。

初九，素履，往无咎。

注释：素，朴素。履，践履、做事。

爻辞记忆法:

[历史故事]

商朝帝王残暴无道、奢靡成风，西周从古公亶父开始，就果断下定决心要推翻商朝的残暴统治，改革殉葬奴隶的惨无人道制度，还天下苍生百姓以安宁幸福生活。同时，从那时起，西周几代统治者都是低调的壮大自己，隐藏自己的实力，使得自己平淡无奇，没有暴露自己的实力，“**素履**”。同时代商王征战，打着商朝的旗号南征北战，这样的“挂羊头卖狗肉”，扫除了无数的牛鬼蛇神，还顺带捞了不少油水，壮大了自己，“**往无咎**”。

[时间脉络线 1/6]：西周低调的壮大自己，暂时平安无事。

九二，履道坦坦，幽人贞吉。

注释：坦坦，平坦。幽人，坐牢之人。

爻辞记忆法:

[历史故事]

随着西周季历王的代商朝征讨四方诸侯，“人怕出名猪怕壮”，再想低调，还是被商王所注意，因为战功卓著，西周的实力与日俱增，虽然季历没有造反之心，但是商王由不得他，趁着季历远征甘肃，还是忍不住在边塞之地赛库拘禁了季历，并一不小心拘禁致死。但这时候的西周灭商大业还是没有暴露，“**履道坦坦**”，但不幸的是，商朝可不管这么多，一不做二不休，把季历的儿子姬昌也一并抓了起来，囚禁在甘肃玉门，好在姬昌没有在狱中大吵大闹、泄露天机，“**幽人贞**”，西周很快筹集银两把姬昌赎了出来，“吉”，玉门那边的狱吏见钱眼开放了姬昌。

[时间脉络线 2/6]：西周灭商计划周密未泄，但是季历遇害，文王短暂被囚。

六三，眇 miào 能视，跛 bǒ 能履，履虎尾，咥人，凶。武人为于大君。

注释：眇，瞎了一只眼。视，看见。跛，跛脚。履，走路。咥人，咬人。武人，军队之人、将士。大君，君王。

爻辞记忆法：

[历史故事]

姬昌侥幸从西北甘肃逃脱出来，此时愤懑难平，为父报仇情绪高涨，不顾众大臣将士反对，毛头小子仓促整顿兵马，就率军向东征讨商朝。此时的姬昌，文不能文、武不能武，还没有太多的军事指挥能力和斗争经验，如同“**眇能视，跛能履**”，这时候去征讨商朝，无异于“鸡蛋碰石头”，最终“**履虎尾，咥人**”，吃了败仗，损兵折将，凶险无比，“**凶**”。如果此时商朝再乘胜追击，那就没西周什么事了，历史将被改写。幸运的是，商朝的大臣将士竟然建议商王不要打西周了，“**武人为于大君**”，放他一马，以观后效，西周姬昌再次平安落地，化险为夷。

[时间脉络线 3/6]：西周姬昌冲动伐商，差点把自己赔了进去。

九四，履虎尾，愬shuò愬，终吉。

注释：履，踩。虎尾，老虎尾巴。愬愬，恐惧、惊恐。

爻辞记忆法：

[历史故事]

“一朝被蛇咬，十年怕井绳”，经历了这次的冲动军事冒险，姬昌明白了灭商还不是时候，于是迅速的低调了下来，安心在西周地方上经营生产，同时在商朝朝廷上尽心尽力辅佐商王，低调而谨慎，“**履虎尾，愬愬**”，“伴君如伴虎”啊。自己则选择了韬光养晦，数十年如一日，不再生事，最终西周如姬昌所愿，苦心经营，强盛了起来，这样姬昌的数十年低调服侍商朝的类似“卧薪尝胆”的不露声色的发展壮大西周，终见成效，“**终吉**”。

[时间脉络线 4/6]：吃了败仗的西周姬昌不再冒险，安心服侍商朝，同时灭商大业“暗度陈仓”，转入了地下。

九五，夬履，贞厉。

注释：夬，决定、决断。履，施行、行动。

爻辞记忆法：

[历史故事]

西周经过了数十年的隐忍和发展生产，国泰民安、兵强马壮。而商朝在纣王统治下，残暴、奢靡，国力每况愈下，纣王的荒淫无道、听信谗言，搞得满朝文武怨声载道，弄得天下百姓民不聊生。西周观察到此现象，经过一番分析对比，觉得是对商朝摊牌、决一死战的时候到了，“**夬履**”。大战来临，必将“血雨腥风”，要始终保持住西周军队是一支正义之师，是替天行道，以在此次凶险的战争中“得道多助”，获得胜利，即“**贞厉**”。

[时间脉络线 5/6]： 时局发生扭转，商周决战的时机已到。

上九，视履考祥，其旋元吉。

注释： 视履，亲自考察。考祥，考察周详。旋，回旋、回来。

爻辞记忆法：

[历史故事]

西周对商朝的决战终于打响了，西周准备充分，前前后后做了周密部署，对商朝的情况了如指掌，商朝朝廷内部还有西周培养的内应，“**视履考祥**”。发起攻打商朝的战斗一吹响号角，就势如破竹，很快攻入商朝首都朝歌，商纣王万念俱灰，再也不能力挽狂澜，拥玉自焚于王宫鹿台。西周终于灭商成功，“**其旋元吉**”。

[时间脉络线 6/6]： 西周战前周密部署，商周决战，商朝灭亡。

11【地天泰】☷☰

[爻辞暗示]：此卦通过“地天泰”卦，来描述西周季历南征北战的英雄战绩，因此整个六爻辞都是借助“泰”的要素和形象来展开内容。“泰”在这里就是“以小博大”的意思。

初九，拔茅茹 rú，以其汇。征吉。

注释： 茅，茅草。茹，相连、一大片。汇，同类相汇。

爻辞记忆法：

[历史故事]

西周季历南征北战，专拣“软柿子”捏，只攻打小势力的诸侯，就像拔茅草一样，“**拔茅茹**”，这样就很容易“以多胜少”，拿下一个小地方，还可以“一举多得”，即获得了土地，还能造成舆论影响，树立威严，让周边其他小诸侯无不震动，再征战这些地方的时候，就乖乖投降，得来不再费工夫，“**以其汇**”。这样的战略和战术运用，使得征战所向披靡，“**征吉**”。

[时间脉络线1/6]：战争的绝妙之处，是先灭掉小的、远的，“远交近攻”，这样不仅损失较小，保存实力，还可以“大鱼吃小鱼”，逐渐吞并小的扩张自己版图，“一举多得”。

九二，包荒，用冯河，不遐遗。朋亡，得尚于中行。

注释：包，包容。荒，荒废、污秽。冯河，会制作渡河工具的村夫。遐，远。遗，遗弃。朋，朋党。尚，崇尚。中行，行为持中。

爻辞记忆法：

[历史故事]

打仗是要用人的，是最需要人才的时刻。这个时候，就要“不挑食”，只要有一技之长，“鸡鸣狗盗”之徒都需要，所以要“藏污纳垢”，即“**包荒**”；要启用哪怕只会简单制作渡河用具的乡野村夫，即“**用冯河**”；广泛征兵，再远也要征过来，即“**不遐遗**”。这样下去，西周疆域内众多英雄好汉、牛鬼蛇神都汇聚于季历麾下，为其所用，再也没有“结党营私”的可能，即“**朋亡**”，这得益于季历的敞开大门、礼贤下士、不拘一格、海纳百川的胸怀，即“**得尚于中行**”。

[时间脉络线2/6]：战争正是急需用人之时，只要有一技之长，皆要招来，发挥其余热，为我所用。

九三，无平不陂[pō]，无往不复。艰贞无咎，勿恤[xù]其孚，于食有福。

注释：陂，倾斜。复，复返、回来。恤，担心、忧虑。孚，取信、诚信。食，吃下、吞并。

爻辞记忆法：

[历史故事]

征战本来就是一条充满险恶的道路，即“**无平不陂，无往不复**”，没有一帆风顺的，季历深刻明白这一点。可贵之处，就要坚忍不拔，就要咬牙坚持，即“**艰贞无咎**”，将帅首先要不动摇，军心才能稳。同时，对外征战，绝对不能烧杀抢掠，目的是“擒贼先擒王”，拿下首领，获得土地，扩大疆土，而不是袭扰百姓，对百姓还是要招抚政策优待于民，“**其孚**”，以稳民心，使其“稍安勿躁”，“**勿恤**”，即“**勿恤其孚**”。这样新获得的土地就不会出现暴乱而守不住了，这样疆土才更加稳固，这样“吃下”的疆土才真正属于自己的，即“**于食有福**”。

[时间脉络线 3/6]：征战要能吃苦，能打胜仗，不被困难吓倒，还要是“正义之师”，军民一家，俘获当地民心。

六四，翩翩，不富以其邻，不戒以孚。

注释：翩翩，潇洒、有风度。戒，戒备。

爻辞记忆法：

[历史故事]

征战最重要的是统帅要有气质、风度，有将帅气概，而且做人大气，“风度翩翩”，即“**翩翩**”，懂得分享和舍得，这样部下都会喜欢。西周季历就是这样的人，他不仅有将才气质，不小气，懂得分享，而且从不欺压周边邻居，不以“自己的幸福建立在别人痛苦之上”，“**不富以其邻**”，这使得周边诸侯百姓深受感动，从此对季历崇敬有加，不再戒惧，即“**不戒以孚**”。

[时间脉络线 4/6]：征战的统帅的气质和人品太重要了，懂得怜惜将士，愿意和将士“同甘苦，共患难”，懂得俘获民心，季历这样的统帅何求不胜。

六五，帝乙归妹，以祉 zhǐ 元吉。

注释：帝乙，商纣王的父亲。归妹，嫁女儿。祉，福祉、福气。

爻辞记忆法：

[历史故事]

眼瞅着西周季历南征北战，战功赫赫，西周国如日中天、实力不俗，商王帝乙开始了打起了“心里的小九九”。帝乙很快认定季历是品德高尚不可多得的好男子，还一表人才，招他为“乘龙快婿”，是“不二人选”，“**帝乙归妹**”，这样不仅关系更拉近了，还有利于维护边疆西周的统治。季历当然也是求之不得，与皇室攀亲，那当然是美事，是“喜上加喜”，即“**以祉元吉**”，从此以后就是“皇亲国戚”了。

[时间脉络线 5/6]：季历南征北战，在战法、用人、说服、安民等方面都有过人之处，被帝王看上，把妹妹许配给他，季历真是“喜上加喜”，喜不自胜。

上六，城复于隍，勿用师，自邑告命。贞吝。

注释：复，通“覆”，倒塌。隍，城墙外的壕沟。邑，城邑。告命，通报命令、发布命令。

爻辞记忆法：

[历史故事]

西周季历最值得人称道的，就是不荼毒生灵，不搞屠城政策。每每在征服一个小诸侯的时候，首先“小试牛刀”，攻下城墙，“**城复于隍**”，同时大喊“放下武器，缴枪不杀”，即“**勿用师**”，兵法运用的最高境界就是“不战而屈人之兵”。然后静等小诸侯首领找上门来，叩首投降，“**自邑告命**”。那么，这也是“百姓之福”，省掉了刀枪相见，百姓受害。也保证小诸侯一切待遇保持不变，也是不亏的买卖。但如果坚持到底、拒不投降，“以卵击石”，那就“兵临城下”，“刀光剑影”了，就“**贞吝**”了。

[时间脉络线 6/6]：用兵最高境界是“不战而屈人之兵”，季历征战多采取此战术，使得尽量减少了双方消耗、伤亡，还获得了城池和臣服。

12【天地否】䷋

[爻辞暗示]：此卦通过“天地否”卦，来描述周文王在商朝朝廷做官

总结的对待小人的斗争策略，因此整个六爻辞都是借助“否”的要素和形象来展开内容。“否”在这里就是“小人”的意思。

初六，拔茅茹，以其汇。贞吉，亨。

注释：茅，茅草。茹，相连、一大片。汇，同类相汇。亨，亨通。

爻辞记忆法：

[历史故事]

小人往往不是单打独斗的，都是狼狈为奸、臭味相投，都是“蛇鼠一窝”。所以，你招惹了一个小人，就招惹了一群小人，如同“**拔茅茹，以其汇**”，拔茅草，却带出来一大片茅草，必然会惹得自己一身骚。所以，就要和小人保持距离，洁身自好，不招惹小人，“**贞**”，才能“**吉**”，结果就会“**亨**”。

[时间脉络线 1/6]：对待小人，得罪一个小人，就会得罪一群小人。

六二，包承，小人吉，大人否，亨。

注释：包，包容。承，承让。

爻辞记忆法：

[历史故事]

小人是危险的，所以对待小人要对其包容承让，“**包承**”，因为小人就喜欢来阴的，“明枪易躲，暗箭难防”，还是不要招惹小人为好。这样暂时来讲是对小人有利，天子大人因为小人伴随左右，会带坏天子大人，“**小人吉，大人否**”，但这只是暂时的，日久见人心，懂得包容小人，不招惹他，最终“**亨**”还是会到来的。

[时间脉络线 2/6]：对待小人，要包容承让小人，保护自己。

六三，包羞。

注释：羞，羞耻、羞辱。

爻辞记忆法：

[历史故事]

小人是阴险狡诈的，所以见到小人的阴暗面、丑陋的一面，要假装不知道，包容小人的羞耻一面，即“**包羞**”，这仍然是权宜之计，以避开与小人的正面交锋。

[时间脉络线 3/6]：对待小人，要包容小人的羞耻，以保护自己。

九四，有命，无咎，畴离祉。

注释：有命，奉命。畴，范畴、众人、身边的人。离，附丽、依附。祉，福祉。

爻辞记忆法：

[历史故事]

小人虽然令人讨厌，但朝堂之上还是避免不了与其共事。好在君子是奉旨办事，“**有命**”，小人也不好说什么，“**无咎**”。君子奉旨办事，自己没有灾难，同时尽力保护身边人，“**畴离祉**”，给身边人增加福祉。

[时间脉络线 4/6]：对待小人，奉旨办事，小人就无话可说。

九五，休否，大人吉。其亡其亡，系于苞桑。

注释：休，否定。否，否塞、小人。其亡其亡，灭亡的速度很快。系，系于。苞，花朵。桑，桑树。

爻辞记忆法：

[历史故事]

经过长时间的对小人的忍让、迷惑、吹捧，小人得意洋洋、失去方向，君子则每日苦练神功、积聚人脉，整个形势到了可以对小人全盘否定的时刻了，就可以高举“**休否**”大旗，打倒小人，“清君侧”，自然“**大人吉**”。小人灭亡的速度太快，就像桑树上开的花一样，很快就要凋零了，“**其亡其亡，系于苞桑**”。

[时间脉络线 5/6]：对待小人，最终还是要铲除小人，保护大人。

上九，倾否，先否后喜。

注释：倾，倾覆。否，否塞、小人。

爻辞记忆法：

[历史故事]

最终小人被清除掉，"**倾否**"，与小人斗争的过程真的是先委屈、受辱、惊险，而后是行动、喜悦、胜利，"**先否后喜**"。整个消灭小人的过程非常不容易，惊险曲折。

[时间脉络线 6/6]：对待小人，成功铲除小人后，喜极而泣。

13【天火同人】䷌

[爻辞暗示]：此卦通过"天火同人"卦，来描述西周灭商建立统一战线的过程，因此整个六爻辞都是借助"同人"的要素和形象来展开内容。"同人"在这里就是"统一战线"的意思。

初九，同人于门，无咎。

注释：同人，统一思想、统一战线。门，自己家人。

爻辞记忆法：

[历史故事]

西周灭商的大业，周文王姬昌认为，首先要在自己家族里统一思想、取得共识，"**同人于门**"，一家子人心齐，心都在一起，不存在争论和异议，才能"家和万事兴"，即"**无咎**"。否则，自己家人都疑神疑鬼的怀疑灭商战略行不行，那就更不靠谱了，走不远了。

[时间脉络线 1/6]：灭商大业，首先需要一家人统一思想、齐心协力。

六二，同人于宗，吝。

注释：宗，宗族。

爻辞记忆法：

[历史故事]

西周灭商的大业，周文王姬昌认为，还要团结宗族里的人，"**同人于宗**"，让他们认同灭商事业，取得共识，宗族人毕竟是有血缘关系的，还是可以依靠和可以信任的，所谓"打虎亲兄弟，上阵父子兵"，灭商的队伍中宗族的力量还是比较好的。但也有小小的不好的地方，宗族毕竟不是自家人，关系还是远了一些，而且宗族关系网庞大，人杂嘴杂，每个人都有小九九，这样的灭商队伍闹哄哄、乱嚷嚷，还是有点遗憾的，“吝”，不像自家人这么忠诚团结。

[时间脉络线 2/6]： 灭商大业，需要团结同宗族人，但没有家人完美。

九三，伏戎于莽，升其高陵，三岁不兴。

注释： 伏戎，埋伏军队。莽，草莽。升，登高。高陵，高地。不兴，不打仗。

爻辞记忆法：

[历史故事]

西周灭商的大业，最主要是要动员最广大的西周黎民百姓加入进来，只有灭商有了最广泛的、最牢固的民众的支持，才能最终取得胜利。民众的力量才是最强大的，所谓“民心向背”，即人民的拥戴或是背弃，决定着事业的成功与失败。所以，西周采取的另一个统一战线就是“藏兵于民”，即“**伏戎于莽**”，隐藏兵士于苍莽大地民众之中。这样平时生产生活，战时打仗战斗，军民融合，这样西周经济、军事发展两不误，就强大起来了。在发展生产、壮大军事的同时，时时刻刻登高望远、紧密观察，“**升其高陵**”，灭商的时机未到，那就“**三岁不兴**”。

另一个解读。并不是西周一提出来灭商就“一呼百应”，有的诸侯就是持观望态度，毕竟革命这个事情还是要冒杀头危险的，而且商朝毕竟是正统，以下犯上，还是很忌讳的。西周姬昌也没有立即就以武力强制其加入自己的灭商队伍，而是把军队驻扎在诸侯的周边，“**伏戎于莽**”，偶尔再站在高处往诸侯那边看看，“**升其高陵**”，就这样好长时间都“围而不打”，即“**三岁不兴**”，给对方考虑时间。

[时间脉络线 3/6]： 灭商大业，不仅要走群众路线，藏兵于民，还要耐心争取周边诸侯的加入。

九四，乘其墉 yōng，弗克攻，吉。

注释：乘，乘上、攻破。墉，城墙。弗，不。克，攻克。攻，进攻。

爻辞记忆法：

[历史故事]

但是西周对争取地方诸侯的加入反商同盟的耐心等待，有时并没有收到积极的回应，那些一开始就持观望甚至不愿意加入态度的诸侯，一直是按兵不动，对于加入灭商队伍的表态“久拖不决”，有些甚至是直接拒绝。那么，不来真的不行了，西周军队于是攻破了对方城墙，“**乘其墉**”，在即将可以攻进城的时候，却鸣金收兵了，撤了回来，不再进攻，“**弗克攻**”，是不想杀伤有生力量，这个诸侯力量还是可以争取的，争取到了就是自己的队伍了，还是有利于自己力量的壮大的，现在灭商正是需要人才，需要壮大军事队伍的时候，所以不攻城是“**吉**”的，是深谋远虑的。

[时间脉络线 4/6]：灭商大业，再次争取诸侯的加入，还要采取一些外围军事手段。

九五，同人，先号咷 táo，而后笑，大师克相遇。

注释：号咷，大哭。大师，大军。相遇，会师。

爻辞记忆法：

[历史故事]

通过耐心等待和“小试牛刀”的军事用兵，先前拒绝的诸侯终于被说服，加入了灭商队伍中，“**同人**”。在这个“**同人**”过程中，诸侯先是大哭不止，怕西周怪罪下来，但后来发现西周并没有放在心上，而是宽宏大量，西周认为能加入灭商队伍就热烈欢迎，诸侯立马笑逐颜开了，即“**先号咷，而后笑**”。西周终于拿下了诸侯，两军因而相遇集结，“**大师克相遇**”。

[时间脉络线 5/6]：灭商大业，终于争取到了先前拒绝加入队伍的诸侯。

上九，同人于郊，无悔。

注释：郊，郊野。

爻辞记忆法：

[历史故事]

西周经过一系列努力，尽可能团结了一切可以团结的力量，从而灭商队伍非常壮大，规模浩浩荡荡，就如同“**同人于郊**”，郊野全部站满了灭商的队伍，有此团结的壮大的灭商队伍，就不愁灭商了，所以“**无悔**”。

[时间脉络线 6/6]：灭商大业，最终争取到了庞大的灭商队伍。

14【火天大有】䷍

[爻辞暗示]：此卦通过“火天大有”卦，来描述西周丰收之后的作为，因此整个六爻辞都是借助“大有”的要素和形象来展开内容。“大有”在这里就是“丰收”的意思。

初九，无交害，匪咎，艰则无咎。

注释：交害，交接的伤害。匪，非、不。艰，艰苦奋斗。

爻辞记忆法：

[历史故事]

西周农业获得了大丰收，但是没有人前来交上手来抢粮食，即“**无交害**”，因为这时候的西周已经强大起来了，更因为西周和商朝是君臣关系，一般小诸侯不敢再随便招惹了，西周已经有了一定的地位和影响力了，所以“**匪咎**”。丰收了也不能大手大脚地花，还要保持勤俭节约的作风，要精打细算过日子，“**艰**”，这样才能不会一下子败光了所有丰收物资，才能保证长久口粮安全，从而不会出乱子，即“**艰则无咎**”。

[时间脉络线 1/6]：丰收了，还要省着花。

九二，大车以载，有攸往，无咎。

注释：载，运载、装载。

爻辞记忆法：

[历史故事]

丰收了，大车装得满满登登的，“**大车以载**”，有了丰收的丰盛的物资，就有了四处交际的资本了，就可以有自信四处跑跑、走动走动，“**有攸往**”。交往是必须的，西周作为朝廷重镇，西周统治者作为朝廷要员，平时不能放松与各位朝中大臣、文武百官、地方诸侯的交际，这样才能“**无咎**”。不然一不走动就生疏了，不仅谈不上建立反商的战略同盟，还可能被疏远，长久下去对己不利。

[时间脉络线 2/6]： 丰收有利于开展交际，扩大自己的影响力和朋友圈。

九三，公用亨于天子，小人弗克。

注释： 公用，奉公。亨，进献。弗克，不能。

爻辞记忆法：

[历史故事]

丰收了，西周必须要想起来要敬献进贡给天子，“**公用亨于天子**”，这也是君臣之道，也是获得天子的赞许，这样会更有利于处好与商朝的关系。但边远的小诸侯想不到这么多，他们本来就不富裕，也对天子爱搭不理的，平时与商朝也是若即若离的关系，所以就不会想到去进贡，“**小人弗克**”。

[时间脉络线 3/6]： 丰收了，首先要敬献进贡给天子。

九四，匪其彭，无咎。

注释： 匪，非、不。彭，膨胀。

爻辞记忆法：

[历史故事]

丰收了，不仅还要保持以往的勤俭节约的作风，而且还要保持低调，不能到处炫耀、炫富，内心不能膨胀了，“**匪其彭**”，不高调，就“**无咎**”。

[时间脉络线 4/6]： 丰收了，还要保持低调。

六五，厥孚交如，威如，吉。

注释： 厥，那样的。孚，诚信实惠。交，交往。威，威望。

爻辞记忆法:

[历史故事]

丰收了，也要记得和朋友分享，就是西周要把自己丰收的物资拿出来一部分分享与诸侯，这样的实在实惠的交往，“**厥孚交如**”，必然会带来诸侯朋友的敬重，自然会获得老大哥的地位和威望，“**威如**”，“朋友多了路好走”，所以“吉”。

[时间脉络线 5/6]： 丰收了，还要与诸侯朋友分享。

上九，自天祐 yòu 之，吉，无不利。

注释： 祐，通“佑”，保佑。

爻辞记忆法:

[历史故事]

丰收了，是上天的功劳，是上天的保佑，“**自天祐之**”，这说明西周为天所眷顾，必肩负着重大使命，因此“吉”。西周在上天的护佑下，必然有如神助，“**无不利**”，干什么事情都会顺，则必成大业。

[时间脉络线 6/6]： 丰收了，要感谢上天的眷顾。

15【地山谦】䷎

[爻辞暗示]：此卦通过“地山谦”卦，来描述西周通过谦让不让别的诸侯受损吃亏而收获人心的事，因此整个六爻辞都是借助“谦”的要素和形象来展开内容。“谦”在这里就是“谦让”的意思。

初六，谦谦君子，用涉大川，吉。

注释： 谦谦，非常谦虚。涉，涉越、跨越。大川，大河大川。

爻辞记忆法:

[历史故事]

西周在周文王的治下，行仁政、广纳人才、接纳逃亡的平民奴隶，在对外征战时候从来不打家劫舍，都是“晓之以理，动之以情”，劝降对方，感召对方，从来不会让对方吃亏叫苦。西周的各种谦让德行，犹如“**谦谦君**

子”，四海之内的诸侯都心服口服，愿意与其交朋友，结成同盟。所以西周用谦让的政策，有利于征服大江南北，即“**用涉大川，吉**”。

[时间脉络线 1/6]： 西周的谦让德行，有利于收获四方诸侯的人心。

六二，鸣谦，贞吉。

注释： 鸣，有名。

爻辞记忆法：

[历史故事]

西周因为谦让德行，逐渐声名远播，传遍了四方诸侯，“**鸣谦**”，西周长期保持谦让，“**贞**”，就会越来越吉利，“**吉**”。

[时间脉络线 2/6]： 西周的谦让德行，让西周四海皆知。

九三，劳谦，君子有终，吉。

注释： 劳，勤劳、有功劳。终，最终、有结果。

爻辞记忆法：

[历史故事]

西周周文王代商王征讨，付出了辛劳的工作，取得了很大的战绩，同时西周的实力与日俱增，西周是有功劳的，是最上进最勤劳的，简直是“劳模”，但西周从来没有拿这个功劳资本来压四方诸侯，而是非常仁政、亲和、谦让，“**劳谦**”，有功劳仍然谦让。这种谦让，给别人面子的做法，使得西周“细水长流”，获得了更多的诸侯朋友，这为西周最终的攻打和消灭商朝打下了坚实的同盟基础，即“**君子有终**”，因而“**吉**”。

[时间脉络线 3/6]： 西周不居功自傲的谦让德行，收获了四方诸侯的人心。

六四，无不利，抜 huī 谦。

注释： 抜，通“挥”，发挥。

爻辞记忆法：

[历史故事]

西周的谦让德行，使得四方诸侯非常舒服、敬佩，使得西周如同铜墙铁壁，无可挑剔，因而“**无不利**”。西周的谦让德行，是非常成功的，因为收获了四方诸侯的人心，西周这是把谦让发挥到了最好的程度，“**㧑谦**”。

[时间脉络线 4/6]：西周发扬谦让德行，达到炉火纯青境界。

六五，不富以其邻，利用侵伐，无不利。

注释：侵伐，征伐、征服。

爻辞记忆法：

[历史故事]

西周的谦让德行，最重要的就是，从来不以别人的财富受损失，来让自己富裕起来，“**不富以其邻**”，为原则的。这一下子区别于以往的征服都是“打家劫舍”、“掠夺”，就如同“不拿百姓一针一线”，不侵犯诸侯的利益，那肯定就会得到拥护和爱戴，那就会所向披靡，天下归心，都被这种仁爱征服了，因此“**利用侵伐**”，当然“**无不利**”。

[时间脉络线 5/6]：西周的谦让德行，最重要的就是不侵犯诸侯的利益。

上六，鸣谦，利，用行师，征邑国。

注释：行师，用兵。征，出征。

爻辞记忆法：

[历史故事]

西周公开宣扬和推行自己的谦让德行，“**鸣谦**”，这样的西周，到哪都受到了肯定和赞美，因而对西周是“**利**”的。西周的“谦”，是不侵犯别人利益，是为了宣传自己的仁政爱民施政思想，所以这种情况下，用兵行师是正义之师、仁义之师，是可以“**用行师**”，以征服更多邑国，“**征邑国**”，纳入自己麾下，让自己的谦让德行、仁义思想得到更广范围播撒和贯彻，为民造福。

[时间脉络线 6/6]：西周的谦让德行，利于出师有名，征服诸侯。

16【雷地豫】☳☷

[爻辞暗示]：此卦通过"雷地豫"卦，来描述几种不同对待安逸享乐的情况，因此整个六爻辞都是借助"豫"的要素和形象来展开内容。"豫"在这里就是"安逸享乐"的意思。

初六，鸣豫，凶。

注释：鸣，宣扬、自鸣得意。豫，安逸享乐。

爻辞记忆法：

[历史故事]

周文王姬昌认为，公开的宣扬安逸享乐，"**鸣豫**"，对外显示自己的优越性，不低调，不提防危机和变数，就可能"乐极生悲"，必然凶险，"**凶**"。

[时间脉络线 1/6]：公开张扬安逸享乐，会有凶险。

六二，介于石，不终日，贞吉。

注释：介，坚固。于，像。石，磐石。终日，整天。

爻辞记忆法：

[历史故事]

而对于安逸享乐，抵抗力要像坚固如磐石一样，"**介于石**"，能够镇定自若不受诱惑，能够不整天沉迷于安逸享乐，"**不终日**"，这样的安逸享乐方式，是适可而止，"**贞**"，必然会吉利的，"**吉**"。

[时间脉络线 2/6]：适可而止安逸享乐，吉祥。

六三，盱 xū 豫，悔，迟有悔。

注释：盱，向上看、溜须拍马。迟，迟晚。

爻辞记忆法：

[历史故事]

而如果向上拍马屁，贪图更多的安逸享乐，"**盱豫**"，那这种靠出卖自己人格换取荣华富贵的方式，本来就不正义的，会“**悔**”，如果继续这样做，不思反悔，就会陷入进去了，再后悔就晚了，“**迟有悔**”，因为出卖自己的人，长期出卖，人的人格就变质了，就无救了。

[时间脉络线 3/6]：靠出卖自己换来的安逸享乐，会有悔恨。

九四，由豫，大有得，勿疑。朋盍hé簪zān。

注释：由，自由、自然。大有，大的收获、大吉大利。疑，怀疑。朋，朋友。盍，通“合”，会合、都。簪，扎束头发的首饰、美好事物。

爻辞记忆法：

[历史故事]

而顺其自然的安逸享乐，正常的劳逸结合的那种安逸享乐，“**由豫**”，是靠自己挣得来的不是靠别人给的安逸享乐，“**由豫**”，那么，这种安逸享乐，是对自己身心健康的良好促进，是必须的、必要的，会促进自己的各项生活、工作的正常运转，一切会大吉大利，因此“**大有得**”。对于这种靠自己得到的安逸享乐，不用内疚，不用怀疑，“**勿疑**”，也会得到众多朋友的赞许的，“**朋盍簪**”。

[时间脉络线 4/6]：正常的安逸享乐，安心去享用。

六五，贞，疾，恒不死。

注释：恒，恒久、永远。不死，不会有问题、不会灭亡。

爻辞记忆法：

[历史故事]

所以，安逸享乐不是洪水猛兽，只要是正常需求的安逸享乐，而不是过度纵欲的或者是来路不明的安逸享乐，“**贞**”，虽会被别人误解、风言风语，“**疾**”，但只要安逸享乐坚持正道，就永远不会有问题，“**恒不死**”。

[时间脉络线 5/6]：坚持正常的安逸享乐，没有问题。

上六，冥豫，成有渝，无咎。

注释：冥，冥顽不化。成，养成。渝，改变。

爻辞记忆法:

[历史故事]

如果冥顽不化的沉迷于安逸享乐之中，“**冥豫**”，对于这种已形成和养成的安逸享乐，如果能够及时改变，“**成有渝**”，能够幡然悔悟、痛改前非，则最终会没有灾害了，“**无咎**”。

[时间脉络线 6/6]：沉迷于安逸享乐，要及时改正。

17【泽雷随】䷐

[爻辞暗示]：此卦通过“泽雷随”卦，来描述周文王姬昌的政治生涯官场之道的总结，因此整个六爻辞都是借助“随”的要素和形象来展开内容。“随”在这里就是“官场之道”的意思。

初九，官有渝，贞吉，出门交有功。

注释: 官，官方、官府。渝，命令、改变。交有功，结交有实力人物。

爻辞记忆法:

[历史故事]

周文王在西周作为诸侯王多年，突然商朝商王帝乙驾崩，商纣王继位，在商纣王登基大典上，商纣王重用姬昌，任命为内阁三公之一，内阁首辅，朝廷大臣，“**官有渝**”，朝廷来了任命书，于是对姬昌来说是升迁重用的好事情，“**贞吉**”，从此姬昌走出了西周，踏入中央政府，可以结交有实力的人物，“**出门交有功**”。

[时间脉络线 1/6]：西周周文王姬昌被商朝重用为内阁首辅，开始走出西周，交际群臣。

六二，系小子，失丈夫。

注释: 系，交往。失，失去。

爻辞记忆法:

[历史故事]

商朝朝廷之上，文武百官，有忠言直谏的忠臣、有溜须拍马的小人、有笑里藏刀的奸臣、有忠胆报国的义士，什么人都有。周文王在朝歌为官久了，就总结到，如果和小人这样的官员天天缠在一起，那么那些高风亮节、赤胆忠心的大臣就会远离，疏远你，不会和你玩了，即“**系小子，失丈夫**”。

[时间脉络线 2/6]：周文王在朝歌为官，总结到亲近小人，君子就会远离。

六三，系丈夫，失小子。随，有求得，利居贞。

注释：随，随和、随众。

爻辞记忆法：

[历史故事]

而在商朝朝廷之上，如果你做官正派，和忠义、正直官员走得近，那么小人就不好再来结交你，就会远离你，因为他们也认为你不属于他们的圈子，他们也不想打入你的圈子了，“**系丈夫，失小子**”，正所谓“物以类聚，人以群分”。在朝廷为官，和那些忠肝义胆之士交往是有好处的，他们仗义执言，在你有难的时候也不会袖手旁观，正义感和友情会促使他们挺身而出为你说话说情，“**随，有求得**”。在这样的朝廷环境中，有利于保持正直正义的品格，“**利居贞**”，以更好为国效力，也能更好获得其他大臣的认可，扩大朋友圈。

[时间脉络线 3/6]：周文王在朝歌为官，还总结到与忠义大臣结交，会肝胆相照，有难会相帮，不会袖手旁观。

九四，随，有获，贞凶。有孚在道，以明，何咎？

注释：有获，有所收获。在道，在内心、在执行。以明，可以看得到。

爻辞记忆法：

[历史故事]

周文王姬昌在朝歌做官清廉正直，赢得了一片好评，人脉很广，许多大臣都成为其至交好友，朋友也是遍布朝野内外，“**随，有获**”。虽然姬昌并没有做出什么出格的事情，一向谨小慎微、忠心耿耿，“**贞**”，但还是引起了商纣王的警觉，“**凶**”。自己“将心照明月”，问心无愧，“**有孚在道**”，君王、满朝文武百官都可以看得到，可以明察，“**以明**”，何错之有？何罪之有？“**何咎？**”，只能是忌惮罢了，嫉妒心罢了。

[时间脉络线 4/6]： 周文王在朝歌为官，赢得了朝中百官认可，人脉雄厚，引起了商纣王的警惕，是嫉妒心使然。

九五，孚于嘉，吉。

注释： 嘉，嘉奖、赞许。

爻辞记忆法：

[历史故事]

周文王姬昌在朝歌中央政府做官，因为诚信、正直、智睿，为朝中文武百官尊敬和称赞，有口皆碑，“**孚于嘉**”，姬昌由此奠定了官场朋友基础，夯实了人脉圈，为日后自己落难时提供了帮助，因而“**吉**”。

[时间脉络线 5/6]： 周文王在朝歌为官，获得了文武百官广泛认可和赞誉。

上六，拘系之，乃从，维之，王用亨于西山。

注释： 拘，拘禁。乃从，顺从。维，释放。亨，祭祀。西山，岐山。

爻辞记忆法：

[历史故事]

周文王姬昌在朝歌中央政府做官，其才能出众、智慧超人，为人又正直诚信，又会交际，因而其影响力与日俱增，朋友圈范围越来越广，这引起了商纣王的警觉，并在听信谗言的情况下，拘禁了姬昌，“**拘系之**”，关押在羑里监狱。这一关押，就是七年。七年时间里，姬昌低调做人，认罪认罚，毫无怨言，效忠纣王，“**乃从**”，于是纣王也拿姬昌没办法，姬昌没有任何地方可以治罪，后在朝中百官屡次的建言下，终于心软释放了姬昌，命其回归西周养老，“**维之**”。姬昌感激涕零，谢主隆恩后，急速飞奔回西周，成功回到西周后，感叹上天、祖宗的保佑，于是于西山举行祭祀，祷告上天，感谢庇佑之恩，“**王用亨于西山**”。

[时间脉络线 6/6]：周文王在朝歌为官，有口皆碑、朋友众多，惊动纣王，拘禁七年，终获释放允许回到西周养老。

18【山风蛊】䷑

[爻辞暗示]：此卦通过“山风蛊”卦，来描述周文王反思父亲季历的过失和教训，因此整个六爻辞都是借助“蛊”的要素和形象来展开内容。“蛊”在这里就是“过失、教训”的意思。

周
易
记
忆
法

初六，干父之蛊，有子，考无咎。厉，终吉。

注释：干，纠正。父，父亲、父辈。蛊，过失、教训。考，父亲。

爻辞记忆法：

[历史故事]

周文王回想了父亲季历被杀的往事，深刻的反思了父亲为什么战功卓著最后却被杀的经验教训。他是坚决不能再走父亲的老路，要纠正父亲的路线、纠正父亲失策有过失的地方，“**干父之蛊**”，这样就会有更智慧的优秀的儿子，“**有子**”。父亲并不是什么原则性的错误，“**考无咎**”，只是纠正他的盲目侍君的思想。儿子挑父亲的过失，这确实会让人不适应，让有传统思想的人难以接受，“**厉**”，但是周文王这样做是对的，是为了让西周不至于被商朝伤害，再陷入危险之中。所以纠正父亲的过失，最终是有利于西周大业的，“**终吉**”。

[时间脉络线 1/6]：周文王反思纠正父亲的过失，是为了吸取教训，避免西周重蹈覆辙遭受损失。

九二，干母之蛊，不可贞。

注释：母，母亲、母辈。

爻辞记忆法：

[历史故事]

周文王家族庞大，儿子众多，儿孙满堂，孩子的母亲对哪个孩子都是很溺爱、疼爱，因为都是她的儿子。“清官难断家务事”，周文王觉得还是较少干预家庭内部事务为好，因为不仅掺和到儿女私情，而且也没有什么大的过失，过多干预就有点“不务正业”、“婆婆妈妈”了，即“**干母之蛊，不可贞**”。周文王所以觉得应以处理国家大事为重。

[时间脉络线 2/6]：周文王觉得不应过多干预家庭的过失，那是女人的事。

九三，干父之蛊，小有悔，无大咎。

注释：小有悔，小有悔意、过意不去。

爻辞记忆法：

[历史故事]

周文王继续沉思父王季历的过往人生，继续反思纠正父亲的一些做的有过失的地方，“**干父之蛊**”，再次有点是“指责”父亲的过失，周文王心有愧意，过意不去，“**小有悔**”，但这样认真的再次思考纠正父亲的过失，是为了吸取失败的经验，就如“前车之覆，后车之鉴”，以让西周不再平白无故有重大损失了，所以“**无大咎**”。

[时间脉络线 3/6]：周文王继续反思纠正父亲的过失，是为了西周大局着想。

六四，裕父之蛊，往见吝。

注释：裕，宽裕、纵容。往，前往、前进的路。

爻辞记忆法：

[历史故事]

但如果无原则的宽容、纵容、视而不见父亲的过失，“**裕父之蛊**”，那就没有吸取父亲被害的教训，就可能还会让西周遭受曾经遭受过的牺牲和损失，那就有危险了，“**往见吝**”。

[时间脉络线 4/6]：周文王不能宽容放任父亲的过失，不然会对西周有危险。

六五，干父之蛊，用誉。

注释：誉，赞誉。

爻辞记忆法:

[历史故事]

周文王再次反思父王季历的过往人生，纠正父亲的一些做的有过失的地方，“**干父之蛊**”，但同时也意识到了，也要认可和赞许父亲的南征北战的英勇战绩，父亲还是功大于过的，是个了不起的首领和军事将领，“**用誉**”。

[时间脉络线 5/6]：周文王再次反思纠正父亲的过失，同时也对父亲给予肯定和赞誉。

上九，不事王侯，高尚其事。

注释：不事，不再侍奉。高尚其事，重点执行自己事业。

爻辞记忆法:

[历史故事]

周文王以上数次反思纠正了父亲季历的过失。父亲为商朝卖命南征北战，立下了赫赫汗马功劳，却是“为他人作嫁衣裳”，没提防“功高盖主”，被商王所害；也没有想到自己如果不出头立国天下，永远是为商朝打工的“打工仔”，“在人屋檐下怎能不低头”，必然是永远心惊胆战，没有安稳的一天；再次，就是思想太僵固，“君要臣死，臣不得不死”的愚忠思想太重，就是要对天子忠诚，不能造反，不能以下犯上。但是周文王在西周和他家族屡次被商朝残害事件发生之后，不再像他父亲那样想。纣王荒淫无道、奢靡无度、残害忠良、杀害无辜、劳民伤财，导致“君不君”，君王没有君王的样子，那么臣子就没有道理和逻辑再效忠于这样的君王，就可以“臣不臣”，就可以“反了他的”，就是不再侍奉这样的君王，“**不事王侯**”。同时，周文王还有更大的安排，不仅是灭商，还有兴周大业，一旦吸取了父亲季历的过失和教训，周文王就没有思想包袱了，就可以放开手脚来朝着西周建国方向前进，即“**高尚其事**”。

[时间脉络线 6/6]：周文王通过反思父亲的过失和教训，坚定了灭商兴周大业的决心。

19【地泽临】䷒

[爻辞暗示]：此卦通过“地泽临”卦，来描述周文王阐述君王如何统治天下的事宜，因此整个六爻辞都是借助“临”的要素和形象来展开内容。“临”在这里就是“统治”的意思。

初九，咸临，贞吉。

注释：咸，每、都。临，君临、统治。

爻辞记忆法：

[历史故事]

君王统治天下，君王要勤政爱民，要每天都要处理朝政，“**咸临**”，心系天下百姓，为天下百姓福祉着想，长期如此，则君王圣明之名远扬，即“**贞吉**”。

[时间脉络线 1/6]：君王统治天下要勤政。

九二，咸临，吉，无不利。

注释：无不利，无往不利。

爻辞记忆法：

[历史故事]

君王统治天下，君王勤政爱民，勤于处理朝政，“**咸临**”，则国家会有序发展，民众安居乐业，万事大吉大利，即“**吉，无不利**”。

[时间脉络线 2/6]：君王统治天下勤政，国家兴旺发达。

六三，甘临，无攸利。既忧之，无咎。

注释：甘，甘甜、甜言蜜语。忧，忧虑。

爻辞记忆法：

[历史故事]

如果君王统治天下，是靠说好话来敷衍做不到的事情，靠甜言蜜语来洗脑百姓，歌功颂德，粉饰太平，这是“**甘临**”，则对国对民没有好处，“**无攸利**”。如果君王能够及时改正，忧虑天下苍生，“**既忧之**”，则就没有过失了，“无咎”。

[时间脉络线 3/6]：君王统治天下，不能敷衍和洗脑百姓。

六四，至临，无咎。

注释：至，到。

爻辞记忆法：

[历史故事]

君王统治天下，还要经常深入到百姓中去，“**至临**”，去体察民情，了解民间疾苦，这样的君王，“从群众中来，到群众中去”，老百姓必然爱戴之，“**无咎**”。

[时间脉络线 4/6]：君王统治天下，要亲近百姓。

六五，知临，大君之宜，吉。

注释：知，知晓、掌握。大君，一国之君。之宜，应该、必须。

爻辞记忆法：

[历史故事]

君王统治天下，最重要的、最根本的是要知晓和掌握统治天下的智慧，“**知临**”，这是一国之君必须要拥有的治国本领，“**大君之宜**”，只有理解了、掌握了治国本领，才是称职的，就“**吉**”。

[时间脉络线 5/6]：君王统治天下，要掌握统治天下的智慧。

上六，敦临，吉，无咎。

注释：敦，敦厚、亲切。

爻辞记忆法：

[历史故事]

君王统治天下，要仁义天下，爱民如子，宽容百姓，敦厚示民，“**敦临**”，这样的君王就会为天下百姓爱戴和喜爱，因而“**吉**”，所以“**无咎**”。

[时间脉络线 6/6]：君王统治天下，要仁爱敦厚爱民。

20【风地观】䷓

[爻辞暗示]：此卦通过“风地观”卦，来描述西周通过反复观察和刺探西周与商朝的实力对比，因此整个六爻辞都是借助“观”的要素和形象来展开内容。“观”在这里就是“观察、刺探”的意思。

初六，童观，小人无咎，君子吝。

注释：童，儿童。观，观察、刺探。

爻辞记忆法：

[历史故事]

西周刚开始对商朝实力的观察，就存在失误，因而就发生了周文王贸然进军的现象，就像小孩子观察事物一样，“**童观**”，容易幼稚、肤浅、片面，这对于小人物还可谅解，“**小人无咎**”，但对于统帅、君子类人物就不应该了，“**君子吝**”。

[时间脉络线 1/6]：西周观察商朝实力，观察能力还不成熟。

六二，窥观，利女贞。

注释：窥，窥视、看不全面。女贞，守静、不乱动。

爻辞记忆法：

[历史故事]

随着持续的对商朝实力的观察，不再像先前的“童观”那样幼稚肤浅，现在观察到了商朝实力的一部分情况，但这时候的观察还是没有看到全部，“**窥观**”。由于只掌握了商朝实力的部分情况，那么就需要继续观察，此时需要“按兵不动”，不能轻举妄动，就是“**利女贞**”。

[时间脉络线 2/6]：西周观察商朝实力，观察到了部分情况。

六三，观我生，进退。

注释：我生，自己情况。

爻辞记忆法：

[历史故事]

观察到了商朝实力的部分情况，就要赶快反过来把观察到的商朝实力情况和自己西周实力进行对比，仔细观察自己的情况、差距，“**观我生**”，从而“查漏补缺”，做到“有则改之，无则加勉”，即“**进退**”，要做到对自己实力有全面的了解和认识，要做到“知彼”，也要“知己”。

[时间脉络线 3/6]：西周观察商朝实力，把获取的商朝部分情况和自己对比，分析差距。

六四，观国之光，利用宾于王。

注释：国之光，国家实力。宾，宾客、臣子。王，君王。

爻辞记忆法：

[历史故事]

西周对商朝的观察，要想观察到商朝整个国家的整体实力，“**观国之光**”，最好的方式，就是以臣子的身份为掩护来为商王服务，“**利用宾于王**”，就是周文王到朝歌做官，这样就打入了商朝的内部，还名正言顺的可以近距离观察到更多商朝情况。

[时间脉络线 4/6]：西周观察商朝实力，以臣子身份在商朝内部观察、刺探情报。

九五，观我生，君子无咎。

注释：我生，自己实力、自己情况。

爻辞记忆法：

[历史故事]

利用臣子身份在商朝为商王服务，整个商朝的全部情况都被了解和掌握，然后再次把商朝的实力情况拿回来和西周对比，“**观我生**”。西周是政通人和，而商朝是腐败无道。现在已经有了对商朝的整体实力和西周的实力有个全面透彻的了解了，可以做到“知己知彼”了，由此，君子不会再犯刚开始的“童观”的冒失错误，就会成熟稳重的做出正确的战略决策，因而这次可以“**君子无咎**”了。

[时间脉络线 5/6]：西周观察商朝实力，把获取的商朝实力全部情况和自己对比，终于双方情况了然指掌。

上九，观其生，君子无咎。

注释：其生，对手的实力。

爻辞记忆法：

[历史故事]

在已经知晓商朝和西周的实力对比之后，再次的观察商朝的实际情况，“**观其生**”，此时的商朝腐败、无道，君子顿感信心百倍，胸有成竹，此时君子就可以“运筹帷幄”，做到用兵如神了，所以可以“**君子无咎**”了。

[时间脉络线 6/6]：西周观察商朝实力，再次观察商朝实力，信心百倍。

21【火雷噬嗑】䷔

[爻辞暗示]：此卦通过“火雷噬嗑”卦，来描述西周军队对商朝决战用兵，商朝最终灭亡的形象描写，因此整个六爻辞都是借助“噬嗑”的要素和形象来展开内容。“噬嗑”在这里就是“吃掉对方”的意思。

初九，履校灭趾，无咎。

注释：履，戴着。校、木制刑具。趾，脚趾。

爻辞记忆法：

[历史故事]

西周对商朝决战用兵，大军首先采取各种措施，包括宣传、蛊惑、内应、间谍刺探、策反等战术，发动舆论战，占据道德高地，使商朝失去民心、出师无名，人心涣散，捆住对方手脚，限制其行动，失去行动自由，就像戴了脚镣，“**履校灭趾**”，负重前行，心理负担沉重，就打不好仗了。这种战略，对西周是“**无咎**”，万无一失的。

[时间脉络线 1/6]：西周对商朝决战用兵，先使用舆论战，使商朝被动、束缚手脚。

六二，噬肤，灭鼻，无咎。

注释：噬，咬噬。肤，肤肉。灭鼻，割鼻。

爻辞记忆法：

[历史故事]

西周对商朝决战用兵，大军进发，首先吃掉、消灭商朝的外围力量，征服、劝降商朝的一些小诸侯，打退商朝的先头部队，消灭一部分外围有生力量，这就像人的皮肤被咬伤、鼻子被割掉，是身体外部受到损害，“**噬肤，灭鼻**”。这种战略，对西周是吃掉敌方有生力量，仍然是“**无咎**”的，万无一失的。

[时间脉络线 2/6] ：西周对商朝决战用兵，吃掉商朝外围有生力量。

六三，噬腊肉，遇毒，小吝，无咎。

注释：腊肉，冬天风干的肉。毒，不顺。

爻辞记忆法：

[历史故事]

西周对商朝决战用兵，西周大军在牧野遇到了商朝的大军主力，双方交战。这场大战，就如同吃到了肉一样，而且还是吃到了腊肉，因为冬天食物匮乏，腊肉是更显珍贵、更值钱了，就是西周与商朝的军队主力决战，犹如吃了一个肥肉，还是肥腊肉，“**噬腊肉**”。这场决战，必然是场大战，必然是会引起强烈的抵抗，“**遇毒**”，西周军队会有些伤亡损失，“**小吝**”，但最终会获胜利，不会战败，因而“**无咎**”。

[时间脉络线 3/6] ：西周对商朝决战用兵，吃掉商朝大军主力。

九四，噬干胏 zǐ，得金矢，利艰贞，吉。

注释：干胏，带骨头的干肉。金矢，金色箭头。

爻辞记忆法：

[历史故事]

西周对商朝决战用兵，在牧野之战的决战中取得大胜，西周大军乘胜进军，攻坚克难，连下数城，吃掉了商朝最顽固的最后的抵抗力量，犹如吃带骨头的干肉，“**噬干胏**”。最终西周取得了对商朝的军事完全压倒性胜利，夺取了商朝的军权，“**得金矢**”，古代金箭头代表军权，也是军队的象征。这个时候，西周仍然要保持警惕、保持进攻状态、保持坚韧艰难的军事状态，即“**利艰贞**”，这样才能保证胜利的果实，稳固局面，巩固战绩，才“**吉**”。

[时间脉络线 4/6]：西周对商朝决战用兵，最终取得全面压倒性胜利，吃掉商朝军队。

六五，噬干肉，得黄金，贞厉，无咎。

注释：干肉，风干干瘪的肉。

爻辞记忆法：

[历史故事]

西周对商朝决战用兵，大军乘胜追击，攻入商朝首都朝歌，朝歌是首都，繁华富有，朝歌也是大批文武大臣、贵族、诸侯的集聚地。拿下朝歌，腐朽的商朝政权覆灭、商纣王自焚、吃掉这些“老干部”，这些都如同吃干肉，“**噬干肉**”。西周大军攻入朝歌，同时攻入和占领国库，因而就“**得黄金**”，这时候就要防止军队在外面烧杀劫掠，“**贞厉**”，这样才能营造西周大军是正义之师、仁义之师，才能“**无咎**”。

[时间脉络线 5/6]：西周对商朝决战用兵，攻入朝歌，俘获众臣，攻陷金库。

上九，何校灭耳，凶。

注释：何，通“荷”，扛着。校，刑具。灭耳，耳朵割掉。

爻辞记忆法：

[历史故事]

西周对商朝决战用兵，大军占领朝歌，商朝灭亡，商朝一众文武百官被擒，都如同戴上了枷锁，耳朵被割掉的罪犯，“**何校灭耳**”，因而是凶险之事，“**凶**”。

[时间脉络线 6/6]：西周对商朝决战用兵，商朝灭亡，处罚商朝众臣俘虏。

22【山火贲】䷕

[爻辞暗示]：**此卦通过"山火贲"卦，来描述周文王对求偶的建议和成家后的告诫，因此整个六爻辞都是借助"贲"的要素和形象来展开内容。"贲"在这里就是"打扮"的意思。**

初九，贲其趾，舍车而徒。

注释：贲，打扮、装饰。舍车，不乘车。徒，徒步。

爻辞记忆法：

[历史故事]

周文王认为，求偶找对象，首先要把自己打扮起来，打扮的地方首先是脚，从最下面开始，"**贲其趾**"，因为古代交通工具要么走路，要么坐驴车、牛车、马车，脚是肯定能看到的，而且西周那时候大家脚上普遍穿的鞋很普通，都是草鞋，如果你穿的鞋更好看一些，那说明你就是要求偶了，也是重视求偶这件事。那么穿好看的鞋，就不能再去坐车了，那无异于"锦衣夜行"，所以要"**舍车而徒**"。

[时间脉络线 1/6]：求偶首先要打扮自己的脚。

六二，贲其须。

注释：须，胡须。

爻辞记忆法：

[历史故事]

求偶找对象，其次要把自己的胡须处理好，"**贲其须**"。古代不像现代，理发、剃须方便，大都是胡子很长，好多天也不好容易洗头，如果不进行打扮梳洗一番，就肯定是"蓬头垢面"的。因此在求偶这么重要的事情上，必须要把自己胡须收拾干净了。

[时间脉络线 2/6]：求偶其次要打扮好自己的胡须。

九三，贲如濡如，永贞，吉。

注释：濡，浸润、干净。

爻辞记忆法：

[历史故事]

求偶找对象，还要把自己全身上下打扮好，要整洁干净，行为举止得当，“**贲如濡如**”，要平时就要这样，养成良好的个人爱干净的生活习惯，“**永贞**”，这样才能表里如一，真正是个整洁干净的人，求偶才能有好运，“**吉**”。

[时间脉络线 3/6]：求偶要全身都要打扮整洁，平时就要养成这个习惯。

六四，贲如皤pó如，白马翰如，匪寇，婚媾。

注释：皤，白、白白净净。翰如，气宇轩昂。匪寇，不是劫匪。

爻辞记忆法：

[历史故事]

求偶找对象，到了求亲的时候，就要打扮的白白净净的，犹如白面小生，显得年轻俊朗，“**贲如皤如**”，还要骑着高头白色大马，气质气宇轩昂，“**白马翰如**”，这样打扮，当然不是劫匪了，就是来求亲的，“**匪寇，婚媾**”，显示了非常重视。

[时间脉络线 4/6]：求偶到了求亲时候，要非常重视求亲细节。

六五，贲于丘园，束帛戋jiān戋，吝，终吉。

注释：丘园，庄园。束帛，扎起来的丝帛。戋戋，小、少。

爻辞记忆法：

[历史故事]

求亲成功，马上就可以成亲了。那就要装扮婚房，装饰自己的庄园用来当婚房，即“**贲于丘园**”。装扮庄园用的是小小的扎起来的丝帛装饰的，显得典雅朴素而不失端庄，“**束帛戋戋**”。虽然这样会显得不够奢华、不够气派，小气了点，“**吝**”，但这却是持家之道，两个人结合了，成家了，外在的就不重要了，重要的是要会过日子，所以“**终吉**”。

[时间脉络线 5/6]：结婚婚房布置不需要奢华，要开始会过日子了。

上九，白贲，无咎。

注释：白，朴素。

爻辞记忆法：

[历史故事]

成家以后，过日子就要勤俭持家了，不能铺张浪费，“**白贲**”，这样就是过日子精打细算，这样这个家过日子就会平稳有保障，当然就“**无咎**”。

[时间脉络线 6/6]：成家以后居家过日子，要勤俭，不要铺张浪费。

23【山地剥】䷖

[爻辞暗示]：此卦通过“山地剥”卦，来描述西周如何看待和治理腐败的情况，因此整个六爻辞都是借助“剥”的要素和形象来展开内容。“剥”在这里就是“腐败、剥蚀”的意思。

初六，剥床以足，蔑贞，凶。

注释：剥，腐败、剥蚀。足，床腿。蔑，蔑视、忽视。

爻辞记忆法：

[历史故事]

腐败刚开始往往规模和范围都很小，只有部分人、部分现象腐败，犹如一张床的床腿先受到了腐蚀，“**剥床以足**”，这时候如果不及时采取措施去防范和处理，就会如“千里之堤溃于蚁穴”，床腿就会烂了，“**蔑贞**”，这样下去就会有凶险，床没有腿支撑就要倒了，就“**凶**”了。

[时间脉络线 1/6]：腐败刚开始规模和范围都很小。

六二，剥床以辨，蔑贞，凶。

注释：辨，床板。

爻辞记忆法：

[历史故事]

腐败如果一开始不给予重视，将会很快蔓延扩大范围，就如同一张床床腿腐蚀过之后，就会扩大腐蚀到了床板，“**剥床以辨**”，这时候如果还不及时采取措施去防范和处理，床板就会被腐蚀掉，“**蔑贞**”，当然会有凶险，“**凶**”。

[时间脉络线 2/6]：腐败如果刚开始不重视处理，将会扩大范围。

六三，剥之，无咎。

注释：剥之，清除掉。

爻辞记忆法：

[历史故事]

如果发现腐败及时，即使腐败现象已有一定的发展和蔓延，但当机立断，及时斩断、清除腐败现象，“**剥之**”，则是“亡羊补牢，为时未晚”，可以“**无咎**”。

[时间脉络线 3/6]：腐败范围虽有扩大，但此时治理还来得及。

六四，剥床以肤，凶。

注释：肤，肌肤。

爻辞记忆法：

[历史故事]

如果腐败范围持续扩大仍然没有得到重视，任由其发展，则腐败将会继续蔓延，扩大范围，就如同先是床腿受到腐蚀、然后继续腐蚀到了床板，因为床板受到了腐蚀，因而睡在床上，伤及到了身上的肌肤，“**剥床以肤**”，这就更凶险了，“**凶**”。

[时间脉络线 4/6]：腐败不得到及时治理，则会继续扩大范围。

六五，贯鱼，以宫人宠，无不利。

注释：贯鱼，像鱼一样鱼贯而入，有次序。宫人宠，宠幸后宫。

爻辞记忆法：

[历史故事]

腐败问题是严重的问题，必须加以重视，终于开始重视了。对于治理腐败问题，也要有轻重缓急、分清主次，“**贯鱼**”，就像鱼一样排着队按照先后顺序通过，也像皇帝宠后宫妃子一样也是有次序，“**以宫人宠**”。这样来治理腐败，就有了重点，有了突破口，而不是“眉毛胡子一把抓”，这样最终会治理好腐败，“**无不利**”。

[时间脉络线 5/6]： 腐败治理要有重点、分清主次。

上九，硕果不食，君子得舆，小人剥庐。

注释： 硕果不食，不侵吞公产。得舆，得到一车赏赐。剥庐，房子被毁。

爻辞记忆法：

[历史故事]

腐败经历了以上防范和治理，终于反腐败见了成效，“**硕果不食**”，没有人中饱私囊侵吞国家财产了，君子因为清明廉洁，虽然因为没有贪腐而清贫，但却得到了朝廷的奖赏，“**君子得舆**”，君子得到了满满一车的赏赐；而小人则会得到惩罚，“**小人剥庐**”，小人房子被毁，象征抄家。

[时间脉络线 6/6]： 腐败治理最终有了成效，清廉的君子得到奖励，贪腐的小人得到了惩罚。

24【地雷复】䷗

[爻辞暗示]：此卦通过“地雷复”卦，来描述军事用兵上的侦察、刺探情报的注意事项，因此整个六爻辞都是借助“复”的要素和形象来展开内容。“复”在这里就是“侦察、刺探情报”的意思。

初九，不复远，无祗 dì 悔，元吉。

注释： 复，侦察、刺探情报。祗，大。

爻辞记忆法：

[历史故事]

军事用兵，在开始侦察、刺探情报的时候，不能一下子深入敌人内部去刺探情报，这非常危险，也是不遵循侦察刺探的规律。要从外围一点点的不断地收集情报，“不复远”，在逐渐了解和熟悉敌情的情况下，再紧接着挨近敌人，搜索更多情报信息，甚至是打入敌人内部。只有采取刚开始的“不复远”的谨慎，才能保存侦察实力，才能继续有的放矢接着接下来的更近敌的侦察，这样才能“无祗悔”，没有大的悔恨、失误。这样的谨慎仔细的侦察、刺探行为，是大吉利的，“元吉”。

[时间脉络线 1/6]：军事用兵，刚开始侦察、刺探情报要在外围刺探敌情。

六二，休复，吉。

注释：休，美好。

爻辞记忆法：

[历史故事]

军事用兵，侦察、刺探情报要有收获，不能无功而返，军情信息影响战争成败，只有获得了及时有用的、准确的情报信息，即“休复”才能更好地辅佐军事用兵，做到知己知彼，百战不殆，因而“吉”。

[时间脉络线 2/6]：军事用兵，侦察、刺探情报要有所获得。

六三，频复，厉，无咎。

注释：频，频繁。厉，严厉、仔细。

爻辞记忆法：

[历史故事]

军事用兵，对敌侦察、刺探情报不是做一次就行了，要频繁的、仔细的对敌侦察、刺探，每隔一段时间就要更新敌方的情报信息，“频复”，对敌侦察、刺探不是儿戏，必须侦察仔细，严肃认真，“厉”，这样才能保证得到的情报信息准确无误，即“无咎”。

[时间脉络线 3/6]：军事用兵，要保持频繁的对敌侦察、刺探情报。

六四，中行独复。

注释：中行，中军定夺。独复，独自决策。

爻辞记忆法：

[历史故事]

军事用兵，主将要将所有侦察、刺探获取到的情报汇集到中军，即作战指挥部，“**中行**”，主将要在听取众将士的参谋建议之后，独自做出自己的调查研究，并做出最终的军事决策，“**独复**”。

[时间脉络线 4/6]：军事用兵，主将要汇总所有情报并独立做出军事决策。

六五，敦复，无悔。

注释：敦，敦促。

爻辞记忆法：

[历史故事]

军事用兵，还要敦促侦察、刺探敌方军情的行动要迅速、及时，配合好军事行动，不得懈怠，不得有误，“**敦复**”，这样才能使得大军时时了解敌方的动向，用兵就会“**无悔**”。

[时间脉络线 5/6]：军事用兵，要敦促侦察、刺探行动，不得有误。

上六，迷复，凶，有灾眚。用行师，终有大败，以其国君凶。至于十年不克征。

注释：迷，迷失、迷茫。灾眚，灾难伤亡。行师，用兵打仗。

爻辞记忆法：

[历史故事]

军事用兵，一旦疏于侦察、刺探行动严重失误，或侦察、刺探的情报都是假情报或者一无所获，侦察、刺探行动严重失职，使大军不知所措，迷失方向，不敢下决定，“**迷复**”，就会对军队带来凶险，带来战场失利，将士伤亡，“**凶，有灾眚**”。这样的侦察、刺探，就像蒙住了人的眼睛，使得看不到敌方的军队实力、动向，这种情况下的贸然用兵，就是莽汉行为，必然“**用行师，终有大败**”，甚至可能急转直下，兵败如山倒，甚至威胁国家和国君的生死存亡，“**以其国君凶**”。一旦吃了大败仗，必将损兵折将，元气大伤，再想东山再起，就要从头再来，就是“**至于十年不克征**”。

[时间脉络线 6/6]：军事用兵，侦察、刺探行动失职失误，危及军队、国家和国君的生死存亡。

25【天雷无妄】☰☳

[爻辞暗示]：此卦通过“天雷无妄”卦，来描述周文王总结如何正确地做到不妄想妄为，因此整个六爻辞都是借助“无妄”的要素和形象来展开内容。“无妄”在这里就是“不妄想妄为”的意思。

初九，无妄，往吉。

注释：无妄，不妄想妄为。往，前往。

爻辞记忆法：

[历史故事]

做人做事不妄想妄为，“**无妄**”，一切遵循规矩和规律来办事，脚踏实地，那么去往哪里、做任何事都会吉利的，“**往吉**”。

[时间脉络线 1/6]：做人做事不妄想妄为，脚踏实地。

六二，不耕获，不菑 zī 畬 shē，则利有攸往。

注释：不耕，不去耕种。获，收获。不菑，不去翻地垦荒。畬，熟地肥地。

爻辞记忆法：

[历史故事]

妄想妄为的一大特征，就是想“不按规矩办事”，从来不会有不去耕种就会有收获的好事，也不会有不去翻地垦荒就会有块肥地送上门来的妙事，“**不耕获，不菑畬**”。想明白了这个，就不会再有幻想、妄想、空想，就会现实和实干，就会“一分耕耘，一分收获”，即“**则利有攸往**”。

[时间脉络线 2/6]：进一步理解不妄想妄为的本质。

六三，无妄之灾，或系之牛，行人之得，邑人之灾。

注释：无妄之灾，无故灾祸。或，例如、比如。系，拴住。邑，村邑。

爻辞记忆法：

[历史故事]

自己无妄，还要防止别人“栽赃嫁祸”，而平白无故背锅，得了“无妄之灾”。就是说虽然你没干这事，却诬赖是你干的，就如“或系之牛，行人之得，邑人之灾”一样，被当替罪羊、背黑锅了。

[时间脉络线 3/6]：自己不妄想妄为，还要防止无故背锅。

九四，可贞，无咎。

注释：可贞，固守正道。

爻辞记忆法：

[历史故事]

自己一身正气，“平生不做亏心事，半夜不怕鬼敲门”，只要自己“行得正、坐得稳”，即“可贞”，就既不会自己犯“无妄”的念想，也不怕天上平白无故掉下来大黑锅砸到自己身上的“无妄之灾”，最终就没有灾难，“无咎”。

[时间脉络线 4/6]：自己走正道，才能远离妄想妄为。

九五，无妄之疾，勿药有喜。

注释：疾，问题。勿药，不要吃药、不要干预。有喜，好了、好事。

爻辞记忆法：

[历史故事]

无妄，就是按规矩办事，难免会办事缓慢，人也变成了老实人，就是“无妄之疾”，就是“无妄”做事，会慢条斯理的，就有效率慢的弊端。那么，不用担心，不用操之过急，不用去改正它，“勿药”，因为没有做坏事，好事多磨，自然最终会是好的结果，会收获成功的喜悦，“有喜”。

[时间脉络线 5/6]：不妄想妄为，弊端就是办事进度慢。

上九，无妄，行有眚，无攸利。

注释：眚，牵绊、灾祸。

爻辞记忆法：

[历史故事]

无妄，不妄想妄为，“无妄”，但过于完美坚持无妄，追求方方面面都必须“无妄”，就会陷入“教条主义”，不会灵活变通，就会为行动带来牵绊，“行有眚”，这样反而适得其反，是不对的，没有好处了，“无攸利”。

[时间脉络线 6/6]：不妄想妄为，但不能过度的追求完美的“无妄”。

26【山天大畜】䷙

[爻辞暗示]：此卦通过“山天大畜”卦，来描述周文王强调西周还要继续蓄积实力，因此整个六爻辞都是借助“大畜”的要素和形象来展开内容。“大畜”在这里就是“蓄积”的意思。

初九，有厉，利已。

注释：厉，厉害、危险。已，通“已”，停止。

爻辞记忆法：

[历史故事]

周文王强调，西周和商朝此时的实力对比还有悬殊，西周还属下风，“有厉”，有危险、有差距。此时不宜发动对商朝的军事行动，这时候有利于继续蓄积实力，继续进行军事斗争的准备，停止一切军事行动，“利已”，不要妄动。

[时间脉络线 1/6]：周文王强调西周实力还不如商，现阶段还要按兵不动。

九二，舆说辐。

注释：舆，车子。辐，辐条。

爻辞记忆法：

[历史故事]

周文王强调，西周此时要按兵不动，继续发展生产，扩充蓄积军备，那么就要做到军人训练有素，车马要精良，就不能出现车马质量问题，例如车掉了车轴、车轮子，“**舆说辐**”，如果出现那样问题，那就不得了，问题就严重了。因为未来一旦要对商朝用兵，商朝路途遥远，车要能禁得住长途跋涉，车的质量就要不能有问题，不能中途“掉链子”。

[时间脉络线 2/6]：周文王第二次强调西周蓄积实力，就要把车马质量把关好。

九三，良马逐，利艰贞。曰闲舆卫，利有攸往。

注释：曰，通“日”。闲，练习。舆卫，驾车马和防卫技术。

爻辞记忆法：

[历史故事]

周文王还强调，西周与商朝的霸王斗争赛，就像与马追逐一样，“**良马逐**”，拼的就是耐力，拼的就是体力，“**利艰贞**”，谁挺到最后，谁坚持到最后活下来，谁就是胜利。周文王强调，西周要时刻不停蓄积实力，就要加紧军事训练，“**曰闲舆卫**”，这样“养兵千日用兵一时”，到了对商用兵的时候就能上战场了，就做好了准备了，就会在战争中占据有利形势，“**利有攸往**”。

[时间脉络线 3/6]：周文王第三次强调西周要蓄积实力，要拼耐力，要抓紧时间练兵。

六四，童牛之牿[gù]，元吉。

注释：童牛，小牛。牿，横木。

爻辞记忆法：

[历史故事]

周文王继续强调，西周在蓄积实力阶段，不要有任何冲动、消耗实力的行为，就要时时刻刻“头上戴紧箍咒”，就像小牛角上绑上横木，“**童牛**

之牿”，约束限制其行动，使其不再能随意乱跑乱动、消耗体力，可以安心长肉长大，西周的行为就要像这样，要保存实力，不惹事，不损耗，就是最大的吉利，即“元吉”。

[时间脉络线 4/6]：周文王第四次强调西周蓄积实力，西周不要乱动，要避免损耗发生。

六五，豶 fén 豕 shǐ 之牙，吉。

注释：豶豕，阉割过的公猪。

爻辞记忆法：

[历史故事]

周文王再次强调，西周在蓄积实力阶段，要控制住自己情绪，不要冲动，不要妄想妄念太多，要像阉割过的公猪但牙齿依然锋利一样，“豶豕之牙”，不仅没有了发情的欲望，达到了“无欲则刚”，一心只想“吃了睡睡了吃”，能很快膘肥体壮；还同时不忘加强武器装备，像猪一样，“武装到了牙齿”，这样，西周就万事吉利了，“吉”。

[时间脉络线 5/6]：周文王第五次强调西周蓄积实力，欲望不要太多，同时要加强武器装备。

上九，何天之衢 qú，亨。

注释：何，通“荷”，肩负。衢，大道。

爻辞记忆法：

[历史故事]

周文王认为，西周做到了以上的蓄积事业，西周的灭商道路就宽敞了，就是天路也能打通了，“何天之衢”，也是打通了通往朝歌之路，灭商的事业就能成功了，那么西周为之奋斗的灭商大业终于会实现，当然“亨”。

[时间脉络线 6/6]：周文王强调，西周做好了以上的蓄积事业，灭商事业就会成功了。

27【山雷颐】䷚

[爻辞暗示]：此卦通过“山雷颐”卦，来描述周文王总结如何解决吃饭的问题，因此整个六爻辞都是借助“颐”的要素和形象来展开内容。“颐”在这里就是“吃饭”的意思。

初九，舍尔灵龟，观我朵颐，凶。

注释：舍，舍弃、不顾。观，观察、看。朵颐，进食、吃饭。

爻辞记忆法：

[历史故事]

自己有黄金万两、灵龟宝物，“**舍尔灵龟**”，却依然眼馋，丢掉自己灵龟，眼睛直勾勾死盯着我吃饭，“**观我朵颐**”，就是“人心不足蛇吞象”，就是“吃着碗里的，看着锅里的”，这就危险了，是打我的主意了，所以“**凶**”。

[时间脉络线 1/6]：自己有口粮，还想抢别人的。

六二，颠颐，拂[fú]经于丘，颐征凶。

注释：颠，颠倒了、空了。拂经，违反道理。丘，山丘。征，征途、作为。

爻辞记忆法：

[历史故事]

自己饿得饥肠咕噜，没饭吃，“**颠颐**”，胃都颠倒空了。于是违反颐道，跑到山丘上、树林中，打家劫舍，抢劫路人，“**拂经于丘**”。这是刚开始饿肚子，偶尔为之，这样的自求口粮的方式是凶险的，“**颐征凶**”。

[时间脉络线 2/6]：自己偶尔没有口粮，开始抢了。

六三，拂颐，贞凶，十年勿用，无攸利。

注释：拂，违反。

爻辞记忆法：

[历史故事]

自己没有口粮，现在就公然违反颐道，“**拂颐**”，开始以抢别人口粮为业了，这样的行为再怎么为自己辩护，“**贞**”，也是有害的，“**凶**”。长期抢别人口粮，就要长年累月警告他不要再这样干，“**十年勿用**”。因为这样不是正道，对自己没有好处，“**无攸利**”，不仅是违法犯罪，还养成了好吃懒做的问题。

[时间脉络线 3/6]： 自己经常没有口粮，公开抢了。

六四，颠颐，吉。虎视眈[dān]眈，其欲逐逐，无咎。

注释： 颠，颠倒了、空了。欲，欲望。逐逐，紧紧追逐。

爻辞记忆法：

[历史故事]

肚子饥肠咕噜，“**颠颐**”，但再饿，吃饭也走正道，自求口粮，而不是打劫别人，这样就是好样的，所以“吉”。守正道的自求口食之道，就如老虎捕食的时候，是眼睛专心专注地盯着猎物，“**虎视眈眈**”，是专心致志的靠自己能力去获取食物，心无旁骛，有随时准备跃出扑住猎物的那种气势，“**其欲逐逐**”，这样的获取口粮的方式，才是值得尊敬的，才不会被人说，“**无咎**”。

[时间脉络线 4/6]： 自己获取口粮要靠自己、走正道。

六五，拂经，居贞吉。不可涉大川。

注释： 拂经，违反道理。居，安于、采取。

爻辞记忆法：

[历史故事]

但“人生不如意事十之八九”，遇上天灾人祸，就是自己再遵守正道，也还是难保能填饱肚子，这个时候就要变通，在快饿死的时候，要暂时把正儿八经的“颐道”放一边，“**拂经**”。特殊时期可以“特殊情况，特殊处理”，可以允许去借粮，但一定要诚心诚意，好借好还，这样才妥当不被指责，即“**居贞吉**”。此刻自己温饱都没解决，吃饭都是问题，更不能不切实际，高谈阔论，空谈大事业，所以“**不可涉大川**”。

[时间脉络线 5/6]： 特殊时期，自己获取口粮可以变通，可以借粮。

上九，由颐，厉，吉，利涉大川。

注释：由，自由、自然而然。

爻辞记忆法：

[历史故事]

经过自己长期的遵守“自求口食”之道，现在终于可以有属于自己的丰厚的口粮了，“**由颐**”。但粮食多了，也是个麻烦，“**厉**”，就是“人怕出名猪怕壮”，这个世道本来就紧张，吃不饱饭的人太多，怕是有人要来抢粮食，“**厉**”。但没关系，有了足够的粮草，也是安全的保障，不怕饿死，“**吉**”，“手中有粮，心中不慌”，就可以走遍天下也不怕了，“**利涉大川**”。

[时间脉络线 6/6]：自己口粮丰厚，万事不慌，到哪都不怕。

28【泽风大过】䷛

[爻辞暗示]：此卦通过“泽风大过”卦，来描述周文王姬昌写自己从羑里监狱出狱后，已白发苍苍，垂垂老矣，感慨人生大半辈子都“过”去了，因此整个六爻辞都是借助“大过”的要素和形象来展开内容。“大过”在这里就是“人生大半辈子过去了”的意思。

初六，藉jiè用白茅，无咎。

注释：藉，衬垫。白茅，白色茅草。

爻辞记忆法：

[历史故事]

周文王姬昌被商纣王囚禁于羑里监狱七年之久，终于释放其回西周。姬昌出狱回到西周之后，感慨万千，他觉得最应该感谢的是上天，是上天的眷顾，一直保佑着他平安无事，没有性命之忧。因此，姬昌还是按照西周的祭祀从简传统，用白茅铺垫来进行祭祀上天的仪式，“**藉用白茅**”。白茅，也反映出姬昌内心的真实、朴素、真诚、至敬，白色也代表纯洁，因此用白茅来祭祀感谢上天是可以的、合适的，所以“**无咎**”。

[时间脉络线 1/6]：周文王终于被释放回到西周，祭祀感谢上天的保佑。

九二，枯杨生稊[ti]，老夫得其女妻，无不利。

注释：枯杨，枯杨树。生稊，生出嫩芽。老夫，老年人。女妻年轻妻子。

爻辞记忆法：

[历史故事]

周文王回到了西周，人也已经老了。回到西周回到家，因为"文王百子"，周文王儿子多，就是说周文王回到西周又老年得子了，犹如"**枯杨生稊**"，也意味着又娶了一个年轻女子为妃，"**老夫得其女妻**"，现在更是儿孙满堂，"家和万事兴"，所以周文王满怀幸福和信心，"**无不利**"。

[时间脉络线 2/6]：周文王回到西周老来得子，又娶了少女为妃。

九三，栋桡，凶。

注释：栋，栋梁。桡，弯曲。

爻辞记忆法：

[历史故事]

周文王回到了西周，但环顾四周，唯独缺了大儿子伯邑考。伯邑考因为贸然前去商朝朝歌代父赎罪，被商纣王杀害，"**栋桡**"。伯邑考的死去，这对西周是极大的损失，周文王也伤心过度，所以是凶险之事，"**凶**"。

[时间脉络线 3/6]：周文王回到西周，家里人都在，唯独少了大儿子伯邑考。

九四，栋隆，吉。有它，吝。

注释：隆，隆起。有它，有意外。

爻辞记忆法：

[历史故事]

周文王回到了西周，令他可喜的是，他儿孙满堂，家庭人丁兴旺，儿子一个个都成才了，"**栋隆**"，所以一切都挺好的，吉利的，"**吉**"。但他还是担心家庭人员多了，会起争斗，手足相残，"**有它**"，那么就会有悔吝，"**吝**"。

［时间脉络线 4/6］：周文王回到西周，看到众子孙都成长起来了。

九五，枯杨生华，老妇得士夫，无咎无誉。

注释：生华，开花。老妇，老妇人。士夫，强壮丈夫。

爻辞记忆法：

［历史故事］

周文王回到了西周，感慨现在已老了，人到暮年，各方面精力都跟不上了，虽然内心里还想做一番事业，内心里的壮志未酬，但总有点“心有余而力不足”的感觉，就如“**枯杨生华**”，枯老了的杨树竟然开花了，是使尽全身的力量开出来的，也会“昙花一现”，很快凋落，所能获得的成就越来越有限了，就像“**老妇得士夫**”，老妇人已经年龄老了，不能生育了，得了强壮丈夫，也不会有结果了。所以，周文王内心十分矛盾，又还想做一番大事业，又没有精力了，只能是“**无咎无誉**”了，即既不会犯错误了，也不会再“横刀立马”、“一鸣惊人”做出惊天成就了。

［时间脉络线 5/6］：周文王回到西周，感觉到了自己老了，力不从心了。

上六，过涉灭顶，凶，无咎。

注释：过涉，过河。灭顶，淹没头顶。

爻辞记忆法：

［历史故事］

周文王回到了西周，明显意识到了自己已经人到暮年，垂垂老矣，身体也这么些年在狱中受到摧残，身体虚弱，他能感觉到自己将不久于人世，“**过涉灭顶**”，这对西周来说是个巨大的损失，西周还要靠他来灭掉商朝呢，周文王的逝去，必然对西周不是好事情，因而“**凶**”。但周文王的智慧之处，就是会提前安排好人事、安排好军事斗争策略、安排好西周的经济社会发展政策，西周的一切事务都被周文王安排妥当了，所以不用担心，“**无咎**”。

［时间脉络线 6/6］：周文王回到西周，预知自己将不久于人世，安排妥当西周一切事务。

29【坎为水】䷜

[爻辞暗示]：此卦通过“坎为水”卦，来描述西周姬昌在羑里监狱里的状况描写，并对西周有所暗示，因此整个六爻辞都是借助“坎”的要素和形象来展开内容。“坎”在这里就是“入狱”的意思。

初六，习坎，入于坎窞 dàn，凶。

注释：习，习惯。坎，坎险。窞，深坑。

爻辞记忆法：

[历史故事]

对于监狱，西周周文王姬昌是很熟悉了，他在去西北甘肃奔丧，接其父亲季历灵柩回来时候，就被商朝短暂囚禁过，因此“**习坎**”，但是这次再次入狱的是羑里监狱，是中央监狱，“**入于坎窞**”，不是之前的小地方的小监狱，意味着凶险等级陡增，前途未卜，“**凶**”。

[时间脉络线 1/6]：西周姬昌再次入狱，凶险。

九二，坎有险，求小得。

注释：险，险境。

爻辞记忆法：

[历史故事]

周文王被囚禁在羑里监狱里，被限制了自由，也远离了自己的西周统治范围，“命运他人宰”，而且纣王性格古怪暴躁无道，随时都可能一时兴起就起了杀心，即“**坎有险**”。所以姬昌此时“在人屋檐下，怎能不低头”，要低调，要“谨小慎微”，不要动静大，要静处，要想小事情，“**求小得**”，保命要紧。

[时间脉络线 2/6]：监狱中凶险，要低调行事。

六三，来之坎坎，险且枕，入于坎窞，勿用。

注释：坎坎，险难和麻烦事多。枕，接受。入，掉入。

爻辞记忆法：

[历史故事]

本来姬昌来商朝国都朝歌就麻烦事多，朝廷每天勾心斗角的混乱不行，自己要小心，各种政务杂事更是多如牛毛要处理，还要提心吊胆纣王的脾气，但最终还是不幸被商纣王囚禁于羑里监狱，所以，"**来之坎坎**"。这时候的姬昌已然是个老人，睿智稳重，"既来之则安之"，他处惊不乱坦然接受了囚禁的事实，"**险且枕**"。进了监狱里了，这时候所有的聪明才智都不要用，要装糊涂，"**入于坎窞，勿用**"，否则"聪明反被聪明误"，会引起纣王的注意和猜忌，也容易会被奸臣拿去"拨弄是非"，引来杀身之祸。

[时间脉络线 3/6]：既然被囚禁狱中，就坦然接受事实，不要聪明。

六四，樽 zūn 酒，簋 guǐ 贰，用缶，纳约自牖 yǒu，终无咎。

注释：樽酒，一樽酒。簋贰，两碗饭。用缶，用简陋的缶盛饭。纳约自牖，自窗户递饭进来。

爻辞记忆法：

[历史故事]

姬昌在监狱里心态很好，每天一樽酒、两碗饭、用简陋的缶盛着，自窗户递进来，"**樽酒，簋贰，用缶，纳约自牖**"。日复一日、年复一年，坐监狱，就要熬日子，心态就要好，养好身体，不能自暴自弃，做长期准备，这样最终就能熬出头、走出去，"**终无咎**"。

[时间脉络线 4/6]：姬昌深知坐牢要很久，因而放好心态，等待重获自由。

九五，坎不盈，祇既平，无咎。

注释：不盈，未满、未平。祇，通"坻"，小山丘。既平，已经铲平。

爻辞记忆法：

[历史故事]

姬昌只要继续在狱中，还没释放出来，"**坎不盈**"，难还未消除，就要继续请人在纣王面前当说客，送礼，派人说好话，要不断努力，救他出去，

“**祗既平**”，这样才不会有遗憾，“**无咎**”。

[时间脉络线 5/6]： 姬昌想要被释放，就要不断的请人在纣王面前当说客。

上六，系用徽纆 mò，置于丛棘 jí，三岁不得，凶。

注释： 系，捆住。徽纆，绳子。置，放置、困置。丛棘，荆棘丛中。

爻辞记忆法：

[历史故事]

如果做了以上工作了，但还是面临“**系用徽纆，置于丛棘**”这样的被囚禁的命运，长时间不见成效，听不到我被释放的消息，“**三岁不得**”，那就有凶险了，“**凶**”。

[时间脉络线 6/6]： 长期请说客做纣王工作，还不起效果，那就凶险了。

30【离为火】☲

[爻辞暗示]：此卦通过“离为火”卦，来描述周文王在羑里狱中交代周武王姬发继位之事，因此整个六爻辞都是借助“离”的要素和形象来展开内容。“离”在这里就是“太阳、周文王、姬发、太阳再次升起、继位”的意思。

初九，履错然，敬之，无咎。

注释： 履，脚步。错然，错落有致。敬，敬意、尊敬。

爻辞记忆法：

[历史故事]

周文王已被商纣王囚禁了数年，期间发生了大儿子伯邑考代父赎罪贸然前来朝歌，惨被纣王杀害，现在二儿子姬发顺位成为王位继承人，但姬发并没有从一开始就被安排为继承人，没有专门按照继承人的标准去培养，所以他势单力薄，亲信较少。同时周文王儿子众多，其他王子对王位虎视眈眈，老爸姬昌又不在身边，西周政治局势非常复杂。在这种情况下，唯一有优势的，就是姬发是明确的王位继承人，因此在伯邑考离世之后，文武大臣开始向姬发靠近，向姬发汇报，姬发的王府门前是“门庭若市”、“络绎不绝”，门槛都要被踏平了，“**履错然**”。周文王对姬发放心不下，心存焦虑，自己又不知何年何月才能出狱，于是在此就叮嘱姬发，一定要对这些西周的文武大臣充满敬意，“**敬之**”，他们都是跟随父王多年，忠心耿耿，这样才能赢得文武大臣的忠心，辅佐你的事业，“**无咎**”。

[时间脉络线 1/6]：周文王叮嘱姬发，要敬重文武大臣，赢得忠心，辅佐其左右。

六二，黄离，元吉。

注释：黄，温暖、和平。离，离开、交接。

爻辞记忆法：

[历史故事]

周文王叮嘱姬发，假如他真的一辈子出不去监狱了，那西周的事业就交给姬发了，那么姬发就要继承西周的王位。周文王希望这个王位的继承一定要处理好，最好和平交接，“**黄离**”，没有兄弟争夺相残，毕竟老父亲他不在西周了，没有主持的人，容易出乱子。姬发如果能平稳的继承王位，主持西周军政要务，那就是最好的了，“**元吉**”，毕竟都是姬姓血脉，手足相残还是要避免。

[时间脉络线 2/6]：周文王叮嘱姬发，王位的继承最好和平交接。

九三，日昃(zè)之离，不鼓缶而歌，则大耋(dié)之嗟(jiē)，凶。

注释：日昃，太阳西斜。鼓缶，敲起缶盆。歌，作歌。大耋，老年人。嗟，叹息、遗憾。

爻辞记忆法：

[历史故事]

周文王已在羑里狱中多年，也早已垂垂老矣，深感壮士暮年，行将就木，“**日昃之离**”，感叹自己再没有机会出狱，不能再施展一番抱负了，“**不鼓缶而歌**”，一想到这内心就难以接受，感叹壮志未酬，人生有憾，“**则大**

耋之嗟”。这也是告诫姬发，吸取老父亲的教诲，一定要趁着年轻，做出一番事业来，不可荒废光阴，否则就像老父亲一样，错失太多光阴，只能望空长叹，必然有凶险，“凶”。

[时间脉络线 3/6]： 周文王叮嘱姬发，不可荒废光阴，要有所作为。

九四，突如其来如，焚如，死如，弃如。

注释： 突如其来，突然降临、突然发生。焚，烧杀。死，死刑。弃，放弃、流放。

爻辞记忆法：

[历史故事]

周文王深知王位的巨大诱惑力，而周文王的儿子又众多，他也十分了解每个儿子的秉性，不排除有造反夺权夺位的事情发生。于是叮嘱姬发，一旦发生造反谋权篡位之事，“**突如其来如**”，就要果断处置，不得心慈手软，该杀的杀，该抓的抓，该流放的流放，“**焚如，死如，弃如**”，如此才能平定造反叛乱，西周才能政权稳定，平安无事。

[时间脉络线 4/6]： 周文王叮嘱姬发，一旦有造反夺位发生，就要果断镇压。

六五，出涕沱 tuó 若，戚 qī 嗟若，吉。

注释： 出涕，哭泣。沱若，滂沱。戚，哀伤。嗟，叹息。

爻辞记忆法：

[历史故事]

周文王也知道，一旦发生谋权篡位的造反事件，始作俑者绝对是自己那些儿子做的，那么姬发只能血腥镇压，以快速恢复西周秩序，稳定西周政权。镇压造反，必然造成自己姬姓血脉死伤的代价，在周文王看来，毕竟还是自己骨肉，还是免不了痛哭流涕，伤心难受，“**出涕沱若，戚嗟若**”。但痛定思痛，也只能这样做了，不能有妇人之仁，西周政权稳定重要，因而对于大局是必要的，“**吉**”。

[时间脉络线 5/6]： 周文王对于可能的镇压造反造成自己家族骨肉死

伤，还是伤心悲痛的。

上九，王用出征，有嘉折首，获匪其丑，无咎。

注释： 王，君王。用，利用。嘉，嘉奖、收获。折首，拿下敌首。匪，敌人。丑，同类、附庸。

爻辞记忆法：

[历史故事]

周文王继续叮嘱姬发，一旦自己出不去了，或者死在了狱中，西周由他来继位，那么不仅要在国内朝政上树立权威，还要对外用兵征讨，"**王用出征**"，打胜仗，拿下敌首、征服其军队、归顺其子民，"**有嘉折首，获匪其丑**"。用战争的磨炼和战绩，来赢得文武百官的敬重、臣服。这样，王位就坐稳了，就没有担心的了，"**无咎**"。

[时间脉络线 6/6]： 周文王叮嘱姬发，要对外用兵获得战绩，赢得百官臣服。

31【泽山咸】䷞

[爻辞暗示]：此卦通过"泽山咸"卦，来描述"洞房花烛夜"男子亲吻女子的场景，因此整个六爻辞都是借助"咸"的要素和形象来展开内容。"洞房花烛夜"是人生一大喜事之一，值得书写。"咸"在这里就是"亲吻"的意思。

初六，咸其拇。

注释： 咸，感应。拇，脚拇指。

爻辞记忆法：

[历史故事]

男欢女爱，男女相爱共享鱼水之欢之时，男的从下到上，先亲吻女的脚拇指，"**咸其拇**"，这样容易让对方放松，也有缓慢的意味，消除女方的紧张感。

[时间脉络线 1/6]： 男女鱼水之欢，男的首先亲吻女的脚拇指。

六二，咸其腓[fēi]，凶，居吉。

注释：腓，小腿肚。居，安静、不动。

爻辞记忆法：

[历史故事]

男欢女爱，男女相爱共享鱼水之欢之时，男的再亲吻女的小腿肚，“**咸其腓**”，这个就不好了，“**凶**”，因为小腿肚比较敏感，女的容易受到较大刺激，可能会激动乱动乱叫，失去控制，因而这时候男的要安抚女方，稳定其情绪，“**居吉**”。

[时间脉络线 2/6]：男女鱼水之欢，男的亲吻女的小腿肚，女的容易受刺激乱动。

九三，咸其股，执其随，往吝。

注释：股，大腿。执，按住、控制。随，跟随、随从。

爻辞记忆法：

[历史故事]

男欢女爱，男女相爱共享鱼水之欢之时，男的亲吻到了大腿上，就要按住大腿，不让大腿乱动，“**咸其股，执其随**”，这时候如果任由女的腿乱动，就不好，“**往吝**”。

[时间脉络线 3/6]：男女鱼水之欢，男的亲吻女的大腿，就要按住女的腿使其不乱动。

九四，贞吉，悔亡。憧[chōng]憧往来，朋从尔思。

注释：憧憧，心意朦胧。从，依从。思，心思。

爻辞记忆法：

[历史故事]

男欢女爱，男女相爱共享鱼水之欢之时，男的经过了上面的各种亲吻，女的终于渐入佳境，接受了男方，“**贞吉，悔亡**”。男女进行鱼水之欢，你来我往，“**憧憧往来**”，女的依从着男的，眼睛羞涩闭上像是在思考，“**朋从尔思**”。

[时间脉络线 4/6]：男女鱼水之欢，男欢女爱。

九五，咸其脢 méi，无悔。

注释：脢，背部。

爻辞记忆法：

[历史故事]

男欢女爱，男女相爱共享鱼水之欢之时，男的要继续亲吻女的脊背，“**咸其脢**”，就是全身上下前后都要亲吻到，这样做才能没有后悔，“**无悔**”。

[时间脉络线 5/6]：男女鱼水之欢，男的要继续亲吻女的脊背。

上六，咸其辅颊舌。

注释：辅，嘴。颊，脸颊。舌，舌头。

爻辞记忆法：

[历史故事]

男女相爱共享鱼水之欢之后，男的还要继续亲吻女的嘴、脸颊、舌头，“**咸其辅颊舌**”，以显示亲昵和安抚，不能鱼水之欢之后就完事了，倒头就睡，那样女方会极没有安全感。

[时间脉络线 6/6]：男女鱼水之欢结束，男的要继续亲吻女的，不能冷落了对方。

32【雷风恒】䷟

[爻辞暗示]：此卦通过“雷风恒”卦，来描述夫妻居家过日子家庭恒久的要求，因此整个六爻辞都是借助“恒”的要素和形象来展开内容。“恒”在这里就是“家庭恒久”的意思。

初六，浚恒，贞凶，无攸利。

注释：浚，深。恒，恒久。

爻辞记忆法：

[历史故事]

男女结合，婚姻生活刚开始的时候，男的天天对女的甜言蜜语、“海誓山盟”的说一些“海枯石烂”的漂亮话，“**浚恒**”，天天就是嘴上会说，却不实干，长此以往，对婚姻家庭是很危险的，“**贞凶**”，因为它很“海市蜃楼”、空洞，长远来说，不会对婚姻家庭带来实际实惠的利益，“**无攸利**”。

[时间脉络线 1/6]：婚姻家庭生活，男的如果靠甜言蜜语说空话，没有好处。

九二，悔亡。

注释：亡，消亡。

爻辞记忆法：

[历史故事]

婚姻家庭生活，男的如果不再甜言蜜语、海誓山盟，不再说空话、漂亮话，从此以后脚踏实地去实干，就“**悔亡**”。

[时间脉络线 2/6]：婚姻家庭生活，男的不再甜言蜜语说空话，就是好事。

九三，不恒其德，或承之羞，贞吝。

注释：德，德行。承，承受。羞，羞辱。

爻辞记忆法：

[历史故事]

婚姻家庭生活，男的和女的都有各自的职责、责任、分工，一旦男的不挣钱养家、女的不勤俭持家，即“**不恒其德**”，那这个婚姻家庭生活就会处于危机之中，就会出现各种争吵、打架、冷战、怀疑等，“**或承之羞**”，长此以往，会不妙，“**贞吝**”。

[时间脉络线 3/6]：婚姻家庭生活，男女要各尽责任，不然会有危机。

九四，田无禽。

注释：田，田野。禽，禽兽。

爻辞记忆法：

[历史故事]

婚姻家庭生活，男的如果还是没本事挣钱养家，如同在田野打猎，却打不到猎物，空手而回，"**田无禽**"。

[时间脉络线 4/6]：婚姻家庭生活，男的没有养家能力。

六五，恒其德，贞，妇人吉，夫子凶。

注释：妇人，家庭妇女。夫子，丈夫。

爻辞记忆法：

[历史故事]

婚姻家庭生活，女的勤俭持家，"**恒其德，贞**"，则这对女的是好事，尽到了家庭的责任，"**妇人吉**"。但男的还不能挣钱养家，因而还是不妙，"**夫子凶**"。

[时间脉络线 5/6]：婚姻家庭生活，女的尽责，男的还不尽责。

上六，振恒，凶。

注释：振，振动、振荡。

爻辞记忆法：

[历史故事]

如果长期的男的不能挣钱养家，尽不到责任，那就会对这个婚姻家庭生活带来振荡，"**振恒**"，对这个婚姻家庭会有凶险，"**凶**"。

[时间脉络线 6/6]：婚姻家庭生活，男的不能挣钱养家，婚姻家庭不稳。

33【天山遁】䷠

[爻辞暗示]：此卦通过"天山遁"卦，来描述商朝大批奴隶平民逃亡，商朝和西周采取不同政策对待逃亡的奴隶平民，因此整个六爻辞都是借助"遁"的要素和形象来展开内容。"遁"在这里就是"逃遁"的意思。

初六，遁尾，厉，勿用有攸往。

注释：遁，退遁、逃遁。厉，危险。

爻辞记忆法：

[历史故事]

商朝末年，商朝统治腐败，商纣王惨无人道、酒池肉林、不理朝政，导致商朝境内的民众民不聊生，平民、奴隶们生活凄惨。商朝又苛捐杂税众多，还征用大量民力修建鹿台，还到处用兵，导致民怨沸腾，平民奴隶纷纷逃亡。平民奴隶的逃亡震怒了商朝，商朝大肆抓捕，"**遁尾**"，追着屁股抓这些逃亡的平民奴隶。但是在西周周文王看来，这种方式更是残暴无情的，"**厉**"，因为西周和商朝不同，西周对前来投奔的逃亡的平民奴隶采取招抚政策，对逃亡的平民奴隶给予理解和生活保障，西周的对待逃遁的平民奴隶政策使得更多的平民奴隶闻之更纷纷投奔而来。因此西周从不"助纣为虐"，从不帮着商朝去追捕逃遁的平民奴隶，"**勿用**"，这反而赢得了民心，使得天下的平民奴隶闻之都被感召投奔而来，"**有攸往**"。

[时间脉络线 1/6]：商朝对待逃亡的平民奴隶，拼命追捕惩罚，西周则是招抚和安顿。

六二，执之用黄牛之革，莫之胜说。

注释：执，控制、捆绑。革，皮革。莫，不能。说，通"脱"，逃脱。

爻辞记忆法：

[历史故事]

商朝对逮住的逃亡的平民奴隶，都是"五花大绑"，"**执之用黄牛之革**"，这只是写出来的文字，实际上意味着一旦被绑的结结实实的，少不了惨烈的肉体惩罚，皮鞭抽、挖眼、割鼻子、砍掉腿、冻死、饿死，蹂躏的方式多种多样，想逃都逃不了，"**莫之胜说**"。

[时间脉络线 2/6]：商朝对待逃亡的平民奴隶，五花大绑，惨烈的惩罚。

九三，系遁，有疾，厉。畜臣妾，吉。

注释：系，用绳拴住。有疾，有害。畜臣妾，成家立业。

爻辞记忆法：

[历史故事]

商朝对抓住的平民奴隶，都是先绑住痛打一番，然后用绳拴住，“系遁”，防止其再次逃跑。但是在西周看来，这样的处理方式是有害的，“有疾”，会引来奴隶更强烈的反抗，“厉”。西周的做法是，不仅不打不杀逃亡的平民奴隶，还给他吃的穿的住的，还允许其成家立业，“畜臣妾”，实际上是让这些逃亡的平民奴隶可以踏踏实实的忠于西周，成为西周子民，为西周效力，从而蓄养民力。西周这样做，才是高瞻远瞩，所以“吉”。

[时间脉络线 3/6]： 商朝对待逃亡的平民奴隶，用绳拴着，西周则是让其安家乐业。

九四，好遁，君子吉，小人否。

注释： 好，好生。

爻辞记忆法：

[历史故事]

西周对于从商朝逃亡而来的平民和奴隶，给他们好生安顿的政策，“好遁”，使得西周获得了普遍的好名声，四方百姓诸侯无不为之敬佩，归顺之心与日俱增，归顺的诸侯和百姓越来越多，为西周周文王姬昌赢得了广泛的民心，“君子吉”。而对于眼里只有眼前利益，更没有同情平民奴隶的心的小人来说，他们不仅是办不到来优待逃亡的平民奴隶，他们更是想都想不到，“小人否”，他们心里只有自己。

[时间脉络线 4/6]： 西周优待逃亡的平民奴隶，壮大了自己，削弱了敌人。

九五，嘉遁，贞吉。

注释： 嘉，优待。

爻辞记忆法：

[历史故事]

西周全国上下、全社会上下还普遍宣传、“广而告之”要优待逃亡而来的平民奴隶，“嘉遁”，从而整个西周形成了看待逃亡的平民奴隶和西周人无异，都是一家人，不会另眼相看他们。这样的政策，“贞”，使逃亡投奔而来的平民奴隶心里更是感激涕零，更是对西周死心塌地，因此“吉”。

[时间脉络线 5/6]：西周全国全社会上下宣传优待逃亡来的平民奴隶。

上九，肥遁，无不利。

注释：肥，宽容。

爻辞记忆法：

[历史故事]

西周还从法制层面入手，从各个方面宽容逃亡来的平民奴隶，保护他们，给予他们各方面的生活保障、安全保障，“**肥遁**”。让他们安心、安定、安居下来，积极投入西周的生产建设、加入军事斗争的队伍，西周的各项优待逃亡平民奴隶政策，对于他们来说西周简直就是天堂，他们从此拼死为西周效力，因此对于西周来说，优待宽容逃亡的平民奴隶，会“**无不利**”。

[时间脉络线 6/6]：西周制定法律保障措施优待逃亡来的平民奴隶。

34【雷天大壮】䷡

[爻辞暗示]：此卦通过“雷天大壮”卦，来描述军队行军打仗的兵法，因此整个六爻辞都是借助“大壮”的要素和形象来展开内容。“大壮”在这里就是“用兵”的意思。

初九，壮于趾，征凶，有孚。

注释：壮，健壮。趾，脚趾。

爻辞记忆法：

[历史故事]

周文王姬昌（也可能是周公）认为，军队行军打仗不能仗着势大，“**壮于趾**”，到处欺压弱小者，如果是这样，就是逞“匹夫之勇”，必然会有凶险，“**征凶**”，不是仁义之师。只有“师出有名”、“以德服人”，“**有孚**”，才是行军打仗的原则。

[时间脉络线 1/6]：行军打仗不能靠人多以强凌弱，要师出有名、以德服人。

九二，贞吉。

注释：贞，坚持正义。

爻辞记忆法：

[历史故事]

军队行军打仗只有坚守正义的理念、严明的军纪、兵法运用游刃有余，“**贞**”，才能立于不败之地，才能“得道多助”，才能得到广大民众的拥护，“**吉**”。

[时间脉络线 2/6]：行军打仗要坚守正道，才无往不胜。

九三，小人用壮，君子用罔，贞，厉，羝 dī 羊触藩 fān，羸其角。

注释：用壮，人海战术。罔，不。羝羊，公羊。触藩，冲撞藩篱。羸，缠住。

爻辞记忆法：

[历史故事]

西周军队行军打仗，不仅有最高指挥官，还有参谋，还有副将，还有众多其他不同等级的领兵人员。那么，在战场上需要商讨定战术战略的时候，必然是人多嘴杂，有人要求“硬拼硬”，用人多优势去攻打冲击对方阵营，这是小人做法，“**小人用壮**”，容易损兵折将，且“一点技术含量都没有”；君子则强调技战术，而不用蛮力，“**君子用罔**”，强调以少胜多，保存有生力量。但是有时候君子的建议并不一定得到采纳，即使他的建议是对的，“**贞**”。那么采纳小人的建议，就会有“**厉**”，那么军队打仗就可能遇到麻烦，甚至战败失利的可能，即“**羝羊触藩，羸其角**”，公羊冲撞藩篱，羊角被缠住了。

[时间脉络线 3/6]：再次强调行军打仗不能靠人海战术，否则就会吃败仗。

九四，贞吉，悔亡。藩决，不羸，壮于大舆之辐。

注释：藩，藩篱。决，决口。大舆，大车。辐，车辐条。

爻辞记忆法：

[历史故事]

行军打仗只有坚守正义之师、师出有名，才会无往不胜、大吉大利，“**贞吉**”，才不会有惨败甚至全军覆没的事情发生，“**悔亡**”。这样的用兵，就会轻而易举的攻破敌人的城池，“**藩决**”，但不会把自己兵力搭进去，“**不羸**”，最终的战果可想而知，“**壮于大舆之辐**”，就是胜利来自于车大车壮，勇往直前。

[时间脉络线 4/6]：行军打仗只要坚持正义、师出有名，必然所向无敌，攻城无数。

六五，丧羊于易，无悔。

注释：丧，丧失。易，古代一地名。

爻辞记忆法：

[历史故事]

行军打仗哪有不死人的？“**丧羊于易**”。所以不能纠结于这个，不能有“妇人之仁”，要把重点放在如何灵活调用兵力资源，如何科学行军布阵，如何有效运用兵法，以一个优秀的军事统帅的角色，高瞻远瞩来看待行军打仗的性质。军事战争，就是对于资源的争夺，“天下没有免费的午餐”，就需要兵力的投入来打仗，来获得土地、人口、赋税、粮食的产出，明白了军事战争的用意和性质，就理解了战争的有利可图，就可以“**无悔**”了。

[时间脉络线 5/6]：打仗死人很正常，没有战争的投入哪有攻城略地之后的丰厚回报？

上六，羝羊触藩，不能退，不能遂，无攸利。艰则吉。

注释：羝羊，公羊。触，冲撞。藩，藩篱。遂，进。

爻辞记忆法：

[历史故事]

行军打仗，“胜败乃兵家常事”，有胜就有败，一旦陷入战争泥潭，被敌方牵制住，进退不能，陷入僵持状态，如“**羝羊触藩，不能退，不能遂**”，就如公羊冲撞藩篱，被就缠住，进退不是。这个时候就是消耗战，打也打不赢，退又退不了，肯定“**无攸利**”。这个时候“狭路相逢勇者胜”，谁最有“破釜沉舟，背水一战”的孤注一掷的决心和斗志，谁抱定了“狭路相逢勇者胜”的气概，谁就能胜出，笑到最后，即“**艰则吉**”。

[时间脉络线 6/6]：打仗有时双方势均力敌，被牵制，僵持不下，此时谁最会打、会冲、会坚持，谁就会赢。

35【火地晋】䷢

[爻辞暗示]：此卦通过“火地晋”卦，来描述西周对外用兵作战、进攻的场景，因此整个六爻辞都是借助“晋”的要素和形象来展开内容。“火地晋”在这里就是“作战、进攻”的意思。

初六，晋如，摧如，贞吉。罔孚，裕，无咎。

注释：晋，前进。摧，摧枯拉朽。如，……的样子。罔孚，没有认同。裕，宽裕。

爻辞记忆法：

[历史故事]

西周军队进攻气势如“势如破竹”、“摧枯拉朽”，“**晋如，摧如**”，拿下一个又一个诸侯城池，长期保持此战绩，“**贞**”，西周逐渐壮大，“**吉**”。但刚征服拿下的诸侯城池，人心并没有马上就归顺、服气，“**罔孚**”，那么不急，假以时日，“**裕**”，等他们了解了西周是以仁义治天下，必然归顺，就“**无咎**”了。

[时间脉络线 1/6]：西周军队进攻势如破竹。

六二，晋如，愁如，贞吉。受兹介福，于其王母。

注释：愁，发愁。受，受到。兹，这种。介福，大福。于其，来自。

爻辞记忆法：

[历史故事]

西周军队进攻但也有攻不下的，令人发愁，“**晋如，愁如**”，这时候保持进攻态势，会有好转，“**贞吉**”。这时候雪中送炭，增援的军事力量也前来了，“**受兹介福，于其王母**”，是来自“王母”的增援力量赶到，这是多大的福气。

[时间脉络线 2/6] ：西周军队进攻遇到挫折，增援力量赶到。

六三，众允，悔亡。

注释：允，允许、归降。

爻辞记忆法：

[历史故事]

本来西周军队的进攻就很猛烈，军队力量强大，现在又来了增援力量，于是众多诸侯纷纷举手投降，愿意归降西周，“**众允**”，这样西周军队就不用大动干戈，进攻目的达到，“**悔亡**”。

[时间脉络线 3/6] ：西周军队进攻有利，众多诸侯归降。

九四，晋如鼫(shí)鼠，贞厉。

注释：鼫鼠，技不如人的鼠、行动缓慢。

爻辞记忆法：

[历史故事]

取得了一连串战绩的西周军队，进攻速度放缓，“**晋如鼫鼠**”，是遇到了一些猛烈的抵抗，这时候应该分析情况，保持理智，“**贞**”，以预防更大损失，“**厉**”。

[时间脉络线 4/6] ：西周军队进攻再次受阻。

六五，悔亡，失得勿恤，往吉，无不利。

注释：失得，失去和得到。恤，忧虑。

爻辞记忆法：

[历史故事]

西周军队在再次进攻受阻后，心态也放平和了，也不发愁了，而是“**悔亡**”，不再计较一城一池的得失，“**失得勿恤**”，只有这样的心态，才是吉利的，“**往吉**”，才能抓住战略重点，再次调整战术，寻求突破，这样“**无不利**”。

[时间脉络线 5/6]：西周军队进攻，不再计较一城一池的得失，抓住战略重点。

上九，晋其角，维用伐邑，厉，吉，无咎，贞吝。

注释：角，角尖、最难攻的地方。维用，只能用。伐邑，攻伐城邑。

爻辞记忆法：

[历史故事]

西周军队通过战略调整，抓住有利时机，攻破敌方最难攻的敌方，“**晋其角**”，并不可避免的攻入了城邑内，展开了巷战，“**维用伐邑**”。虽然会有生灵涂炭，“**厉**”，但最终有利于大军获胜，“**吉**”，这是情势所逼不得不为，故“**无咎**”。如果过于“妇人之仁”，“沽名学霸王”，怕有无辜百姓死伤而犹豫不决或放弃攻城，“**贞**”，则会有害，“**吝**”。

[时间脉络线 6/6]：西周军队进攻，最终攻下抵抗的诸侯城池。

36【地火明夷】䷣

[爻辞暗示]：此卦通过“地火明夷”卦，来描述商纣王无道，导致朝政黑暗，大臣纷纷出走，以及商纣王最后的下场，因此整个六爻辞都是借助“明夷”的要素和形象来展开内容。“明夷”在这里就是“黑暗降临”的意思。

此卦的爻辞应为周公所写。

初九，明夷于飞，垂其翼。君子于行，三日不食。有攸往，主人有言。

注释：明夷，光明受伤。飞，飞翔。垂，低垂。翼，翅膀。行，行走、赶路。食，吃饭。

爻辞记忆法：

[历史故事]

黑暗来临的时候，“**明夷**”，是最艰难的时候，就像鸟想飞，“**于飞**”，却翅膀低垂无力，“**垂其翼**”，飞不起来，即“**明夷于飞，垂其翼**”。这就危险了，就有性命之忧了。于是君子就要离开，越快越好，哪怕赶路连饭都顾不上吃，“**君子于行，三日不食**”，但是这样就可以避免受到伤害，所以离开是对的，“**有攸往**”。离开了，造成这种黑暗的主人就会不高兴了，“**主人有言**”。这是再暗喻纣王无道，导致天下黑暗。

[时间脉络线 1/6]：黑暗来临时，危险就会降临，就要尽快躲避离开。

六二，明夷，夷于左股，用拯马壮，吉。

注释：夷，受伤。左股，左大腿。用，利用。拯，拯救。马壮，良马、强壮的马。

爻辞记忆法：

[历史故事]

黑暗来临时，“**明夷**”，就像人的左大腿受了伤，“**夷于左股**”，大臣就是“股肱”，就是相当于人的大腿，而君王就是人体全身，文臣武将就是君王的左膀右臂、左胳膊右大腿。此处是暗喻商纣王搞得朝政黑暗，大臣微子屡次直言劝谏全然不听，纣王还要加罪于微子，微子看此情景对商纣王绝望不再抱有希望和幻想，就逃出朝歌隐遁了起来。按理说，作为大臣，微子应该是骑马逃离的，“**用拯马壮**”，这样“惹不起还躲不起？”逃离了是非之地，微子就平安吉祥了，“**吉**”。

[时间脉络线 2/6]：黑暗来临时，大臣微子逃出朝歌，隐遁了起来。

九三，明夷，于南狩，得其大首，不可疾，贞。

注释：南狩，南面狩猎。大首，首领、头头。疾，快、操之过急。

爻辞记忆法：

[历史故事]

黑暗来临时，“**明夷**”，要去南边等候狩猎，“**于南狩**”，这里的南，是指朝歌的南边。这里是在说，商纣王荒淫无度、奢靡成风，日日夜夜饮酒作乐、歌舞升平，就是在朝歌的南边建造的鹿台里进行的，终日不理朝政，根本不去上朝。所以“擒贼先擒王”，在朝歌南边的鹿台这里就可以捉拿商纣王，“**得其大首**”，也暗喻最后商纣王自焚于朝歌南面的鹿台。此事非同小可，不可操之过急，要从长计议，“**不可疾**”，要做到万无一失，只许成功不许失败，“**贞**”。

[时间脉络线 3/6]： 黑暗来临时，要擒贼先擒王。

六四，入于左腹，获明夷之心，于出门庭。

注释： 左腹，左腹部。心，心脏，此处指比干之心。于出门庭，视死如归。

爻辞记忆法：

[历史故事]

黑暗来临时，商纣王无道，残害忠臣。此处是在暗喻说的是大臣比干。大臣比干，忠心耿耿，却因为直言劝谏，惹怒了商纣王，被商纣王挖心杀害，“**入于左腹，获明夷之心**”。但比干是愚忠，从来没有想过反抗，推翻暴君的统治，纣王要他死，他也仍然抱着“君要臣死，臣不得不死”的固守思想，就是抱定了以死殉国，死而无怨，“**于出门庭**”，赴死前凌然走出家门。

[时间脉络线 4/6]： 黑暗来临时，大臣比干为商纣王所害。

六五，箕[jī]子之明夷，利贞。

注释： 箕子，商朝大臣。

爻辞记忆法：

[历史故事]

黑暗来临时，“**明夷**”，商纣王无道，残害忠臣。此爻更是直接点明了是在写大臣箕子。大臣箕子也是直言进谏，但是却险些招来杀身之祸，于是箕子为了躲避纣王的可能进一步残害，开始装疯卖傻，疯疯癫癫，“**箕子之明夷**”，变成了一个疯子。纣王再怎么暴怒和残暴，也肯定不会掉了身价去杀掉一个疯子，也只有最多把他关进了牢里，不再管他，忘了箕子这个人了，因此箕子成功地逃出生天、保住了性命。所以像箕子这样的突然低调成了废人，就利于平安，“**利贞**”。

[时间脉络线 5/6]：黑暗来临时，大臣箕子装疯卖傻躲过了纣王伤害。

上六，不明，晦，初登于天，后入于地。

注释：明，光明。晦，黑暗、暗无天日。天，高高在上。

爻辞记忆法：

[历史故事]

商纣王的持续残暴成性、荒淫无度、残害忠良、劳民伤财，使得商朝长期暗无天日，“**不明**”，久而久之，就是朝政黑暗，商朝天下暗无天日，“**晦**”。照这样下去，虽然他先是皇族天子，高高在上，享受尊贵地位，“**初登于天**”，但必将是坠落下来，不得善终，“**后入于地**”。

[时间脉络线 6/6]：商纣王的黑暗无道，最终是自取灭亡了。

37【风火家人】䷤

[爻辞暗示]：此卦通过“风火家人”卦，来描述齐家、治家之道，因此整个六爻辞都是借助“家人”的要素和形象来展开内容。“家人”在这里就是“家庭”的意思。

初九，闲有家，悔亡。

注释：闲，家规。

爻辞记忆法：

[历史故事]

“国有国法，家有家规”，“**闲**”是规矩的意思，家里必须要有规矩，“**闲有家**”，“不以规矩，不能成方圆”，家要是没有家规，就乱了套了。只有家规严明，才能家庭关系秩序井然，才能“家和万事兴”，这样就“**悔亡**”。

[时间脉络线 1/6]： 一家之中，要有家规。

六二，无攸遂，在中馈，贞吉。

注释： 无攸遂，没有大的成就。中，家中。馈，饮食。

爻辞记忆法：

[历史故事]

家中妇女不能随便擅自作主张，大事要男人做主，“**无攸遂**”，妇女的职责主要在确保一家老小的吃饱穿暖上，即“**在中馈**”，守持妇道，这样家庭后勤有保障，“**贞**”，就会吉祥，“**吉**”。

[时间脉络线 2/6]： 一家之中，妇女要保障好饮食起居。

九三，家人嗃[hè]嗃，悔厉吉。妇子嘻嘻，终吝。

注释： 嗃嗃，嗷嗷叫苦。嘻嘻，嬉笑怒骂。

爻辞记忆法：

[历史故事]

家要有家的样子，家规严密严肃，是会惹起家庭成员的嗷嗷叫苦，“**家人嗃嗃**”，会引起家庭里的不满和争吵，有“**悔厉**”，但正如俗话说的“棒头出孝子”，也正所谓“忠言逆耳，良药苦口”，从长远来看是有益于这个家成长的，“**吉**”。而反过来，如果家规松散，家里妇女孩子随意嬉笑怒骂、毫无章法，“**妇子嘻嘻**”，就会家没一个家样，最终会把这个家毁了，“**终吝**”。

[时间脉络线 3/6]： 一家之中，治家要严。

六四，富家，大吉。

注释： 富，富裕。

爻辞记忆法：

[历史故事]

所谓“贫贱夫妻百事哀”，要想家庭幸福，必须要富足才行。一个家庭的争吵和出现裂痕，都是从柴米油盐短缺，揭不开锅了开始的。所以，家富起来了，“**富家**”，就是灵丹妙药，就会万事“**大吉**”了，这个家就不会出问题。

[时间脉络线 4/6]：一家之中，只有富足，才能万事称心。

九五，王假有家，勿恤，吉。

注释：王，君王、王业。假，到，应用。

爻辞记忆法：

[历史故事]

一个人把家庭治理的井井有条，那出门为国效力也会做得很好。那么，就可以"推己及人"，可以把治理家庭的经验吸收运用到治理国家层面。"**王假有家**"，家治理的这么好，连君王都登门拜访来学习治家经验了。国家是由千千万万个小家庭组成的，国家就是放大的小家，治理国家吸收治理家庭的有益经验，不会有忧虑的地方，"**勿恤**"，必然会有利于治国安邦，"**吉**"。

[时间脉络线 5/6]：一家之中，治家之道可借鉴运用到治国之道。

上九，有孚，威如，终吉。

注释：威，威严、威信。

爻辞记忆法：

[历史故事]

经过长期的治家持家，家长一直做出表率，诚实有信，说到做到，不让家庭成员失望，"有孚"；又不失威严、威信，"**威如**"，家有统一领导，家庭成员都愿意听从安排。家庭这样的治理方式，长久下来，家庭就会幸福美满，自然"**终吉**"。

[时间脉络线 6/6]：一家之中，有信和威严同等重要。

38【火泽睽】䷥

[爻辞暗示]：此卦通过"火泽睽"卦，来描述周文王总结的家庭内部成员闹矛盾的处理方式，因此整个六爻辞都是借助"睽"的要素和形象来展开内容。"睽"在这里就是"闹矛盾"的意思。

初九，悔亡。丧马，勿逐，自复。见恶人，无咎。

注释：丧马，马丢了。逐，追逐。自复，自己回来。

爻辞记忆法：

[历史故事]

“文王百子”，周文王的儿子众多，难免会彼此闹些矛盾。所以周文王对于家庭成员闹矛盾和处理方式，深有体会，最有发言权。周文王认为，自己家人闹矛盾不用担心，“**悔亡**”，因为毕竟是自家人，矛盾早晚会消去，就像马跑出去了，不用去找、去追赶，因为“老马识途”，还会跑回家的，“**丧马，勿逐，自复**”。而且，姬昌自信这些儿子都秉性良好、教养好，就是儿子们闹矛盾，也不会学坏，也不怕遇到坏人，“**见恶人**”，就是遇到坏人，也不会学坏用坏招来对付自己兄弟的，“**无咎**”。

[时间脉络线 1/6]：自家人闹矛盾，跑出去了，没事，还会回来的。

九二，遇主于巷，无咎。

注释：主，事主。巷，小巷。

爻辞记忆法：

[历史故事]

闹矛盾跑出去了，家里人还是出去找了，毕竟还是担心他在外遇到坏人。最终在小巷子里找到了，“**遇主于巷**”，遇到了事主，人好好的，“**无咎**”。

[时间脉络线 2/6]：自家人闹矛盾，跑出去了，家人出去找到了。

六三，见舆曳 yè，其牛掣 chè，其人天且劓 yì。无初，有终。

注释：舆，大车。曳，拖曳。掣，牵制。天且劓，削发和割鼻。

爻辞记忆法：

[历史故事]

家里人语重心长地说，不能闹矛盾，当你和别人闹意见，而不是团结在一起的话，就是孤孤单单一个人了，就“形单影只”了，就如同一个人在外，看到车被拖曳难行、牛被牵制住了、而驾车的人还被削发割鼻了，“**见**

舆曳，其牛掣，其人天且劓”，多惨啊，就是因为一个人在外没帮手，容易被欺负。所以，一个人在外很容易受到伤害。这样说教之后，这个出走的家人，不再像刚开始那样闹意见、闹矛盾了，“**无初**”，想通了，于是跟从回家了，“**有终**”。

[时间脉络线 3/6]： 自家人闹矛盾，跑出去了，家人说服其回家了。

九四，睽孤，遇元夫，交孚，厉，无咎。

注释： 睽，背离。孤，孤独。元夫，德高望重的人。交孚，以诚交往。

爻辞记忆法：

[历史故事]

所以说，当家人闹矛盾的时候，“**睽孤**”，这时候就特别需要出现一个能讲话的、有权威的、德高望重的大人，“**遇元夫**”，也是出发点为双方好的本意来从中调解、说教，进行沟通交流，“**交孚**”，虽然会有点不舒服和言辞激烈争论两句，“**厉**”，但最终还是会被说服，“**无咎**”。

[时间脉络线 4/6]： 自家人闹矛盾，需要一个大人来从中调解说教。

六五，悔亡，厥宗，噬肤，往何咎？

注释： 厥宗，同宗族。噬肤，吃肉。

爻辞记忆法：

[历史故事]

终于被劝说好了，想明白了，闹矛盾的家人又和好了，“**悔亡**”，毕竟是一家人，“**厥宗**”，一起喝酒、吃肉，“**噬肤**”，化干戈为玉帛多好？即“**往何咎**？”

[时间脉络线 5/6]： 自家人闹矛盾，都是自家人，好话好说。

上九，睽孤，见豕负涂，载鬼一车，先张之弧，后说之弧。匪寇，婚媾，往遇雨则吉。

注释： 豕负涂，猪背有泥。张，张弓。弧，弓箭。说，通“脱”，放下。遇雨，下了雨、清醒了，沟通交流了。

爻辞记忆法：

[历史故事]

家里人闹矛盾的时候，"**睽孤**"，最容易闹情绪、疑神疑鬼，就如同看到猪背上全是泥、一车上全是鬼的幻觉，"**见豕负涂，载鬼一车**"，就会产生误判，容易冲动误伤，就如"**先张之弧，后说之弧**"，先张弓准备射击，后又放下了弓箭。其实对方可能本意并没有这么坏，可能是好意，"**匪寇，婚媾**"，所以说这时候沟通最重要，即"**往遇雨**"，下雨了，清醒了。这样才能消除误会，重归于好，就"**则吉**"。

[时间脉络线 6/6]： 自家人闹矛盾，核心是要加强沟通。

39【水山蹇】䷦

[爻辞暗示]：此卦通过"水山蹇"卦，来描述周文王强烈反对大儿子伯邑考前来商朝监狱看他，因此整个六爻辞都是借助"蹇"的要素和形象来展开内容。"蹇"在这里就是"有难"的意思。

初六，往蹇，来誉。

注释： 往，前往。蹇，蹇难。来，前来。誉，赞誉。

爻辞记忆法：

[历史故事]

周文王姬昌在刚开始被囚禁羑里监狱时候，就强烈告诉西周自己的大儿子伯邑考，不要轻举妄动，坚决不能来商朝首都朝歌来看他，来了就必然有难了，"**往蹇**"，因为商纣王残暴无人性，伯邑考来了必然是"肉包子打狗有去无回"。如果伯邑考听从父王周文王的话，赶快回来到西周，那周文王就欣慰了，就会大大有赞誉，"**来誉**"，这样老父亲悬着的心才能落地。

[时间脉络线 1/6]： 周文王首先就强烈反对伯邑考来朝歌，不来他就安心了，会非常赞誉。

六二，王臣蹇蹇，匪躬之故。

注释： 王臣，王公大臣。蹇蹇，愁眉苦脸、自身难保。匪，不。躬，自身。故，原因。

爻辞记忆法：

［历史故事］

周文王继续叙述了商朝朝廷上王公大臣处境艰难，度日如年，愁眉苦脸，“**王臣蹇蹇**”，这并不是王公大臣们的责任，即“**匪躬之故**”，而是纣王荒淫无道、不理朝政造成的。这是再次提醒伯邑考，朝歌不是安全之地，切莫自作主张，前来看望为父。

［时间脉络线 2/6］：周文王解释了商朝臣子们处境艰难的原因。

九三，往蹇，来反。

注释：来反，前来就赶快返回去。

爻辞记忆法：

［历史故事］

周文王再次重复强调伯邑考坚决不能来朝歌看望他，来朝歌非常凶险，会有难，“**往蹇**”，这次是已经有点焦急、气急败坏了，已经有点歇斯底里了。因为周文王知道伯邑考的为人忠孝性格，最怕他不听话，贸然前来，因此已经是哭喊着要伯邑考别来，来了就要马上返回去！“**来反**”。

［时间脉络线 3/6］：周文王再次强烈反对伯邑考来朝歌，来了就要迅速返回去，已经是非常焦急担心了。

六四，往蹇，来连。

注释：连，连在一起，即联合。

爻辞记忆法：

［历史故事］

周文王第三次强调伯邑考坚决不能来朝歌看望他，来朝歌非常凶险，会有难，“**往蹇**”，来了就要立刻掉头回去。回去的任务就是联合更多的诸侯同盟力量，就是像朋友一样都连在一起，“**来连**”，这是周文王交代大儿子伯邑考的任务，虽然他不在西周了，但西周各项事业不能荒废，要有条不紊地进行，继续灭商大业。

［时间脉络线 4/6］：周文王第三次强烈反对伯邑考来朝歌，来了就要赶紧回去，联合诸侯同盟。

九五，大蹇，朋来。

注释：大蹇，大难。朋来，都来做朋友。

爻辞记忆法：

［历史故事］

周文王认为，商朝气数将尽，不久就会灭亡，就是说商朝就快要有大的劫难了，“**大蹇**”，这时候西周的朋友同盟已经遍天下，纷纷围过来，团结在西周的周围，“**朋来**”。

［时间脉络线 5/6］：周文王认为商朝不久将灭亡，西周朋友众多。

上六，往蹇，来硕，吉，利见大人。

注释：往，前往。来硕，到来硕果。

爻辞记忆法：

［历史故事］

周文王第四次强调伯邑考坚决不能来朝歌看望他，来朝歌非常凶险，会有难，“**往蹇**”，来了就要赶快掉头回去，回去就会有保存西周实力，会等到西周成功、商朝灭亡的硕果的，“**来硕**”，伯邑考如果听懂了父王的教诲，不来朝歌，那就“吉”。伯邑考不贸然前来朝歌，保住了性命，也是保住了西周的发展，西周的稳定，那么就会有利于大人物的出现，“**利见大人**”，来辅佐伯邑考，继续助西周一臂之力。

［时间脉络线 6/6］：周文王不厌其烦的第四次强烈反对伯邑考来朝歌，来了赶尽回去，耐心等待硕果的到来。

40【雷水解】䷧

［爻辞暗示］：此卦通过“雷水解”卦，来描述西周瓦解商朝的策略，因此整个六爻辞都是借助“解”的要素和形象来展开内容。“解”在这里就是“瓦解”的意思。

初六，无咎。

注释： 无咎，没有纰漏。

爻辞记忆法：

[历史故事]

西周周文王姬昌确立了瓦解商朝的政策，最终灭商的成功，不仅需要自己的强大、需要建立广大的统一战线，同时也要从反面入手，去瓦解商朝，逐渐使商朝支离破碎，追随它的队伍越变越小。姬昌的多个手段同时出手来灭商，是高度智慧的，现在又增加了“瓦解”这个手段，因此“**无咎**”。

[时间脉络线 1/6]： 西周的瓦解政策是正确的。

九二，田获三狐，得黄矢，贞吉。

注释： 田，田猎。三狐，战利品。黄矢，黄色箭头。

爻辞记忆法：

[历史故事]

西周的瓦解政策初见成效，有几个诸侯被成功瓦解了，“**田获三狐**”，并且还得到这些诸侯的信物承诺，绝不会与西周兵戎相见，“**得黄矢**”，黄矢、黄色箭头就是信物。西周瓦解策略首战告捷，继续坚持下去是有利的，“**贞吉**”。

[时间脉络线 2/6]： 西周瓦解政策初见成效。

六三，负且乘，致寇至，贞吝。

注释： 负，负载。乘，大乘、装满。致，导致。寇，敌寇。

爻辞记忆法：

[历史故事]

随着西周的瓦解政策的推行，越来越多的诸侯被说服，被瓦解，得到的信物，得到的赠送的礼品越来越多，大车上都装满了，“**负且乘**”，这样的阵仗一下子招来了敌寇的注意，“**致寇至**”，这样就不好了，好事变成了坏事，“**贞吝**”。

[时间脉络线 3/6]：很多诸侯响应西周的瓦解政策，给的信物和礼品招来了麻烦。

九四，解而拇，朋至斯孚。

注释：解，解除。拇，脚拇指。朋至，和解、成为朋友。斯孚，有诚意。

爻辞记忆法：

[历史故事]

西周越来越灵活和完善瓦解政策，西周“晓之以理，动之以情”，说明商朝已到了迟暮之年，必将灭亡，让诸侯不要有“后顾之忧”，“**解而拇**”，这样一传十、十传百，更多的诸侯纷至沓来，纷纷接受西周的瓦解政策，“**朋至斯孚**”。

[时间脉络线 4/6]：更多的诸侯响应西周的瓦解政策。

六五，君子维有解，吉，有孚于小人。

注释：维，维持。解，瓦解。

爻辞记忆法：

[历史故事]

西周周文王姬昌一直维持这种瓦解策略，“**君子维有解**”，好消息频频传来，“**吉**”，越来越多的诸侯被瓦解，连小诸侯小头领都理解了西周宣传的商朝腐败、无道，即将灭亡的道理，“**有孚于小人**”，也加入了瓦解队伍。

[时间脉络线 5/6]：西周的瓦解政策得到全面响应。

上六，公用射隼 sǔn 于高墉之上，获之，无不利。

注释：公，西周君主。隼，老鹰，指商纣王。高墉，高墙，指商朝朝歌城墙。

爻辞记忆法：

[历史故事]

西周持续的推行瓦解政策已经得到了全面的支持和响应，商朝变得形单影只，商纣王还在朝歌歌舞升平、酒池肉林、不理朝政、不理国事，全然不理天下百姓死活，这时候“擒贼先擒王”，攻打朝歌、捉拿商纣王如“公用射隼于高墉之上”，如“探囊取物”，“获之”，这时候一切水到渠成、条件成熟了，“无不利”。

[时间脉络线 6/6]： 西周瓦解政策终获成功，商朝统治岌岌可危、灭亡就在眼前。

41【山泽损】䷨

[爻辞暗示]：此卦通过“山泽损”卦，来描述周武王伐纣灭商成功后，建立周朝，征服降服招安商朝原有诸侯的情景，因此整个六爻辞都是借助“损”的要素和形象来展开内容。“损”在这里就是“损害利益”的意思。

初九，已事遄(chuán)往，无咎，酌损之。

注释： 已，通“已”，已经。已事，过去的事。遄，快速的。往，往事、往去了。酌，斟酌。损，减少。

爻辞记忆法：

[历史故事]

周朝已经建立，商朝已经灭亡，过去的事情就不要再提了，既往不咎，“已事遄往”，哪怕你们曾经和商纣王站在一起抵抗西周的军队，也“无咎”，尽量减少革除你们的罪过，即“酌损之”，不侵犯你们的利益，还要官复原职，保留爵位待遇。

[时间脉络线 1/6]： 周朝建立，对商朝的原有诸侯既往不咎，招安降服。

九二，利贞，征凶，弗损，益之。

注释： 征，征讨。弗损，不损害。益，增益。

爻辞记忆法：

[历史故事]

周朝刚刚建立，百废待兴，同时也要稳定天下，也是用人之际，对于商朝原有人马、诸侯，不可触动他们的利益，要给予保留爵位待遇，收买人心，要“**利贞**”。建国之初，万万不可再有大动干戈、兴师动众之事，“**征凶**”，此时为了征服降服这些商朝的原有诸侯，不仅不能损害他们的利益，还要给予各种待遇好处，“**弗损，益之**”，使他们深受感动，从而愿意死心塌地的归顺。

[时间脉络线 2/6]：周朝对商朝原有诸侯给予待遇好处，使其安心归顺。

六三，三人行，则损一人。一人行，则得其友。

注释：三人行，大部队、大阵仗。一人行，轻装前行。得其友，说服对方。

爻辞记忆法：

[历史故事]

周朝对商朝原有诸侯的招安降服，不能是大阵仗、浩浩荡荡地去招降，那样必然会引起疑忌，引起防备，容易误判，以为是来捉拿的，就如“**三人行，则损一人**”，人去多了，反而误事。因此，要轻装上阵，阐述招安政策，讲明待遇好处，给予承诺保证，以诚待人，带着诚意来，这样就会容易说服对方，就如“**一人行，则得其友**”，一人去，不带一兵一卒，坦诚相见，还能交到朋友。

[时间脉络线 3/6]：周朝去招安商朝原有诸侯，轻装上阵，以诚相待。

六四，损其疾，使遄有喜，无咎。

注释：损，减少。疾，顾虑。遄，迅速。喜，喜悦。

爻辞记忆法：

[历史故事]

周朝对商朝原有诸侯详细讲明周朝的政策，免除这些诸侯的后顾之忧，“**损其疾**”，使其迅速接受和喜悦于自身利益得到保障和保证，“**使遄有喜**”，这样的招安方式，双方都皆大欢喜，所以“**无咎**”。

[时间脉络线 4/6]：周朝招安商朝原有诸侯，讲明政策，免除其后顾之忧。

六五，或益之十朋之龟，弗克违，元吉。

注释：益，赠送。十朋之龟，贵重大龟。弗克违，不推辞。

爻辞记忆法：

[历史故事]

周朝对商朝原有诸侯讲明招安政策，并以诚相见，诸侯有打动的，愿意招安降服的，就派出使臣敬献周朝贵重礼品，“**或益之十朋之龟**”，就是送价值十朋的灵龟，这表明诸侯臣服的十足诚意，表示忠心了，也是祝福周武王“福如东海，寿比南山”长寿吉祥之意。因此周朝就要欣然接受，“**弗克违**”，不能拒绝人家。招安诸侯大事就尘埃落定，诸侯归顺，这是大事，是大大的胜利，“**元吉**”。

[时间脉络线 5/6]：商朝原有诸侯响应周朝的招安政策，愿意归顺。

上九，弗损，益之，无咎，贞吉，利有攸往，得臣无家。

注释：弗，不。损，减损。益，增益。得臣，臣服。无家，放弃原家。

爻辞记忆法：

[历史故事]

周朝就继续采用此招安降服政策，对商朝原有诸侯，保留爵位待遇，原有一切不变，不仅不侵害诸侯的利益，还要给予安抚扶助政策，“**弗损益之**”。周朝这样的明智作为，当然“**无咎**”，并且这样作为是符合正道、民心的，也是吉利的，对双方都是皆大欢喜，“**贞吉**”。采用此招安降服政策，就会所向披靡，没有诸侯会抵触，都纷纷愿意归降归顺，因此“**利有攸往**”。周朝因此在短时间内招安降服了众多商朝原有诸侯，他们成为了周朝新的臣子，“**得臣**”，不再愚忠于商朝，抛弃了商朝这个家，“**无家**”。

[时间脉络线 6/6]：周朝的招安政策使得商朝原有诸侯心悦诚服，尽数归顺，成为周朝的臣子。

42【风雷益】䷩

[爻辞暗示]：此卦通过“风雷益”卦，来描述周武王伐纣灭商，商朝覆灭、周朝建立起来以后，周朝继续征服剩余未降诸侯的事宜，因此整个六

爻辞都是借助“益”的要素和形象来展开内容。“益”在这里就是“增益”的意思。

初九，利用为大作，元吉，无咎。

注释： 利用，有利于。大作，大作为、大事情。

爻辞记忆法：

[历史故事]

周朝建立了起来，百废待兴、百事待举，开国之后要做的大事太多，这时候就要以这些大事为主要、为优先，抓好做好建国后的大事情，“**利用为大作**”，例如祭祀、封赏、迁都、建新都城、巩固统治、扫除边疆叛乱、发展生产等。这不仅是建国后事关国体、国家荣耀的大事情，也是树立国威的榜样工程，因而是大事情、大好事情，大大的吉祥，“**元吉**”，当然“**无咎**”。

[时间脉络线 1/6]： 周朝建国，需要做一系列开国国家大事，以稳定国体，威服四方。

六二，或益之十朋之龟，弗克违，永贞吉。王用享于帝，吉。

注释： 或，有的、有人。享，祭祀。帝，天帝、上天。

爻辞记忆法：

[历史故事]

周朝建国，四方降服、归顺诸侯方国纷纷进献贵重礼品以表达臣服之心，“**或益之十朋之龟**”，此时周朝应坦然收下以表示接受归顺，“**弗克违**”，承认其诸侯地位，承诺保留其爵位待遇，这样做双方皆大欢喜，所以一直保持这样的招安、降服政策，“**永贞**”，必然“**吉**”。周王举行盛大的祭祀典礼，感谢上天的庇佑，“**王用享于帝**”，祭祀仪式宣誓了周国的立国宣言，举国庆祝，“**吉**”。

[时间脉络线 2/6]： 周朝建国，四方诸侯纷纷归顺，周王举行祭祀大典。

六三，益之用凶事，无咎。有孚中行，告公用圭[guī]**。**

注释：益，增益。凶事，打仗。中行，正义行天下。告公，告知天下。圭，玉圭。

爻辞记忆法：

[历史故事]

周朝建国，归顺的诸侯众多，但依然还有未归顺的诸侯。周朝就需要调兵遣将，同时征用已归顺的诸侯人马，“**益之**”，加入到征讨那些未归顺的诸侯的大部队中一起去攻打对方，“**用凶事**”。这无可厚非的，一方面是周朝经过大战，军力不足，需要补充人马；另一方面，也是检验归顺诸侯的忠心，也是让其立功的表现，因此“**无咎**”。周朝心怀诚意、坚守诚信，坚持正义仁厚治天下，“**有孚中行**”，周朝政府把自己的立国、治国纲领以官方形式广而告之，“**告公用圭**”，让天下四方诸侯得以知晓，了解政策。

[时间脉络线 3/6]：周朝建国后，调兵遣将继续用兵征服四方，并广而告之周朝立国、治国政策。

六四，中行告公从，利用为依迁国。

注释：从，依从、顺从。依，依据。迁国，迁国都。

爻辞记忆法：

[历史故事]

周朝建国，继续向天下四海之内广而告之周朝已经成立，并公布周朝立国、治国政策，告知四方诸侯应尽快归顺臣服周朝，“**中行告公从**”。新王朝建立了，原来的西周都城丰邑和岐原位置都太偏西，不利于全国的统治，于是周朝周武王与众人讨论，决定迁都洛阳，“**利用为依迁国**”。

[时间脉络线 4/6]：周朝建国后，对天下宣告成立，号召四方归顺，同时决定迁都。

九五，有孚惠心，勿问，元吉。有孚惠我德。

注释：惠心，惠及百姓的心。勿问，不需要占卜。惠，惠及。

爻辞记忆法：

[历史故事]

周朝建国，用诚意、诚信治理天下，使得天下民心归顺周王朝，“有孚惠心”，所以不需要占卜，“勿问”，周朝的建立都是大大的吉祥的，“元吉”。因为周朝做的是顺应天意、顺应民意，得道得民心的事业，是为天下百姓谋福利，是以“仁义治天下”，所以是天大的吉祥吉利，“元吉”。人与人之间的交往相待是相互的，周朝仁义爱民，必然会影响天下子民，天下子民也会深受感染，也会是民风淳朴、诚信布满人间，这种天下百姓其乐融融、安居乐业、守法守德的风气反过来又壮大周朝的仁义德厚名望，“有孚惠我德”。

[时间脉络线 5/6]：周朝建国后，继续以仁义治天下，天下百姓归心周朝，亦以民风淳朴彰显周朝仁义之德。

上九，莫益之，或击之，立心勿恒，凶。

注释：莫，不要。击，攻打。立心勿恒，心还没恒定。

爻辞记忆法：

[历史故事]

周朝建国，周朝只是攻占了商朝的首都朝歌，并没有占领商朝的更广大的疆域，商朝疆域之内依然有众多吃皇粮的、数代皇亲国戚、受皇恩浩荡的商朝忠臣大将，这些诸侯他们持观望、动摇不定的态度，甚至是不愿归顺、持强烈抵抗态度，他们依然效忠商朝。对于他们，不能讲道理的，“莫益之”，就要派军队攻打征服，“或击之”，因为他们的心还没有归降周朝，“立心勿恒”。因此，他们是一支不安分的力量，不剿除，就是一颗定时炸弹，危及周朝新政权的稳定，就会有凶险，“凶”。

[时间脉络线 6/6]：周朝建国，要对不归顺的商朝旧部乘胜追击，将革命进行到底。

43【泽天夬】䷪

[爻辞暗示]：此卦通过“泽天夬”卦，来描述在朝廷上君子与小人斗

争、最终决除小人的过程，因此整个六爻辞都是借助“夬”的要素和形象来展开内容。“夬”在这里就是“斗争”的意思。

初九，壮于前趾，往不胜，为吝。

注释：壮，强壮。前趾，脚前趾。往，前往。不胜，不会取胜。

爻辞记忆法：

[历史故事]

在商朝朝廷上，由于商王昏庸，时时都在上演君子和小人的斗争。小人往往都是聪明人，极度奸诈狡猾。正人君子秉着一腔正气，有勇无谋，仗着有理，“**壮于前趾**”，就要拿下和消灭小人，岂不知小人“巧言善辩”，“能把死人说活了”，所以君子头脑想得简单就想要干掉小人，不现实，也不可能达到目的，而且商王也会偏听小人这一边，“**往不胜**”，还可能打草惊蛇，得罪了小人，小人可是“睚眦必报”的，从此处处刁难于你，甚至加害于你，“**为吝**”。

[时间脉络线 1/6] ：逞匹夫之勇，靠阳谋，是拿不下小人的。

九二，惕号，莫夜有戎，勿恤。

注释：惕号，戒备命令。莫夜，暮夜、半夜。戎，兵乱、偷袭。

爻辞记忆法：

[历史故事]

在朝廷上对小人的指责和抨击，惹恼了小人，君子有所察觉、有所防备，及早的下了戒备命令，“**惕号**”，加强巡逻防守，防止小人偷袭暗算。果然，半夜小人派兵前来偷袭，“**莫夜有戎**”，但由于提前有所准备，小人没有得逞，君子安枕无忧，“**勿恤**”，没有顾虑。

[时间脉络线 2/6] ：得罪了小人，遭半夜偷袭，幸有所防范，无事。

九三，壮于頄[qiú]，有凶。君子夬夬独行，遇雨，若濡，有愠，无咎。

注释：頄，面颊。夬夬，气势汹汹。遇雨，遇到及时雨、得到帮助。若濡，沾湿了衣服。有愠，不高兴。

爻辞记忆法：

[历史故事]

小人的夜间偷袭，君子更加怒不可遏，再次在朝廷上当着商王的面历数其罪状，"怒形于色"，表情都写在脸上了，"**壮于頄**"，这下毫不保留，肚子里在盘算什么全被小人猜出来、看出来了，这就大不妙了，"**有凶**"。君子意气用事，在朝廷上与小人据理力争、势不两立，搞得水火不容，大有一决雌雄的意思，"**君子夬夬独行**"，这种情况非常危险，要知道小人可是商王的亲信宠臣，商王就喜欢小人一天到晚拍马屁，听信谗言，小人一旦搬弄是非，那可就对君子不利了。幸而朝廷中，忠臣义士众多，自己平时交的大臣朋友，拼了命的把君子圆场救了下来，"**遇雨**"，他们的"及时雨"救了自己，但君子却感觉到这群忠臣义士好像也说了自己不对，虽是"及时雨"，但好像也沾湿了自己衣服，"**若濡**"，心情不是很畅快，"**有愠**"，但其实是为君子好，帮君子及时脱险，"**无咎**"。

[时间脉络线 3/6]：君子在朝上公开与小人叫板，是不理智的，幸而被大臣们救下。

九四，臀无肤，其行次且。牵羊悔亡，闻言不信。

注释：臀，臀部。肤，皮肤。行，行走。次且，通"趑趄"，行动困难。牵羊，有人说情送礼。

爻辞记忆法：

[历史故事]

与小人的斗争还是受到了伤害，商王听信小人谗言，在朝堂上用刑处罚了君子，导致君子受了皮肉之苦，肉体"**臀无肤**"，皮开肉绽，走起路来都走不稳，"**其行次且**"。后又在群臣的奋力保荐和说服下，商王也觉得君子还是忠臣，忠心耿耿的，罪不至死，君子也连忙赔礼道歉、送礼，"**牵羊悔亡**"，因而商王就没再继续听信小人谗言，"**闻言不信**"，就暂且放了君子一马。

[时间脉络线 4/6]：君子终被小人所害，被商王降罪，肉体受刑，好在最后成功脱险了。

九五，苋 xiàn 陆夬夬，中行无咎。

注释：苋陆，苋陆草。夬夬，决断、斩断。中行，中正而行。

爻辞记忆法：

[历史故事]

君子经过了长期的坚持与小人斗争，小人的真面目逐渐被众人所识破，小人逐渐被众人孤立。终于时机成熟，到了“快刀斩乱麻”、快速行动、一举拿下小人的时刻，“**苋陆夬夬**”。这样的结局的取得，完全是君子一向品行端正、中正而行，“**中行无咎**”，从而收获众臣之心，愿意扶助，最终也感动了商王，促成了最终的小人被成功拿下。

[时间脉络线 5/6]：邪不压正，君子行得正，不愁小人不除。

上六，无号，终有凶。

注释：无号，无话可说。

爻辞记忆法：

[历史故事]

小人的劣迹斑斑最终被一一检举揭发，连在商王面前也失宠了。小人最终被逼到墙角了，孤立无援，再也没有了往日的“嚣张跋扈”的嚣张气焰，被成功拿下、从朝堂上决除去，小人再也无话可说，“**无号**”，等待他的将是罪有应得的处罚，“**终有凶**”。

[时间脉络线 6/6]：小人终于被拿下，正义得到了伸张。

44【天风姤】䷫

[爻辞暗示]：此卦通过“天风姤”卦，来描述在家庭中如何管教妻子的事宜，因此整个六爻辞都是借助“姤”的要素和形象来展开内容。“姤”在这里就是“妻子做的不好的地方”的意思。

初六，系于金柅 nǐ，贞吉。有攸往，见凶，羸 léi 豕孚蹢 zhí 躅 zhú。

注释：系，牵系、依附。金柅，刹车器。羸豕，饥饿的猪。孚，轻浮。

蹢躅，躁动不安。

爻辞记忆法：

[历史故事]

周文王认为，妻子要依附于丈夫，妻子要服从丈夫的管教，即“**系于金柅**”，就如车轮要听从刹车器的管束，这样才能“**贞吉**”。但如果妻子任性，不服管教，“**有攸往**”，那就会出事情，“**见凶**”。饥渴的猪躁动不安，“**羸豕孚蹢躅**”，就是猪在自己饿得走不动路的情况下，还欲望这么多，控制欲太强，必然不是好事情。

[时间脉络线 1/6]：妻子要服从于丈夫，否则任性不从的话，会有灾难。

九二，包有鱼，无咎，不利宾。

注释：包，通“庖”，厨房。宾，宾客。

爻辞记忆法：

[历史故事]

妻子暂时接受了管教，不再尝试任性不服从丈夫了，这样厨房里也有做好的饭菜，“**包有鱼**”，所以没有什么好说的了，“**无咎**”，但是心里毕竟还是会有点小脾气，这时候不宜来客人，让她来招待宾客，即“**不利宾**”。

[时间脉络线 2/6]：妻子暂时又服从丈夫，但心里还有不爽快。

九三，臀无肤，其行次且，厉，无大咎。

注释：臀，臀部。肤，皮肤。行，行走。次且，通“趑趄”，行动困难。

爻辞记忆法：

[历史故事]

看样子妻子还是没有管教好，没办法就教训了一顿，使得妻子“**臀无肤，其行次且**”，打得皮开肉绽，连路都没法走，那么，就是不好的，就是伤害了，是不对的，“**厉**”，但也只是处于管教的目的，不是存心要伤害，目的还是夫唱妇随，两口子步调一致，所以“**无大咎**”，没有大的错误。

[时间脉络线 3/6]：妻子又不服管教，对其体罚，但此法失当。

九四，包无鱼，起凶。

注释：起凶，起争执。

爻辞记忆法：

[历史故事]

责罚妻子，这下严重了，妻子一气之下闹翻了，饭也不做了，“**包无鱼**”，有了逆反心理，让你饭都吃不上，开始对付你了，“**起凶**”。

[时间脉络线 4/6] ：体罚管教妻子，引起妻子对抗和惩罚。

九五，以杞 qǐ 包瓜，含章，有陨自天。

注释：杞，杞树枝叶。包，包护。瓜，甜瓜。含，隐含。章，通“彰”，才华。陨，陨石陨落。

爻辞记忆法：

[历史故事]

所以，还是不能随意使用体罚这样的管教方式，要用文明、说教、温柔的方式来管教妻子，以“润物细无声”的方式来说教、影响妻子，那么妻子就会变为内心有修养的妇人，就如“**以杞包瓜，含章**”，用杞树枝叶包护甜瓜，就像隐藏才华，那么美好贤惠的妻子就会从天而降，“**有陨自天**”，来到你的身边。

[时间脉络线 5/6] ：管教妻子，要文明说教。

上九，姤其角，吝，无咎。

注释：姤，遭遇、碰到。

爻辞记忆法：

[历史故事]

如果妻子实在太强势，体罚也不行，文明说教也不见效，那就要硬顶上去，“**姤其角**”，虽然会有争吵，“**吝**”，但不会因为认怂而不小心成为了“妻管严”。而且针锋相对，妻子也会看到你的坚决和强硬，也会软下来，服从管教了，因此最终就会“**无咎**”。

[时间脉络线 6/6] ：妻子实在强势，软硬不吃，那就不妥协，强硬到底。

45【泽地萃】䷬

[爻辞暗示]：此卦通过“泽地萃”卦，来描述商朝灭亡，周朝建立后，周武王祭祀西周姬姓家族列祖列宗，回望祖先往事，感慨万千的事情，因此整个六爻辞都是借助“萃”的要素和形象来展开内容。“萃”在这里就是“群英荟萃”的意思。

初六，有孚，不终，乃乱乃萃。若号，一握为笑，勿恤，往无咎。

注释：终，善终。乃，语气词。乱，乱世。萃，荟萃。若号，哭号。

爻辞记忆法：

[历史故事]

周朝建立，周武王举行祭祀大典，祭祀列祖列宗，感叹于祖先们都是忠孝之人，文韬武略，“**有孚**”，却屡遭杀身之祸，季历、伯邑考皆死于商朝君王之手，没有善终，“**不终**”，周文王姬昌被囚禁羑里监狱七载，差点没出来死在里面。西周姬姓家族的四代领导人，是乱世出英雄，是力挽狂澜于既倒，“**乃乱乃萃**”，是杰出的军事家、政治家。周武王郑重宣读列祖列宗的功绩，缅怀先烈，大家为季历、伯邑考的凄惨逝去而哭号，“**若号**”，又感叹于家族最终获得荣耀而相互安慰拥抱、破涕为笑，“**一握为笑**”，一切都不用担心顾虑了，“**勿恤**”，商朝已灭亡，再没有商朝君王随意拘杀姬姓家族的人了，往事如烟，再没有担惊受怕的日子了，“**往无咎**”。

[时间脉络线 1/6]：周朝建立后，周武王祭祀祖先，感怀祖先往事。

六二，引吉，无咎，孚乃利用禴(yuè)。

注释：引，引导、引领。孚，心诚。禴，简祭。

爻辞记忆法：

[历史故事]

周朝建立，周武王举行祭祀大典，率领文武百官、亲自引领西周姬姓子孙开始神圣的祭祀大典，“**引吉**”，祭祀祖先，感怀祖先的英勇神武、文韬武略、功绩卓著。没有遗忘祖先的功劳，则“**无咎**”。而周武王遵循西周祖先定下来的教导和规矩，祭祀是简祭，心中怀有忠信，心诚则灵，“**孚乃**

利用禴”。

[时间脉络线 2/6]：周武王引领众人祭祀祖先，用诚敬来简祭。

六三，萃如，嗟如，无攸利。往无咎，小吝。

注释：萃如，群英荟萃。往，过往。

爻辞记忆法：

[历史故事]

周武王在祭祀大典上，公告了祖先们的功绩卓著，是人中豪杰，乱世出英雄，“**萃如**”，又感叹祖先们的不易，“命运他人宰”，季历、伯邑考被杀，姬昌被囚禁七载有余，祖先命运多舛，“**嗟如**”，这些都对祖先们造成了莫大的伤害，“**无攸利**”。西周列祖列宗为人仁义正派，没有任何让人诟病的地方，“**往无咎**”，但是列祖列宗的不幸往事，还是让人感叹，“**小吝**”。

[时间脉络线 3/6]：周武王在祭祀典礼上，感怀先烈的功绩，感叹祖先受到的不公待遇。

九四，大吉，无咎。

注释：大吉，大吉利。

爻辞记忆法：

[历史故事]

一切都已过去，幸得祖先的庇佑，西周长期的艰苦卓绝隐忍、壮大，换来了今天的成功，“兴周灭商”的大愿终于实现，商朝灭亡了，崭新的周王朝成立了，普天同庆，“**大吉**”，一切都值得了，都尘埃落定了，因而“**无咎**”。

[时间脉络线 4/6]：周武王祭祀大典上感激祖先庇佑，周朝终获建立，大吉。

九五，萃有位，无咎，匪孚。元永贞，悔亡。

注释：位，牌位。匪，不。孚，飘浮、飘零。

爻辞记忆法：

[历史故事]

周武王在祭祀大典上，郑重追封列祖列宗，并在国家宗庙和家族宗庙里为他们列牌位，“**萃有位**”，这样做就对得起列祖列宗，因而“**无咎**”了，祖先们也会安息了，从此列祖列宗不再飘零在外，“**匪孚**”，神灵归位。这是最庄重的、最重要的安排和纪念，值得人们永远感怀祖先的功绩和功德，“**元永贞**”，常怀感恩和感念之心，则“**悔亡**”。

[时间脉络线 5/6]： 周武王祭祀大典上为祖先追封、列牌位。

上六，赍[jī]咨涕[tì]洟[yí]，无咎。

注释： 赍咨，哀叹、叹息。涕洟，眼泪鼻涕。

爻辞记忆法：

[历史故事]

周武王祭祀完列祖列宗，祖先期望的新时代终于实现了，看到周朝建立，西周一路走来所取得的成就，睹物思人，斯人已去，不免感叹伤怀、悲痛不已、痛哭流涕，“**赍咨涕洟**”。祖先做的事业是值得的，是为了天下百姓的福祉，是顺应天意而为，因而“**无咎**”。

[时间脉络线 6/6]： 周武王祭祀祖先到最后，感叹祖先的付出才有今天的成功伟业，因而痛哭流涕，深切缅怀和感恩。

46【地风升】䷭

[爻辞暗示]：此卦通过“地风升”卦，来描述西周战胜商朝，商朝灭亡，周朝建立，周武王封赏天下的故事，因此整个六爻辞都是借助“升”的要素和形象来展开内容。“升”在这里就是“升迁”的意思。

初六，允升，大吉。

注释： 允，允许。升，升格。

爻辞记忆法：

[历史故事]

西周经过四代领导人的长期经营、低调隐忍、积累实力，终于成功推翻了商朝统治，商朝灭亡，周朝建立，这是朝代更替，改朝换代。古代信奉天命，因此人们认为西周替代商朝，是顺应天意，是上天“允许”西周革商朝的命，升格为天子，就是上天的“**允升**”，因为是顺天遂命，所以必然“**大吉**”。

[时间脉络线 1/6]： 西周战胜商朝，周朝建立，改朝换代，是上天允许的。

九二，孚，乃利用禴，无咎。

注释： 孚，心诚。禴，简祭。

爻辞记忆法：

[历史故事]

西周成功战胜了商朝，周朝建立，不仅是众将士的功劳，还要感谢上天。古代是信奉天地的，因此在重大节日或重大成就时，要祭祀感谢上天的庇佑。因此周武王庄严的举行了祭祀大典，文武百官齐聚祭祀现场，又因为从西周开始周朝就改变祭祀的陋习，改为简单祭祀，并以内心诚敬为要，因此，周朝的祭祀，“**孚，乃利用禴**”，心诚则灵，因而“**无咎**”。对上天的祭祀，也是一种对上天的“升”。

[时间脉络线 2/6]： 西周成功战胜商朝，商朝灭亡，周朝成功建立，周武王祭祀感谢上天庇佑。

九三，升虚邑。

注释： 升，升格。虚，中虚。邑，城邑，此处指丰邑。

爻辞记忆法：

[历史故事]

西周与商朝决战大胜后，大军入主朝歌，在最终商朝灭亡后，周武王挥师凯旋回到西周都城丰邑（有说在岐原），举行了隆重的祭祀大典和登基大典。因为丰邑在今陕西西安附近，太偏西，不利于统治，因而周朝之后迁都洛邑，即今河南洛阳。对于旧都丰邑，由于天子、朝廷文武百官、大军以及一些民众悉数迁往了东都洛邑，那么旧都丰邑就空了，成了“**虚邑**”。西周灭商，周朝建立，武王封赏天下，随后迁都，对旧都丰邑，也给予了名分，依然是都城之一，并且还是姬姓家族的宗祠所在地，地位更加神圣了，因此“**升虚邑**”，升格中虚的旧都。

[时间脉络线 3/6]： 周朝建立后，迁都，原有都城名分保留，且升格为圣地。

六四，王用亨于岐山，吉，无咎。

注释： 王，君王。亨，祭祀。岐山，陕西岐山，西周发源和发展之地。

爻辞记忆法：

[历史故事]

周朝建立，周武王封赏天下，祭祀上天，保留和升级旧都名分，还来到西周发源和长期生产、战斗的地方岐山，即西岐、岐原，周武王隆重庄严的举行了祭祀仪式，“**王用亨于岐山**”，因而“**吉，无咎**”。

[时间脉络线 4/6]： 周朝建立后，周武王回到父辈们生产和战斗过的地方岐山，祭祀祖先和苍天故土。

六五，贞吉，升阶。

注释： 升阶，进阶、升官。

爻辞记忆法：

[历史故事]

周朝建立，商朝已经灭亡，一切尘埃落定，西周四代领导人的百年艰苦卓绝的奋斗终于迎来了胜利，西周革命成功，“**贞吉**”。因此周武王开国后，论功行赏，封赏天下，无论是西周文武百官，还是商朝投诚来的大臣将士，都一律因为武王由地方官升级为君王，而全部统一的“官升一级、加官晋爵”了，即“**升阶**”，即全部升官，一个不落，都升级了，这就是相当于“一人得道，鸡犬升天”。周武王自己也从地方官升级为一国之君，也是

"升阶"了。

[时间脉络线 5/6]：西周革命成功，周朝建立，周武王封赏天下，文武百官全部官升一级。

上六，冥升，利于不息之贞。

注释：冥，冥界。升，升迁。不息之贞，不熄灭的光芒和荣耀。

爻辞记忆法：

[历史故事]

西周的革命胜利，当然离不开西周的四代领导人的长期近百年的艰苦卓绝的奋斗耕耘。因此，周朝建国后，周武王没有忘记列祖列宗的功劳，对他们，分别追封古公亶父为太王、追封季历为王季、追封姬昌为文王、追封伯邑考为列祖，并分别追封他们的老婆为太祖妣、太王后等，即"**冥升**"，以此来光大祖先的功绩和荣耀，让他们的光芒永远为世人所知、不会熄灭、息止，"**利于不息之贞**"，从而千古流芳、万古长青。

[时间脉络线 6/6]：周朝建立后，周武王追封列祖列宗名号。

47【泽水困】䷮

[爻辞暗示]：此卦通过"泽水困"卦，来描述西周周文王被商纣王囚禁于羑里，周文王通过发给西周的暗语、谜语，来暗示解救他的办法，因此整个六爻辞都是借助"困"的要素和形象来展开内容。"困"在这里就是"囚禁"的意思。

初六，臀困于株木，入于幽谷，三岁不觌[dí]。

注释：臀，臀部。困，困住。株木，此处指监狱的木制设施。幽谷，监狱。三岁，多年。觌，见。

爻辞记忆法：

[历史故事]

西周姬昌被商纣王囚禁于羑里，监狱里放眼望去，都是破旧脏兮兮的木板床、木凳子、木门、木窗户，犹如"**臀困于株木**"。监狱里暗无天日，有似“**入于幽谷**”，姬昌被商纣王关入羑里监狱，一晃已好几年，西周故土、家人都不得见，“**三岁不觌**”。

[时间脉络线 1/6]：西周姬昌被困于羑里监狱，住宿条件非常差。

九二，困于酒食，朱绂 fú 方来，利用亨祀。征凶，无咎。

注释：困，穷困。朱绂方，尊贵礼服，指代朝廷。亨祀，祭祀。征，征途。

爻辞记忆法：

[历史故事]

羑里监狱里不仅条件非常差，伙食也是非常差，“**困于酒食**”，但是因为姬昌毕竟是商朝的元老，又是西周的诸侯，同时也没有犯罪，只是被商纣王关押思过的，于是姬昌提出改善伙食的要求，很快得到官方的批准同意，“**朱绂方来**”，同时改善的伙食的量，还可以让姬昌享祀祖先，“**利用亨祀**”，以弥补因为没有机会回西周祭奠祖先的遗憾。监狱生活太苦，暗无天日，“**征凶**”，但不会有性命之忧，最终还是相安无事，“**无咎**”。

[时间脉络线 2/6]：西周姬昌被困于羑里监狱，饮食条件非常差。

六三，困于石，据于蒺 jí 藜 lí，入于其宫，不见其妻，凶。

注释：石，石墙。据，割据、隔开。宫，牢房。

爻辞记忆法：

[历史故事]

羑里监狱四周都被用石头垒起的院墙所围住，“**困于石**”，院墙上也爬满了蒺藜，“**据于蒺藜**”，西周姬昌就这样被困于羑里的监狱里，出不去，监狱活动范围又小。姬昌很着急，在监狱院子里踱来踱去，时间长了，精神就出现崩溃了，就把监牢比喻成自己的寝宫，却没看到妻子在内，“**入于其宫，不见其妻**”，这是着急了，姬昌的情绪很不好，这对他在监狱的安全不是好事情，“**凶**”。

[时间脉络线 3/6]：西周姬昌被困于羑里监狱，活动范围小。

九四，来徐徐，困于金车，吝，有终。

注释：徐徐，缓慢。金车，装满金银珠宝的车。终，善终。

爻辞记忆法：

[历史故事]

姬昌在羑里监狱被关了好几年了，其大儿子伯邑考思父心切，又是个大孝子，愿意去商朝代父赎罪，“**来徐徐**”，于是伯邑考准备了进献给商纣王的好多金银珠宝、奇珍异物，就赶赴商朝首都朝歌，但最终反因为进献的金车被商纣王挑出毛病，不幸被杀，“**困于金车**”。因此周文王还是悲痛大儿子伯邑考不听他的话，贸然前来朝歌看望他，导致了杀身之祸，“**吝**”。但正是有了伯邑考的代父赎罪的义举，使得商纣王减轻了对姬昌的责难，对他后来的被赦免释放逃出朝歌起到了作用，即“**有终**”。

[时间脉络线 4/6]：西周姬昌被困于羑里监狱，大儿子伯邑考来救，不幸遇害。

九五，劓刖 yuè，困于赤绂。乃徐有说，利用祭祀。

注释：劓刖，削鼻断足。赤绂，赤色围裙，高官服饰，即高官身份。徐，慢慢。说，说情。

爻辞记忆法：

[历史故事]

姬昌在监狱里待久了，什么样的刑罚惨样都见过了，例如削鼻子、断足的酷刑，“**劓刖**”。但因为姬昌是大臣，虽然受困于监狱之中，但免遭此刑罚劫难，“**困于赤绂**”，但也被吓得着实不轻，谁能敢保证暴虐无道的纣王哪天不会心血来潮对自己不利呢？继续待在监狱里会“夜长梦多”，所以赶快叮嘱吩咐西周那边赶快行动，把自己救出去，方式就是发动更多的人为自己说情，“**乃徐有说**”。找什么借口呢？就说我多年未回去，祭祀祖先的事落下来，要表现孝心，要回去主持祭祀仪式，“**利用祭祀**”。

[时间脉络线 5/6]：西周姬昌被困于羑里监狱，夜长梦多，赶快想脱身之计。

上六，困于葛 gě 藟 lěi，于臲 niè 卼 wù，曰动悔，有悔，征吉。

注释：葛藟，爬藤植物。臲卼，危险、惊恐不安。曰动，言语行动。

爻辞记忆法：

［历史故事］

羑里监狱是戒备森严、层层把守，“**困于葛藟**”，此地非常危险，即“**于臲卼**”，绝不能动念想来劫狱，“**曰动悔**”，千万不要节外生枝，西周那边要理解了我的用意，按我的主意去办，要赶快打消劫狱的念头，“**有悔**”，那么我最终就能平安出狱、逃出生天，“**征吉**”。

［时间脉络线 6/6］：西周姬昌被困于羑里监狱，戒备森严，不要尝试劫狱。

48【水风井】䷯

［爻辞暗示］：此卦通过“水风井”卦，来描述西周战胜商朝，周朝建立后，百废待兴，井田荒芜，如何恢复井田、发展生产的事情，因此整个六爻辞都是借助“井”的要素和形象来展开内容。“井”在这里就是“井田、水井”的意思。

初六，井泥不食，旧井无禽。

注释：井，井田。泥，泥土。食，粮食。旧井，荒凉破旧的井田。禽，禽鸟。

爻辞记忆法：

［历史故事］

西周战胜商朝，商朝灭亡，周朝建立，经过连年战争用兵，难民四散逃荒而去，井田丢弃荒芜，井田上没有一颗庄稼，只有脏兮兮的泥土，没有任何粮食可以食用，即“**井泥不食**”，而井田荒凉，连禽鸟都见不着了，“**旧井无禽**”，一片破败景象。

［时间脉络线 1/6］：商周连年战争，人口逃难而去，使井田荒芜，一片萧条破败景象。

九二，井谷射鲋 fù，瓮敝漏。

注释：谷，低洼、谷底。鲋，小鱼。瓮，水瓮。敝，破敝。漏，漏水。

爻辞记忆法：

[历史故事]

商周连年战争，使得井田荒芜，无粮食可食，只能在井田地势低洼处，河水中，找寻小鱼小虾，射鱼充饥，“**井谷射鲋**”，而吃饭的碗也破破烂烂，还有点漏水，“**瓮敝漏**”。

[时间脉络线 2/6]：商周连年战争，井田中无粮可食，只能抓鱼充饥。

九三，井渫 xiè 不食，为我心恻 cè，可用汲，王明，并受其福。

注释：渫，干净。食，粮食。心恻，心生恻隐、悲痛。汲，利用。王明，君王圣明。

爻辞记忆法：

[历史故事]

商周连年战争，井田里太干净了，不毛之地，没有粮食可食，“**井渫不食**”，让人心生恻隐、悲痛，“**为我心恻**”，就要采取措施把井田利用起来，“**可用汲**”。君王圣明，“**王明**”，颁布发展生产、休养生息诏令，使得天下百姓得福于君王的英明，“**并受其福**”，都安居乐业。

[时间脉络线 3/6]：商周连年战争，井田变为不毛之地，君王颁布诏令，发展生产。

六四，井甃 zhòu，无咎。

注释：甃，井壁砌砖，指立界限。

爻辞记忆法：

[历史故事]

周朝战后颁布诏令发展生产、休养生息，就是要恢复井田的生产，井田生产，首先要明确个人井田的界限，就要对井田勘界设桩，“**井甃**”，犹如“家庭联产承包责任制”，这样明确了私有产权范围，使得付出劳动能够保证收获报酬，民众就可以安心发展井田生产，生产有积极性，所以“**无咎**”。

[时间脉络线 4/6]：周朝发展井田生产，首先要对井田勘界设桩。

九五，井洌，寒泉食。

注释：洌，清洌。寒泉，清凉泉水。食，食用。

爻辞记忆法：

[历史故事]

井经过修缮整理去淤，井水变得干净清澈，“井洌”，那井水就如清凉的泉水涌出来一样可以食用，“寒泉食”。这里是比喻周朝通过对井田的发展生产、休养生息、经营管理，井田迅速恢复了生产能力，“井洌”，一派生机勃勃，稻谷飘香，麦穗迎风吹拂，就有粮食收获了，“寒泉食”。就是经过治理，井水可以吃了；经过治理，井田可以有粮食收获了。

[时间脉络线 5/6]：周朝经过对井田的治理和发展生产，井田恢复生机。

上六，井收，勿幕。有孚元吉。

注释：井，井田。收，收获。幕，幕布、遮盖。

爻辞记忆法：

[历史故事]

最终经过周朝对井田的发展生产、有效治理、休养生息政策，就迎来了秋天收获的季节了，“井收”，但不需要担心有人来抢粮食，不需要把粮食遮盖住，“勿幕”，因为周朝是仁义治天下，社会秩序良好，现在又是井田都发展起来了，天下“夜不闭户，路不拾遗”，“有孚”，社会和谐吉祥，是大大的吉祥，“元吉”。

[时间脉络线 6/6]：周朝对井田的恢复生产治理成功，获得了丰收。

49【泽火革】䷰

[爻辞暗示]：此卦通过“泽火革”卦，来描述周武王伐纣成功的过程，因此整个六爻辞都是借助“革”的要素和形象来展开内容。“革”在这里就是“伐纣”的意思。

初九，巩用黄牛之革。

注释：巩，捆绑住、约束住。

爻辞记忆法：

[历史故事]

周武王决定兴师伐纣，伐纣的时机终于成熟了，最后的决战时刻终于来了。但出兵伐纣之前，必须严明军纪，兵贵神速、贵在出其不意，在大军还没出征之前，不能走漏风声，否则会出征就消息泄露，会使得商朝提前有所防备，提前调兵遣将，严阵以待，以逸待劳，也会涣散西周大军军心，那西周就没有战略战术优势了。所以，西周大军出征伐纣，大军行动之前，必须采取严格的军纪，不准乱动、不准走漏风声，就像人被用黄牛皮牢牢地捆绑住，约束其言谈举止一样，“**巩用黄牛之革**”。

[时间脉络线 1/6]：周武王伐纣，大军出动之前不得泄露消息。

六二，己日乃革之，征吉，无咎。

注释：己，天干的己。革，革命。

爻辞记忆法：

[历史故事]

在十天干“甲乙丙丁戊己庚辛壬癸”中，“己”排在第六位，已过半数，就是说革命工作、伐纣灭商已做了足够时间的准备工作，时机已经成熟，成功就在眼前，此时可以发起革命，“**己日乃革之**”，此时征讨大吉，“**征吉**”，不会有不利的，“**无咎**”。

[时间脉络线 2/6]：周武王伐纣，时机已到，万事俱备。

九三，征凶，贞厉，革言三就，有孚。

注释：征，出征。革言，革命的建言。三就，广泛采纳。

爻辞记忆法：

[历史故事]

周武王准备出师伐纣，在军队集结准备进发时，突然一阵风把中军大旗给吹折了，大臣武将无不大惊失色，认为是不祥之兆，不宜出征，“**征凶**”，同时大军出发之前的占卜也是凶象。此刻周武王犹豫不决，不知如何是好，但周武王心里还是非常想发兵伐纣，但现在又面临这样的扰乱军心的事，"**贞厉**"。此时，老丞相姜子牙力排众议，认为大风吹折中旗只是天气现象，另外用乌龟壳和几个枯枝败叶怎么能决定军国大事呢？其他大臣武将无所适从，也是议论纷纷。周武王对大家的分析判断、建言献策都进行了听取权衡，"**革言三就**"，最终决定东征，拼死一搏，赌一把，内心坚定了伐纣的决心，"**有孚**"。

[时间脉络线 3/6]： 周武王伐纣，不怕凶险，坚定东征伐纣。

九四，悔亡，有孚，改命，吉。

注释： 改命，改朝换代。

爻辞记忆法：

[历史故事]

周武王伐纣的大军最终势如破竹，"**悔亡**"，伐纣大军高举"打倒殷商腐朽统治，推翻纣王残暴无道"的旗帜，坚定伐纣大军为正义之师，"**有孚**"。经过牧野之战，战胜了商朝大军，攻入朝歌，商纣王自焚身亡，天下"改旗易帜"，商朝灭亡、周朝建立，改朝换代，"**改命**"，尘埃落定，西周革命成功，"**吉**"。

[时间脉络线 4/6]： 周武王伐纣成功，商朝灭亡，周朝建立。

九五，大人虎变，未占，有孚。

注释： 大人，指周武王。虎变，变为君王，君王也比作虎。未占，不需要占卜。

爻辞记忆法：

[历史故事]

周武王伐纣灭商的战争胜利，商朝灭亡，周朝建立，周武王从原来的西周地方诸侯王的身份成为一国之君，"**大人虎变**"，周武王肩负天命，天之骄子，是上天安排好的定数，不需要占卜，"**未占**"，就像伐纣东征之前的吹折中军大旗那样，不会有凶险，因为"吉人自有天相"，"**有孚**"。

[时间脉络线 5/6]： 周朝建立，周武王登基成为一国之君。

上六，君子豹变，小人革面。征凶，居贞吉。

注释：君子，大臣。豹变，变身富贵。小人，小人物。革面，表面改过。征，征讨。居，休养生息。

爻辞记忆法：

[历史故事]

周武王伐纣灭商的战争胜利，商朝灭亡，周朝建立，武王登基，“一人得道，鸡犬升天”，周武王封赏功臣，开国功臣们摇身一变，都官升一级，加官晋爵，“**君子豹变**”。而小人则不再有商朝商纣王的庇护，都要夹着尾巴做人，不再像以前那样嚣张跋扈，要“洗心革面”了，即“**小人革面**”。战争之后，生灵涂炭、残垣断壁，一切百废待兴，这时候不能再行战事，不可用兵，不要对老百姓烧杀掠夺，把商朝杀个片甲不留，“**征凶**”，否则会惊吓百姓，天下民心不稳，政权就不稳固了。就要休养生息，就要“刀枪入库，马放南山”，安抚民众，发展生产，即“**居贞吉**”。

[时间脉络线 6/6]：周朝建立，周武王分封天下，休养生息。

50【火风鼎】䷱

[爻辞暗示]：此卦通过“火风鼎”卦，来描述周朝建立后百业待兴，正是用人之际，急需各方人才，因而周公在此提醒用人的注意要点，因此整个六爻辞都是借助“鼎”的要素和形象来展开内容。“鼎”在这里就是“国之栋梁、人才”的意思。

初六，鼎颠趾，利出否。得妾以其子，无咎。

注释：鼎，鼎器、烧饭器具。颠，颠倒。趾，脚趾，指鼎足。利，利于。出，倒出。否，废物、残败之物。妾，妾身。

爻辞记忆法：

[历史故事]

商朝灭亡，周朝建立起来了，新建立的国家，首先要“打扫干净屋子再请客”，就是扫除前朝的各类腐败、陋习、奸臣、坏人、匪贼，即要“革故鼎新”。用鼎来比喻，就是把鼎颠倒过来，更容易抖落去除鼎里的废物，“**鼎颠趾，利出否**”。国家刚建立，百业待兴，国家正是用人之际，对人才是求知若渴，那么招揽人才，就要任人唯贤，不管他的出身是奴隶、平民、还是妾所生的孩子，“**得妾以其子**”，只要有能力，有本事，都是人才要予以认可和任用，这样做，就“**无咎**”。

[时间脉络线 1/6]：周朝刚建立，百业待兴，用人之际，要用人唯贤。

九二，鼎有实，我仇有疾，不我能即，吉。

注释：实，食物。仇，仇敌。疾，忌惮、嫉妒。不，不敢。即，靠近。

爻辞记忆法：

[历史故事]

如果国家能任人唯贤，那么天下人才必将纷纷投奔为国效力，国家必将人才济济，犹如鼎里有丰厚的食物，“**鼎有实**”。周朝人才济济，能人辈出，那么仇敌就会心里不舒服，嫉妒并且忌惮，不敢随意靠近，“**我仇有疾，不我能即**”，这样当然“**吉**”。

[时间脉络线 2/6]：国家人才济济，仇敌不敢轻举妄动。

九三，鼎耳革，其行塞，雉 zhì 膏不食。方雨亏悔，终吉。

注释：鼎耳，鼎的耳朵。革，坏了。塞，阻塞、无法移动。雉膏，野鸡汤。方雨，突然下雨。亏，吃亏了。悔，后悔。

爻辞记忆法：

[历史故事]

但如果即使人才招来了，却不知道如何利用人才，甚至把人才晾在一边，就是用人制度出了问题，那就是“暴殄天物”了。这就相当于鼎的耳朵坏掉了，导致鼎没法移动，移动受阻，鼎里的野鸡汤也就糟蹋了没法吃了，“**鼎耳革，其行塞，雉膏不食**”。这时候只有一场重大事件或重大变故，才能突然意识到人才的价值和重要性，就如突然来了暴风雨，“**方雨**”，淋醒了迷糊中的人，幡然悔悟，“**亏悔**”，并立刻改正，那么最终还是好的，“**终吉**”。

[时间脉络线 3/6]：如果国家人才任用机制出了问题，人才被荒废，将

是国家最大的浪费。

九四，鼎折足，覆公餗 sù，其形渥 wò，凶。

注释： 折足，腿断了。覆，倾覆。公，公家。餗，有米有肉的美食。形，样子。渥，丑陋。

爻辞记忆法：

[历史故事]

如果国家不仅对人才不用，放置一边晾着，更甚的是，国家还打击人才，瞧不起书生，就不是人才向上升迁了，现在是被打压，被抛弃，被鄙视，就如鼎腿断了，“**鼎折足**”，鼎就会倾倒，鼎里的饭全部撒在地上，“**覆公餗**”。那这就不把人才当人看了，这种不重视人才、甚至打压人才的做法就丑陋了，“**其形渥**”，这种现象必然会“**凶**”，于国于民都不利。

[时间脉络线 4/6]： 如果国家不仅不用人才，还打压、鄙视人才，将有凶险。

六五，鼎黄耳，金铉 xuàn，利贞。

注释： 黄耳，黄铜做的结实的鼎耳。金铉，刚硬的鼎杠。

爻辞记忆法：

[历史故事]

如果国家及时发现了上面的对待人才的问题，而做出改正，就如同鼎耳坏了换一个黄铜做的结实的鼎耳，“**鼎黄耳**”，并配上刚硬的鼎杠，“**金铉**”，那么这个鼎就可以随意抬起来移动了，寓意着人才就可以自由流动，就可以上下升迁自如，人尽其才，这样的状态就“**利贞**”，利于做出成绩来。

[时间脉络线 5/6]： 国家发现人才任用问题，及时改正。

上九，鼎玉铉，大吉，无不利。

注释： 玉铉，镶玉的鼎杠。

爻辞记忆法：

[历史故事]

国家继续加大对人才的重视、重用，犹如给鼎配上了镶玉的鼎杠，“**鼎玉铉**”，这样刚刚鼎耳已经改正好了，用金属铜的，现在用来抬鼎的杠又是镶玉的，说明国家给足了人才的待遇和地位，那么肯定大吉大利，“**大吉**”，是国家和人民的福气，无往不利，“**无不利**”。

[时间脉络线 6/6]： 国家进一步重视人才，给予待遇，国家将无往不利。

51【震为雷】䷲

[爻辞暗示]：此卦通过“震为雷”卦，来描述地震来临时的人们的表现，因此整个六爻辞都是借助“震”的要素和形象来展开内容。“震”在这里就是“地震”的意思。

初九，震来虩虩，后笑言哑哑，吉。

注释： 震，地震。虩虩，恐惧。笑言哑哑，笑语阵阵。

爻辞记忆法：

[历史故事]

这一卦就是单纯描写“地震”这个自然现象的，没有别的政治、军事、经济、人事的讨论。

地震初来的时候，人们一下子吓蒙了，“**震来虩虩**”，都东奔西跑，躲避可能的山崩地裂、房倒屋塌造成的伤害。地震震了几下，又不震了，吓得不得了的人们停下了逃命的脚步，一看不地震了，原来是小地震，都“**后笑言哑哑**”，让人笑语阵阵，庆幸不是大地震，没有造成什么损失和伤害，“**吉**”。

[时间脉络线 1/6]： 刚开始是小地震，搞得人们是先惊后喜。

六二，震来，厉。亿丧贝，跻于九陵，勿逐，七日得。

注释： 来，骤来。厉，厉害、猛烈。亿，数量大。丧，损失。贝，钱财。跻，登高。九，九是阳极之数，指高。九陵，高地。

爻辞记忆法：

[历史故事]

刚开始的地震确实是小地震，震了几下就不震了，但人们高兴得太早了，那只是地震的前奏曲，马上真正的大地震来了。真正的大地震终于来了，瞬间地动山摇，这次真的是山崩地裂、房倒屋塌，非常猛烈，“**震来，厉**”，造成了极大的损失，“**亿丧贝**”，人们都逃到高地上躲避，“**跻于九陵**”。有些人哭着喊着，要去家里抢救一些财产出来，但这时候千万不能冒险前去抢出，“**勿逐**”，等地震过后再去寻得，“**七日得**”。

[时间脉络线 2/6]：小地震过后，大地震来了，地动山摇，造成巨大损失。

六三，震苏苏，震行，无眚。

注释：苏苏，小恐惧。行，行为。眚，灾祸。

爻辞记忆法：

[历史故事]

大地震过后，地震开始变小了，人们的恐惧也减轻了一些，“**震苏苏**”，在地震发生时采取正确安全的行为，“**震行**”，而不是冒险的行为，就不会有事，“**无眚**”。

[时间脉络线 3/6]：地震时，要采取正确保护方式。

九四，震遂泥。

注释：遂，跟着、掉落。泥，泥石。

爻辞记忆法：

[历史故事]

大地震再次来临，这次比上次来得更加猛烈，山都震倒了，房屋也塌了，大量的山石、泥沙滚落下来，好似发生了泥石流一样，“**震遂泥**”。

[时间脉络线 4/6]：大地震再次降临，到处是滚落的山石、倒塌的泥沙。

六五，震往来，厉，亿，无丧，有事。

注释：震往来，地震时断时续。厉，严重。亿，损失很大。丧，死亡。

爻辞记忆法：

[历史故事]

地震开始持续的一会儿震、一会儿又不震，“**震往来**”，导致造成的损失更加严重，“**厉**”，损失了大量的财产，“**亿**”，好在没有人在地震中死亡，“**无丧**”，但伤者还是难免，“**有事**”。

[时间脉络线 5/6]：地震持续不断，造成了很大损失，好在没造成人员死亡，只有人受伤了。

上六，震索索，视矍[jué]矍，征凶。震不于其躬，于其邻，无咎，婚媾有言。

注释：索索，惊呆、吓傻。矍矍，惶恐不安。不于，殃及。躬，自己。言，议论、怨言。

爻辞记忆法：

[历史故事]

危难时刻最是考验人的时候。地震来临时，有的人被地震惊呆了，吓傻了，“**震索索，视矍矍**”，则他是没出息的人，是贪生怕死之人，不会有好的前途，“**征凶**”。在地震发生之时，地震没有殃及到自己，而是殃及到邻居了，“**震不于其躬，于其邻**”，是因为自己跑得快、躲得快，但却是“置别人安危于不顾”，成了“跑得比兔子还快”的那个人了。就是一遇到危险，一溜烟地跑没影了，只顾着自己安危，当然没有什么好指责的，“**无咎**”，但是不管不问别人死活，以后左邻右舍之间就不好来往了，之前说好的婚事更是别想了，泡汤了，“**婚媾有言**”。

[时间脉络线 6/6]：在地震等危难时刻最能看清人，贪生怕死、自私自利之人，是不会有出息和前途的。

52【艮为山】䷳

[爻辞暗示]：此卦通过“艮为山”卦，来描述人修行要经历的几个境界，因此整个六爻辞都是借助“艮”的要素和形象来展开内容。“艮”在这里就是“修行”的意思。

初六，艮其趾，无咎，利永贞。

注释：艮，停止，修行。趾，脚趾。

爻辞记忆法：

[历史故事]

人的修行，首先要做的，就是练定力，就是要练“打坐”、“蹲马步”，这是修行的入门课和必修课，以锻炼自己的心智，以达到不乱动、不妄动，能约束自己的行为，克制自己的情绪，逐渐让自己安静下来，不会再想一步登天。修行，就是经年累月，修炼自己。就像师傅领进门，任何领域的师傅都绝对不会一开始就让你做高深的事情，而是首先安排你“扫地、砍柴、挑水、烧饭、倒茶”，以磨炼你内心的定力，只有心定了，才能学艺，心不定，无法学艺。练定力，就是要人不动；动，是要靠人的脚迈开步，然后人就移动了。因此要练定力，就是要脚不动，就是“**艮其趾**”，止住脚趾头，脚趾头指代脚，脚趾头不动，脚当然就不动了。因此，修行只有做到“**艮其趾**”，定力练习才能达标，才“**无咎**”。而且练定力，是需要时日坚持，要一直练定力，所以“**利永贞**”。

[时间脉络线 1/6]：人的修行，首先需要长时间练定力。

六二，艮其腓[féi]，不拯其随，其心不快。

注释：腓，小腿。不拯，不能拯救。不快，不快活、不高兴。

爻辞记忆法：

[历史故事]

人的修行，对于刚从忙碌的红尘社会转到修行这一领域的人，本身身上是没有经过洗礼的，身心还有许多牵挂和诱惑。一旦开始练修行，刚开始还有新鲜感，有成就感，还能坚持下去；越是修行到中间，越考验一个人的持久度、耐力。大部分人修行到了中间阶段，都是寂寞难耐、抓耳挠腮、皮痒痒，内心的小魔鬼开始往外撞，开始给自己心理安慰，让自己放松一下，休闲一下，身体外总会出现另外一个声音，给自己找借口。修行到了这个中间阶段，最容易功亏一篑，身心备受诱惑，最容易支持不住，举手投降，因为人的七情六欲在诱惑着他，人间百味也在牵挂着他。这时候的修行的心里挣扎状态，就像按住了小腿肚子，但是大腿在动，小腿肚子就没法静止，只能跟随大腿运动了，“**艮其腓，不拯其随**”。大腿就是外面世界的更大的诱惑，小腿肚子就是内心的小欲望；按住了小腿肚子，就是抑制自己内心的欲望，心里当然会有不快，“**其心不快**”。

[时间脉络线 2/6]：人的修行，到了中间阶段最容易摇摆、打退堂鼓、失败。

九三，艮其限，列其夤 yín，厉薰心。

注释：限，腰部。列，撕裂。夤，脊背的肉。厉，难受。薰，烟熏火燎。

爻辞记忆法：

[历史故事]

人的修行，越过了中间的摇摆不定的诱惑阶段，心终于安定下来，然后接着往后修行，这个时候就是心灵向上进阶、向上增长智慧的阶段，是修炼内功、道行的阶段，需要不断学习智慧，领悟智慧，这时候也是最需要超越心灵智慧的限度、极限，实现大彻大悟的阶段。这时候是用脑最多的阶段，需要不断否定自己，塑造新的自己，不断去悟，但又是最难的阶段，“悟”，谈何容易？因此，这一时期的修行，最让人煎熬、百思不得其要、心灵感悟总是突破不了、上不去。就如拼命上山，却一直找不到到达山顶的路，着急、茶不思饭不想，苦苦思索，心里备受煎熬。这个阶段的修行，就是端坐不动，苦苦思索，动弹不得，就像被按住了腰部，“腰酸就会连到背痛”，二者相连，就会导致撕裂了背部脊肉，一下子心就会像烟熏火燎一样难受，即“**艮其限，列其夤，厉薰心**”。这一阶段痛苦指数最高，就像“黎明前的黑暗”，黑暗让人沮丧绝望；也像追求真理，苦苦追寻，咬牙切齿。这个阶段就是非常考验一个人的慧根，一个人的领悟高度，并不是每个人都能超越过去，只能是本身有聪明智慧、心地善良、坚持追求的人，才能有机会熬过修行的这一阶段。一旦挺过修行这一关，就会突然领悟、大彻大悟，人生就会跃升到修行的一个崭新境界。

[时间脉络线 3/6]：人的修行，领悟智慧、实现大彻大悟，是最难突破。

六四，艮其身，无咎。

注释：身，全身、身体。

爻辞记忆法：

［历史故事］

人的修行，一旦突破了修行，达到了领悟和大彻大悟，对世界想明白了，理解了，整个人就会突然变了一个样子，由里到外的耳目一新，整个人的身体身心达到了静、悟，身体就安定了下来，心志也定下来了，“**艮其身**”。人身不再困惑、摇摆不定、不知未来方向，灵魂得到了纯净，达到了“**无咎**”的境界。

［时间脉络线 4/6］：人的修行，实现了大彻大悟，身心就会安定。

六五，艮其辅，言有序，悔亡。

注释：辅，嘴。言有序，说话有条理、有深度。

爻辞记忆法：

［历史故事］

人的修行，不仅是要修内在的智慧，修心灵、修心智、修开悟，而且还要修行言谈举止。口，是心灵智慧的代言人，内心的智慧高度要释放展现出来，就需要“口”最真切的传达和表达出来，而不能“言不由衷”、胡言乱语。否则那样的话，再好的修行，也会“祸从口出”，诋毁了所有内在的修行。因此，修行，不仅要内练智慧，还要外修表达，要修炼、管制口舌，即“**艮其辅**”，使得话不乱说，说话有哲理、有智慧、有逻辑、有深度，即“**言有序**”。只有内在的修行有智慧大彻大悟，外在的表达严谨有深度，才能“心口如一”、“口齿生香”，而“**悔亡**”。

［时间脉络线 5/6］：人的修行，还要修行口舌，使得心口如一，口齿生香。

上九，敦艮，吉。

注释：敦，敦厚。

爻辞记忆法：

[历史故事]

人的修行，内修达到了大彻大悟智慧，外修达到了言语有深度严谨，人就会变得沉稳、成熟、厚重。真正修行成功的人，都有一种稳稳的敦厚的气质，即“敦艮”，双眼充满智慧，人间的大智慧基本都修行过了，从此遇事不再有困惑和迷茫，只有自信、智慧，一切万事万物在其眼里都有可解，所以“吉”。

[时间脉络线 6/6]：人的修行，内外兼修、大彻大悟，人就无惑而沉稳厚重。

53【风山渐】䷴

[爻辞暗示]：此卦通过“风山渐”卦，来描述大雁夫妻筑巢安家的逐渐升高换地方，来揭示夫妻感情越来融洽好，生活也越来越好，因此整个六爻辞都是借助“渐”的要素和形象来展开内容。“渐”在这里就是“渐渐变好”的意思。

初六，鸿渐于干，小子厉，有言，无咎。

注释： 鸿，大雁。渐，婚嫁要遵循严格的循序渐进次序，然后夫妻逐渐相互了解，渐入佳境，所以代表“婚姻安家”。有言，有不妥。

爻辞记忆法：

[历史故事]

大雁夫妻俩把窝安在了河水边，“鸿渐于干”，但这样会对出生的孩子不好，“小子厉”，因为靠近河岸边，不仅湿气太重，而且随时有可能河水暴涨把窝淹了、冲走了，因此“有言”，有不妥，但这只是担心，毕竟有个家了，“无咎”。

[时间脉络线 1/6]：大雁夫妻把窝安在河水边。

六二，鸿渐于磐 pán，饮食衎 yǎn 衎，吉。

注释： 磐，磐石、大石头。衎衎，愉快幸福的样子。

爻辞记忆法：

[历史故事]

大雁夫妻搬家了，把窝安在了河边大石头上，“**鸿渐于磐**”，这下两口子开心的不得了，相比于河水边的那个家，这地方更宽敞了，视线也更开阔了，住的也舒服多了，两口子饮水的时候、吃饭的时候都心满意足，幸福死了，“**饮食衎衎**”，因而“**吉**”。

[时间脉络线 2/6]：大雁夫妻把窝安在河水边大石头上，高于水边。

九三，鸿渐于陆，夫征不复，妇孕不育，凶。利御寇。

注释：陆，平地。征，远征。复，复返。孕，怀孕。不育，没生育。御寇，对抗外敌。

爻辞记忆法：

[历史故事]

大雁夫妻又搬家了，把窝安在了平地上，“**鸿渐于陆**”，平地上飞禽走兽众多，不比河岸边，因而凶险异常。丈夫为了保护家园，出去抗争一去不复返，“**夫征不复**”，妻子在家怀孕了却思夫心切、伤心过度，最终胎死腹中孩子没保住，“**妇孕不育**”，一切都是祸不单行、连遭不幸，“**凶**”。大雁夫妻二人可歌可泣的不离不弃的爱情故事，感人至深，“夫妻同心，其利断金”，因此“**利御寇**”，利于一致对外。

[时间脉络线 3/6]：大雁夫妻把窝安在平地上，高于水边大石头。

六四，鸿渐于木，或得其桷 jué，无咎。

注释：木，高高树上。桷，树枝茂密宽阔的地方。

爻辞记忆法：

[历史故事]

大雁夫妻再次搬家，把窝安在了高高的大树上，“**鸿渐于木**”，大雁夫妻二人挑选了树枝茂密宽阔的地方，“**或得其桷**”，这样窝既可以安得稳，又可以躲避地面上的豺狼虎豹的袭扰，又有利于随时展翅飞翔于天空，所以，一点也找不到毛病，“**无咎**”，是个不可多得的好地方。

[时间脉络线 4/6]：大雁夫妻把窝安在高高的树上，高于平地。

九五，鸿渐于陵，妇三岁不孕，终莫之胜，吉。

注释：陵，山陵。三岁，三年。莫，不。胜，战胜、说服。

爻辞记忆法：

[历史故事]

大雁夫妻又再次搬家，把窝安在了山陵上，“**鸿渐于陵**”，丈夫又出远门了，闯事业去了，妻子在家坚守妇道，忠贞于爱情，三年了都没怀孕，即“**妇三岁不孕**”，任谁都没打动她，动摇她，“**终莫之胜**”，这样忠贞不渝的爱情，“**吉**”。

[时间脉络线 5/6]：大雁夫妻把窝安在山陵上，高于树上。

上九，鸿渐于陆（路），其羽可用为仪，吉。

注释：陆（路），天路。羽，羽毛。仪，仪仗。

爻辞记忆法：

[历史故事]

大雁夫妻终于修成正果，白头到老，双双飞到空中翱翔，“**鸿渐于陆（路）**”，文中“陆”应为“路”，天路的意思。他们的羽毛格外闪亮、美丽，都可以做仪仗之用了，“**其羽可用为仪**”，大雁夫妻双双把家还，多么吉祥如意，“**吉**”。

[时间脉络线 6/6]：大雁夫妻修得正果、家庭美满，快乐地翱翔天空。

54【雷泽归妹】䷵

[爻辞暗示]：此卦通过“雷泽归妹”卦，来描述西周季历娶帝乙妹妹，“归妹”的各种表现，因此整个六爻辞都是借助“归妹”的要素和形象来展开内容。“归妹”在这里就是“嫁为偏室”的意思。

初九，归妹以娣[di]，跛能履，征吉。

注释：归妹，出嫁少女。娣，侧室。跛，跛着脚。履，走路。

爻辞记忆法：

[历史故事]

西周季历征战多年，早已成家立业，有了妻室。此时，被商王帝乙看上，许配妹妹给季历，季历自然“恭敬不如从命”。作为皇室的公主，因为季历已经有了正室，古代一般没有主动休妻的，除非妻子有重大过失，那么公主嫁过去也只能是作偏房，即“**归妹以娣**”。这就是讲究“先来后到”，公主没办法，嫁晚了，如同“**跛能履**”，跛着脚走路。但是毕竟季历是一表人才，跟着他没错，所以“**征吉**”。

[时间脉络线 1/6] ：季历娶帝乙妹妹为偏房，公主爱惜季历一表人才，虽为偏室，但还是欣然接受。

九二，眇能视，利幽人之贞。

注释：眇，瞎了一只眼。视，看见。幽，幽静、静处。

爻辞记忆法：

[历史故事]

季历作为西周一方诸侯，自然免不了妻妾成群，帝乙妹妹作为归妹嫁过来，自然要少说多听多看，即“**眇能视**”，此时的多看就是偷着看，因为毕竟自己是偏室。此时最需要的就是处幽静之处，少惹是非，少掺和姐妹争斗，即“**利幽人之贞**”。

[时间脉络线 2/6] ：帝乙妹妹已嫁到季历府上，那么就要“既来之，则安之”，不惹是非，养尊处优为妙。

六三，归妹以须，反归以娣。

注释：须，等待。反归，返归回去。娣，侧室。

爻辞记忆法：

[历史故事]

帝乙妹妹作为“归妹”，心里还是心有不甘的，毕竟自己是皇室公主，是不是如果等一等再嫁，还会等到更好的？“**归妹以须**”。但这不是她能决定的，而且季历也不错，想了想，思想还是转变了，因此最终安下心来，

“认命”了，就做“归妹”吧，与季历认定终生，即“**反归以娣**”。

[时间脉络线 3/6]：皇室公主，帝乙妹妹，最终接受事实，安下心来，接受“归妹”作季历的偏房，不再幻想。

九四，归妹愆[qiān]期，迟归有时。

注释：愆期，拖延婚期。迟归，迟点归来。有时，最终会来。

爻辞记忆法：

[历史故事]

季历迎娶帝乙妹妹的婚事也是“好事多磨”，并不是一天两天就谈妥的，这里面涉及了方方面面，毕竟是嫁公主的大事情，因此“归妹”的日子一直没定下来，一直在反复商讨，反复确定具体事项，导致“归妹”的事情拖延了好久，“**归妹愆期**”。但“君无戏言”，不用怕，最终还是会“归妹”的，就是或早或晚的问题，即“**迟归有时**”。

[时间脉络线 4/6]：帝乙嫁妹妹事大，导致季历迎娶“好事多磨”，但最终还是会“归妹”嫁过来的。

六五，帝乙归妹，其君之袂[mèi]不如其娣之袂良，月几望，吉。

注释：帝乙，商纣王之父。其君之袂，正室衣服。其娣之袂，侧室衣服。月，月亮。几望，虽满未盈、谦虚。

爻辞记忆法：

[历史故事]

帝乙的妹妹嫁过来了，终于到了出嫁的日子。毕竟是皇家公主，送亲的队伍大张旗鼓、浩浩荡荡，公主所穿的服饰也是艳丽耀眼，光彩夺目，超过了季历的正室妻子的穿着，“**帝乙归妹，其君之袂不如其娣之袂良**”。但是毕竟是皇室公主，知书达理，修养过人，虽才貌双全，却不“咄咄逼人”，犹如月亮虽满却不盈，即“**月几望**”，这样众人都为之折服，“**吉**”。

[时间脉络线 5/6]：帝乙嫁妹，其服饰艳丽超过正室，有才气又有美貌，但不“居高自傲”，赢得了大家的尊重。

上六，女承筐无实，士刲kuī羊无血，无攸利。

注释：承筐，手持筐篮。无实，没有果实礼品。士，男的。刲羊，杀羊。

爻辞记忆法：

［历史故事］

季历虽然娶了皇帝的妹妹，但并不意味着“高枕无忧”，最终因为自己能征善战，惊动了商王，忌惮其“功高震主”，不得已杀掉了季历，一代枭雄随之陨落。归妹过来的帝乙的妹妹，伤痛欲绝，毕竟是自己的丈夫啊。往事历历在目，还记得刚嫁过来的时候，新婚大典，男女双方步入宗庙祭祀祖先，敬献祭品，女方手持着框子，框里“五谷丰登”；男方则“杀猪宰羊”。祭祀的庄重神圣场景似在眼前，但“斯人已去”，眼前的景象，却是，筐是空的，杀的羊也不见血流出，“**女承筐无实，士刲羊无血**”，一切的往事随风飘去，度日如年，因而“**无攸利**”。

［时间脉络线 6/6］：功高盖主，季历被杀，“归妹”思夫心切，往事历历在目，但一切都化为云烟，一切成空了。

55【雷火丰】䷶

［爻辞暗示］：此卦通过“雷火丰”卦，来描述西周季历在战场上进攻的气势和陨落后的沉寂，因此整个六爻辞都是借助“丰”的要素和形象来展开内容。“丰”在这里就是“遮天蔽日”的意思。

初九，遇其配主，虽旬无咎，往有尚。

注释：遇，遇上。配，匹配。旬，时间没多久。往，前往。尚，成就。

爻辞记忆法：

［历史故事］

西周季历得到商王的赏识，让季历感觉到了“生逢其时”，即“**遇其配主**”。虽然此时的季历认识商王、被商王召见和重用并没有多久，但没有什么可担心的，“**虽旬无咎**”，此时双方处于蜜月期，季历为了报答商王的知遇之恩，也是鼓足了劲，打着商朝旗号，代商王四处征战，都小有成就，“**往有尚**”。

[时间脉络线 1/6]：刚开始，西周季历和商王文丁处于蜜月期，季历感恩戴德，四处代商王征战。

六二，丰其蔀[bù]，日中见斗，往得疑疾。有孚发若，吉。

注释：丰，丰大。蔀，草帘。日中，白天。见，看见。斗，北斗星。疑疾，疑虑。发若，发挥正常。

爻辞记忆法：

[历史故事]

西周季历代商王征讨商朝西部的诸侯，处于代王征战的初期，季历多有谨慎，而西北地区风大沙大、动不动飞沙走石，环境恶劣，遮天蔽日，仿佛只能看到了天上的北斗星了，“**丰其蔀，日中见斗**”，就像被草帘遮住一样。因此季历唯有在此地疑虑过多，“**往得疑疾**”。此时此刻，战场上的季历镇定自若，真实发挥了自己的兵法水平，即“**有孚发若**”，最终获得了胜利，“**吉**”。

[时间脉络线 2/6]：季历代王征战商朝西部诸侯，取得了胜利。

九三，丰其沛，日中见沫。折其右肱[gōng]，无咎。

注释：沛，水流大的状态。日中，白天。沫，水花、水沫。折，折伤。右肱，右臂。

爻辞记忆法：

[历史故事]

西周季历继续代王征战商朝北部诸侯，这次征讨着实不易，不像西部都是沙地、黄土平原，而北部却是山多河流众多，敌方占据高地、河流对岸险处，易守难攻，高山的高耸入云、遮天蔽日，河水的汹涌波涛泛起阵阵水花，此种情景真如“**丰其沛，日中见沫**”，河水水流特别大，水花四溅、水沫飞扬到了空中。此次攻打更显不易，季历甚至伤了自己的右臂，“**折其右肱**”。最终季历重伤了对方，但也没法全攻下来，只能撤军。商王当然是念他征战辛苦，还是替自己征讨的，自然没有处罚之事，“**无咎**”。

[时间脉络线 3/6]：季历再次代王征战商朝北部诸侯，未取得胜利，还

受了伤。

九四，丰其蔀，日中见斗，遇其夷主，吉。

注释：蔀，草帘。夷主，夷人头领。

爻辞记忆法：

[历史故事]

西周季历再次代王征战商朝南部、东部诸侯，这时候季历已经在战场上出生入死多少回了，军事经验丰富，所带的军队队伍越发壮大，从此以后的出征征战，浩浩荡荡，大军压境，遮天蔽日，犹如大白天突然天暗下来，看到了北斗星，即“**丰其蔀，日中见斗**”。敌人无不“闻风丧胆”，举手投降，季历因此所向披靡，俘获、降服众多小头领，即“**遇其夷主**”，凯旋而归，“**吉**”。

[时间脉络线 4/6]：季历继续代王征战商朝其他地方的诸侯，这次战争经验更加成熟了，俘获、降服更多诸侯。

六五，来章，有庆誉，吉。

注释：来，归来。章，通“彰”，表彰。庆誉，庆祝和赞誉。

爻辞记忆法：

[历史故事]

季历代王征战战功卓著，商朝周边不服的大大小小的诸侯被降服无数，商王论功行赏，颁发嘉奖令，“**来章**”，隆重表彰和肯定了季历的贡献，赏赐众多，委以重任，升官加爵，“**有庆誉**”，因此“**吉**”。

[时间脉络线 5/6]：季历代王征战战功显赫，商王通报表彰、升官加爵。

上六，丰其屋，蔀其家，窥其户，阒[qù]其无人，三岁不见，凶。

注释：屋，房屋。家，家庭。窥，窥视。户，窗户。阒，寂静、冷清。三岁，多年。

爻辞记忆法：

[历史故事]

季历的骁勇善战，自身军事力量的不断壮大，还是引起了商王文丁的注意和忌惮，又听信佞臣谗言，又因为在朝廷之中大臣谋士众多，不便拘禁季历，于是趁季历远征之时，囚禁了季历于边塞，同时封锁消息，不让季历被囚消息让西周知道。季历三尺男儿、池中蛟龙哪受得了被囚受辱这种气，再加上商王阴谋加害，最终季历死于狱中。季历死去，犹如西周失去了顶梁柱，变了天，顿时阴云笼罩。而季历家还不知季历已然逝去，左等右等，不见其归来，家中日渐冷清，此情此景，犹如“**丰其屋，蔀其家，窥其户，阒其无人，三岁不见**”，就像家被阴暗笼罩，透过窗户看屋里，看不到有人，好多年屋里都没人气。最终季历家人得知了季历遇害的消息，季历的逝去对西周、对姬姓家族都是最大的损失，因而“**凶**”。

[时间脉络线6/6]：季历终因“功高盖主”为商王所杀。

56【火山旅】䷷

[爻辞暗示]：此卦通过“火山旅”卦，来描述姬昌得到通知，其父季历战死沙场，请其前往接回灵柩，于是姬昌旅行前往西北甘肃的故事，因此整个六爻辞都是借助“旅”的要素和形象来展开内容。“旅”在这里就是“行旅”的意思。

初六，旅琐琐，斯其所，取灾。

注释：旅，旅途。琐琐，忧心忡忡。斯，离开。所，住所。取灾，迎回父亲灵柩。

爻辞记忆法：

[历史故事]

西周姬昌一家得到了商朝朝廷的消息，说父亲季历在外征战突然病亡，请其前去料理后事，并把季历遗体接回家。姬昌一家接到这个消息霎那间犹如“晴天霹雳”。姬昌不知道到底是怎么回事，商朝朝廷也是只讲了官话，语焉不详，什么细节都不说，这更让姬昌心神不宁了。于是，姬昌心事重重，“**旅琐琐**”，离开了家门，马上踏上了旅途，“**斯其所**”，前往西北甘肃迎回父王灵柩，“**取灾**”。父王的死到底怎么回事？只有到了目的地见到了父王的遗体才能了解事实，真相大白。

[时间脉络线 1/6]：姬昌奔丧踏上旅途，心事重重。

六二，旅即次，怀其资，得童仆，贞。

注释：次，住宿。怀，怀带、携带。资，资财、盘缠。

爻辞记忆法：

[历史故事]

西北甘肃路途遥远，一路凶险极多，姬昌于是遇到天黑即住进旅舍，“**旅即次**”，“穷家富路”，临走时，姬昌家准备了充足的盘缠，“**怀其资**”，还配了专门服侍姬昌的童仆，“**得童仆**”，使得姬昌路上没有饮食之忧，还能有个人照应，所以“**贞**”，这样做是对的。

[时间脉络线 2/6]：姬昌奔丧旅途茫茫，就天黑住宿，盘缠备足、有人照顾，保障旅行安全。

九三，旅焚其次，丧其童仆，贞厉。

注释：焚，着火。次，住宿。丧，失去。

爻辞记忆法：

[历史故事]

姬昌奔丧前往西北甘肃，一出发就已经被商朝朝廷坏人盯上了，因为其父季历本来就是被害死的，朝廷“一不做二不休”，就要“斩草除根，以绝后患”，让姬昌去奔丧，就是“一箭双雕”的诡计，让姬昌以奔丧的名义离开西周势力范围，要么可以在姬昌行旅的途中，采取行动把姬昌干掉，要么姬昌真的侥幸逃脱最终抵达甘肃，那就是来个“自投罗网”，正好捉住姬昌。所以，姬昌一踏上行旅，朝廷就开始动手了，“**旅焚其次，丧其童仆**”，住的旅店失火了，童仆也被烧死了。姬昌幸亏非常小心，侥幸逃了出来，没有被烧死，“**贞**”，但可怜了随从童仆，被烧死了，自己没有了伴，前路漫漫，更加“**厉**”了。

[时间脉络线 3/6]：姬昌旅途路上遭朝廷暗杀，差点被烧死，幸死里逃生。

九四，旅于处，得其资斧，我心不快。

注释：处，歇息之处。资斧，资助。不快，不快乐。

爻辞记忆法：

[历史故事]

姬昌在旅舍的惊魂一劫，差点被烧死，导致随身童仆被烧死了，随身带的盘缠也丢失了，一下子变得捉襟见肘。这下旅舍也住不成了，住不起了，只能凑合着随便找个地方暂且歇息，权作休息之所，"**旅于处**"。幸而父王季历人缘非常好，为人行侠仗义，朋友遍天下，"天无绝人之路"，竟在他乡遇困之时，碰上了父王的朋友，并得到了其资助，"**得其资斧**"。这刚开始行旅赶路，就碰上了这么危险和倒霉的事情，姬昌心里郁闷恐慌，"**我心不快**"。

[时间脉络线 4/6]：姬昌差点身无分文，幸得友人资助，但心情已糟糕。

六五，射雉，一矢亡，终以誉命。

注释：射雉，射野鸡。一矢，一支箭。亡，损失。誉命，使命。

爻辞记忆法：

[历史故事]

姬昌重新整理好行旅，还是要继续赶路，父王尸骨未寒，还要尽快赶到，查明真相，尽快接回其灵柩，以"入土为安"。但是西北甘肃路途着实遥远，路上艰险无常，有时候有钱都买不到吃的，因为好多地方"荒无人烟"，导致渴了找不到水喝，饿了找不到饭吃。实在饿极了，就搭弓射箭，猎取野味比如野鸡来充饥。但有时候饿得东倒西歪的时候，箭法就会不准，就会白白搭进去一支箭而没有射中猎物，"**射雉，一矢亡**"。经历了一路旅行的千辛万苦，"吉人自有天相"，姬昌终于平安到达了西北甘肃，奔丧使命达到，"**终以誉命**"。

[时间脉络线 5/6]：经历了千辛万苦，姬昌终于抵达甘肃，完成奔丧

使命。

上九，鸟焚其巢，旅人先笑，后号啕。丧牛于易，凶。

注释：巢，鸟巢。丧，丧失。易，古代一地名。

爻辞记忆法：

[历史故事]

经过一路千辛万苦，姬昌终于成功抵达了甘肃，终于没死在半路上，终于可以见到父王的遗骨，可以接父王回家了。虽然这个家失去了父亲季历，已经不完整了，失去了顶梁柱，感觉整个天都塌了，犹如“**鸟焚其巢**”。成功到达甘肃，使得姬昌喜极而泣，“**旅人先笑**”，感觉奔丧的使命可以完成了，但在到达甘肃后，让姬昌“始料未及”的事实是，他通过种种迹象来推断，父王极有可能是被害死的，这让他悲愤交加，“**后号啕**”。正在此时，朝廷的官员当面向姬昌宣布其父是因为以下犯上，图谋不轨，被拘押在狱中死去的，他作为季历的儿子因为是“反贼”之子，即刻收监。姬昌这一趟奔丧之行还是没逃过朝廷的暗算，陷入凶险，即“**丧牛于易，凶**”。

[时间脉络线 6/6]：姬昌到达了甘肃，发现其父被害事实真相，自己也身陷囹圄了。

57【巽为风】䷸

[爻辞暗示]：此卦通过“巽为风”卦，来描述季历南征北战、兵临城下之时，与城内诸侯谈判劝降使用的策略，因此整个六爻辞都是借助“巽”的要素和形象来展开内容。“巽”在这里就是“劝降、说服、放低姿态”的意思。

初六，进退，利武人之贞。

注释：进退，进退自如。武人，军队将帅。

爻辞记忆法：

[历史故事]

西周季历行军打仗，兵法出神入化，从不拘泥于书本知识，活学活用，在需要进攻的时候，不假思索，果断下令攻打，没有犹豫不决；在需要后退时，则不忌讳未成功的遗憾。进退自如，以适应“瞬息万变”的战场环境，即“**进退，利武人之贞**”。季历用此兵法，攻城无数，战功无人匹敌。

[时间脉络线 1/6]：季历不拘一格，活用兵法，攻城略地无数。

九二，巽在床下，用史巫纷若，吉，无咎。

注释：巽，顺从。床下，指谦卑。史巫，都是古代负责祷告祈福的官员，在神灵面前当然要谦卑。纷若，很多的样子。

爻辞记忆法：

[历史故事]

季历在攻打一座城池的时候，并不是要强攻，“上兵伐谋，其次伐交，其次伐兵，其下攻城”。因此，他首先是对城内的诸侯劝降，“晓之以理，动之以情”，用祝史和巫觋那样的真诚和谦卑，并不盛气凌人，“**巽在床下，用史巫纷若**”，这样“不战而屈人之兵”的做法本身就“**吉**”。事实证明，这样谦逊为对方着想的劝降，城内诸侯都买账了，乖乖投降。季历的放下身段、放低姿态没什么好指责的，“**无咎**”，不像其他武将“死要面子活受罪”，最后强攻城，两败俱伤。

[时间脉络线 2/6]：季历攻城无数的一大法宝就是带着诚意和谦逊去劝降。

九三，频巽，吝。

注释：频，频繁。巽，顺从。

爻辞记忆法：

[历史故事]

但是如果一再放低姿态、降低身段去劝降，“**频巽**”，那么就会适得其反，城内诸侯就会“自我膨胀”，反而不肯投降了，觉得还可以试一试，抵抗一下。这样的频繁降低身段，“**频巽**”，一而再再而三的满足城内诸侯的要求，有种“喂不饱的狼”，必然会有麻烦，即“**吝**”。

[时间脉络线 3/6]：劝降也要有原则，一味退让的劝降，反而适得其反。

六四，悔亡，田获三品。

注释：田获，打猎。三品，许多猎物。

爻辞记忆法：

[历史故事]

最终，喊了半天的优惠政策，城内敌方诸侯就是不投降，季历最终放弃对方会投降的幻想，“**悔亡**”，也不再忍让退步满足对方要求了，一狠心，继续开打攻城，最终拿下，也获得了不菲的战利品，即“**田获三品**”。

[时间脉络线 4/6] ：对于实在不降的，还是回到打仗，靠打来降服。

九五，贞吉，悔亡，无不利。无初，有终。先庚三日，后庚三日，吉。

注释：无初，刚开始不认识。有终，最终相识。先庚三日，后庚三日，庆贺三天三夜又三天三夜。

爻辞记忆法：

[历史故事]

季历征战，对于愿意投降的，都是先劝降，这样避免生灵涂炭，也快速的招抚了诸侯，“**贞吉**”；而对于不愿投降的，还是要放弃劝降幻想，“**悔亡**”，坚持攻城，这样“两手抓，两手都要硬”的战略，“**无不利**”。所以，虽然最初“不打不相识”，即“**无初**”，但诸侯最终都为季历劝降政策所感染，而愿意归降，“**有终**”。季历因此统帅三军，庆贺三天三夜，又三天三夜，“**先庚三日，后庚三日**”，以庆祝降服诸侯大吉大利事情，“**吉**”。

[时间脉络线 5/6] ：季历通过劝降和攻打两套手腕，拿下无数诸侯，随后隆重庆祝战功。

上九，巽在床下，丧其资斧，贞凶。

注释：丧，丧失。资斧，资本、尊严。

爻辞记忆法：

[历史故事]

征服了的诸侯，就是上下级的关系了，就是君与臣的关系，就要讲究“礼”的制度了，不可再嘻嘻哈哈，君也不可再示弱于臣下，否则还“**巽在**

床下”，降低姿态、一再赔笑满足对方要求，就会丧失威严，如同“丧其资斧”。即使自己初心是好的，“贞”，也免不了被臣下轻视的事情发生，“凶”。

[时间脉络线 6/6]：降服之后，就要讲究君臣关系，不能再降低身段。

58【兑为泽】䷹

[爻辞暗示]：此卦通过“兑为泽”卦，来描述周朝召开会议、决策大事的景象和守则，因此整个六爻辞都是借助“兑”的要素和形象来展开内容。“兑”在这里就是“说话、开会”的意思。

初九，和兑，吉。

注释：和，和气。兑，开会。

爻辞记忆法：

[历史故事]

西周时期还处于奴隶社会时期，这时候发展生产、处理民事、兴兵打仗是最核心的几件事情。凡是涉及到重大的决定，都免不了召集文武大臣，一起商讨对策，寻求最终意见，然后发号施令，传令实施下去。“集思广益”、“民主集中制”并不是现代社会的专利，从有统治者统治社会，就开始了，统治阶级也意识到自己定夺是有局限的，也是要兜底的，决策没失误还好，决策失误，则会被人耻笑。那么，就要大家聚在一起讨论国事，首先要理智、心平气和的“摆事实、讲道理”，“和兑”，“有理不在声高”，这样大家一起开会议政也都有收获，其乐融融，会议的祥和气氛非常重要，最终会“吉”。

[时间脉络线 1/6]：西周在决定重大事项时候，也要召集文武百官一起开会讨论定夺，开会的会规就要“和”，有事讲事、有理讲理，不可大声喧哗。即，开会议政，要和气。

九二，孚兑，吉，悔亡。

注释：孚，诚信。兑，开会、参会。

爻辞记忆法：

[历史故事]

西周统治者召集文武百官开会议政，讨论重大国家地方事项定夺，也要求大家都带着诚心和诚意而来，“孚兑”，要“捧着一颗心来，不带半根草去”。不可“虚情假意”、“各怀鬼胎”来参会，那样就没意义了，来了就是说事的，就是要解决问题的。不然，如果心无“诚”，则不会讨论出真诚、有效、正确的决议，就可能误国误民、耽误战机、置百姓于水火而不顾。只有“孚兑”了，才会“吉”，其它的担心就会“悔亡”。

[时间脉络线 2/6] ：开会议政，不仅要和气，还要心诚。

六三，来兑，凶。

注释：来兑，主动要求参会。

爻辞记忆法：

[历史故事]

西周开会议政，是关系社稷安全、民生安定、军机保密，对于外人、生人，“不可入内”，特别是对于主动来讨好，主动来申请参会的新人，“来兑”，必须谨慎再谨慎，做好背景调查，搞不好就是刺探消息的“卧底”、“特务”。内部会议一旦混入歹人，则极易“堡垒被内部攻破”，后果不堪设想，即“凶”。

[时间脉络线 3/6] ：开会议政，不仅要和气，要心诚，还要提防内奸、特务。

九四，商兑未宁，介疾，有喜。

注释：商兑，商讨开会。未宁，未达成共识。介，去除。疾，不好的。

爻辞记忆法：

[历史故事]

开会议政是一个集思广益、充分讨论的过程，必然会有争辩，“商兑”，短时间内无法达成共识，“未宁”。而且西周一旦是召集文武大臣开会，就不是小事，是大事，那么每个人的分析角度不同、代表的利益出发点不同，必然会“公有公的理，婆有婆的理”。因此，必须要去除里面不合理的主张，即“**介疾**”，竭力争取共识，“条分缕析”，最终达成决议，就“**有喜**”。

[时间脉络线 4/6]：开会议政，不仅要和气，要心诚，要提防内奸、特务，还要“求同去异”，以达成决议。

九五，孚于剥，有厉。

注释：孚，诚信、真实。剥，打折扣、剥削。

爻辞记忆法：

[历史故事]

开会就是开会，必须真情实意的进行讨论，每个人都尽心尽力，贡献智慧，讨论可以一直继续下去，开会决策的一切都要依据于真诚、真实，这样的决策结果才可信、有用。有时候开会会一直达不成共识，群臣“僵持不下”，“各抒己见”，这很正常，但千万不能为了赶时间，而“折中”、“打折扣”，“大家各退一步”，“**孚于剥**”，那么这样的话，最终的决议就会被“注水”，质量不过关，后果可想而知，“**有厉**”。

[时间脉络线 5/6]：开会议政，不仅要和气，要心诚，要提防内奸、特务，要“求同去异”，还不能“折中”、“注水”，国家决议非同小可，关系国家社稷安全、黎民百姓生计。

上六，引兑。

注释：引兑，引导开会。

爻辞记忆法：

[历史故事]

一切开会议政的目的和最终结果，是要讨论出个“所以然”，在开会讨论的过程中，逐渐引导众人到一个政策决定方向，取得大多数人的共识，即“**引兑**”，达成一个决议，形成书面文件，然后下发下去，让地方官执行，让黎民百姓遵守。

[时间脉络线 6/6]：开会的最终结果，是引导到一个决策方向，然后取得共识，形成最终的决议。

59【风水涣】䷺

[爻辞暗示]：此卦通过“风水涣”卦，来描述周朝建立以后，周武王积劳成疾病逝，周公摄政，管蔡叛乱，武庚、东夷也随之叛乱的事情，因此整个六爻辞都是借助“涣”的要素和形象来展开内容。“涣”在这里就是“内部涣散”的意思。

初六，用拯马壮，吉。

注释：用，利用。拯，拯救。马壮，壮马、良将。

爻辞记忆法：

[历史故事]

周朝建立以后，周武王积劳成疾病逝，太子尚小，周公摄政，这引起了武王的弟弟管叔、蔡叔的叛变。商朝灭亡后，周朝为安抚商朝遗老遗少，任命商纣王儿子武庚继续管辖朝歌，这次管蔡叛变，武庚早就心怀为父报仇之心，也随之叛变。东夷各部落又也起兵叛乱。在紧急关头，老臣周公挂帅，“**用拯马壮**”，亲自讨伐这些叛乱力量。反叛威胁政权的事情，不容商量，就要镇压，因而“**吉**”。

[时间脉络线 1/6]：周武王病逝，周公摄政，叛变四起，周公亲自征讨。

九二，涣，奔其机，悔亡。

注释：涣，内部涣散，此处指周朝内部叛乱。奔，直奔。机，机要、主要。

爻辞记忆法：

[历史故事]

叛乱发生，“**涣**”，周朝就要缜密分析叛乱力量的实际情况，抓住其主要力量、兵力布置、后勤情况，然后分析其核心力量和致命弱点，直奔叛军的命门，“**奔其机**”，来个快速的痛击，这样，才能有雄厚的实力、十足的胜算，来消灭叛乱力量，就可以“**悔亡**”了。

[时间脉络线 2/6]：叛乱发生，要快速分析叛军的致命弱点。

六三，涣其躬，无悔。

注释：躬，主力。

爻辞记忆法：

[历史故事]

叛乱发生，大军不能全面开花，全线进攻，要首先攻打主力、要害的敌方军队，就是指管蔡叛乱力量，“**涣其躬**”，这样就战术运用得当，“**无悔**”。

[时间脉络线 3/6]：叛乱发生，要主要攻打敌方主力。

六四，涣其群，元吉。涣有丘，匪夷所思。

注释：群，叛乱联盟。丘，堆成丘。匪夷所思，不可思议。

爻辞记忆法：

[历史故事]

在大军攻打、打散和消灭叛乱主力之后，进一步进攻其它叛乱力量，就是指朝歌一带的武庚商军、东夷等叛乱力量，“**涣其群**”，这样的军事进攻次序，“**元吉**”。周公最迷惑不解的是，管蔡叛乱军、武庚叛乱军、东夷叛乱军他们三个怎么能凑合到一起的，联合叛变周朝，“**涣有丘**”，周公百思不得其解，“**匪夷所思**”。

[时间脉络线 4/6]：叛乱发生，攻打敌方主力后，继续攻打残余力量。

九五，涣汗其大号，涣王居，无咎。

注释：汗，去掉、革除。大号，名号。王居，王室居所。

爻辞记忆法：

[历史故事]

平定叛乱后，就要拿掉这些人的诸侯封地名号，“**涣汗其大号**”，废除王室居所，一切待遇全无，“**涣王居**”，这样处理，彻底以除后患，因而“**无咎**”。

[时间脉络线 5/6]：平叛成功后，要剥夺叛乱者的爵位称号待遇。

上九，涣其，血去，逖[ti]出，无咎。

注释：涣其，解散、平叛。血去，忧虑散去。逖出，警惕消除。

爻辞记忆法：

[历史故事]

平叛大军最终完全平叛叛乱的三股势力，“涣其”，忧虑散去，“血去”，警惕消除，“逖出”，因而胜利凯旋，“无咎”。

[时间脉络线 6/6]：平叛成功，政权忧患消除。

60【水泽节】䷻

[爻辞暗示]：此卦通过“水泽节”卦，来描述周文王一生的概括，因此整个六爻辞都是借助“节”的要素和形象来展开内容。“节”在这里就是“节制”的意思。

初九，不出户庭，无咎。

注释：不出户庭，在家庭受教育。

爻辞记忆法：

[历史故事]

周文王姬昌自幼聪颖，据说天生异象，长了四个乳房，他的父亲季历不仅能征善战，而且德高望重，名声很好，赢得了部下和百姓的一片赞扬。因此，周文王就是在这样的家庭环境中长大，其父就是心直口快、光明磊落之人，姬昌深受影响，不仅饱读诗书、熟读兵法，也养成了仁心仁德的“赤子之心”。所以此时的周文王虽没走出家门、踏入社会，没见过多少世面，但已经打好了底子，即“不出户庭，无咎”。

[时间脉络线 1/6]：做事就是做人，“修身齐家治国平天下”，第一顺序就是“修身”，因此周文王做对了第一步，打好了自身“德”的底子。

九二，不出门庭，凶。

注释：不出门庭，未脱离闭门造车、门户之见。

爻辞记忆法：

[历史故事]

虽然周文王从小就饱读诗书、熟读兵法、根正苗红，养成了“赤子之心”，但直到起兵伐商，为父报仇那一刻，依然是“涉世未深”，没有社会阅历，更没有战场上的实战经验的毛头小子。所获得的知识和经验往往有“闭门造车”的局限，还没有脱离“门户之见”，即“**不出门庭**”，还没有“见多识广”综合运用的能力，容易禁锢思维，自以为是，但后果往往是“纸上谈兵”，“见光即死”，所以“**凶**”。

[时间脉络线 2/6]：理论要和实践相结合，“实践出真知”，因此要破除“门户之见”，“博采众长”，不然就容易“坐井观天”，有危险。

六三，不节若，则嗟若，无咎。

注释：节，节制。不节若，不节制。嗟若，叹息、后悔。

爻辞记忆法：

[历史故事]

天有不测风云，季历因为赫赫战功被商王文丁所忌惮杀害，姬昌奔丧时也被羁押看管，后在一群季历的朝中朋友的求情下，才“化险为夷”放了回来。一回来，年轻气盛的姬昌哪能忍下这口气，父亲被害，说什么都要报仇的。经过一番军事准备，信心满满，就要出兵讨伐商朝。此时商王文丁已去世，帝乙继位。但姬昌不管，众臣也劝不住，作为从未打过仗的周文王，这一仗其实胜负已分，文王啥军事打仗谋略、布阵、统筹都不会，更别提此次出师，商朝还并没有达到“众叛亲离”的程度。另外你毕竟还是“造反”，“以下犯上”，这个“高帽”可真不好戴。所以，最终惨败，差点没了老命，即“**不节若，则嗟若**”。好在商王帝乙继位不久，统治不稳，事情繁多，无暇恋战，没有“乘胜追击”、“赶尽杀绝”西周，即“**无咎**”。最终周文王折腾了一圈“损兵折将”、“无功而返”，垂头丧气地回到了西周，灭商大业暂时搁置。

[时间脉络线 3/6]：周文王一心想为父报仇，鲁莽出战征讨商朝，最终惨败，差点小命不保，最终因为商王太忙，放了文王一马。

六四，安节，亨。

注释：安，安下心、安定。

爻辞记忆法：

[历史故事]

经历了惨败的教训，文王痛定思痛，上次和商朝对战吃了败仗，真的是“鸡蛋碰石头”不自量力，不能再这么不理智了。经过了多个日夜的深思熟虑，文王终于决定先安下心来，即“**安节**”，做好眼前工作为好，再图“东山再起”。这样的做法才是务实，也是快速成长之道，可以“**亨**”。

[时间脉络线 4/6]： 吃了败仗的文王经过深刻检讨之后，终于安下心来，做好眼前事情，以图来日“东山再起”。

九五，甘节，吉，往有尚。

注释：甘，转好运。往，交往。尚，高尚、好事。

爻辞记忆法：

[历史故事]

安下心来之后，周文王“忙里忙外”，内勤政辅佐商王、醉心于西周建设发展，外替王征讨、俘获一批“心悦诚服”的诸侯的心。时光荏苒，周文王小日子渐渐滋润起来，即“**甘节**”，西周也恢复元气、越发壮大，四海诸侯小弟多被臣服，在朝廷日益被商王器重，这一切都指向了“**吉**”。周文王交际圈扩大了，能笼络到的人才和民心越来越庞大，即“**往有尚**”。

[时间脉络线 5/6]：周文王姬昌安心做事做人之后，终于苦尽甘来，各方面利好消息向他涌来，要抱他大腿的人也越来越多了。

上六，苦节，贞凶，悔亡。

注释：苦，清苦。

爻辞记忆法：

[历史故事]

“人算不如天算”，尽管周文王姬昌小心翼翼、忠心耿耿为商王，但奈何此时的商王已是商纣王继位，他贪图美色苏妲己，荒淫无度，听信小人谗言，同时也看到了西周在姬昌的治下日渐强盛，看在眼里急在心上，但又不好发作。正好有一天纣王宠臣崇侯虎告御状指责姬昌，纣王“顺水推舟”就势拿下了姬昌，囚禁在羑里。这下周文王“祸从天降”，身陷囹圄，痛苦不堪。但这时候的周文王不再是首次出征讨商那时的不稳重了，他很快调整好了心态，以万般的隐忍力，在狱中“闲来无事”作起了《周易》，以此打发这艰难时刻，用做正事来抵消牢狱带来的消极一面，即“**苦节，贞凶**”。最终“文王演八卦”，变“八卦”为“六十四卦”，成就了中国最著名的《周易》，成为“群经之首”，至此“**悔亡**”。这就是“天将降大任于斯人也，必先苦其心志，劳其筋骨，饿其体肤，空乏其身，行拂乱其所为”，周文王“因祸得福”，修成了人间最经典的《周易》，终身无憾了。

[时间脉络线 6/6]：周文王“人在家中坐，锅从天上来”，无缘无故身陷囹圄。“祸兮，福之所倚；福兮，祸之所伏”，“烈火中永生”，周文王在狱中在巨大的苦闷中，奋发而作就了流传千古的《周易》。

61【风泽中孚】䷼

[爻辞暗示]：此卦通过“风泽中孚”卦，来描述如何交朋友，因此整个六爻辞都是借助“中孚”的要素和形象来展开内容。“中孚”在这里就是“以诚交友”的意思。

初九，虞吉，有它不燕。

注释：虞，审查、调查。有它，有问题。不燕，不安宁。

爻辞记忆法：

[历史故事]

交朋友，首先要对朋友进行考察，背景审查，人品检查，“**虞**”，这样才是靠谱的交友，对自己负责，这样才“**吉**”。因为“近朱者赤，近墨者黑”，如果“交友不慎”、“遇人不淑”，对方人品有问题，那就不得安宁了，“**有它不燕**”。

[时间脉络线 1/6]：交友要慎重，看清人品。

九二，鸣鹤在阴，其子和之。我有好爵，吾与尔靡mí之。

注释：鸣鹤，鹤鸣叫。阴，荫凉处。子，知己。和，应和。好爵，好酒。吾，我。尔，你。靡，分散、共享。

爻辞记忆法：

[历史故事]

交朋友，最高兴的就是遇到知己，所谓“一曲肝肠断，天涯何处觅知音？”，即“**鸣鹤在阴，其子和之**”。“朋友来了有酒喝”，“对酒当歌，人生几何？”人生最惬意的事情就是遇到知己，那么肯定就要拿出酒来，与知己共赏，“**我有好爵，吾与尔靡之**”，就要“酒逢知己千杯少”了。

[时间脉络线2/6]：交友的最高境界，就是遇到知己。

六三，得敌，或鼓或罢，或泣或歌。

注释：得敌，匹敌。鼓，击鼓。罢，听罢。泣，哭泣。歌，歌舞。

爻辞记忆法：

[历史故事]

交朋友，最难得的就是遇到“棋逢对手”，双方都在同样的高度，品行、趣味、实力旗鼓相当，“**得敌**”，这样双方的沟通才能顺畅，彼此都能理解彼此在说什么，双方聊起来可以随意“嬉笑怒骂”，说话风格可以“自由切换”、“随意洒脱”，即“**或鼓或罢，或泣或歌**”，和这样的处于同一层次的朋友聊天才是“畅快淋漓”的，不亦快哉。

[时间脉络线3/6]：交友的最幸运之处，就是找到了实力相当的知己。

六四，月几望，马匹亡，无咎。

注释：月几望，月亮又要圆，指经年累月、斗转星移。马匹亡，马匹消亡。

爻辞记忆法：

[历史故事]

交朋友，经年累月，斗转星移，要经得起时间的考验，“**月几望，马匹亡**”，月亮圆了又缺、马匹都消亡了，就是说“沧海桑田”，友谊要“地久天长”，因而“无咎”。

[时间脉络线 4/6]：交友，要追求友谊地久天长。

九五，有孚挛 luán 如，无咎。

注释：挛，连在一起。

爻辞记忆法：

[历史故事]

交朋友，双方交往时间越来越长，关系越来越紧密，关系好的像亲兄弟，都坦诚相见、没有隐瞒，“**有孚挛如**”，这样的交友，才是诚心交友，“**无咎**”。

[时间脉络线 5/6]：交友，要坦诚诚信。

上九，翰 hàn 音登于天，贞凶。

注释：翰音，高音，高谈阔论。

爻辞记忆法：

[历史故事]

交朋友，要避免走入这种极端，就是双方越交往，双方越喜欢高谈阔论、互相吹捧，“**翰音登于天**”，这样就会越来越尴尬，也容易空洞空谈，导致双方会产生分歧、争执，长此以往，虽“**贞**”，但最终会“**凶**”。

[时间脉络线 6/6]：交友，最忌攀比空谈。

62【雷山小过】䷽

[爻辞暗示]：此卦通过“小过”卦，来描述西周姬昌过人才能、西周国力逐渐超过商朝的事情，但因为是“小过”，所以还不足以有实力伐商灭商，因此整个六爻辞都是借助“过”的要素和形象来展开内容。“过”在这里就是“过人之处、超过”的意思。

初六，飞鸟以凶。

注释：以，按照飞的惯性向上飞。飞鸟以凶，鸟向上飞有凶险。

爻辞记忆法：

[历史故事]

姬昌自小就天资聪颖，会习先天神龙伏羲八卦，熟读兵法、饱读诗书，养成了一身君子风范。但天有不测风云，其父季历征战为商朝朝廷加害，死于西北边塞甘肃。姬昌怒发冲冠，回到西周之后，意气用事，发起了为父报仇征讨商朝的战争。怎料书生气太重，“纸上谈兵”太多，无战场实战经验，最终惨败收场，这就是“**飞鸟以凶**”，比喻姬昌像树丛中鸟儿一样，冒冒失失的从树丛中扑棱棱的突然飞出，惊扰了商朝，给自己带来了凶险。

[时间脉络线 1/6]：姬昌有过人之处，但脾气也过大。

六二，过其祖，遇其妣 bǐ，不及其君，遇其臣。无咎。

注释：过，超过。祖，父亲。妣，母亲。不及，未超过。君，君主。遇，相遇、平手。臣，文武大臣。

爻辞记忆法：

[历史故事]

姬昌经历了惨痛的伐商战场失败，沉下心来，不再过于冲动，而是潜心于自己的成长，不再不切实际的瞎折腾。在这个理念指导下，在治理西周经济军事发展上，在辅佐商朝政治经验上，姬昌逐渐成长了起来，达到了“**过其祖，遇其妣**”的程度，即超过了父母，但没有“功高盖主”，“**不及其君**”，也不能超过君主，但其政治智慧也已与满朝文武平起平坐了，“**遇其臣**”。一切都回到了安宁祥和的日子，不惹事，只关注自身成长，姬昌因此“**无咎**”发生。

[时间脉络线 2/6]：姬昌成长迅速，已是稳重之人和有过人之处了。

九三，弗过，防之，从或戕 qiāng 之，凶。

注释：弗过，未超过。防，防守。从，依从、顺从。戕，戕害。

爻辞记忆法：

[历史故事]

西周此刻的整体经济军事实力还未超过商朝，“**弗过**”，因此还宜于以防守为主，“**防之**”。姬昌依旧选择韬光养晦，不露声色，数十年伴君左右，辅佐商王政务，但伴君如伴虎，过于近从，就会有凶险，最终姬昌被商纣王囚禁，失去了自由，“**从或戕之，凶**”。

[时间脉络线3/6]：西周实力还未超过商朝，还以防守为主，姬昌靠的商王太近，最终被囚禁。

九四，无咎。弗过，遇之，往厉，必戒，勿用，永贞。

注释：遇之，相遇、交战。戒。警戒。

爻辞记忆法：

[历史故事]

最终商纣王并没有杀掉姬昌，而是一直软禁了他，姬昌已为自己算了一卦，不会有事的，“**无咎**”。西周上下都急死了，姬昌的儿子以及大臣将士们都要打算攻打朝歌，救出姬昌。但奈何此时西周国力军力依然不及商朝，“**弗过**”，如果贸然用兵，两军交战，必然会有失利，“**遇之，往厉**”，而姬昌也早已交代不可贸然出兵，“**必戒，勿用**”。只有这样用兵，才能“**永贞**”。另外，姬昌利用在狱中的几年时间，作出了影响深远、耀眼历史长河的巨著《周易》，因而周文王姬昌“**永贞**”。

[时间脉络线4/6]：姬昌被囚禁但无性命之忧，西周谨记教导，不轻易出兵。

六五，密云不雨，自我西郊。公弋[yì]取彼在穴。

注释：密云不雨，浓云密布却不下雨，指暗中发展力量。我西郊，指西周。公，王公，此处指西周。弋，带绳的箭。彼，指商纣王。穴，老巢，此处指朝歌。

爻辞记忆法：

[历史故事]

被商纣王囚禁数年的姬昌，最终获得释放，回到了西周。他不在的这些年，西周秩序井然，风调雨顺，西周在姜子牙和周公的辅佐下，日渐强盛，同时依然选择“暗度陈仓”不露声色做好军事斗争准备，“**密云不雨，**

自我西郊”。西周经过几十年的苦心经营，在几代统治者的励精图治下，已然经济实力雄厚，人才慕名而来、人才荟萃，朝廷政治清明，社会风气良好，此时的西周已然具备灭商的实力。攻打朝歌，直捣纣王老巢，捉拿商纣王，即“**公弋取彼在穴**”，犹如“探囊取物”，“手到擒来”。

[时间脉络线 5/6]：姬昌获释，返回西周，依然奉行防守政策，此时西周已具备灭商实力。

上六，弗遇，过之，飞鸟离之，凶，是谓灾眚。

注释：弗遇，未交战。过之，超过。离之，离开，此处指周文王去世。灾眚，灾难、巨大损失。

爻辞记忆法：

[历史故事]

西周尚未与商朝交战，“**弗遇**”，因为时机还未到，但西周的经济军事实力与日俱增，而商朝在纣王的“酒池肉林”、“荒淫无度”、“大兴土木”、“不理朝政”的糟蹋下，每况愈下，国力早已衰弱，军心早已涣散，朝中文武百官各怀鬼胎、早就“身在曹营心在汉”了。所以，两相对比之下，西周已然胜出商朝，“**过之**”。姬昌已获释放回到了西周，正要踌躇满志，继续施展满腔抱负，为西周灭商大展宏图之时，“天妒英才”，周文王突然去世，犹如“**飞鸟离之**”，呼应了初六爻的“**飞鸟以凶**”，周文王的突然逝去，对于西周是巨大灾难，是西周国的巨大损失，“**凶，是谓灾眚**”，灭商的进程受到了极大的打击和延缓。

[时间脉络线 6/6]：灭商大业尚未成功，周文王却逝去，是西周巨大损失。

63【水火既济】䷾

[爻辞暗示]：此卦通过“水火既济”卦，来描述西周灭商长期进程中陆续制定出来的各项政策优势，这样才能把商朝比下去，行动就有正义感了，因此整个六爻辞都是借助“既济”的要素和形象来展开内容。“既济”在这里就是“西周战胜商朝的几大法宝”的意思。

初九，曳其轮，濡其尾，无咎。

注释：曳其轮，轮子陷住了。濡，沾湿。尾，尾巴。

爻辞记忆法：

[历史故事]

西周灭商是个长期的斗争过程，这期间需要高超的斗争智慧，尤其是战略思想方面要优于商朝，才能最终获胜。刚开始的斗争，肯定会遇到挫折，“**曳其轮**”，就像车轮陷住了，拖曳出来就行了，“**濡其尾**”，尾巴也被沾湿了，这没什么，万事开头难，最主要的是“跌倒了马上爬起来”，尾巴甩甩就干了，就“**无咎**”了。一时的失败不代表永久的失败，再说“失败是成功之母”。

[时间脉络线 1/6]：万事开头难，整个灭商过程的一开始阶段必然会遇到失败和挫折，要心态放平。

六二，妇丧其茀[fú]，勿逐，七日得。

注释：丧，丢失。茀，首饰。勿逐，别找、别追逐。得，失而复得。

爻辞记忆法：

[历史故事]

西周在与商朝对决的过程中，难免造成自己人员伤亡、城池丢失，“**妇丧其茀**”，就好比妇人丢失了首饰。那么，别急，要从整个全局的战场形势和战略高度去分析和判断，如果需要，就要“丢车保帅”，不计较一城一池的得失，即“**勿逐**”。只要战略正确，全局一盘棋，必会打胜仗，最终还会拿回来的，“**七日得**”。

[时间脉络线 2/6]：灭商大业过程中，要不计较一城一池的得失，不要失去战略重点。

九三，高宗伐鬼方，三年克之，小人勿用。

注释：高宗，商王武丁。鬼方，商朝西北方一诸侯国。克，战胜。

爻辞记忆法：

［历史故事］

在灭商斗争中，要做好长期战斗的准备，要知道，商朝如此强大，但征服鬼方尚用了长达三年时间，“**高宗伐鬼方，三年克之**”。那么，西周比起来商朝，实力肯定更弱一些，“瘦死的骆驼比马大”，所以灭商不是一个简单的事情，要有长期斗争的心理准备。商高宗武丁为什么打鬼方打了三年才打下来？原因是身边没有得力的谋士和大将辅佐，为此商高宗武丁“三年不言”。《史记·殷本纪》明确记载：“帝武丁即位，思复兴殷，而未得其佐。三年不言，政事决定于冢宰，以观国风。”就是说，武丁重视人才，不重用小人，“**小人勿用**”，宁愿等待人才的出现，宁愿三年不说话，也不会胡乱抓一个“小人”来凑数。所以说，商朝的强大自有其原先商王打下来的基础，是有原因的。商高宗武丁已驾仙鹤而去，现在为商纣王统治时期。那么，西周要想战胜商朝，更要学习商朝先王的经验，坚决“**小人勿用**”，宁缺毋滥，哪怕“三年不言”又如何？

［时间脉络线 3/6］： 灭商要做好长期斗争的心理准备，要重视人才、重用人才，坚决不能任用小人。

六四，繻 xū 有衣袽 rú，终日戒。

注释： 繻，华美衣服。衣袽，破敝的衣服。戒，戒律。

爻辞记忆法：

［历史故事］

西周灭商是一个长期的军事斗争过程，“兵马未动，粮草先行”，打仗是最消耗民力物力的，西周本来就是小国，虽然南征北战、励精图治，小有积蓄，但仍然禁不起“铺张浪费”，和大规模用兵。因此，就要勤俭节约，一切都要精打细算，一分钱当两分钱用，“**繻有衣袽**”，即使有新衣服穿，仍不忘常穿旧衣服，这样每日都这样做、这样节俭，“**终日戒**”，就不会“入不敷出”，导致困局。

［时间脉络线 4/6］： 灭商是个长期过程，打仗是需要花钱的，平时要节俭，要省着用，不能奢靡。

九五，东邻杀牛，不如西邻之禴祭，实受其福。

注释：东邻，指商朝。西邻，指西周。禴祭，简单祭祀。

爻辞记忆法：

[历史故事]

灭商过程中，还要重视舆论战。即商朝仍然保持各种严刑酷法，仍然要奴隶殉葬等恶习，即“**东邻杀牛**”，而西周怜悯黎民百姓，早废除了不人道的殉葬制度。在祭祀方面，西周强调心诚，并不在意祭祀的祭品的厚薄，只要诚意到了，祭祀就是感天动地的，为上天接受的，即“**不如西邻之禴祭**”。西周的种种利好政策，吸引了大批民众归顺而来，安家乐业，真正感受到了西周的仁政，即“**实受其福**”。

[时间脉络线 5/6]：西周直接废除商朝的恶习，颁布利好政策，制造舆论优势。

上六，濡其首，厉。

注释：濡，沾湿。首，头部。

爻辞记忆法：

[历史故事]

西周灭商是个苦差事，在这个长期的军事斗争过程中，是要拿出干事业、闯天下的气概，和吃苦耐劳的精神，“做事要有做事的样子”。在常年的行军打仗的过程中，要远离酒，即远离享乐。因为酒这东西喝多了会乱了心智，这对军事用兵是极度危险的。因此，要坚决杜绝嗜酒，不能像商纣王那样“酒池肉林”，嗜酒的程度都达到了把头伸进酒桶里去了，“**濡其首**”。如果像商纣王那样带兵打仗时还如此嗜酒，那必然危险会降临，即“**厉**”。酒，还是庆功时候喝的好。

[时间脉络线 6/6]：西周灭商的行军打仗，要严谨奉行“打仗不喝酒，喝酒不打折”的训词，喝酒误事。

64【火水未济】䷿

[爻辞暗示]：此卦通过“火水未济”卦，来描述西周尚未灭商成功之

前，季历的一次征伐鬼方的经历，因此整个六爻辞都是借助“未济”的要素和形象来展开内容。“未济”在这里就是“鬼方只是小试牛刀，灭商大业尚未成功”的意思。

初六，濡其尾，吝。

注释：濡，沾湿。尾，尾巴。吝，遗憾、失利。

爻辞记忆法：

[历史故事]

季历奉商王之旨征讨鬼方，但鬼方确实难打，刚第一次交战就失利了，就像车轮陷在泥水里，“**濡其尾**”，所以“**吝**”。

[时间脉络线 1/6]：季历第一次攻打鬼方，失利。

九二，曳其轮，贞吉。

注释：曳，拖曳。

爻辞记忆法：

[历史故事]

季历撤回军队，稍作休整，调整作战部署，优化战略战术，这一番做法犹如车陷在泥水里，不顺，那么，把车拉出来，“**曳其轮**”，就好了，“**贞吉**”。

[时间脉络线 2/6]：季历调整用兵，有所改进。

六三，未济，征凶，利涉大川。

注释：未济，未渡河、未成功。征，征战。

爻辞记忆法：

[历史故事]

但是鬼方确实是太强悍了，季历再次攻打就是打不下来，导致兵将损耗严重，“**未济，征凶**”。但也给鬼方以沉重打击，鬼方也是“两败俱伤”，因此此时宜将战事坚持到底，继续前进攻打，即“**利涉大川**”，鬼方就撑不住了，就拿下了。

[时间脉络线 3/6]： 再次攻打，还是未成，但是离胜利不远了。

九四，贞吉，悔亡。震用伐鬼方，三年有赏于大国。

注释： 震，此处指商王武乙。伐，征伐。鬼方，商朝西北方一诸侯国。大国，指商朝。

爻辞记忆法：

[历史故事]

经历了长达三年的长时间的艰苦卓绝的军事用兵，即"**贞**"，季历终于拿下鬼方，"**吉**"，终于可以"心里的一块石头落了地"，可以"**悔亡**"了。随后，进一步明确了征伐鬼方是官方行动，即"**震用伐鬼方**"，"震"为商王，季历因此得到了大大的赏赐，来自大国商朝的赏赐，即"**三年有赏于大国**"。

[时间脉络线 4/6]： 百炼成钢，季历终于拿下鬼方，商王重重的赏赐季历。

六五，贞吉，无悔。君子之光有孚，吉。

注释： 君子之光，君子之光辉，此处指季历的战绩。

爻辞记忆法：

[历史故事]

季历代王征伐鬼方的军事行动以胜利而告终，终于落下帷幕，告一段落。总结战胜鬼方的经验，就是一直坚持，打持久战，即"**贞吉**"，"不打退堂鼓"，即"**无悔**"。在这场战争中，充分体现了季历的将帅风范，做事才能，"沧海横流，方显英雄本色"，鬼方之战使得季历"**君子之光有孚**"，声名鹊起，因而"**吉**"。

[时间脉络线 5/6]： 季历拿下鬼方，也使其光芒闪耀，声名远播。

上九，有孚于饮酒，无咎。濡其首，有孚失是。

注释： 饮酒，开怀畅饮。失是，做过了头。

爻辞记忆法：

[历史故事]

季历拿下鬼方，商王重重地赏赐，酒自然是少不了的。季历心情大悦，开怀畅饮，“此时非彼一时”，这是庆功酒，是为了庆贺，所以饮酒并不为过，即“**有孚于饮酒，无咎**”。但如果过于沉醉其中，乃至把头都伸进酒桶里了，嗜酒过甚，把头都沾湿了，即使本人并不存在问题，也是做过了头了，“**濡其首，有孚失是**”。

[时间脉络线 6/6]：商王赏赐季历美酒无数，季历喝酒庆祝“无可厚非”，但如果“沉醉其中”就有失风范了。

四、六十四卦卦义和卦体

1【乾为天】䷀

卦义：刚健、首领、统帅、奋斗、执着、主动、自强不息、为君之道、龙马精神。

卦体：卦主为九五爻。错卦为坤，互卦为乾，综卦为乾。八宫属乾宫，本宫卦，五行属金。节气（或月份）属四月。

2【坤为地】䷁

卦义：包容、承载、容纳、忍受、接受、顺从、气度、地气、柔顺、从属、至柔、母爱、生育、至静，大地之美，女性之美、阴柔之美、胸怀宽广、为臣之道。

卦体：卦主为六二爻。错卦为乾，互卦为坤，综卦为坤。八宫属坤宫，本宫卦，五行属土。节气（或月份）属十月。

3【水雷屯】䷂

卦义：受限、困难、艰忍、突破、萌芽、信念、准备、积蓄、屯列、开创基业、事业之初、开天辟地、万事开头难、创始的艰难、初创的艰难、充满生机、前途不可限量。

卦体：卦主为六五爻。错卦为革，互卦为复，综卦为屯。八宫属离宫，四世卦，五行属火。节气（或月份）属正月。

4【山水蒙】䷃

卦义： 蒙昧、启发、指导、启蒙、教育、遮蔽、迷蒙、懵懂、幼稚、蒙蔽、学习、发蒙、暗昧不明、生命启蒙。

卦体： 卦主为六五，错卦为革，互卦为复，综卦为屯。八宫属离宫，四世卦，五行属火。节气（或月份）属正月。

5【水天需】䷄

卦义： 等待、待机、静心、蓄锐、等候、期待、盼望、成长、踌躇、欲望、厚积薄发、饮食之道、伺机而动。

卦体： 卦主为九五爻。错卦为晋，互卦为睽，综卦为讼。八宫属坤宫，游魂卦，五行属土。节气（或月份）属二月。

6【天水讼】䷅

卦义： 争讼、诉讼、裁决、对立、矛盾、冲突、争执、争辩、辩论、打官司、口舌相争、游戏规则。

卦体： 卦主为九五爻。错卦为明夷，互卦为家人，综卦为需。八宫属离宫，游魂卦，五行属火。节气（或月份）属三月。

7【地水师】䷆

卦义： 战争、征伐、征战、拜师、集聚、团体、管理、挑战、军队、讨伐、动武、帮派、军队、战争、用人之道。

卦体： 卦主为九二爻、六五爻。错卦为同人，互卦为复，综卦为比。八宫属坎宫，归魂卦，五行属水。节气（或月份）属四月。

8【水地比】䷇

卦义： 亲密、相亲、靠拢、和气、团伙、团队、互助、团结、帮派、公司、亲近、敬慕、依附、比较、同行、比和之道、和谐之道、结盟、利益联盟、朋友圈、家庭、部落、社区、集团。

卦体：卦主为九五爻。错卦为大有，互卦为剥，综卦为师。八宫属坤宫，归魂卦，五行属土。节气（或月份）属四月。

9【风天小畜】䷈

卦义：贮存、蓄留、积蓄、培育、保存、蓄养、蓄聚、小有成就、持续积累、小的积蓄、会过日子、精打细算。

卦体：卦主为六四爻。错卦为豫，互卦为睽，综卦为履。八宫属巽宫，一世卦，五行属木。节气（或月份）属四月。

10【天泽履】䷉

卦义：实践、履行、行动、学习、踏实、欺压、踩踏、镇压、文明、教化、秩序、道德、礼仪、走路、做事、循礼而行、行为规范、社会规则、履行职责、履行诺言。

卦体：卦主为六三爻、九四爻。错卦为谦，互卦为家人，综卦为小畜。八宫属艮宫，五世卦，五行属土。节气（或月份）属六月。

11【地天泰】䷊

卦义：沟通、通达、通畅、安泰、太平、稳固、亨通、太平、交通、疏通、开通、泰斗、状态好、志同道合、泰然自若、处之泰然。

卦体：卦主为六五爻。错卦为否，互卦为归妹，综卦为否。八宫属坤宫，三世卦，五行属土。节气（或月份）属正月。

12【天地否】䷋

卦义：闭塞、隔绝、阻塞、错误、危机、崩溃、黑暗、不交不通、互不流通、否极泰来、自我否定、新的起点、大难不死。

卦体：卦主为九五爻。错卦为泰，互卦为渐，综卦为泰。八宫属乾宫，三世卦，五行属金。节气（或月份）属七月。

13【天火同人】䷌

卦义：认同、和同、同路、同心、合作、集结、归顺、自己人、知遇之恩、志趣相投、和睦相处、融入团队、大同社会、一视同仁、同心协力。

卦体：卦主为六二爻。错卦为师，互卦为姤，综卦为大有。八宫属离宫，归魂卦，五行属火。节气（或月份）属七月。

14【火天大有】䷍

卦义：富有、拥有、所有、占有、占领、包容、保有、富裕、收获、丰盛、富足、天下归心。

卦体：卦主为六五爻。错卦为比，互卦为夬，综卦为同人。八宫属乾宫，归魂卦，五行属金。节气（或月份）属五月。

15【地山谦】䷎

卦义：谦虚、谦恭、谦逊、气量、修养、深藏不露、低调做人、低调谋事、谦谦君子、躬行天下。

虚怀若谷。

卦体：卦主为九三爻。错卦为履，互卦为解，综卦为豫。八宫属兑宫，五世卦，五行属金。节气（或月份）属十二月。

16【雷地豫】䷏

卦义：快乐、喜悦、得意、从容、大笑、预备、准备、快乐之道、快乐哲学、得意忘形、乐极生悲。

卦体：卦主为九四爻。错卦为小畜，互卦为蹇，综卦为谦。八宫属震宫，一世卦，五行属木。节气（或月份）属三月。

17【泽雷随】䷐

卦义：跟从、跟随、听从、效法、随顺、归顺、随和、顺从、随行、选择、随时、随势、随人、随心、随运、站队、跟人、随天道、择善而从、随机应变、顺势而为、顺随自然。

卦体： 卦主为初九爻。错卦为蛊，互卦为渐，综卦为蛊。八宫属震宫，归魂卦，五行属木。节气（或月份）属二月。

18【山风蛊】䷑

卦义： 腐败、衰败、蛊惑、迷惑、诱惑、混乱、多事、多难、变坏、盗版、蛊惑人心、消除蛊惑、拨乱反正、惩前毖后、有错必纠。

卦体： 卦主为上九爻。错卦为随，互卦为归妹，综卦为随。八宫属巽宫，归魂卦，五行属木。节气（或月份）属三月。

19【地泽临】䷒

卦义： 亲临、面临、降临、抵达、观察、面对、临近、审视、监督、领导、统治、支配、亲近、保护、迫近、宽容、感化、大抱负、领导艺术、君临臣服、君临天下。

卦体： 卦主为九二爻。错卦为遁，互卦为复，综卦为观。八宫属坤宫，二世卦，五行属土。节气（或月份）属十二月。

20【风地观】䷓

卦义： 观察、观望、旁观、展示、审察、看透、观天下、观察之道、知己知彼、洞察人性、了解对手、体察民情、眼观六路。

卦体： 卦主为九五爻。错卦为大壮，互卦为剥，综卦为临。八宫属乾宫，四世卦，五行属金。节气（或月份）属八月。

21【火雷噬嗑】䷔

卦义： 刑罚、咬合、排除、锁定、应对之法、坚持原则、恩怨分明、遇到小人、法治和德治。

卦体： 卦主为六五爻。错卦为井，互卦为蹇，综卦为贲。八宫属巽宫，五世卦，五行属木。节气（或月份）属十月。

22【山火贲】䷕

卦义： 文饰、文明、装饰、文化、礼节、秩序、礼仪制度、文明依附、文质彬彬、个人形象、学会包装、形象投资、现象与本质、外在仪表与内在精神。

卦体： 卦主为六二爻。错卦为困，互卦为解，综卦为噬嗑。八宫属艮宫，一世卦，五行属土。节气（或月份）属八月。

23【山地剥】䷖

卦义： 剥落、剥离、侵蚀、衰减、衰微、衰老、衰落、衰败、崩坏、凋零、万物剥落、岌岌可危、韬光养晦、适可而止。

卦体： 卦主为上九爻。错卦为夬，互卦为坤，综卦为复。八宫属乾宫，五世卦，五行属金。节气（或月份）属九月。

24【地雷复】䷗

卦义： 复始、新生、往复、反复、返本、复兴、返回、回来、总结、反省、回归、复生、再生、调整、无往不复。

卦体： 卦主为初九爻。错卦为姤，互卦为坤，综卦为剥。八宫属坤宫，一世卦，五行属土。节气（或月份）属十一月。

25【天雷无妄】䷘

卦义： 客观、规律、真人、真实、真诚、无妄为、守正道、不固执、识时务、审时度势、没有私心、没有虚妄、坚持正义。

卦体： 卦主为初九爻。错卦为升，互卦为渐，综卦为大畜。八宫属巽宫，四世卦，五行属木。节气（或月份）属九月。

26【山天大畜】䷙

卦义： 蓄积、养育、丰厚、蓄人才、蓄德养贤、大的积蓄、大的收获、开源节流、大有积蓄、食禄于朝、服务于民、有志于天下。

卦体： 卦主为上九爻。错卦为萃，互卦为归妹，综卦为无妄。八宫属艮宫，二世卦，五行属土。节气（或月份）属八月。

27【山雷颐】䷚

卦义：饮食、颐养、休养、慎言语、节饮食、自养之道、养人之道、养生之道、自求口食、知足常乐。

卦体：卦主为初九爻、上九爻。错卦为大过，互卦为坤，综卦为颐。八宫属巽宫，游魂卦，五行属木。节气（或月份）属十一月。

28【泽风大过】䷛

卦义：太过、过度、过分、盲目、灾祸、冒进、泥潭、犯罪、走极端、不寻常、大的过错、大的过度、阳气过盛、刚愎自用、急于求成、急功近利。

卦体：卦主为九三爻、九四爻。错卦为颐，互卦为乾，综卦为大过。八宫属震宫，游魂卦，五行属木。节气（或月份）属十月。

29【坎为水】䷜

卦义：艰险、险难、涉险、遇险、挫折、困境、历险、劳苦、磨炼、栽跟头、化险为夷、险上加险、重重险难。

卦体：卦主为九二爻、九五爻。错卦为离，互卦为颐，综卦为坎。八宫属坎宫，本宫卦，五行属水。节气（或月份）属冬至。

30【离为火】䷝

卦义：光明、明亮、美丽、附着、依附、附丽、攀附、扩散、发散、延伸、伸展、胜利。

卦体：卦主为六二爻。错卦为坎，互卦为大过，综卦为离。八宫属离宫，本宫卦，五行属火。节气（或月份）属夏至。

31【泽山咸】䷞

卦义：感应、感动、打动、沟通、试探、初恋、求爱、帮助、善待、感应和合、交响感应、天人感应、心灵感应、阴阳感应、相互吸引。

卦体：卦主为九五爻。错卦为损，互卦为姤，综卦为恒。八宫属兑宫，三世卦，五行属金。节气（或月份）属五月。

32【雷风恒】䷟

卦义：守恒、恒常、恒定、永恒、专一、专注、持久、长久、平稳、真理、天道、持之以恒、恒久之道、各安其位、锲而不舍、坚持到底就是胜利。

卦体：卦主为六五爻。错卦为益，互卦为夬，综卦为咸。八宫属震宫，三世卦，五行属木。节气（或月份）属七月。

33【天山遁】䷠

卦义：隐遁、隐退、隐蔽、退后、逃跑、摆脱、退避、放弃、脱离、归隐、告辞、待机、急流勇退、进退自如、以退为进、识时务为俊杰。

卦体：卦主为九五爻。错卦为临，互卦为姤，综卦为大壮。八宫属乾宫，二世卦，五行属金。节气（或月份）属六月。

34【雷天大壮】䷡

卦义：壮大、过强、过刚、强壮、壮大、正大、兴隆、大人物、强盛法则、强大兴盛、阳气旺盛、引人注目。

卦体：卦主为九二爻。错卦为观，互卦为夬，综卦为遁。八宫属坤宫，四世卦，五行属土。节气（或月份）属二月。

35【火地晋】䷢

卦义：前进、提拔、赏识、发展、晋升、顺利、自信、展示、表彰、光明指引、服从领导、忠于职守、升官晋级、人往高处走。

卦体：卦主为六五爻。错卦为需，互卦为蹇，综卦为明夷。八宫属乾宫，游魂卦，五行属金。节气（或月份）属二月。

36【地火明夷】䷣

卦义：黑暗、愚昧、潜藏、磨炼、苦难、创伤、韬光养晦、政治昏暗、光明泯灭、自晦其明、黑白颠倒、锋芒不露、趋利避祸、忍让求成、保全实力。

卦体：卦主为六五爻。错卦为讼，互卦为解，综卦为晋。八宫属坎宫，游魂卦，五行属水。节气（或月份）属九月。

37【风火家人】䷤

卦义：家庭、亲人、伦理、协作、合作、和谐、爱心、理解、幸福、和睦、赞赏、治家之道、持家之道、家庭分工、家和万事兴、家庭尊卑次序

卦体：卦主为六二爻。错卦为解，互卦为未济，综卦为睽。八宫属巽宫，二世卦，五行属木。节气（或月份）属五月。

38【火泽睽】䷥

卦义：背叛、分离、背离、敌对、违背、不和、矛盾、反目、抵触、分裂、猜疑、相反、睽乖离散、人心不齐、两心相违、众目睽睽、舆情民意、求同存异。

卦体：卦主为六五爻。错卦为蹇，互卦为既济，综卦为家人。八宫属艮宫，四世卦，五行属土。节气（或月份）属十二月。

39【水山蹇】䷦

卦义：逆境、险阻、跛脚、危险、困难、艰难、难关、阻力、烦恼、陷入困境、停止不前、举步维艰、知难而止、能屈能伸、停止冒进、同舟共济、相互呼应。

卦体：卦主为九五爻。错卦为睽，互卦为未济，综卦为解。八宫属兑宫，四世卦，五行属金。节气（或月份）属十一月。

40【雷水解】䷧

卦义：解决、解困、解放、解围、解救、解冻、缓解、解除、疏解、

化解、解脱、解析、觉醒、机会、宽恕、通融、排忧解难、脱离危险。

卦体：卦主为九二爻。错卦为家人，互卦为既济，综卦为蹇。八宫属震宫，二世卦，五行属木。节气（或月份）属二月。

41【山泽损】䷨

卦义：损失、减损、亏损、受伤、损害、舍得、奉献、减少、收敛、减肥、减排、损下益上、损民益国、取之于民，用之于民、减损私欲、减损财富。

卦体：卦主为六五爻。错卦为咸，互卦为复，综卦为益。八宫属艮宫，三世卦，五行属土。节气（或月份）属七月。

42【风雷益】䷩

卦义：有益、收获、收益、受益、增加、增长、增益、增多、加法、给、帮助、损己益人、自损者益、民资国力、损上益下、藏富于民、吃亏是福、相互助长。

卦体：卦主为九五爻。错卦为恒，互卦为剥，综卦为损。八宫属巽宫，三世卦，五行属木。节气（或月份）属正月。

43【泽天夬】䷪

卦义：决断、果决、决去、切断、决裂、溃决、开拓、驱逐、做决定、果断决策、当断则断、果断坚定。

卦体：卦主为上六爻。错卦为剥，互卦为乾，综卦为姤。八宫属坤宫，五世卦，五行属土。节气（或月份）属三月。

44【天风姤】䷫

卦义：邂逅、相遇、结交、外遇、相会、交际、勾结、联合、桃花、女权、相遇相知、不期而遇、女性领导人。

卦体：卦主为初六爻。错卦为复，互卦为乾，综卦为夬。八宫属乾宫，一世卦，五行属金。节气（或月份）属五月。

45【泽地萃】䷬

卦义： 聚集、相聚、收集、集会、交易、升华、交友、处世、凝聚力、会聚之道、物以类聚、人以群分、群英荟萃。

卦体： 卦主为九五爻。错卦为大畜，互卦为渐，综卦为升。八宫属兑宫，二世卦，五行属金。节气（或月份）属八月。

46【地风升】䷭

卦义： 成长、前进、上升、顺利、升华、发展、积小成大、积少成多、生生不息、日积月累。

卦体： 卦主为六四爻、六五爻。错卦为无妄，互卦为归妹，综卦为萃。八宫属震宫，四世卦，五行属木。节气（或月份）属十二月。

47【泽水困】䷮

卦义： 受困、困境、困难、困窘、穷困、瓶颈、潦倒、天花板、难展抱负、深陷窘境、逆境。

卦体： 卦主为九五爻。错卦为贲，互卦为家人，综卦为井。八宫属兑宫，一世卦，五行属金。节气（或月份）属九月。

48【水风井】䷯

卦义： 奉献、滋养、恩惠、供给、供养、市井、故乡、人才、用人、用贤、养贤、维持生命、井井有条、求贤若渴、资源共享。

卦体： 卦主为九五爻。错卦为噬嗑，互卦为睽，综卦为困。八宫属震宫，五世卦，五行属木。节气（或月份）属五月。

49【泽火革】䷰

卦义： 革新、改变、创新、革命、变革、更新、冲突、破旧立新、与时俱进、改朝换代。

卦体：卦主为六二爻。错卦为蒙，互卦为姤，综卦为鼎。八宫属坎宫，四世卦，五行属水。节气（或月份）属三月。

50【火风鼎】䷱

卦义：安定、鼎立、改造、权威、使命、王权、创始、归宿、献身、破旧立新、革故鼎新、正位凝命、知人善用、独当一面。

卦体：卦主为六五爻。错卦为屯，互卦为夬，综卦为革。八宫属离宫，二世卦，五行属火。节气（或月份）属六月。

51【震为雷】䷲

卦义：震动、震惊、戒惧、害怕、警戒、警惕、警醒、恐惧、敬畏、轰鸣、奋发、谨慎行事。

卦体：卦主为初九爻。错卦为巽，互卦为蹇，综卦为艮。八宫属震宫，本宫卦，五行属木。节气（或月份）属春分。

52【艮为山】䷳

卦义：停止、不动、安静、踏实、明确、稳定、坚实、不接触、不听从、行动艰难、视而不见、内心稳定、抑止邪欲。

卦体：卦主为上九爻。错卦为兑，互卦为解，综卦为震。八宫属艮宫，本宫卦，五行属土。节气（或月份）属十月。

53【风山渐】䷴

卦义：渐进、成长、礼仪、耐心、循序渐进、潜移默化、欲速不达、渐入佳境、程序繁多、量变质变、缓和从容、有理有序、不可揠苗助长、千里之行始于足下。

卦体：卦主为九五爻。错卦为归妹，互卦为未济，综卦为归妹。八宫属艮宫，归魂卦，五行属土。节气（或月份）属正月。

54【雷泽归妹】䷵

卦义： 出嫁、投靠、依靠、归依、如愿、回报、隶属、不当、悖礼、男婚女嫁、繁衍后代、行为不正、不正规出嫁、不合乎礼法。

卦体： 卦主为六五爻。错卦为渐，互卦为既济，综卦为渐。八宫属兑宫，归魂卦，五行属金。节气（或月份）属九月。

55【雷火丰】䷶

卦义： 丰满、丰盛、丰硕、盛大、丰收、布施、兼济天下、声势浩大、光明普照、如日中天、盛极而衰。

卦体： 卦主为六二爻。错卦为涣，互卦为大过，综卦为旅。八宫属坎宫，五世卦，五行属水。节气（或月份）属六月。

56【火山旅】䷷

卦义： 旅行、游历、经历、客居、孤独、尝试、观世界、不安定、客居他乡、行旅在外、远离亲故、寄人篱下、失其所居、难以容身、不可久留、漂泊在外、流离颠沛、孤立无助、缺少照应、旅途艰辛、胸怀世界、放眼四海。

卦体： 卦主为六二爻。错卦为节，互卦为大过，综卦为丰。八宫属离宫，一世卦，五行属火。节气（或月份）属四月。

57【巽为风】䷸

卦义： 顺从、跟风、进入、顺服、顺应、保守、随顺、接纳、渗透、风气、三令五申、无孔不入、上行下效。

卦体： 卦主为九五爻。错卦为震，互卦为睽，综卦为兑。八宫属巽宫，本宫卦，五行属木。节气（或月份）属八月。

58【兑为泽】䷹

卦义： 愉悦、喜悦、取悦、和悦、亲和、亲切、谈话、口舌、心灵、前进、进取、快乐之道、自得其乐、愉悦畅达、心旷神怡。

卦体：卦主为初九爻。错卦为艮，互卦为家人，综卦为巽。八宫属兑宫，本宫卦，五行属金。节气（或月份）属秋分。

59【风水涣】䷺

卦义：涣散、发散、离散、分裂、混乱、散开、人心涣散、魂不守舍、离心离德、一盘散沙、凝聚人心、团队建设。

卦体：卦主为九五爻。错卦为丰，互卦为复，综卦为节。八宫属离宫，五世卦，五行属火。节气（或月份）属六月。

60【水泽节】䷻

卦义：节制、克制、节约、节度、遵守、礼节、节度、间隔、调节、气节、节以制度、行为有节、言语有节、饮食有节、洁身自爱、无欲则刚。

卦体：卦主为九五爻、上六爻。错卦为旅，互卦为颐，综卦为涣。八宫属坎宫，一世卦，五行属水。节气（或月份）属七月。

61【风泽中孚】䷼

卦义：诚实、信任、信用、诚意、感动、至诚、坚持、契合、适合、信服、发自肺腑、树立信念。

卦体：卦主为九五爻。错卦为小过，互卦为颐，综卦为中孚。八宫属艮宫，游魂卦，五行属土。节气（或月份）属十一月。

62【雷山小过】䷽

卦义：过分、不及、过火、过错、失误、有过、过渡、小人、小而美、小有过越、小有过错、小的过度、小的超越、上行受阻、不走极端。

卦体：卦主为六二爻。错卦为中孚，互卦为大过，综卦为小过。八宫属兑宫，游魂卦，五行属金。节气（或月份）属正月。

63【水火既济】䷾

卦义：完成、竣工、成功、完善、成就、守业、保守、守成、各安其位、踏实努力、勤奋进取、迈向成功、天下大同、成就大业、完美形象、阶段性完成、渡过难关、谨慎守成、功成身退、居安思危、太过完美、物极必反、盛极而衰。

卦体：卦主为九五爻。错卦为未济，互卦为未济，综卦为未济。八宫属坎宫，三世卦，五行属水。节气（或月份）属十月。

64【火水未济】䷿

卦义：未定、挫折、苦难、阻碍、混乱、失败、溃败、倾覆、未知、梦想、努力、希望、未完成、再出发、新天地、新世界、未达目的、事业未竟、背道而驰、吉凶未定、未来可期、自知之明、人生定位。

卦体：卦主为六五爻。错卦为既济，互卦为既济，综卦为既济。八宫属离宫，三世卦，五行属火。节气（或月份）属十一月。

五、易经八卦知识点

1.《易经》与《周易》的区别

严格来讲,《周易》是最核心的《易经》,《周易》准确的定义，就是只包含周文王和周公创作的64卦的“卦辞、爻辞”，而不包括后来由孔子创作的“大小象辞、彖辞、系辞传、说卦传、序卦传、杂卦传”等“十翼”内容。我们现在流行讲的《易经》，是已经过千百年来古人、现代人应用的扩展、内容的增加，而形成了一个应用型的学科。《周易》的“周”就是“西周、周朝”的意思，指出了《易》的创作时间归属，也指明了《周易》是由西周、周朝的周文王和周公写就的。

2.“易”的含义

“易”字，在古代象形字方面，就是“日”和“月”两个字的上下叠加形成的,“易”就是“日和月”的意思。寓意就是，天地之间，日月星辰，斗转星移，都是变化的,“易”就是教导我们要适应这个世界的“变”，掌握主动性，预测未来，而“趋吉避凶”。

“易”在应用方面，则是指导人生，要懂得“变易”、“不易”、“简易”之道。

这个世界就是空间、时间、事物三个要素在参与运行变化的，必须懂得这三个要素随时都在“变”，掌握“变易”之法。

这个世界又是“不易”的,“不易”的原因是我们还没有掌握世界的全部规律，就会还处于待解、困惑状态，所以，需要奋斗，去充实自己、了解世界、掌握世界的规律，才能变“不易”为“易”。

这个世界又是需要一切都要去开拓，去化繁为简，去创造文明和技术，来使得以往很难的、高不可攀的事物变得简单容易、近在咫尺。掌握世界的标志，就是一切看在眼里都是那么的简单了，征服了世界，这就是“简易”的重要之理。

3.《易经》的产生过程

任何想学习《易经》的人士，都需要先了解《易经》的产生过程，即它产生的历史。《易经》的产生有“人更三圣，世历三古”的说法。即《易经》的成书过程经历了“上古”、“中古”、“近古”三个时期，《易经》的内容历经上古时代的伏羲、中古时代的周文王（和周公）、近古时代的孔子（及其弟子），这三位圣人完成的，即“三圣”。三圣中，只讲文王，不讲周公，是因为父子本一家，以文王代表；只讲孔子，不讲其弟子，也是因为孔子是师傅，是集体智慧的代表。因此，我们现在看到的《易经》书，是由这三位圣人接力完成的。

（1）伏羲作先天八卦

《易经》的起源，最先是出现了《河图》和《洛书》。这个河图，就是黄河中出现了背上画有图形的龙马；洛书，就是洛水中出现了背上有数字的灵龟。伏羲看到了龙马符图，观物取象，触发了灵感，而发明创造出了“八卦”，即我们今天所说的“先天八卦”及“先天八卦图”。伏羲创作的“先天八卦”，奠定了《易经》内容的基础，也奠定了中华民族文化的根基，《易经》后被列为“群经之首”，并被广泛应用于各个领域。

（2）周文王作后天八卦、六十四卦和《周易》

周文王对《易经》的贡献，就是在伏羲的基础上，创新性的发明了“后天八卦图”，并对八卦的八个单卦，进行两两叠加，创造出了64卦，并对64卦排列次序，并对每一卦作了卦辞、爻辞（也有认为爻辞是周公所作）。

周文王对伏羲的“先天八卦”进行改动的动机，是因为在运用伏羲的“先天八卦”进行占卜时候，常常不准，占卜准确率非常低。周文王此时被商纣王关押在商朝首都朝歌的羑里监狱，在狱中有大量的时间去实践占卜。

周文王经过思考，发现了占卜不准的原因，就是，与伏羲那个时代相比，商朝、西周时期的气候条件、社会发展水平发生了巨大的变化，而且伏羲所处的远古时期是原始社会，而周文王所处的商朝已到了奴隶社会，社会制度发生了巨大变化，人越来越多的要处理日益繁多的人与人之间、人与自然之间的关系问题，而不单单是之前的只有人与自然的关系问题。

周文王因而“文王拘而演《周易》”，写作出了举世闻名的《周易》。

周公后来对64卦的部分卦作了卦辞、爻辞，也有认为爻辞是全部为周公所作。如，唐代的《周易正义》说：“伏羲制卦，文王卦辞，周公爻辞，孔子十翼也。”周公即姬旦，是周文王的四子，后在周武王去世之后，摄政辅佐周成王，并制作“周礼”。

（3）孔子作“十翼”

《易经》除了八卦、64卦、卦辞、爻辞之外，还有解经的传文，包括：《文言》、《彖传》上下、《象传》上下、《系辞传》上下、《说卦传》、《序卦传》及《杂卦传》，总共十篇，称为《十翼》。《十翼》据说是孔子完成的，应该也有其弟子的参与和协助，其作用就是对《周易》的进一步解说和解读。

孔子五十岁才接触到了《周易》一书，对其立刻产生了浓厚兴趣，并且爱不释手、喜爱非常，达到了“夫子老而好《易》，居则在席，行则在橐。”的痴迷程度。《史记·孔子世家》载：“孔子晚而喜《易》，序《彖》、《系》、《象》、《说卦》、《文言》。读《易》，韦编三绝。曰：‘假我数年，若是，我于《易》则彬彬矣。’”《论语·述而》载：“子曰：‘加我数年，五十以学《易》，可以无大过矣。’”“韦编三绝”的成语故事就来源于孔子喜爱《周易》，频繁翻看，乃至编联竹简的熟牛皮绳竟然多次脱断了。

《易经》还有“三易”的说法，即：一是神农时代的《连山易》、二是黄帝时代的《归藏易》、三是周文王被囚禁时所作的《周易》。《周礼》中记载：“太卜掌三易之法，一曰《连山》，二曰《归藏》，三曰《周易》，其经卦皆八，其别皆六十有四。”即，《连山易》、《归藏易》、《周易》这“三易”都是八个经卦，即八个卦，别卦也都是64个卦。《御览》中记载：“《连山》八万言，《归藏》四千三百言。”但与《周易》是从乾、坤二卦内容开始不同，《连山易》是从艮卦开始的，象征“《连山》者，象山之出云，连绵不绝。其是以艮卦开始，如山之连绵，故名连山。”而《归藏易》则是从坤卦开始的，表示万物皆生于大地，又最终回归、藏于大地。

4. 太极

太极（☯），也称为太初、太一，就是包含天地阴阳，是天地未分之前的原始混沌状态，也是阴阳合二为一的统一体。《易经 · 系辞》说：“是故易有太极，是生两仪，两仪生四象，四象生八卦，八卦定吉凶，吉凶生大业。”因而太极是世界万物、天地之母，是万物的本源。太极，是运动不息的，动则产生阳气，静则产生阴气，这样一动一静、一阴一阳，太极的道法就出来了，就涵盖了世界万物天地之道，无穷无尽，但都回归离不开阴阳统一体的“一”，这个“一”就是太极。《老子》说：“一生二、二生三、三生万物”，就是说明了太极这个“一”的总源头。《说文解字》中说：“惟初太极，道立于一，造分天地，化成万物。”太极内含阴阳二体，又不断分化，化生万物，每一个万物都会阴或阳属性显著，但每一个万物又都携带阴阳二属性在身。

太极是世界万物包括天地，最原始的、最本质的发源地。一切的一切，阴阳两仪、四象、八卦、六十四卦，都是溯源于太极。

5. 阴阳两仪

《易经》的核心，就是阴阳。无论是八卦，还是六十四卦，每一卦都是由阴爻（- -）、阳爻（—）组成的。所以说，阴阳是《易经》的核心的核心，没有阴阳了，连八卦、六十四卦都画不出来了。因此，阴阳是《易经》八卦、六十四卦卦象的最基本构成元素，缺之不可。

《易经》认为，宇宙世界就是由阴阳两种力量的相反相成的相互作用而不断变化、运动构成的。阴阳既对立又并存，就是矛盾的对立和统一。孔子的《系辞传》说，“一阴一阳之谓道”，有了阴阳，就有了世界运行之道。

阴阳是定义了世界万物的两种对立相反的属性，反映到世界万物上，就是“两仪”。两仪，是世界万物中，具有阴阳对立属性又并存的两种事物或元素。例如，男女、天地、昼夜、水火、南北、东西、贵贱、上下、正负、贫富、美丑、刚柔、好坏、公母、冷热等等。阴阳两仪在《易经》上的表现，就是阴爻和阳爻。

中国古代形成了完整的“阴阳学说”，即“阴阳理论”，具体有以下几个方面内容：

（1）**阴阳对立**。即互相对立、互相矛盾，即阴是阴，阳是阳，具有明显的属性差异。例如：水与火，上与下。

（2）**阴阳互依**。即无阴不阳、无阳不阴，阴阳任何一方都不能脱离对方而单独存在。例如：没有上就无所谓下，没有甜就比较不出来苦。

（3）**阴阳消长**。即阴消阳长、阳消阴长，阴阳始终处在这种动态变化和平衡当中。例如：白天和黑昼的变化。

（4）**阴阳互含**。即阴中有阳、阳中有阴。例如：就像太极图所描述的，阴阳互相包含，交感呼应，产生万物。

（5）**阴阳互化**。即化阴为阳、化阳为阴，阴阳不是固定不变的，阴阳可向各自对立面转化，这种转化是发生在当条件发生变化时，阴阳也随之发生了变化。例如：女人是为柔、为阴，但当这个女人性格暴躁刚强，那么她又表现为阳的属性了。

6. 四象

阴阳两仪，在易经里的表现就是阴爻和阳爻。阴爻和阳爻两两上下搭配，又会创造出四种不同的结构，称之为“四象”，即“少阳（⚎）、老阳（⚌）、少阴（⚍）、老阴（⚏）”。老阳又称太阳，老阴又称太阴。四象的产生原理也来自于，太极中的阴阳，阴不单单是孤立的阴，其内在是同时包含阴阳两种元素；阳也不单单是孤立的阳，其内在也是同时包含阴阳两种元素。因而，一阴爻又多生出来一阴一阳，一阳爻又多生出来一阴一阳，就形成了“四象”。

四象在中国被广泛运用。例如，代表四季的春（少阳）、夏（老阳）、秋（少阴）、冬（老阴）；代表四个方位的青龙（东、少阳）、朱雀（南、老阳）、白虎（西、少阴）、玄武（北、老阴）；代表五行中的木（少阳）、火（老阳）、金（少阴）、水（老阴），而土则分别存在于其中；代表月亮圆缺变化的上弦（初八左右、少阳）、望（十五左右、老阳）、下弦（二十三左右、少阴）、朔（月末月初左右、太阴）。

7. 爻

爻，是八卦和六十四卦的构成元素，八卦的每一卦是三个爻组成，六十四卦的每一卦是六个爻组成。爻，就是线条，爻的本意就是“阴阳相交、交织”的意思。世界万物的无穷信息都可以简化为爻来指代、组合而成，爻就是代表了一个信息点。阳爻（—），用数字“九”表示；阴爻（--），用数字“六”表示。三爻相交在一起，就产生了八卦；六爻相交在一起，就产生了六十四卦。每爻在卦中所居的位子叫“爻位”，爻位具有空间和时间含义。

无论是八卦还是六十四卦，卦爻都是从下往上读的，依次为：初爻、二爻、三爻，或：初爻、二爻、三爻、四爻、五爻、上爻。

爻位：

（1）八卦的三爻，最上面爻位代表天，中间爻位代表人，最下面爻位代表地，寓意中国传统的朴素的天、地、人宇宙观和自然观。人在天地中间，表示人的“顶天立地”、屹立于天地之间。自下而上的三爻，又称为：始、壮、究，代表事物的起始、壮大、完成的发展过程。

（2）六十四卦的六爻，五爻、上爻为天，三爻、四爻为人，初爻、二爻为地，六十四卦的六爻的“天、人、地”三部分又称为“三才”，分别反映了天道、人道、地道，因而六爻九包含了天、人、地的世界万物之象。

8. 八卦

卦分为单卦和重卦。由三个爻组成的卦，叫单卦，就是八卦。八卦代表了对这个世界的最朴素的概况和认识，即把世界万物总结为八种现象。这八卦是：乾、坤、离、坎、震、巽、艮、兑。这八个卦的取象分别是：乾代表天、坤代表地、离代表火、坎代表水、震代表雷、巽代表风、艮代表山、兑代表泽。天和地，一上一下、一阳一阴；火和水，一往上一往下、一热一冷；雷和风，一刚一柔；山和泽，一凸一凹。风和雷，又代表运动之象；山和泽，又代表静止之象。风和雷，在天上；山和泽，在地上。

八卦具体的卦画和取象，即为有名的《八卦取象歌》：

乾三连（☰） 坤六断（☷）
震仰盂（☳） 艮覆碗（☶）
离中虚（☲） 坎中满（☵）
兑上缺（☱） 巽下断（☴）

八卦又分为：先天八卦和后天八卦。古人认为，宇宙万物还没有形成之前，是先天；有了宇宙万物之后，就是后天。

先天八卦又称为“伏羲八卦”，是伏羲观物取象所创制的，它揭示了宇宙万物的产生和运行原理，主要应用在宇宙天地变化规律方面。先天八卦图，是乾在上、坤在下、离在左、兑在右，组成了上下“天地经线”、左右“水火纬线”，也是“天地定位”、“水火不相射”；艮在西北、泽在东南，组成了“山泽通气”；震在东北、巽在西南，组成了“雷风相薄”。

后天八卦又称为“文王八卦”，是西周周文王改造先天八卦而创制的，改造的更多的出发点是树立西周的正统地位，目的是“兴周灭商”的大愿。另一方面，伏羲创制先天八卦时的气候条件到了西周时期已发生了巨大变化，有些八卦的描述已与现实不符，所以周文王进行了改进。后天八卦是揭示自然界与人类社会的关系。后天八卦以震卦为起点，在东方，顺时针旋转，依次是：东方－震卦、东南方－巽卦、南方－离卦、西南方－坤卦、西方－兑卦、西北方－乾卦、北方－坎卦、东北方－艮卦。

下面，八卦的属性：

（1）阴阳属性

八卦阴阳属性是由卦中的阴阳爻对比，以少数爻为主来定；乾为阳卦、坤为阴卦，不以少数爻原则来定。

乾（☰）、震（☳）、坎（☵）、艮（☶）为阳卦，乾为父亲、震为长男、坎为中男、艮为少男。坤（☷）、巽（☴）、离（☲）、兑（☱）为阴卦，坤为母亲、巽为长女、离为中女、兑为少女。

（2）数字属性

先天八卦：乾一、兑二、离三、震四、巽五、坎六、艮七、坤八。

后天八卦：坎一、坤二、震三、巽四、中五、乾六、兑七、艮八、离九。

（3）五行属性

乾、兑：属金。震、巽：属木。坤、艮：属土。离属火。坎属水。

（4）自然属性

乾：天。坤：地。震：雷。巽：风、木。坎：水、雨。离：火、日。艮：山。兑：泽。

（5）季节属性

震：春。巽：春夏间。离：夏。坤：夏秋间。兑：秋。乾：秋冬间。坎：冬。艮：冬春间。

（6）节气属性

震：春分。巽：立夏。离：夏至。坤：立秋。兑：秋分。乾：立冬。坎：冬至。艮：立春。

（7）人体属性

乾：头。坤：腹。震：足。巽：大腿。坎：耳。离：目。艮：手。兑：口舌。

（8）动物属性

乾：马。坤：牛。震：龙。巽：鸡。坎：豕。离：雉。艮：狗。兑：羊。

（9）卦德属性

乾：健。坤：顺。震：动。巽：入。坎：险。离：附。艮：止。兑：悦。

9. 六十四卦

把作为单卦的八卦的三画卦、三爻卦，两两上下叠加，就变成了六画卦、六爻卦，即变为六爻的重卦，共产生有 64 个卦，又叫 64 个复卦。64 卦的下面单卦称为内卦、下卦，上面单卦称为外卦、上卦。

64 卦每一卦都有六爻，卦爻从下往上排列，依次为：初爻、二爻、三爻、四爻、五爻、上爻。64 卦代表了世界万物的 64 种场景或事物，每个场景或事物具有六个不同的层级，一般为“初始 – 发展 – 成长 – 壮大 – 成功 – 终局”的发展脉络，代表了场景或事物的六个不同发展阶段。就如同《易传 · 系辞传下》里所说：“其初难知，其上易知，本末也。二与四同功而异位，其善不同。二多誉，四多惧，近也。三与五同功而异位，三多凶，五多功，贵贱之等也。”

初爻难知：初爻处在下卦内卦的最开始，象征事物的最初阶段，未来向哪发展、怎么发展、能不能发展？一切未知，一切都是未定，相当于万里长征刚迈开了第一步，很难确定最终的结局，因而“难知”。

二爻多誉：二爻处在下卦内卦的中间位置，处于“中心”，为初爻和三爻所环绕，是有一定能力的、有一定成就的位子，会得到来自五爻的君位的赏识，一般是将相之才的位子，因而“多誉”。

三爻多凶：三爻处在下卦内卦的最后一爻，处于下卦内卦的最上端，对于下卦内卦而言，是到了发展的最后，力量已经全部使出，但也是强弩之末，此刻最危险。要么，能冲出牢笼枷锁，再上一层楼，到达上卦外卦；要么就功亏一篑，在这里倒下。这个三爻位置最艰辛，付出也是最多，是奋斗的阶段，危险系数更大，所以“多凶”。

四爻多惧：四爻处于上卦外卦最下面，这时候是刚从三爻幸运跃过，脚跟还未站稳，惊魂未定，非常脆弱，也是上卦外卦的起步阶段，还要往上前进，但前进的前方是五爻君位，此时是离君位最近的，“伴君如伴虎”。四爻位置非常敏感，是抬头就能看到君王，自己一言一行尽收君王眼底，所以要看君王眼色行事，必须提心吊胆、谨小慎微。稍一不小心，就会得罪君王，为君王所猜忌，怪罪下来也快，因而“多惧”。

五爻多功：五爻处于上卦外卦的核心位置，也是整个重卦的君位，是最吉利的位置，号称“九五至尊”之位，五爻是已经事业成功，可以坐享其成了，一切都安稳、安定下来，是成功人士，奋斗的志向得到了实现，一切付出没有白费，所以“多功”。

上爻易知：上爻处于上卦外卦的最外层，也是整个重卦的最上面一爻，已经是整个场景或事物发展阶段的总结、最后阶段，是一个收尾阶段，也是承前启后的交接，预示着一个新的发展阶段又即将开始，开始下一个任务。上爻已经是前五爻发展变化积累过来的，对过去的经历再熟悉不过，都看得清清楚楚，对未来的下一步也已经有了丰富的经验，可以提供参考和借鉴，所以，无论是过去和未来，上爻都“易知”。

10. 六十四卦卦序歌

（1）《上下经卦名次序歌诀》—南宋·朱熹《周易本义〈卦名次序歌〉》

乾坤屯蒙需讼师，比小畜兮履泰否。
同人大有谦豫随，蛊临观兮噬嗑贲。
剥复无妄大畜颐，大过坎离三十备。

咸恒遁兮及大壮，晋与明夷家人睽。
蹇解损益夬姤萃，升困井革鼎震继。
艮渐归妹丰旅巽，兑涣节兮中孚至。
小过既济兼未济，是为下经三十四。

（2）《分宫卦象次序歌》—汉代·京房《八宫卦序图》

乾为天，天风姤，天山遁，天地否，风地观，山地剥，火地晋，火天人有。

坎为水，水泽节，水雷屯，水火既济，泽火革，雷火丰，地火明夷，地水师。

艮为山，山火贲. 山天大畜，山泽损，火泽睽，天泽履，风泽中孚，风山渐。

震为雷，雷地豫，雷水解，雷风恒，地风升，水风井，泽风大过，泽雷随。

巽为风，风天小畜，风火家人，风雷益，天雷无妄，火雷噬嗑，山雷颐，山风蛊。

离为火，火山旅，火风鼎，火水未济，山水蒙，风水涣，天水讼，天火同人。

坤为地，地雷复，地泽临，地天泰，雷天大壮，泽天夬，水天需，水地比。

兑为泽，泽水困，泽地萃，泽山咸，水山蹇，地山谦，雷山小过，雷泽归妹。

卦宫	本宫卦	一世卦	二世卦	三世卦	四世卦	五世卦	游魂卦	归魂卦
乾宫	乾为天 ䷀	天风姤 ䷫	天山遁 ䷠	天地否 ䷋	风地观 ䷓	山地剥 ䷖	火地晋 ䷢	火天大有 ䷍
坎宫	坎为水 ䷜	水泽节 ䷻	水雷屯 ䷂	水火既济 ䷾	泽火革 ䷰	雷火丰 ䷶	地火明夷 ䷣	地水师 ䷆
艮宫	艮为山 ䷳	山火贲 ䷕	山天大畜 ䷙	山泽损 ䷨	火泽睽 ䷥	天泽履 ䷉	风泽中孚 ䷼	风山渐 ䷴
震宫	震为雷 ䷲	雷地豫 ䷏	雷水解 ䷧	雷风恒 ䷟	地风升 ䷭	水风井 ䷯	泽风大过 ䷛	泽雷随 ䷐
巽宫	巽为风 ䷸	风天小畜 ䷈	风火家人 ䷤	风雷益 ䷩	天雷无妄 ䷘	火雷噬嗑 ䷔	山雷颐 ䷚	山风蛊 ䷑
离宫	离为火 ䷝	火山旅 ䷷	火风鼎 ䷱	火水未济 ䷿	山水蒙 ䷃	风水涣 ䷺	天水讼 ䷅	天火同人 ䷌
坤宫	坤为地 ䷁	地雷复 ䷗	地泽临 ䷒	地天泰 ䷊	雷天大壮 ䷡	泽天夬 ䷪	水天需 ䷄	水地比 ䷇
兑宫	兑为泽 ䷹	泽水困 ䷮	泽地萃 ䷬	泽山咸 ䷞	水山蹇 ䷦	地山谦 ䷎	雷山小过 ䷽	雷泽归妹 ䷵

11. 六十四卦卦名

（1）六十四卦卦名—商周·周文王、周公《周易》

1 乾	2 坤	3 屯	4 蒙	5 需	6 讼	7 师	8 比
9 小畜	10 履	11 泰	12 否	13 同人	14 大有	15 谦	16 豫
17 随	18 蛊	19 临	20 观	21 噬嗑	22 贲	23 剥	24 复
25 无妄	26 大畜	27 颐	28 大过	29 坎	30 离	31 咸	32 恒
33 遁	34 大壮	35 晋	36 明夷	37 家人	38 睽	39 蹇	40 解
41 损	42 益	43 夬	44 姤	45 萃	46 升	47 困	48 井
49 革	50 鼎	51 震	52 艮	53 渐	54 归妹	55 丰	56 旅
57 巽	58 兑	59 涣	60 节	61 中孚	62 小过	63 既济	64 未济

（2）六十四卦卦象卦名

1 ䷀ 乾为天	2 ䷁ 坤为地	3 ䷂ 水雷屯	4 ䷃ 山水蒙	5 ䷄ 水天需	6 ䷅ 天水讼	7 ䷆ 地水师	8 ䷇ 水地比
9 ䷈ 风天小畜	10 ䷉ 天泽履	11 ䷊ 地天泰	12 ䷋ 天地否	13 ䷌ 天火同人	14 ䷍ 火天大有	15 ䷎ 地山谦	16 ䷏ 雷地豫
17 ䷐ 泽雷随	18 ䷑ 山风蛊	19 ䷒ 地泽临	20 ䷓ 风地观	21 ䷔ 火雷噬嗑	22 ䷕ 山火贲	23 ䷖ 山地剥	24 ䷗ 地雷复
25 ䷘ 天雷无妄	26 ䷙ 山天大畜	27 ䷚ 山雷颐	28 ䷛ 泽风大过	29 ䷜ 坎为水	30 ䷝ 离为火	31 ䷞ 泽山咸	32 ䷟ 雷风恒
33 ䷠ 天山遁	34 ䷡ 雷天大壮	35 ䷢ 火地晋	36 ䷣ 地火明夷	37 ䷤ 风火家人	38 ䷥ 火泽睽	39 ䷦ 水山蹇	40 ䷧ 雷水解
41 ䷨ 山泽损	42 ䷩ 风雷益	43 ䷪ 泽天夬	44 ䷫ 天风姤	45 ䷬ 泽地萃	46 ䷭ 地风升	47 ䷮ 泽水困	48 ䷯ 水风井
49 ䷰ 泽火革	50 ䷱ 火风鼎	51 ䷲ 震为雷	52 ䷳ 艮为山	53 ䷴ 风山渐	54 ䷵ 雷泽归妹	55 ䷶ 雷火丰	56 ䷷ 火山旅
57 ䷸ 巽为风	58 ䷹ 兑为泽	59 ䷺ 风水涣	60 ䷻ 水泽节	61 ䷼ 风泽中孚	62 ䷽ 雷山小过	63 ䷾ 水火既济	64 ䷿ 火水未济

12. 五行

首先要搞清楚，什么是“行”？行，不是“行走”的意思，五行的“行”，是“运动”的意思。五行即：木、火、土、金、水，是中国古代的一种朴素的物质观。“五行学说”认为，宇宙万物都是由木、火、土、金、水五种物质构成的，并在不停运动和变化中。这五个元素的兴衰变化，使得大自然产生变化，形成了宇宙万物循环往复。“五行学说”认为，五行的木、火、土、金、水分别对应太阳系的木星、火星、土星、金星、水星。

（1）五行特性

五行作为五种文字符号，代表万事万物可以划分为这五类的属性状态。古人认为，万事万物都在这五类事物上具有映射关系。

木的特性：木具有生长、生发的特性，主仁、性直、质和，木曰“曲直”，所以木具有能弯曲能伸直的特征，伸则舒展通达畅通，曲则柔和应变。

火的特性：火具有升腾、发热、向上的特性，主礼、性急、质恭，火曰“炎上”，即火在燃烧时发热，火焰向上冲，热气四散，所以火具有发热、向上、发散的特征。

土的特性：土具有承载、生化、接纳的特性，主信、性重、质厚，土曰“稼穑”，所以土具有播种、生长、收获等特征。

金的特性：金具有肃杀、收敛的特性，主义、性刚、质烈，金曰“从革”，从是顺从、革是改革，所以金一方面具有柔顺的特性，另一方面又具有坚韧刚强的特征。

水的特性：水具有寒凉、滋润、向下的特性，主智、性聪、质善，水曰“润下”，所以水具有滋润、向下、流动趋下的特征。

（2）五行相生相克

五行的生克，并不是绝对的生、绝对的克，正如福祸相倚，正与反、成与败、善与恶、是与非，一切都是相对的，并不是严格的界限、相互隔离、独立存在。生克法则，是生人者也克人，两者对立相存，没有绝对的。

五行相克：金克木、木克土、土克水、水克火、火克金。

五行相生：金生水、水生木、木生火、火生土、土生金。

（3）五行的方位

木在东方、火在南方、金在西方、水在北方、土在中央。注意，这个方位是《易经》的方位，也是符合中国古代传统地图的方位，与现代的“上北下南左西右东”相区别。

13. 天干

天干有十个，即十天干为：甲、乙、丙、丁、戊、己、庚、辛、壬、癸。

（1）天干的释义

甲为“铠甲”，指万物从坚硬中突破其“甲”而出。

乙为“轧”，指万物初生生长、本身柔软弯曲。

丙为“炳”，指万物茂盛生长。

丁为“壮”，指万物丁壮。

戊为“茂”，指万物茂盛。

己为“起”，指万物长起、扬起。

庚为“更”，指万物更新、收敛有实、秋收。

辛为“新”，指万物一新可收成。

壬为“妊”，指万物阳气潜伏于下，万物待发。

癸为“揆”，指万物处于萌芽状态。

（2）天干与五行、四时与方位

五行：甲乙－东方木，丙丁－南方火，戊己－中央土，庚辛－西方金，壬癸－北方水。

四时与方位：甲乙为东方木，其时为春天；丙丁为南方火，其时为夏天；戊己为中央土，其时为盛夏；庚辛为西方金，其时为秋天；壬癸为北方水，其时为动态。

（3）天干的阴阳

甲、丙、戊、庚、壬，为阳干。

乙、丁、己、辛、癸，为阴干。

所以，甲木为阳木，乙木为阴木；丙火为阳火，丁火为阴火；戊土为阳土，己为阴土；庚为阳金，辛为阴金；壬为阳水，癸为阴水。

14. 地支

十二地支为：子、丑、寅、卯、辰、巳、午、未、申、酉、戌、亥。

（1）地支的释义

子为“孳”，指万物从地下孳生萌芽。

丑为“纽”，指万物继续萌动生长。

寅为“演”，指万物开始抽芽冒出、开始生长。

卯为“冒”，指万物冒土而出、生长壮大。

辰为“伸”，指万物震动而伸长。

巳为“已”，指万物已长成。

午为“仵”，指万物生长极盛，枝大叶茂。

未为“味”，指万物已成味显。

申为“身”，指万物已全部长成形体。

酉为“就”，指万物已极其成熟老成了。

戌为“灭”，指万物衰败灭亡。

亥为“核”，指万物皆结成种子收获。

（2）地支与五行、四时与方位

五行：寅卯 – 东方木，巳午 – 南方火，申酉 – 西方金，亥子 – 北方水，辰戌丑未 – 四季土。

四时与方位：寅卯辰为东方木，其时为春天，为少阳；巳午未为南方火，其时为夏天，为太阳；申酉戌为西方金，其时为秋天，为少阴；亥子丑为北方水，其时为冬天，为太阴。

（3）地支的阴阳

子、寅、辰、午、申、戌，为阳支。

丑、卯、巳、未、酉、亥，为阴支。

15. 十二消息卦

十二消息卦，又叫十二辟卦，“辟”是“开辟、开始”，也是“君主、主宰”的意思。在一个卦中，阴爻去而阳爻来，称为“息”，息是生长的意思；阳爻去而阴爻来，称为“消”，消是消亡的意思。“十二消息卦”都视为由“乾”、“坤”二卦各爻的“消”、“息”变化而来的。十二消息卦配十二个月（农历），每一卦为一月之主，所以也叫“十二月卦”。

十二消息卦是：复（䷗）、临（䷒）、泰（䷊）、大壮（䷡）、夬（䷪）、乾（䷀）、姤（䷫）、遁（䷠）、否（䷋）、观（䷓）、剥（䷖）、坤（䷁）。

复（䷗）、临（䷒）、泰（䷊）、大壮（䷡）、夬（䷪）、乾（䷀），是阳爻递生的六个卦。

姤（䷫）、遁（䷠）、否（䷋）、观（䷓）、剥（䷖）、坤（䷁），是阴爻递生的六个卦。

十二消息卦配以十二月（农历）和地支，就是：

（1）复（䷗）卦：主十一月、子月。

此时“一阳来复”，阳气开始升起，开始了天气转暖的蓄积力量。

（2）临（䷒）卦：主十二月、丑月。

此时底部二阳阳气到来，阳气进一步蓄积，天气向暖再次蓄积力量，春天也即将到来。

（3）**泰（䷊）卦：主正月、寅月。**

此时“三阳开泰”，春天已经来临，万物开始复苏，生命开始舞动。

（4）**大壮（䷡）卦：主二月、卯月。**

此时已有四阳阳气聚集在下，阳气正式超越阴气，天气真正的转暖了，万物开始生长、活动，开始繁衍生息。

（5）**夬（䷪）卦：主三月、辰月。**

此时已有五阳阳气，仅存一阴阴气在最上面，天气仅存一丝阴气，万物更加的加快生长步伐。

（6）**乾（䷀）卦：主四月、巳月。**

此时六爻纯阳，天气完全没有阴气，万物疯长、茂盛。

（7）**姤（䷫）卦：主五月、午月。**

此时一阴爻阴气在底部冒出，五个阳爻阳气在上，说明天气温度开始上来了，出现了雨多景象和潮湿现象，导致出现湿气过重。

（8）**遁（䷠）卦：主六月、未月。**

此时二阴爻阴气出现在底部，四个阳爻阳气在上，说明天气燥热，出现了暴雨、梅雨而闷热和潮湿，湿热难挡。

（9）**否（䷋）卦：主七月、申月。**

此时已出现了三阴爻阴气在下，阴阳力量对等，此时天气还热，但是夜晚凉风已起，预示着秋天就要来了。

（10）**观（䷓）卦：主八月、酉月。**

此时已四阴爻阴气出现，阴盛阳衰，说明天气已转凉，秋天真正到了，也到了收获的季节。

（11）**剥（䷖）卦：主九月、戌月。**

此时已五阴爻阴气在下，仅存一阳爻阳气在最上，

（12）**坤（䷁）卦：主十月、亥月。**

此时六爻全阴爻阴气，阳气全无，说明阳气暂时褪去，万物无法生长，就要隐藏、冬眠起来，天气开始天寒地冻，到了冬天。

附录:《易经》全文注释译文

1【乾为天】䷀

一、卦辞

乾①。元②亨③利④贞⑤。

注释:

① 乾:乾卦。

② 元:开始、基础,万物的根本、根源,大。

③ 亨:亨通、通达、壮大、畅通无阻。

④ 利:有利、收益、收获、宜、吉。

⑤ 贞:正、正道、纯净、坚持如一。

译文:

乾卦。象征天,日月往复、春夏秋冬更替,周而复始、循环不息,具有原始根本的、亨通的、有利无害的、贞正纯净的。程颐说:“元者,万物之始;亨者,万物之长;利者,万物之遂;贞者,万物之成。”

二、彖①辞

《彖》曰:大哉乾元②,万物资始③,乃统天。云行雨施,品物④流形⑤。大明⑥终始⑦,六位⑧时成⑨,时乘六龙以御天。乾道变化,各正性命⑩,保合⑪太和⑫,乃利贞。首出⑬庶物⑭,万国⑮咸宁⑯。

注释:

① 彖:断、断语的意思,是用来解读六十四卦卦名、卦辞,断一卦之义。

② 乾元：指乾作为天，为一切万物的开始、创始、根源。

③ 资始：依赖它而创始。

④ 品物：品，种类，品物就是万物。

⑤ 流形：指形状流动不定，即万物形态千变万化。

⑥ 大明：大明，太阳，天上天下最明亮的事物。

⑦ 终始：终结和开始，指太阳的升落。

⑧ 六位：六位，指乾卦六爻，也通指每一卦的六爻时位。

⑨ 时成：时，到时间了；成，成功，实现。

⑩ 性命：本性和命运。

⑪ 保合：保持符合。

⑫ 太和：天地间阴阳会合、冲和之气，即自然万物的元气。

⑬ 首出：首次产出。

⑭ 庶物：万物。

⑮ 万国：万国，指天下各方领地，即天下。

⑯ 咸宁：都安宁。

译文：

《彖辞》说：伟大的乾卦啊！它是一切的元始。万物都依靠它为资本而创始产生，它是一切万物的统领。恩施天下，播撒万物，使得各类事物形成。太阳东升西落反复运转，包含六爻的时位形成，于是乘着六条不同的龙统御天下。乾天之道的变化，安定了天地间的万物的本性和命运，保持和合乎了万物的元气，从而有利于贞正和正果。乾是万物的创始者，天下从此都安宁。

三、象[①]辞

《象》曰：天行[②]健[③]，君子以自强[④]不息[⑤]。

注释：

① 象：《周易》里的“象”，就是象征、形象，即此卦或此爻的象形的样子，即卦象或爻象。卦象即为大象，爻象即为小象。

② 行：运行、运转。

③ 健：刚健、强盛、永生。

④ 自强：自己坚强。

⑤ 不息：不停止。

译文：

《象辞》说：乾卦像天道运行一样，刚健而永不停息。君子由此得到启示，要效法天道，自我奋发图强，永远不停止地去努力追求进步。

四、爻辞

初九，潜[①]龙勿用[②]。

象曰：潜龙勿用，阳在下[③]也。

注释：

① 潜：潜伏。

② 用：动、发挥作用。

③ 阳在下："九"代表阳，"六"代表阴，初九爻是阳爻，居此卦最下位，所以说"阳在下"。

译文：

初九，巨龙潜伏在水中，暂时不宜妄动。

象辞说：巨龙潜伏在水中，是因为此时阳爻处在最下。

九二，见[①]龙在田[②]，利见大人[③]。

象曰：见龙再田，德施普[④]也。

注释：

① 见：通"现"，出现。

② 田：田地，地。

③ 大人：大人物，有德行的人。

④ 德施普：仁德施撒于大众。

译文：

九二，巨龙出现在田间，利于大人出现。

象辞说：巨龙出现在田间，是仁德广泛施撒的作用。

九三，君子终日乾乾[①]，夕[②]惕若[③]，厉[④]，无咎[⑤]。

象曰：终日乾乾，反复[⑥]道[⑦]也。

注释：

① 乾乾：勤勉努力不懈。

② 夕：晚上。

③ 惕若：警惕的样子。

④ 厉：危险。

⑤ 咎，过错。

⑥ 反复：重复、回复、复返。

⑦ 道：道理、规律。

译文：

九三，君子整天勤勉努力不懈，到了晚上则时刻警惕，这样纵使遇险，也能化险为夷。

象辞说：整天勤勉努力不懈，是在反复重复熟能生巧。

九四，或[①]跃在渊[②]，无咎[③]。

象曰：或跃在渊，进无咎也。

注释：

① 或：可能。

② 渊：深渊。

③ 咎：过错、害处。

译文：

九四，（巨龙）或飞跃在天，或退落在渊中，没有咎害。

象辞说：（巨龙）或飞跃在天，或退落在渊中，前进没有咎害。

九五，飞[①]龙在天，利见大人。

象曰：飞龙在天，大人造[②]也。

注释：

① 飞：腾飞。

②造：作、作为，成就。

译文：

九五，巨龙飞在天上，利于大人出现。

象辞说：巨龙飞在天上，是大人物做出了成就。

上九，亢[①]龙有悔[②]。

象曰：亢龙有悔，盈[③]不可久也。

注释：

①亢：过度、极度。

②悔：悔恨、反悔。

③盈：盈满、胜利。

译文：

上九，巨龙飞得过高了，终将会有悔恨。

象辞说：巨龙飞得过高了，盈满不能持续太久。

用九，见群龙无首[①]，吉。

象曰：用九，天德[②]不可为首也。

注释：

①无首：没有头领、无人做老大。

②天德：天道之德、阳刚正义之德。

译文：

用九，群龙出现，但没有首领，吉祥。

象辞说：用九，天道之德要求没有首领。

五、文言

《文言》曰：元者，善之长[①]也。亨者，嘉之会[②]也。利者，义之和[③]也。贞者，事之干[④]也。君子体仁[⑤]足以长人[⑥]，嘉会足以合礼，利物[⑦]足以和义[⑧]，贞固足以干事[⑨]。君子行此四德者，故曰："乾：元、亨、利、贞。"

注释：

① 善之长：善，美好的事物；长，最大。

② 嘉之会：嘉美的会聚。

③ 义之和：规律的总和。

④ 事之干：事情的主干。

⑤ 体仁：实践仁德。

⑥ 长人：尊长、首领。

⑦ 利物：利于世间万物。

⑧ 和义：汇总道义。

⑨ 干事：办事、干事业。

译文：

《文言》说：元，是最大的美好的事物。亨，是嘉好的事物的汇集。利，是规律的总和。贞，是事业的主干。君子体会到仁德足以为尊长，集美德足以符合礼数，利世间万物足以汇总道义，坚持正道足以干出事业。君子践行此四德，所以说："乾卦，具有元、亨、利、贞四德"。

初九曰："潜龙勿用。"何谓也？子曰："龙，德[①]而隐[②]者也。不易乎世[③]，不成乎名[④]，遁世[⑤]无闷[⑥]，不见是[⑦]而无闷。乐[⑧]则行之，忧[⑨]则违之，确乎[⑩]其不可拔[⑪]，潜龙也。"

注释：

① 德：有德性。

② 隐：隐藏不露。

③ 不易乎世：不改变世界。

④ 不成乎名：不在乎虚名。

⑤ 遁世：退遁于世。

⑥ 无闷：不苦闷。

⑦ 不见是：不被承认。

⑧ 乐：乐观、喜欢、乐于。

⑨ 忧：忧虑。

⑩ 确乎：确定的。

⑪ 拔：改变。

译文：

初九爻辞说："潜龙勿用。"是什么意思呢？孔子说："龙，有德性而又隐藏不露德。不为世界外界而改变，不在乎虚名，退遁世间也不觉得苦闷，不被承认也不觉得苦闷。乐意的则去做，忧患的则避开它，确定无疑不可改变，这就是潜伏的龙。"

九二曰："见龙在田，利见大人。"何谓也？子曰："龙，德而正中[①]者也。庸言[②]之信[③]，庸行[④]之谨[⑤]，闲邪[⑥]存其诚[⑦]，善世[⑧]而不伐[⑨]，德博[⑩]而化[⑪]。《易》曰：'见龙在田，利见大人。'君德[⑫]也。"

注释：

① 正中：正而中，不偏倚。

② 庸言：平常言论。

③ 信：信义、诚信、信条。

④ 庸行：平常行为。

⑤ 谨：谨慎。

⑥ 闲邪：防止邪性。

⑦ 存其诚：留存真诚。

⑧ 善世：善行于世界。

⑨ 不伐：不自满、不夸耀。

⑩ 德博：德性广博。

⑪ 化：感化。

⑫ 君德：君子的德性。

译文：

九二爻辞说："见龙在田，利见大人。"是什么意思呢？孔子说："龙，有品德而又立身中正的。平常说话说到做到，日常行为谨慎有节，防止邪恶保存真诚，善行于世间而不自满，德性博大而感化别人。《周易》说：'见龙在田，利见大人。'就是指君子的德性。"

九三曰："君子终日乾乾，夕惕若，厉，无咎。"何谓也？子曰："君子进德①修业②。忠信③，所以进德也。修辞④立其诚⑤，所以居业⑥也。知至⑦至之⑧，可与言几⑨也。知终⑩终之⑪，可与存义⑫也。是故居上位而不骄，在下位而不忧。故乾乾因其时而惕，虽危无咎矣。"

注释：

① 进德：增进德性。

② 修业：修习功业。

③ 忠信：忠诚信义。

④ 修辞：修饰言辞。

⑤ 立其诚：树立诚敬。

⑥ 居业：蓄居功业。

⑦ 知至：认知的方向。

⑧ 至之：到达那里。

⑨ 言几：谈论机要、本质。

⑩ 知终：知晓终了的目标。

⑪ 终之：实现了它。

⑫ 存义：共存大义。

译文：

九三爻辞说："君子终日乾乾，夕惕若，厉，无咎。"是什么意思呢？孔子说："君子致力于增进德性修习功业。忠诚信义，就可以增进德性。说话修饰言辞，从而树立诚心，就可以有事业的立足点。知道进取的目标而去努力实现它，可与他讨论本质的东西。知道终了的目标并实现它，可与他共存大义。因此居于上位而不骄傲，居于下位而又不忧愁。所以君子努力不休是因为时机需要他警惕，即使面临危险也无咎了。"

九四曰："或跃在渊，无咎。"何谓也？子曰："上下①无常②，非为邪③也。进退④无恒⑤，非离群⑥也。君子进德修业，欲及时⑦也。故无咎。"

注释：

① 上下：上下，上升或下落。

② 无常：没有定数、没有常规。

③ 非为邪：不是邪恶的。

④ 进退：进步或退步。

⑤ 无恒：不恒久。

⑥ 离群：不合群。

⑦ 欲及时：想抓住时机。

译文：

九四爻辞说："或跃在渊，无咎。"是什么意思呢？孔子说："或上或下变化无常，不是邪恶的。前进或后退没有恒定，不是不合群。君子增益道德修习功业，是想抓住时机。所以无咎。"

九五曰："飞龙在天，利见大人。"何谓也？子曰："同声①相应②，同气③相求④。水流湿⑤，火就燥⑥。云从龙⑦，风从虎⑧。圣人作⑨而万物睹⑩。本乎天者⑪亲上，本乎地者⑫亲下。则各从⑬其类⑭也。"

注释：

① 同声：声音类同者。

② 相应：相互呼应。

③ 同气：气质类同者。

④ 相求：互相求合。

⑤ 流湿：往低湿地方流。

⑥ 就燥：向干燥地方烧。

⑦ 从龙：跟随着龙。

⑧ 从虎：跟随着虎。

⑨ 圣人作：圣人的作为。

⑩ 万物睹：天下万物目睹。

⑪ 本乎天者：原本的在天。

⑫ 本乎地者：根本、原本的在地。

⑬ 各从：各自遵循。

⑭ 其类，自己的类别。

译文：

九五爻辞说："飞龙在天，利见大人。"是什么意思呢？孔子说："声音类同者会相互呼应和感应，气质类同者会互相求合交集。水性往低湿地方流，火性向干燥地方烧。云跟随着龙而聚散，风跟随着虎而呼啸。圣人的作为，天下万物目睹望见。本性属于天的亲近于上，本性属于地的亲近于下。这就是各自遵循自己的类别而运行。"

上九曰："亢龙有悔。"何谓也？子曰："贵①而无位②，高③而无民④，贤人在下位而无辅⑤，是以动⑥而有悔⑦也。"

注释：

① 贵：尊贵。

② 无位：没有德位。

③ 高：高高在上。

④ 无民：没有民众支持。

⑤ 无辅：没有辅助、帮忙。

⑥ 动：采取行动。

⑦ 有悔：会有悔恨。

译文：

上九爻辞说："亢龙有悔。" 是什么意思呢？孔子说："尊贵却没有德位，高高在上却没有民众支持，贤明之人处于下位而无法去辅助，所以采取行动就会有悔恨。"

"潜龙勿用"，下①也。"见龙在田"，时舍②也。"终日乾乾"，行事③也。"或跃在渊"，自试④也。"飞龙在天"，上治⑤也。"亢龙有悔"，穷⑥之灾⑦也。"乾元""用九"，天下治 h 也。

注释：

① 下：处在下位。

② 时舍：时机到了。

③ 行事：勤勉做事。

④ 自试：自我检试。

⑤ 上治：上位统治。

⑥ 穷：穷尽。

⑦ 灾：灾难。

⑧ 天下治：天下得到大治。

译文：

“潜龙勿用”，处在下位。“见龙在田”，时机到了。“终日乾乾”，勤勉做事。“或跃在渊”，自我检试。“飞龙在天”，上位统治。“亢龙有悔”，穷尽到极点了就会有灾难。“乾元”“用九”，天下得到大治。

“潜龙勿用”，阳气潜藏[①]。“见龙在田”，天下文明[②]。“终日乾乾”，与时[③]偕行[④]。“或跃在渊”，乾道[⑤]乃革[⑥]。“飞龙在天”，乃位[⑦]乎天德[⑧]。“亢龙有悔”，与时[⑨]偕极[⑩]。“乾元”“用九”，乃见天则[⑪]。

注释：

① 潜藏：潜伏隐藏。

② 文明：文采明治。

③ 与时：跟随时代。

④ 偕行：同进步。

⑤ 乾道：天道。

⑥ 革：革新。

⑦ 位：地位。

⑧ 天德：上天之德。

⑨ 与时：随着时节。

⑩ 偕极：推进到极限。

⑪ 见天则：体现天道的法则。

译文：

“潜龙勿用”，阳气在潜伏隐藏。“见龙在田”，天下文采明治。“终日乾乾"，跟随时代同进步。"或跃在渊"，天道实现革新。"飞龙在天"，是地位到达天之德德水平。"亢龙有悔"，随着时节推进而穷尽到极限。"乾元""用九"，是体现天道的法则。

乾元者，始而亨[①]者也，利贞者，性情[②]也。乾始能以美利[③]利天下[④]，不言[⑤]所利[⑥]，大矣哉！大哉乾乎！刚健中正[⑦]，纯粹精[⑧]也。六爻发挥[⑨]，旁通情[⑩]也。时乘六龙[⑪]，以御天[⑫]也。云行雨施，天下平也。

注释：

① 始而亨：创始的亨通。

② 性情：本性和世情。

③ 美利：美好和利好。

④ 利天下：利益天下。

⑤ 不言：不提。

⑥ 所利：利天下的功绩。

⑦ 刚健中正：至刚、至健、至中、至正。

⑧ 纯粹精：纯粹的精华。

⑨ 发挥：推演变化。

⑩ 旁通情：旁通所有的卦爻变化。

⑪ 时乘六龙：应时乘六条不同的龙。

⑫ 以御天：统御天下。

译文：

乾卦的元始，创始从而亨通，利和贞，是本性和世情。乾卦一开始就以美好和利好来利益天下，不提利天下的功绩，多么伟大啊！伟大的乾卦！至刚、至健、至中、至正，达到了纯粹的精华的境地。六爻推演变化，旁通所有的卦爻变化。应时乘六条不同的龙，统御天下。在云中飞行施撒雨露，带来天下太平。

君子以成德[①]为行[②]，日可见之行[③]也。"潜"之为言[④]也，隐而未见，行而未成，是以君子弗"用"也。

注释：

① 成德：成就德行。

② 为行：为行为目标。

③ 之行：身体力行。

④ 为言：意义。

译文：

君子以成就德行为目标，每日可见身体力行。“潜”的意义在于，隐藏而不露，行动尚未成功，所以君子暂时不能“用”。

君子学以聚[①]之，问以辩[②]之，宽以居[③]之，仁以行[④]之。《易》曰：“见龙在田，利见大人。”君德也。

注释：

① 学以聚：学习来积聚知识。

② 问以辩：发问来辩论出真知。

③ 宽以居：心态宽宏来安居自心。

④ 仁以行：仁爱来行动。

译文：

君子通过学习来积聚知识，通过发问来辩论出真知，心态宽宏来安居自心，以仁爱来行动。《周易》说：“见龙在田，利见大人。”君子的德性。

九三，重刚[①]而不中[②]，上不在天[③]，下不在田[④]，故“乾乾”因其时而“惕”，虽危“无咎”矣。

注释：

① 重刚：两个阳爻。

② 不中：不居中。

③ 天：天位。

④ 田：地位。

译文：

九三爻，是处在重叠阳爻之上而不居中，上不在天位，下不在地位，所以“乾乾”因为其时位的原因从而要“惕”，虽然危险但“无咎”。

九四，重刚而不中，上不在天，下不在田，中不在人①，故“或”之。或之者，疑②之也。故“无咎”。

注释：

① 人：人位。

② 疑：疑而未定。

译文：

九四爻，是处在重叠阳爻之上而不居中，上不在天位，下不在地位，中不在人位，所以为“或”。或的意思，是存在疑问的意思。所以“无咎”。

夫“大人”者，与天地合其德，与日月合其明，与四时①合其序②，与鬼神合其吉凶，先天③而天弗违④，后天⑤而奉天时⑥。天且弗违，而况⑦于人乎？况于鬼神乎？

注释：

① 四时：春夏秋冬。

② 序：时序、次序。

③ 先天：先于天道。

④ 天弗违：天不违背。

⑤ 后天，后于天道。

⑥ 奉天时：奉行天道运行规律。

⑦ 况：何况。

译文：

所讲的“大人”，德行与天地相符合，光明与日月相符合，做事顺序与四季相配合，吉凶与鬼神相配合，先于天道去闯荡未知，天不违背他，反而鼓励他，后于天道去践行，就奉行天道运行规律。上天都不违背他，更何况人呢？何况鬼神呢？

“亢”之为言也，知进而不知退，知存而不知亡，知得而不知丧。其

唯[①]圣人乎[②]！知进退存亡而不失其正[③]者，其唯圣人乎！

注释：

① 唯：只有。

② 乎：感叹词。

③ 正：正道。

译文：

“亢”的意思是，只知道进取而不知道后退，只知道存在而不知道衰亡，只知道获得而不知道丧失。这只有圣人才能是明智的。知道进退存亡又不失中正之道，大概只有圣人能做得到。

2【坤为地】䷁

一、卦辞

坤。元亨，利牝马[①]之贞。君子有攸往[②]，先迷[③]后得主[④]，利西南得朋，东北丧朋。安贞吉。

注释：

① 牝马：母马。

② 有攸往：有所前往。

③ 先迷：先是迷失。

④ 后得主：后得到要领、主要。

译文：

坤卦。元始，亨通，有利于像母马一样的贞正。君子有所前往时，如果争先走在前会迷路，如果跟随在后，则会找到主人，吉利。往西南方可以得到朋友，往东北方向则会丧失朋友。必须要安于贞正，才能吉庆。

二、彖辞

《彖》曰：至哉[①]坤元，万物资生[②]，乃顺承[③]天。坤厚载物，德合无疆[④]。含弘光大[⑤]，品物咸亨[⑥]。牝马地类[⑦]，行地无疆，柔顺利贞。君子攸行，先迷失道，后顺得常。西南得朋，乃与类行[⑧]；东北丧朋，乃终有庆。安贞之吉，应地[⑨]无疆。

注释：

① 至哉：伟大的、了不起的。

② 资生：以其为资本而降生。

③ 顺承：顺从遵守。

④ 德合无疆：德行广阔无边无疆界。

⑤ 含弘光大：包含一切而发扬光大。

⑥ 品物咸亨：万物都亨通。

⑦ 地类：地面行走生活的类别。

⑧ 类行：同类同行。

⑨ 应地：应合大地。

译文：

《彖辞》说：伟大的坤卦元始，万物以其为资本而降生，于是顺从遵守天道。坤道深厚载育万物，德行广阔无边无疆界。包含一切而发扬光大，万物都亨通。牝马是属于地上走的类别，能在地上无限奔走无疆界，柔顺利于守持正道。君子有利于前行，起先会迷失正道，后来会顺利得到常规之道。在西南方向可以得到朋友，于是与其同行；在东北方向会失去朋友，最终还是会有喜庆。安顺贞正的吉祥，应和了大地的广阔无疆。

三、象辞

《象》曰：地势坤[①]，君子以厚德载物[②]。

注释：

① 地势坤：大地的地理形势宽厚、顺从

② 厚德载物：增厚德行而容载万物。

译文：

《象辞》说：坤卦是大地地理形态的象征，柔顺宽广。君子因此应当效法大地的深厚远大，培养优良品德，去载育天下万物。

四、爻辞

初六，履[①]霜，坚冰[②]至。

象曰：履霜坚冰，阴始凝③也。驯致其道④，至坚冰也。

注释：

①履：踩。

②坚冰：坚硬得冰块。

③阴始凝：阴气开始下降、凝结。

④驯致其道：顺推其中的规律、道理。

译文：

初六，脚踩到（秋）霜上，（寒冬的）坚冰就要到来了。

象辞说：脚踩到（秋）霜上，会有（寒冬的）坚冰，是阴气开始下降、凝结。顺推其中的规律、道理，知道这是导致坚冰到来的原因。

六二，直方大[①]，不习[②]，无不利。

象曰：六二之动，直以方[③]也。不习无不利，地道光[④]也。

注释：

①直方大：正直、端方、宏大。

②习：习染。

③直以方：正直而端方。

④地道光：大地之道自身的光芒。

译文：

六二，（大地）正直、端正、宏大，即使不习染坏的，没有什么不利。

象辞说：六二爻的行动，正直而端方。不习染坏的，没有什么不利，是大地之道自身的光芒。

六三，含章[①]可贞[②]，或从王事[③]，无成，有终[④]。

象曰：含章可贞，以时[⑤]发[⑥]也。或从王事，知光大[⑦]也。

注释：

①章：文采，才华。

②贞：贞正、正道。

③王事：君王事业。

④ 终：善终。

⑤ 以时：选择合适的时机

⑥ 发：发挥。

⑦ 知光大：智慧光芒宏大。

译文：

六三，内蕴文采，能守持正道，如果辅助君王的事业，即使没什么成就，也会善终。

象辞说：内蕴文采，能守持正道，是选择合适的时机再发挥。如果辅助君王的事业，智慧光芒宏大。

六四，括囊[①]，无咎，无誉[②]。

象曰：括囊无咎，慎不害[③]也。

注释：

① 括囊：束紧口袋。

② 誉：赞誉。

③ 慎不害：谨慎从而没有危害发生。

译文：

六四，束紧囊袋，没有咎害，也没有赞誉。

象辞说：束紧囊袋，没有咎害，谨慎从而没有危害发生。

六五，黄裳[①]，元[②]吉。

象曰：黄裳元吉，文在中[③]也。

注释：

① 黄裳：黄色下衣。

② 元：大。

③ 文在中：文明自在其中。

译文：

六五，黄色下衣，至为吉利。

象辞说：黄色下衣，至为吉利，文明自在其中。

上六，龙战于野[①]，其血玄[②]黄。

象曰：战龙于野，其道穷[③]也。

注释：

① 龙战于野：两条龙战斗于原野。

② 玄：青黑色。

③ 其道穷：其发展之道已到最后。

译文：

上六，两条龙相战于野外，流出青黄相杂的血。

象辞说：两条龙相战于野外，其发展之道已到最后。

用六，利永贞[①]。

象曰：用六永贞，以大终[②]也。

注释：

① 永贞：永久守持正道。

② 以大终：大，阳；最终以返回阳为终，即顺从天道。

译文：

用六，利于永久守持正道。

象辞说：用六爻永久守持正道，是最终以返回阳为终，即顺从天道。

五、文言

《文言》曰：坤至柔而动而刚，至静而德方[①]，后得主而有常[②]，含万物而化光[③]。坤道其顺乎！承天[④]而时行[⑤]。

注释：

① 德方：德性端方。

② 有常：稳定长远。

③ 化光：化生光明。

④ 承天：顺承天道

⑤ 时行：与时同行。

译文：

坤卦至为柔顺，又运动而刚健，至为静处而德性端方，后来得到正道而使行为遵循常道，蕴含万物而能感化光明。坤道是多么柔顺啊！顺承天而与时行。

积善[①]之家，必有余庆。积不善之家，必有余殃[②]。臣弑其君，子弑其父，非一朝一夕之故，其所由来者[③]渐[④]矣。由辩之不早辩[⑤]也。《易》曰："履霜，坚冰至。"盖言顺[⑥]也。

注释：

① 积善：积累善德。

② 余殃：祸殃。

③ 其所由来者：发生此事的原因。

④ 渐：逐渐累积的。

⑤ 由辩之不早辩：是因为该早日辨别之却不去及早辨别。

⑥ 盖言顺：大概是说事情都有发展的趋势、因果。

译文：

积累善德的家庭，必有不尽的庆事。积累恶行的家庭，必有不尽的灾殃。臣子弑杀国君，儿子弑杀父亲，不是一朝一夕的缘故，发生此事的原因是逐渐积累的。是因为该早日辨别之却不去及早辨别。《周易》说："履霜，坚冰至。"大概是说事物是有发展规律顺序的。

直[①]其正[②]也，方[③]其义[④]也。君子敬[⑤]以直内[⑥]，义以方外[⑦]，敬义立[⑧]而德不孤[⑨]。"直、方、大、不习，无不利。"则不疑其所行也。

注释：

① 直：正直。

② 正：品性端正。

③ 方：端方。

④ 其义：行为适宜得当。

⑤ 敬：恭敬。

⑥ 以直内：对内心正直。

⑦ 以方外：对外端方。

⑧ 敬义立：恭敬和有义立起来了。

⑨ 德不孤：德性就不会孤僻不合群。

译文：

正直说明其品性端正，端方说明其行为适宜得当。君子恭敬的对内心正直，对外端方而有义，恭敬和有义立起来了，从而德性就不会孤僻不合群。“直、方、大、不习，无不利。”是不怀疑他的所作所为。

阴虽有美，含之[①]，以从王事，弗敢成[②]也。地道也，妻道也，臣道也。地道无成[③]而代有终[④]也。

注释：

① 含之：含蓄、谦虚，深藏不露。

② 弗敢成：不敢居功自居。

③ 地道无成：地顺从天之道从而不居功自居。

④ 而代有终：是替天行道并至永久。

译文：

阴柔虽然有美德，深藏不露，用来辅佐君王事业，不敢居功自居。这就是大地之道、妻子之道、臣子之道。地顺从天之道从而不居功自居，是替天行道并至永久。

天地[①]变化[②]，草木蕃[③]。天地闭[④]，贤人隐[⑤]。《易》曰：“括囊，无咎无誉。”盖言谨[⑥]也。

注释：

① 天地：天地运转。

② 变化：自然变化。

③ 蕃：繁衍茂盛。

④ 天地闭：天地如果闭塞。

⑤ 贤人隐：贤良之人就会阴退。

⑥ 盖言谨：大概是说要谨慎。

译文：

天地运转自然变化，草木繁衍茂盛。天地如果闭塞，贤良之人就会阴退。《周易》说："括囊，无咎无誉。"大概是说要谨慎。

君子黄中[①]通理[②]，正位[③]居体[④]，美在其中，而畅于四支[⑤]，发于事业[⑥]，美之至[⑦]也。

注释：

① 黄中：黄色居中。

② 通理：通晓道理。

③ 正位：居于正位。

④ 居体：自身则充实于体。

⑤ 畅于四支：顺畅于四肢，即行动上。

⑥ 发于事业：运用到事业中。

⑦ 美之至：最好的美。

译文：

君子中和通情达理，居于正位，自身则充实于体，美德在心中，顺畅于行动上，运用到事业中，这是最好的美。

阴疑于阳[①]，必战[②]，为其嫌于[③]无阳也，故称"龙"焉。犹未离其类[④]也，故称"血"焉。夫玄黄者，天地之杂[⑤]也。天玄而地黄。

注释：

① 阴疑于阳：阴气凝结于阳中。

② 必战：必然交战交合。

③ 嫌于：嫌弃。

④ 犹未离其类：犹如没有离开其类别之中。

⑤ 天地之杂：天地相交混合。

译文：

阴气凝结于阳中，必然交战交合，是因为嫌弃没有阳爻，所以称此为

"龙"。犹如没有离开其类别之中，所以称呼为"血"。所畏玄黄颜色，是因为天地相交混合的缘故。天是青色的而地是黄色的。

3【水雷屯】䷂

一、卦辞

屯。元亨利贞，勿用[①]有攸往，利建侯[②]。

注释：

① 勿用：不要动用、使用。

② 利建侯：利于建功立业、封侯。

译文：

屯卦。具有元始、亨通、有利、贞正的品德。不宜有所前往，利于建功立业、建侯立君。

二、彖辞

《彖》曰：屯，刚柔始交[①]而难生[②]，动乎险中[③]，大亨贞。雷雨之动满盈，天造草昧[④]，宜建侯而不宁[⑤]。

注释：

① 刚柔始交：阳刚阴柔刚开始相交。

② 难生：艰难中初生。

③ 动乎险中：一动就会有危险。

④ 天造草昧：上天创造万物的草创时期。

⑤ 不宁：没有安宁。

译文：

《彖辞》说：屯，阳刚阴柔刚开始相交，从艰难中初生，一动就会有危险，但是是伟大亨通贞正的。打雷下雨大地水满盈，是上天创造万物的草创时期，此时宜于建立诸侯事业而不停止。

三、象辞

《象》曰：云雷，屯。君子以经纶[①]。

注释：

① 经纶：规划和谋略。

译文：

《象辞》说：上云下雷，这是屯卦的卦象。君子处在这样的情况，要用屯卦作为指导，要去治理国家，经略天下大事。

四、爻辞

初九，磐[①]桓[②]，利居贞，利建侯。

象曰：虽磐桓，志行正也。以贵下贱[③]，大得民[④]也。

注释：

① 磐：大石头。

② 桓：恒，恒心。

③ 以贵下贱：以高贵而居卑微下位。

④ 大得民：大得民心。

译文：

初九，像大石头那样埋头苦干，利于静居、守持正道，利于建立诸侯。

象辞说：虽然像大石头那样埋头苦干，但志向是正确的。以高贵而居卑微下位，大得民心。

六二，屯如[①]，邅[②]如，乘马班[③]如，匪[④]寇，婚媾[⑤]。女子贞不字[⑥]，十年乃字。

象曰：六二之难，乘刚[⑦]也。十年乃字，反常也。

注释：

① 屯如：聚集的样子。

② 邅：回旋不前。

③ 班：原地打转。

④ 匪：非。

⑤ 婚媾：求婚。

⑥ 不字：不嫁。

⑦ 乘刚：居于阳爻之上。

译文：

六二，聚集前来，骑马回旋不前，不是强寇而是求婚的。女子守正不急出嫁，十年之后才愿意嫁。

象辞说：六二爻之难，是因为乘驾于阳刚之上。十年之后才愿意嫁，不寻常。

六三，即鹿无虞[①]，惟[②]入于林中。君子几[③]，不如舍[④]，往[⑤]吝。

象曰：即鹿无虞，以从禽[⑥]也。君子舍之，往吝穷[⑦]也。

注释：

① 即鹿无虞：逐鹿而没有虞官的帮助。

② 惟：只有。

③ 几：追赶、谋求。

④ 舍：舍弃、放弃。

⑤ 往：前往。

⑥ 从禽：贪恋追捕禽兽。

⑦ 穷：穷尽。

译文：

六三，逐鹿而没有虞官的帮助，只会空入林中。君子应该见机行事，不如舍弃追赶，要是一意孤行去追捕，会不利。

象辞说：逐鹿而没有虞官的帮助，是贪恋追捕禽兽。君子舍弃之，是因为前往必然会有吝害和穷尽。

六四，乘马班[①]如，求婚媾[②]。往[③]吉，无不利。

象曰：求而往，明[④]也。

注释：

① 班：原地打转。

② 婚媾：求婚。

③ 往：前往。

④ 明：明智。

译文：

六四，乘马徘徊去求婚配。前去是吉祥的，没有不利。

象辞说：追求而前往，明智的。

九五，屯其膏[①]，小贞吉，大贞凶。

象曰：屯其膏，施未光[②]也。

注释：

① 膏：肥膏、财力、资本。

② 施未光：施展未发扬光大。

译文：

九五，克服草创阶段的艰难需要囤积资本，柔小者，贞正可获吉祥；刚大者就会有凶险。

象辞说：克服草创阶段的艰难需要囤积资本，施展未发扬光大。

上六，乘马班如[①]，泣血涟如[②]。

象曰：泣血涟如，何可长[③]也。

注释：

① 班如：徘徊不前。

② 涟如：涟漪不断。

③ 何可长：怎么能有前途和长进？

译文：

上六，乘马徘徊不前，眼睛哭出血直流。

象辞说：眼睛哭出血直流，怎么能有前途和长进？

4【山水蒙】䷃

一、卦辞

蒙。亨。匪[①]我求童蒙，童蒙求我。初噬告[②]，再三渎[③]，渎则不告。利贞。

注释：

① 匪：非，不。

② 初噬告：首次来请教会告知。

③ 渎：亵渎、冒犯。

译文：

蒙卦。亨通。不是我去求蒙童来受教，而是蒙童来求问于我。初次来时真诚的求教，便告知他。但如果一而再再而三地来滥问烦扰，便有对先生亵渎的意思，就不再告知他。利于坚守正道。

二、彖辞

《彖》曰：蒙，山下有险，险而止，蒙。蒙亨，以亨行时中[①]也。"匪我求童蒙，童蒙求我"，志应[②]也。"初噬告"，以刚中[③]也。"再三渎，渎则不告"，渎蒙也。蒙以养正[④]，圣功[⑤]也。

注释：

① 行时中：行动是合时和适中的。

② 志应：志趣相应。

③ 刚中：阳刚居中，即阳刚气质且行为居中。

④ 蒙以养正：蒙卦来教养正道。

⑤ 圣功：圣大的功劳。

译文：

《彖辞》说：蒙，山下有险难，遇险就停止，所以叫蒙卦。蒙是亨通的，顺着亨通来行动是合时和适中的。"不是我去求蒙童来受教，而是蒙童来求问于我"，志趣相应的道理。"初次来时真诚的求教，便告知他"，是因为阳刚居中。"但如果一而再再而三地来滥问烦扰，便有对先生亵渎的意思，就不再告知他"，是因为亵渎蒙了。蒙卦用来教养正道，圣大的功劳。

三、象辞

《象》曰：山下出泉，蒙。君子以果行[①]育德[②]。

注释：

① 果行：果断自己的行为。

② 育德：培育自己的德行。

译文：

《象辞》说：就像山下冒出泉水，这就是蒙卦的卦象。君子要学习蒙卦，行动要果断，要养育德性。

四、爻辞

初六，发蒙[1]，利用刑人[2]，用说[3]桎梏[4]，以往[5]吝。

象曰：利用刑人，以正法[6]也。

注释：

① 发蒙：启发、启蒙、开窍。

② 刑人：牢狱之人。

③ 说：脱。

④ 桎梏：刑具、枷锁。

⑤ 以往：过往。

⑥ 正法：严正法的威名。

译文：

初六，启发蒙昧的人，利于用在押嫌犯来示范，使其脱离罪恶桎梏，若前往会有灾吝。

象辞说：利于用在押嫌犯来示范，是来严正法的威名。

九二，包[1]蒙，吉。纳妇[2]，吉。子[3]克[4]家。

象曰：子克家，刚柔接也。

注释：

① 包：包容。

② 纳妇：接纳妇孺百姓。

③ 子：子民。

④ 克：克服。

译文：

九二，包容蒙昧的人，吉祥。接纳妇孺百姓，吉祥。子民就会忘了旧国。

象辞说：子民就会忘了旧国，是因为阳刚和阴柔手段都使用了。

六三，勿用取[①]女，见金夫[②]，不有躬[③]。无攸利[④]。

象曰：勿用娶女，行不顺[⑤]也。

注释：

① 取：娶。

② 金夫：有钱人。

③ 躬：身躯、尊严。

④ 攸利：好处。

⑤ 行不顺：行为不顺合伦理。

译文：

六三，不宜娶那样的女人，她见到有钱男人，就会失去体统，娶她没有利益。

象辞说：不宜娶那样的女人，行为不顺合伦理。

六四，困[①]蒙，吝。

象曰：困蒙之吝，独远实[②]也。

注释：

① 困：困顿、穷困、困住。

② 独远实：实，阳爻；即，孤独远离阳爻。

译文：

六四，困于蒙昧之中，就会有灾吝。

象辞说：困于蒙昧之中的灾吝，是因为孤独远离阳爻。

六五，童[①]蒙，吉。

象曰：童蒙之吉，顺以巽[②]也。

注释：

① 童：愿意，听话。

② 顺以巽：顺从和谦逊。

译文：

六五，愿意听话的，是吉祥的。

象辞说：愿意听话的吉祥，是顺从和谦逊。

上九，击[1]蒙，不利为寇[2]，利御寇。

象曰：利用御寇，上下顺[3]也。

注释：

① 击：回击，攻击。

② 寇：敌寇。

③ 上下顺：上下合顺统一。

译文：

上九，以猛击来启发蒙稚，此时不利于还为寇，利于采用抵御敌寇。

象辞说：利于利用来抵御敌寇，上下合顺统一。

5【水天需】䷄

一、卦辞

需。有孚[1]，光亨[2]，贞吉。利涉大川[3]。

注释：

① 有孚：有信用。

② 光亨：光明亨通。

③ 利涉大川：有利于涉越大河大川。

译文：

需卦。有诚信，前程光明、亨通，坚守贞正就会吉祥。有利于涉水通过大川。

二、彖辞

《彖》曰：需，须[①]也，险在前也。刚健而不陷[②]，其义不困穷矣。“需，有孚，光亨，贞吉”，位乎天位[③]，以正中[④]也。“利涉大川”，往有功[⑤]也。

注释：

① 须：等待。

② 不陷：不陷入困境。

③ 位乎天位：在天位上，坎卦在乾卦之上。

④ 以正中：九五阳爻居中正之位。

⑤ 往有功：前往会有成功。

译文：

《彖辞》说：需，等待的意思，艰险在前面。阳刚健壮而不陷入进去，因为道义还不困穷。“需卦，有诚信，前程光明、亨通，坚守贞正就会吉祥”，是因为在天位上，处于中位。“有利于涉水通过大川”，是因为前往会有成功。

三、象辞

《象》曰：云上于天，需。君子以饮食宴乐[①]。

注释：

① 饮食宴乐：吃饱喝足娱乐。

译文：

《象辞》说：云气升到了天上，这就是需卦的卦象。君子从需卦中得到启示，要饮食宴乐。

四、爻辞

初九，需[①]于郊[②]，利用恒[③]，无咎。

象曰：需于郊，不犯难行[④]也。利用恒，无咎，未失常也。

注释：

① 需：驻扎、等待。

②郊：郊野。

③恒：恒心。

④不犯难行：不犯险冒险前行。

译文：

初九，在郊野外驻扎，利于恒心等待，无害。

象辞说：在郊野外驻扎，不犯险冒险前行。利于恒心等待，没有咎害，没失去常理。

九二，需于沙[①]，小有言[②]，终吉。

象曰：需于沙，衍在中[③]也。虽小有言，以终吉也。

注释：

①沙：沙地、沙滩。

②有言：埋怨。

③衍在中：河水在其中。

译文：

九二，在沙地上驻扎，会有言语中伤，坚持等待，最终会吉祥。

象辞说：在沙地上驻扎，是因为河水在其中，虽然会有言语中伤，但最终会吉祥。

九三，需于泥[①]，致[②]寇至。

象曰：需于泥，灾在外也。自我致寇，敬慎不败[③]也。

注释：

①泥：泥泞、淤泥。

②致：导致。

③敬慎不败：恭敬谨慎才会不败。

译文：

九三，在淤泥里驻扎，会招致盗寇前来。

象辞说：在淤泥里驻扎，灾患在外。自己原因招致盗寇前来，恭敬谨慎才会不败。

六四，需于血[①]，出自穴[②]。

象曰：需于血，顺以听[③]也。

注释：

① 血：血泊。

② 穴：巢穴、老巢。

③ 顺以听：顺应形势听闻状况。

译文：

六四，两军交战，对方倾巢而出。

象辞说：两军交战，顺应形势听闻状况。

九五，需于酒食[①]，贞吉。

象曰：酒食贞吉，以中正也。

注释：

① 酒食：美酒和美食。

译文：

九五，交战胜利，用美酒美食犒劳三军，守持正道吉祥。

象辞说：美酒美食正道吉祥，是因为行事中正的缘故。

上六，入于穴[①]，有不速之客[②]三人[③]来，敬之，终吉。

象曰：不速之客来，敬之终吉。虽不当位，未大失也。

注释：

① 穴：穴居、老巢。

② 不速之客：不请自来客人。

③ 三人：是约数，很多。

译文：

上六，攻入敌军巢穴，有三个不速之客到来，恭敬相待，最终会获吉祥。

象辞说：不请自来的客人，尊敬他最终会吉祥。虽然不当位，但并没有大的损失。

6【天水讼】䷅

一、卦辞

讼。有孚窒惕[①]，中吉[②]，终凶[③]。利见大人，不利涉大川。

注释：

① 窒惕：窒塞警惕。

② 中吉：中止吉祥。

③ 终凶：始终纠缠则有凶险。

译文：

讼卦。有诚信被滞塞的象征，需要警惕。中和中止会是吉祥的，如果坚持争讼到终，会有凶险。利于见大人物，不利于涉渡大川。

二、彖辞

《彖》曰：讼，上刚下险，险而健，讼。"讼，有孚窒惕，中吉"，刚来而得中也。"终凶"，讼不可成也。"利见大人"，尚中正[①]也。"不利涉大川"，入于渊[②]也。

注释：

① 尚中正：崇尚持中守正。

② 入于渊：陷入深渊。

译文：

《彖辞》说：讼，上面刚强下面险峻，艰险而又健壮，为讼卦。"讼卦，有诚信被窒塞的象征，需要警惕，中正则吉祥"，是因为阳刚前来而保持适中。"如果坚持争讼到终，会有凶险"，是因为争讼不可成功。"利于见大人物"，是因为崇尚守正持中。"不利于涉渡大川"，因为已经处于漩涡中了。

三、象辞

《象》曰：天与水违，讼。君子以作事谋始[①]。

注释：

① 作事谋始：作事情要一开始就要谋划好。

译文：

《象辞》说：天和水反向而行，这就是讼卦的卦象。君子因此做事要提前谋划好，做事的成败在于开始的谋略。

四、爻辞

初六，不永[①]所事，小有言[②]，终吉。

象曰：不永所事，讼不可长也。虽有小言，其辩明也。

注释：

① 永：永久、长久。

② 有言：怨言。

译文：

初六，不长久缠于争讼之事，会有怨言，最终会吉利。

象辞说：不长久缠于争讼之事，是因为争讼不可以长久下去。虽然会有怨言，但辨析还是明确的、对的。

九二，不克[①]讼，归而逋[②]，其邑人三百户，无眚[③]。

象曰：不克讼，归而逋也。自下讼上，患至掇[④]也。

注释：

① 克：战胜。

② 逋：逃跑。

③ 眚：灾难。

④ 患至掇：灾患自然会拾掇而来。

译文：

九二，争讼输了，回家后就逃窜了，他村邑三百户人家由此免去灾难。

象辞说：争讼输了，回家后就逃窜了。地位低微去争讼上面的人，灾患自然会拾掇而来。

六三，食旧德[①]，贞，厉，终吉。或从王事[②]，无成。

象曰：食旧德，从上吉也。

注释：

① 旧德：传统道德、乡规民约。

② 王事：公差、公事、朝廷为官。

译文：

六三，按照传统道德、乡规民约来谈判，守持正道，虽有危险，最终会吉利。但这种处理争讼的方式，不能适用于在公家办事。

象辞说：按照传统道德、乡规民约来谈判，随从上面就会吉祥。

九四，不克讼，复既命①，渝②，安贞吉。

象曰：复即命，渝安贞，不失也。

注释：

① 复既命：反过来服从命令。

② 渝：让步、改变。

译文：

九四，争讼输了，反过来服从命令，改变，就会安顺贞正吉祥。

象辞说：反过来服从命令，改变，就会安顺贞正，不失正道。

九五：讼，元吉①。

象曰：讼元吉，以中正也。

注释：

① 元吉：大吉。

译文：

九五，忍无可忍，果断诉讼，大的吉祥。

象辞说：忍无可忍，果断诉讼，大的吉祥，是因为行事没失去持中正义。

上九：或锡①之鞶带②，终朝③三④褫⑤之。

象曰：以讼受服⑥，亦不足敬⑦也。

注释：

① 锡：赏赐。

② 鞶带：腰带、指显贵官服。

③ 朝：朝廷。

④ 三：数次。

⑤ 褫：剥夺、收回。

⑥ 服：服装、服饰。

⑦ 不足敬：不足以得到尊敬。

译文：

上九，争讼终于胜了，获赐显贵官服，但一天内多次被剥夺。

象辞说：通过争讼胜利获得显贵官服，不足以得到尊敬。

7【地水师】䷆

一、卦辞

师。贞，丈人[1]吉，无咎。

注释：

① 丈人：有谋略贤明长者。

译文：

师卦。守持正道，以有谋略贤明长者为统帅，就会吉祥，没有灾祸。

二、彖辞

《彖》曰：师，众[1]也，贞正也，能以众正[2]，可以王矣。刚中而应，行险而顺，以此毒天下[3]，而民从之，吉又何咎矣。

注释：

① 众：聚众、人多。

② 众正：聚众且正义。

③ 毒天下：征服天下。

译文：

《彖辞》说：师，聚众，守持正道的意思，能聚众且正义，就可以为君王了。阳刚居中而相应，行为艰险而顺利，以此来征服天下，而民众顺从，吉祥就没有咎害了。

三、象辞

《象》曰：地中有水，师。君子以容民[1]畜众[2]。

注释：

① 容民：容纳人民。

② 畜众：畜养兵众。

译文：

《象辞》说：地中蓄藏着水，便是师卦的卦象。君子要效法师卦，要容纳人民、畜养兵众。

四、爻辞

初六，师出以律[1]，否[2]臧[3]凶。

象曰：师出以律，失律[4]凶也。

注释：

① 律：军纪。

② 否：否则、不。

③ 臧：好、善。

④ 失律：失掉纪律。

译文：

初六，行军打仗要靠纪律严明，军纪不严就会有凶险。

象辞说：行军打仗要靠纪律严明，失去纪律就会有凶险。

九二，在师中[1]，吉，无咎，王三锡命[2]。

象曰：在师中吉，承天宠[3]也。王三锡命，怀万邦[4]也。

注释：

① 在师中：坐镇军中。

② 王三锡命：君王多次赐予任命。

③ 承天宠：承蒙天子宠信。

④ 怀万邦：心怀天下万邦。

译文：

九二，坐镇军中，吉祥，没有灾祸，君王多次赏赐委以重任。

象辞说：坐镇军中吉祥，承蒙天子宠信。君王多次赏赐委以重任，是因为心怀天下万邦。

六三，师或①舆②尸，凶。

象曰：师或舆尸，大无功也。

注释：

① 或：有时。

② 舆：运载。

译文：

六三，军队时而运载尸体回来，有凶险。

象辞说：军队时而运载尸体回来，大大的没有战功。

六四，师左次①，无咎。

象曰：左次无咎，未失常也。

注释：

① 左次：退后、撤退。

译文：

六四，军队撤退下来安营扎寨，没有坏处。

象辞说：撤退下来没有坏处，并没有失去常理。

六五，田有禽①，利执言②，无咎。长子③帅师，弟子④舆尸，贞凶。

象曰：长子帅师，以中行⑤也。弟子舆师，使不当⑥也。

注释：

① 田有禽：田野里有禽兽。

② 执言：采纳建议。

③ 长子：有才能的人。

④ 弟子：才疏学浅的人。

⑤ 中行：中正行事。

⑥ 使不当：使用决策用人等不适当。

译文：

六五，田野中有禽兽，利于采纳建议，没有灾害。可以委任有才能的人率军出征，才疏学浅的人不能带兵，否则就会载尸大败归来，守持正道以防凶险。

象辞说：有才能的人率军出征，是因为其能中正行事。才疏学浅的人不能带兵，是因为其使用决策用人等不适当。

上六，大君有命[①]，开国[②]承家[③]，小人勿用。

象曰：大君有命，以正功[④]也。小人勿用，必乱邦也。

注释：

① 大君有命：君王颁发命令。

② 开国：封诸侯国。

③ 承家：建造府第。

④ 正功：功劳得到公正、正名。

译文：

上六，君王颁发命令，封赏功臣为诸侯大夫，小人不得受封。

象辞说：君王颁发命令，是使得功劳得到公正、正名。小人不得受封，是因为他们祸乱了国家。

8【水地比】䷇

一、卦辞

比。吉。原筮[①]，元永贞，无咎。不宁方来[②]，后夫凶[③]。

注释：

① 原筮：再三考察、研究、审查。

② 不宁方来：不愿意来的也来了。

③ 后夫凶：最后来的就有凶险了。

译文：

比卦。吉祥、吉利。再三考察、研究、审查，（如果亲比者）尊长、成熟稳定、贞正，则没有灾咎。以前不朝王归顺的也来归附了，落在后面的后来者，便是情况不妙有凶险的。

二、彖辞

《彖》曰：比，吉也。比，辅[①]也，下顺从[②]也。“原筮，元永贞，无咎”，以刚中也。“不宁方来”，上下应[③]也。“后夫凶”，其道穷也。

注释：

① 辅：原指车辐，辅助、亲辅。

② 下顺从：下位顺从于上位。

③ 应：呼应。

译文：

《彖辞》说：比，是吉祥的。比，是亲辅的意思，是下者能顺从上者。“再三考察、研究、审查，（如果亲比者）尊长、成熟稳定、贞正，则没有灾咎”，是因为阳刚居中。“以前不朝王归顺的也来归附了”，是因为上下呼应。“落在后面的后来者，便是情况不妙有凶险的”，是因为其道路穷尽了。

三、象辞

《象》曰：地上有水，比。先王以建万国[①]，亲诸侯[②]。

注释：

① 建万国：分封万国。

② 亲诸侯：亲近诸侯。

译文：

《象辞》说：地上汇聚着水，这就是比卦的卦象。先王们要以比卦的精神，分封万国，亲近诸侯。

四、爻辞

初六，有孚比之[①]，无咎。有孚盈缶[②]，终来有它，吉。

象曰：比之初六，有它吉也。

注释：

① 有孚比之：有诚信的去亲比。

② 盈缶：盈满了缸缶。

译文：

初六，心怀诚信去亲比，则无咎害。积累的诚信有如水充满了缸缶，最终会得到别人的亲比，吉祥。

象辞说：比卦的初六爻，有别人的亲比会吉祥。

六二，比之自内[①]，贞吉。

象曰：比之自内，不自失也。

注释：

① 自内：自己内部。

译文：

六二，和自己内部的人亲比，守持正道吉祥。

象辞说：和自己内部的人亲比，没有丧失自我。

六三，比之匪人[①]。

象曰：比之匪人，不亦伤乎！

注释：

① 匪人：平民、奴隶。

译文：

六三，和平民、奴隶亲比。

象辞说：和平民、奴隶亲比，不会有伤害吗？

六四，外[①]比之，贞吉。

象曰：外比于贤，以从上也。

注释：

① 外：外部之人。

译文：

六四，和外面的人亲比，守持正道吉祥。

象辞说：和外面的贤良亲比，从而顺从尊上。

九五，显[①]比，王用三驱[②]，失前禽，邑人[③]不诫[④]，吉。

象曰：显比之吉，位正中也。舍逆取顺，失前禽也。邑人不诫，上使中[⑤]也。

注释：

① 显：明显。

② 三驱：三面驱赶。

③ 邑人：当地人、民众。

④ 诫：戒备。

⑤ 上使中：君上采用了中正方法。

译文：

九五，用光明正大去亲比，君王用三驱之法狩猎网开一面，放掉前方的禽兽，邑人也不需要戒备，吉祥。

象辞说：光明正大去亲比的吉祥，是因为所居之位中正的。舍弃违逆选取顺从，相当于放掉前方的禽兽。邑人不需要戒备，是因为君上采用了中正方法。

上六，比之无首[①]，凶。

象曰：比之无首，无所终也。

注释：

① 无首：无原则、无底线。

译文：

上六，亲比而无原则，则有凶险。

象辞说：亲比而无原则，不会有所结果得。

9【风天小畜】䷈

一、卦辞

小畜。亨。密云不雨[①]**，自我西郊。**

注释：

① 密云不雨：乌云密布却不下雨。

译文：

小畜卦。有亨通的品德。乌云密布却不下雨，从我西郊飘过来就开始的现象。

二、彖辞

《彖》曰：小畜，柔得位，而上下应之，曰小畜。健而巽[①]**，刚中**[②]**而志行，乃亨。“密云不雨”，尚往**[③]**也。“自我西郊”，施未行**[④]**也。**

注释：

① 健而巽：下卦乾卦为健，上卦巽卦为巽。

② 刚中：二爻、五爻皆为阳爻，且居上下卦之中。

③ 尚往：指目前还是小畜，雨也还没下下来，还需继续前往努力。

④ 施未行：还未采取措施。

译文：

《彖辞》说：小畜，柔爻得位，而上下得阳爻与其呼应，称之为小畜卦。健壮而逊顺，阳刚居中从而志向可以执行，从而亨通。“乌云密布却不下雨”，还需继续前往努力。“从我西郊飘过来”，是还未采取措施。

三、象辞

《象》曰：风行天上，小畜。君子以懿文德[①]**。**

注释：

① 懿文德：美化人文与德业。

译文：

《象辞》说：风在天上吹，这就是小畜卦的卦象。君子要按照小畜卦之道，美化人文与德业，加强自身修养。

四、爻辞

初九，复[①]自道[②]，何其咎？吉。

象曰：复自道，其义[③]吉也。

注释：

① 复：复返。

② 自道：原来的道路。

③ 义：道义。

译文：

初九，复返自身正道，有什么灾祸呢？吉祥。

象辞说：复返自身正道，其道义是吉祥的。

九二，牵[①]复，吉。

象曰：牵复在中，亦不自失也。

注释：

① 牵：牵引、引导。

译文：

九二，被牵引复返，吉祥。

象辞说：被牵引复返而在中位，也没有失去本分。

九三，舆[①]说[②]辐[③]，夫妻反目。

象曰：夫妻反目，不能正室[④]也。

注释：

① 舆：车轮。

② 说：脱。

③ 辐：辐条。

④ 不能正室：不能处理好家庭内部矛盾。

译文：

九三，车轮辐条脱落，犹如夫妻俩反目仇视。

象辞说：夫妻俩反目仇视，是不能处理好家庭内部矛盾。

六四，有孚，血[①]去惕[②]出，无咎。

象曰：有孚惕出，上合志[③]也。

注释：

①血：恤，忧虑。

②惕：警惕。

③上合志：与上面志同道合，指六四与九五之间。

译文：

六四，心怀诚信，忧患就会去掉，警惕解除，没有灾难发生。

象辞说：心怀诚信，警惕解除，是与上面志同道合。

九五，有孚挛如[①]，富以其邻[②]。

象曰：有孚挛如，不独富[③]也。

注释：

①挛如：连接一起。

②邻：近邻。

③不独富：不独自富裕。

译文：

九五，心怀诚信心连心，与近邻共同富裕。

象辞说：心怀诚信心连心，是不独自富裕。

上九，既雨[①]，既处[②]，尚德载[③]。妇贞厉，月几望，君子征凶。

象曰：既雨既处，德积载[④]也。君子征凶，有所疑也。

注释：

①既雨：已经下雨，即实力又回来了。

②既处：冷静静处。

③尚德载：高尚品德承载。

④积载：积聚承载。

译文：

上九，实力回来了，要谨慎静处，此刻要积德载物。此时过于谨慎就会有危险。就如月亮圆了之后马上就缺了，时机一旦错过，君子出征会有凶险。

象辞说：实力回来了，要谨慎静处，是道德积聚满载承载。君子出征会有凶险，是因为有所疑虑。

10【天泽履】䷉

一、卦辞

履虎尾，不咥人[1]，亨。

注释：

① 咥人：咬人。

译文：

（履卦。）踩在老虎尾巴上，老虎却不咬人，亨通。

二、彖辞

《彖》曰：履，柔履刚[1]也。说[2]而应乎乾[3]，是以“履虎尾，不咥人，亨”。刚中正，履帝位而不疚，光明也。

注释：

① 柔履刚：柔走在刚后面，指下卦兑卦为阴卦，上卦乾卦为阳卦，兑卦在乾卦下面、后面。

② 说：通“悦”，即兑。

③ 应乎乾：与乾卦相呼应。

译文：

《彖辞》说：履，阴柔走在阳刚后面。喜悦而与乾卦强健相呼应，所以“踩在老虎尾巴上，老虎却不咬人，亨通。”阳刚居中守正，登上帝王之位而无所愧疚，是因为美德光大明亮。

三、象辞

《象》曰：上天下泽，履。君子以辩上下[1]，定民志[2]。

注释：

① 辩上下：辨别上下等级尊卑秩序。

② 定民志：安定天下民心。

译文：

《象辞》说：上面是天，下面是泽，这就是履卦的卦象。君子要辨别上下等级尊卑秩序，安定天下民心。

四、爻辞

初九，素[①]履[②]，往无咎。

象曰：素履之往，独行愿[③]也。

注释：

① 素：朴素。

② 履：践履、做事。

③ 独行愿：坚定独立前行之愿。

译文：

初九，朴素一贯的方式做事，前往不会有灾祸。

象辞说：朴素一贯的方式做事，这样的前往，是坚定独立前行之愿。

九二，履道坦坦[①]，幽人[②]贞吉。

象曰：幽人贞吉，中[③]不自乱也。

注释：

① 坦坦：平坦。

② 幽人：坐牢之人。

③ 中：守持中正之道。

译文：

九二，行走的大道平坦，坐牢的人守持正道会吉祥。

象辞说：坐牢的人守持正道会吉祥，内心不自己扰乱了。

六三，眇能视[①]，跛能履[②]，履虎尾，咥人[③]，凶。武人[④]为于大君[⑤]。

象曰：眇能视，不足以有明[⑥]也。跛能履，不足以与行[⑦]也。咥人之凶，位不当[⑧]也。武人为于大君，志刚[⑨]也。

注释：

① 眇能视：瞎了一只眼还能看见。

② 跛能履：脚跛了还要走路。

③ 咥人：咬人。

④ 武人：军队之人、将士。

⑤ 大君：君王。

⑥ 不足以有明：看得不清楚。

⑦ 不足以与行：行走不方便。

⑧ 位不当：所处位置不当。

⑨ 志刚：志气过于刚烈。

译文：

六三，瞎了一只眼还能看见，脚跛了还要走路，踩到老虎尾巴，老虎咬人，凶险。勇武之人要效力于大人君王。

象辞说：瞎了一只眼还能看见，但还是看得不清楚。脚跛了还要走路，但还是行走不方便。老虎咬人的凶险，是所处位置不当。勇武之人要效力于大人君王，是志气过于刚烈。

九四，履虎尾[①]，愬愬[②]，终吉。

象曰：愬愬终吉，志行也。

注释：

① 履虎尾：踩老虎尾巴。

② 愬愬：恐惧、惊恐。

译文：

九四，踩到老虎尾巴，心里恐惧小心谨慎，终获吉祥。

象辞说：心里恐惧小心谨慎，终获吉祥，是志向得到践行。

九五，夬[①]履，贞厉。

象曰：夬履贞厉，位正当也。

注释：

① 夬：决定、决断。

译文：

九五，刚断果决地行动，守持正道以防危险。

象辞说：刚断果决地行动，守持正道以防危险，是所处位置正当。

上九，视履[①]考祥[②]，其旋[③]元吉。

象曰：元吉在上[④]，大有庆[⑤]也。

注释：

① 视履：亲自考察。

② 考祥：考察周详。

③ 旋：回旋、回来。

④ 在上：指居上位。

⑤ 大有庆：大大的有福庆的。

译文：

上九，亲自考察，做了周密部署，对商朝的情况了如指掌，最终凯旋会大吉。

象辞说：大大的吉祥居上位，是大大的有福庆的

11【地天泰】䷊

一、卦辞

泰。小往大来[①]，吉亨。

注释：

① 小往大来：小的往去，大的到来。

译文：

泰卦。小的往去，大的到来，吉祥，亨通。

二、彖辞

《彖》曰："泰，小往大来，吉亨"，则是天地交[①]，而万物通[②]也；

上下交，而其志同也。内阳而外阴，内健而外顺，内君子而外小人。君子道长[3]，小人道消[4]也。

注释：

① 天地交：天地相交。

② 通：互通、亨通。

③ 君子道长：君子之道增长。

④ 小人道消：小人之道消亡。

译文：

《彖辞》说："泰卦，小的往去，大的到来，吉祥，亨通。"是因为天地相交，而万事万物互通；天地上下相交，是因为志向相同。内卦阳刚而外卦阴柔，内卦强健而外卦柔顺，内卦为君子外卦为小人。是君子之道增长，小人之道消亡。

三、象辞

《象》曰：天地交，泰。后[1]以财[2]成天地之道，辅相[3]天地之宜，以左右民[4]。

注释：

① 后：君王。

② 财：通"裁"，裁定、制定。

③ 辅相：辅助相帮。

④ 左右民：让民众遵守。

译文：

《象辞》说：天地阴阳二气交合，这就是泰卦的卦象。君王由此得到的启示，要裁制出符合天地运行的规律，辅助天地的安排，以此来指导民众，扶植国计民生。

四、爻辞

初九，拔茅[1]茹[2]，以其汇[3]。征吉。

象曰：拔茅征吉，志在外也。

注释：

① 茅：茅草。

② 茹：相连、一大片。

③ 汇：同类相汇。

译文：

初九，拔起茅草，连同茅草同类也一起拔出。出征则会吉祥。

象辞说：拔起茅草，出征则会吉祥，是志向在外面的缘故。

九二，包荒[①]，用冯河[②]，不遐遗[③]。朋亡[④]，得尚于中行。

象曰：包荒，得尚于中行，以光大也。

注释：

① 包荒：包容荒废、污秽。

② 冯河：会制作渡河工具的村夫。

③ 不遐遗：再远的也不嫌弃。

④ 朋亡：不结党营私。

译文：

九二，包容一切人，连会制作渡河工具的村夫都要启用，再远都不嫌弃。不结党营私，因为君主行为中正而行。

象辞说：包容一切人，是因为得到崇尚于中正行事的思想，从而光明正大。

九三，无平不陂[①]，无往不复[②]。艰贞无咎，勿恤[③]其孚，于食有福[④]。

象曰：无往不复，天地际[⑤]也。

注释：

① 陂：倾斜。

② 复：复返、回来。

③ 恤：担心、忧虑。

④ 于食有福：食禄会有福庆。

⑤ 天地际：天地交界之处，指九三处于临界点。

译文：

九三，没有只平坦而不崎岖的，没有只前往而不返回的。艰难但守持正道就会免遭咎害，不用担心不取信于人，生活会变富足的。

象辞说：没有只前往而不返回的，是因为天地交界。

六四，翩翩[①]，不富以其邻，不戒[②]以孚。

象曰：翩翩不富，皆失实[③]也。不戒以孚，中心愿[④]也。

注释：

① 翩翩：潇洒、有风度。

② 戒：戒备。

③ 皆失实：指上卦三爻都是阴爻，不是实的。

④ 中心愿：指上卦三爻都是应于下卦阳爻的。

译文：

六四，做人大气、风度翩翩，不以邻居为代价来富裕自己，用诚信使得邻居不戒备。

象辞说：做人大气、风度翩翩而不富裕自己，是因为都是阴爻。用诚信使得邻居不戒备，是内心的心愿使然。

六五，帝乙[①]归妹[②]，以祉[③]元吉。

象曰：以祉元吉，中以行愿[④]也。

注释：

① 帝乙：商纣王的父亲。

② 归妹：嫁女儿。

③ 祉：福祉、福气。

④ 中以行愿：中正而行心中之愿。

译文：

六五，帝乙出嫁少女给季历，季历是至大的福气。

象辞说：至大的福气，是因为中正而行心中之愿。

上六，城复[1]于隍[2]，勿用师，自邑[3]告命[4]。贞吝。

象曰：城复于隍，其命乱[5]也。

注释：

① 复：通"覆"，倒塌。

② 隍：城墙外的壕沟。

③ 邑：城邑。

④ 告命：通报命令、发布命令。

⑤ 其命乱：指对方命运已经不自主了，乱了阵脚。

译文：

上六，攻下城墙，使得城墙倒塌，先不进一步出兵征战，城内诸侯自前来投降。守持正道以防危害。

象辞说：攻下城墙，使得城墙倒塌，对方的命运自然乱了阵脚。

12【天地否】䷋

一、卦辞

否之匪人[1]，不利君子贞，大往小来[2]。

注释：

① 否之匪人：否闭不通，不是人间正道。

② 大往小来：大的去，小的来。

译文：

否卦。（天地不交则万物不生）否闭不通，不是人间正道，不利于君子贞正，大的去，小的来（阳往阴来）。

二、彖辞

《彖》曰："否之匪人，不利君子贞，大往小来"，则是天地不交，而万物不通也。上下不交[1]，而天下无邦[2]也。内阴而外阳，内柔而外刚，内小人而外君子。小人道长，君子道消也。

注释：

① 上下不交：统治者和民众不亲密交往。

② 天下无邦：天下无法形成完整的国邦。

译文：

《彖辞》说："否闭不通，不是人间正道，不利于君子贞正，大的去，小的来（阳往阴来）。"是因为天地不相交，从而万事万物也不相通。统治者和民众不亲密交往，则天下没有国家了。内卦为阴而外卦为阳，内卦柔顺而外卦阳刚，内卦小人而外卦君子。是小人之道增长，君子之道消亡。

三、象辞

《象》曰：天地不交，否。君子以俭德辟难[①]，不可荣以禄[②]。

注释：

① 俭德辟难：收敛德性以避开灾难。

② 不可荣以禄：不可追求高官厚禄来荣耀自己。

译文：

《象辞》说：天地阴阳二气不相交，这就是否卦的卦象。君子要以收敛德性约束自己以避开灾难，不可追求高官厚禄来荣耀自己。

四、爻辞

初六，拔茅茹，以其汇。贞吉，亨。

象曰：拔茅贞吉，志在君[①]也。

注释：

① 志在君：志在为君主服务。

译文：

初六，拔起茅草，连同茅草同类也一起拔出，守持正道吉利，亨通。

象辞说：拔起茅草守持正道吉利，是志在为君主服务。

六二，包承[①]，小人吉，大人否，亨。

象曰：大人否，亨，不乱群[②]也。

注释：

① 包承：包容、承让。

② 不乱群：不乱入群党。

译文：

六二，包容并顺承，小人吉利，大人闭塞，最终会亨通。

象辞说：大人闭塞，最终会亨通，是因为不乱入群党。

六三，包羞[①]。

象曰：包羞，位不当也。

注释：

① 羞：羞耻、羞辱。

译文：

六三，包容羞耻。

象辞说：包容羞耻，是因为所处位置不正当。

九四，有命[①]无咎，畴[②]离[③]祉[④]。

象曰：有命无咎，志行也。

注释：

① 有命：奉命。

② 畴：范畴、众人、身边的人。

③ 离：附丽、依附。

④ 祉：福祉。

译文：

九四，奉命行事，没有咎害，众人依附同获福禄。

象辞说：奉命行事，没有咎害，是因为在践行使命。

九五，休否[①]，大人吉。其亡其亡[②]，系[③]于苞桑[④]。

象曰：大人之吉，位正当也。

注释：

① 休否：否定小人。

② 其亡其亡：灭亡的速度很快。

③ 系：系于、连接。

④ 苞桑：繁茂的桑树。

译文：

九五，否定小人的时候到了，大人吉祥。小人灭亡的速度太快，就像桑树上开的花一样，很快就要凋零了。

象辞说：大人吉祥，是因为所处位置正当。

上九，倾[①]否，先否后喜。

象曰：否终则倾[②]，何可长[③]也。

注释：

① 倾：倾覆。

② 否终则倾：否闭到极点必导致倾覆。

③ 何可长：怎么能长久呢?

译文：

上九，最终小人被清除掉，因而君子先是委屈后是喜悦。

象辞说：否闭到极点必导致倾覆，怎么能长久呢?

13【天火同人】䷌

一、卦辞

同人于野[①]，亨。利涉大川，利君子贞。

注释：

① 野：远处郊野。

译文：

（同人卦。）会同众人于远处郊野，亨通。利于涉渡大川，利于君子坚持正道。

二、彖辞

《彖》曰：同人，柔[①]得位得中，而应乎乾，曰同人。同人曰，“同人于野，亨，利涉大川”，乾行也。文明以健[②]，中正而应，君子正也。唯君

子为能通[3]天下之志。

注释：

① 柔：指六二爻。

② 文明以健：文明指下卦离卦，健指上卦乾卦。

③ 通：通晓，通透。

译文：

《彖辞》说：同人，柔爻居正位且居中，同时与乾卦相呼应，所以叫同人卦。同人卦说："会同众人于远处郊野，亨通。利于涉渡大川"是乾卦在施行。文明有强健，中正而呼应，是因为君子居正的美德。只有君子才能会通天下所有人的志向。

三、象辞

《象》曰：天与火，同人。君子以类族[1]辨物[2]。

注释：

① 类族：归类族群。

② 辨物：分辨万物。

译文：

《象辞》说：天与火在一起，这就是同人卦的卦象。君子要效法同人卦的大同精神，归类族群，分辨万物。

四、爻辞

初九，同人[1]于门[2]，无咎。

象曰：出门同人，又谁咎也。

注释：

① 同人：统一思想、统一战线。

② 门：自己家人。

译文：

初九，和自己家人统一战线，没有咎害。

象辞说：出门去统一战线，又是谁的过错呢？

六二，同人于宗[①]，吝。

象曰：同人于宗，吝道[②]也。

注释：

①宗：宗族。

②吝道：小气之道。

译文：

六二，只和自己宗族统一战线，有所吝。

象辞说：只和自己宗族统一战线，小气之道。

九三，伏戎[①]于莽[②]，升[③]其高陵[④]，三岁不兴[⑤]。

象曰：伏戎于莽，敌刚[⑥]也。三岁不兴，安行[⑦]也。

注释：

①伏戎：埋伏军队。

②莽：草莽。

③升：登高。

④高陵：高地。

⑤不兴：不打仗。

⑥刚：刚强。

⑦安行：安全行事。

译文：

九三，将军队埋伏于草莽中，又登上高陵察看，三年也不轻易出兵打仗。

象辞说：将军队埋伏于草莽中，是因为敌人太强了。三年也不轻易出兵打仗，是安全行事。

九四，乘其墉[①]，弗克攻[②]，吉。

象曰：乘其墉，义弗克也。其吉，则困而反则[③]也。

注释：

①乘其墉：登乘其城墙。

②弗克攻：不向前进攻。

③ 则困而反则：困顿住了，会反向运用规则法则。指不战而屈人之兵。

译文：

九四，登临城墙了，又暂时不进攻，吉祥。

象辞说：登临城墙了，道义方面不要去进攻，吉祥，是指对方困顿住了，就会投降了。

九五，同人，先号咷[①]，而后笑，大师[②]克相遇[③]。

象曰：同人之先，以中直[④]也。大师相遇，言相克[⑤]也。

注释：

① 号咷：大哭。

② 大师：大军。

③ 相遇：会师。

④ 中直：中正正直。

⑤ 言相克：说明攻克了敌军。

译文：

九五，最终诸侯被说服，愿意加入统一战线，于是先是号哭，而后欢笑，因而收服了对方的军队，两军会师成功了。

象辞说：最终先建立了统一战线，是中正正直发挥了作用。两军相遇，是因为双方达成了共识，对方归顺了。

上九，同人于郊[①]，无悔。

象曰：同人于郊，志未得[②]也。

注释：

① 郊：郊野。

② 志未得：志向尚未实现。

译文：

上九，在荒野郊外与众多诸侯建立统一战线，没有悔根。

象辞说：在荒野郊外与众多诸侯建立统一战线，但志向尚未实现。

14【火天大有】䷍

一、卦辞

大有。元亨[①]。

注释：

① 元亨：元始、亨通。

译文：

大有卦。元始、亨通。

二、彖辞

《彖》曰：大有，柔得尊位[①]，大中[②]而上下应之，曰大有。其德刚健而文明，应乎天[③]而时行[④]，是以元亨。

注释：

① 柔得尊位：指六五爻为阴爻，且为唯一阴爻。

② 大中：大好的居中。

③ 应乎天：顺应天的规律。

④ 时行：与时节顺行。

译文：

《彖辞》说：大有，阴柔居尊位，大好的居中而上下爻与之呼应，这就叫大有卦。其德性阳刚强健而文明，顺应天的规律而又与时同行，所以大大的亨通。

三、象辞

《象》曰：火在天上，大有。君子以遏恶[①]扬善[②]，顺天[③]休命[④]。

注释：

① 遏恶：抑制邪恶。

② 扬善：发扬美善。

③ 顺天：顺承天道的美德。

④ 休命：美好生命。

译文：

《象辞》说：火在天上燃烧，这就是大有卦的卦象。君子由此卦得到的启示，就是要崇尚光明、抑制邪恶，发扬美善，顺承天道的美德，追求生命的美好。

四、爻辞

初九，无交害[①]，匪[②]咎，艰[③]则无咎。

象曰：大有初九，无交害也。

注释：

① 交害：交手的伤害。

② 匪：非、不。

③ 艰：艰苦奋斗。

译文：

初九，（丰收了）没有交手被抢的伤害，不会招致灾祸，保持艰苦本色才能无灾咎。

象辞说：大有卦初九爻，没有交手被抢的伤害。

九二，大车以载[①]，有攸往，无咎。

象曰：大车以载，积中不败[②]也。

注释：

① 载：运载、装载。

② 积中不败：指堆积的物品多而稳，不会掉落。

译文：

九二，用大车运载财物，有所前往，没有灾害。

象辞说：用大车运载财物，堆积的物品多而稳，不会掉落。

九三，公用[①]亨[②]于天子，小人弗克[③]。

象曰：公用亨于天子，小人害[④]也。

注释：

① 公用：奉公。

② 亨：进献。

③ 弗克：不能。

④ 小人害：小人不会这样做。

译文：

九三，公侯向天子献礼致敬，小人不能担此重任。

象辞说：公侯向天子献礼致敬，小人不会这样做。

九四，匪[①]其彭[②]，无咎。

象曰：匪其彭，无咎，明辨哲[③]也。

注释：

① 匪：非、不。

② 彭：膨胀。

③ 明辨哲：明白事理，明智之举。哲，明智、明察。

译文：

九四，富有而不炫耀，不自我膨胀，没有灾难。

象辞说：富有而不炫耀，不自我膨胀，没有灾难，是明白事理的明智之举

六五，厥孚交如[①]，威如[②]，吉。

象曰：厥孚交如，信以发志[③]也。威如之吉，易而无备[④]也。

注释：

① 厥孚交如：用诚信相交上下。

② 威如：威严的样子。

③ 信以发志：诚意来启发志向。

④ 易而无备：平易近人使别人不会防备。

译文：

六五，用诚信相交上下，富有威望，吉祥。

象辞说：用诚信相交上下，是诚意来启发志向。富有威望的吉祥，是平易近人使别人不会防备。

上九，自天祐[①]之，吉，无不利。

象曰：大有上吉，自天祐也。

注释：

① 天祐：通"佑"，保佑，上天保佑。

译文：

上九，自上天降下佑助，吉利，没有不利得。

象辞说：大有卦最上爻吉祥，是自上天降下佑助。

15【地山谦】䷎

一、卦辞

谦。亨，君子有终[①]。

注释：

① 有终：终有成就、善终。

译文：

谦卦。亨通，君子因为谦让的品德终有成就、善终。

二、彖辞

《彖》曰：谦，亨，天道[①]下济[②]而光明[③]，地道卑而上行[④]。天道亏盈[⑤]而益谦[⑥]，地道变盈[⑦]而流谦[⑧]，鬼神害盈[⑨]而福谦[⑩]，人道恶盈[⑪]而好谦[⑫]。谦，尊而光[⑬]，卑而不可逾[⑭]，君子之终[⑮]也。

注释：

① 天道：天的规律。

② 下济：向下救济。

③ 光明：普照万物带来光明。

④ 卑而上行：卑下而上进前行。

⑤ 亏盈：亏损满盈的。

⑥ 益谦：增益谦虚的。

⑦ 变盈：改变盈满的样子。

⑧ 流谦：继续充实谦虚。

⑨ 害盈：危害盈满。

⑩ 福谦：增福谦虚。

⑪ 恶盈：厌恶盈满。

⑫ 好谦：喜好谦虚。

⑬ 尊而光：尊贵而光大。

⑭ 卑而不可逾：即使处卑位时也不可超越。

⑮ 君子之终：君子坚持始终。

译文：

《彖辞》说：谦，亨通，是天的规律向下救济从而普照万物带来光明，地的规律卑下而上进前行。天的规律是亏损满盈的，增益谦虚的，地的规律是改变盈满的样子，继续充实谦虚，鬼神规律是危害盈满，增福谦虚，人间规律是厌恶盈满，喜好谦虚。谦，尊贵而光大，即使处卑位时也不可超越，君子坚持始终。

三、象辞

《象》曰：地中有山，谦。君子以裒多寡[①]，称物平施[②]。

注释：

① 裒多寡：减损多余的增益缺少的。

② 称物平施：就像称量物品那样，做到公平施予。

译文：

《象辞》说：地里包藏着山，这就是谦卦的卦象。君子从谦卦中得到启发，要减损多余的增益缺少的，就像称量物品那样，做到公平施予。

四、爻辞

初六，谦谦[①]君子，用涉[②]大川[③]，吉。

象曰：谦谦君子，卑以自牧[④]也。

注释：

① 谦谦：非常谦虚。

② 涉：涉越、跨越。

③ 大川：大河大川。

④ 卑以自牧：谦卑的态度来自我约束。

译文：

初六，谦虚又谦虚的君子，可以涉越大河，吉祥。

象辞说：谦虚又谦虚的君子，是以谦卑的态度来自我约束。

六二，鸣[①]谦，贞吉。

象曰：鸣谦贞吉，中心得[②]也。

注释：

① 鸣：有名。

② 中心得：心中有谦虚之德而得来的。

译文：

六二，谦虚名声在外，仍保持谦虚正道吉祥。

象辞说：谦虚名声在外，仍保持谦虚正道吉祥，是因为心中有谦虚之德而得来的。

九三，劳[①]谦，君子有终[②]，吉。

象曰：劳谦君子，万民服[③]也。

注释：

① 劳：勤劳、有功劳。

② 终：始终如一。

③ 服：信服、敬服、降服。

译文：

九三，有功劳仍谦虚，君子始终如一，吉祥。

象辞说：有功劳仍谦虚的君子，天下百姓都为其敬服。

六四，无不利，㧑[1]谦。

象曰：无不利，㧑谦，不违则[2]也。

注释：

① 㧑：通“挥”，发挥。

② 则：原则、规则。

译文：

六四，无所不利，发扬扩散谦虚的美德。

象辞说：无所不利，发扬扩散谦虚的美德，是因为没有违背原则。

六五，不富以其邻[1]，利用侵伐[2]，无不利。

象曰：利用侵伐，征不服[3]也。

注释：

① 不富以其邻：不以邻居的代价让自己富起来。

② 侵伐：征伐、征服。

③ 征不服：征讨不顺服的。

译文：

六五，不以邻居的代价让自己富起来，以此作为资本对外征伐，则无往不胜。

象辞说：以此作为资本对外征伐，征讨不顺服的。

上六，鸣谦，利用行师[1]，征邑国[2]。

象曰：鸣谦，志未得也。可用行师，征邑国也。

注释：

① 行师：用兵。

② 征邑国：征服周边小国。

译文：

上六，谦虚名声在外，利于出兵行师，征服周边小国。

象辞说：谦虚名声在外，志向还没实现。可以出兵行师，征服周边小国。

16【雷地豫】䷏

一、卦辞

豫。利建侯[①]行师[②]。

注释：

① 建侯：建立侯王事业。

② 行师：行军出师征战。

译文：

豫卦。利于建立侯王事业，利于行军出师征战。

二、彖辞

《彖》曰：豫，刚应而志行[①]，顺以动，豫。豫，顺以动，故天地如之[②]，而况建侯行师乎？天地以顺动[③]，故日月不过[④]，而四时不忒[⑤]；圣人以顺动[⑥]，则刑罚清而民服。豫之时义大矣哉！

注释：

① 刚应而志行：指一阳爻为五阴爻所应，从而志向可以遂行。

② 如之：如此顺从。

③ 顺动：顺应规律而动。

④ 日月不过：日月运转不会有过错。

⑤ 四时不忒：四季循环不会有差错。

⑥ 圣人以顺动：圣人顺应规律来行动。

译文：

《彖辞》说：豫，刚爻相应从而志向可以遂行，顺遂从而行动，这就叫豫卦。豫，顺遂从而行动，所以天地也如此顺从，更何况建立侯王事业、行军出师征战？天地顺应规律而动，所以日月运转不会有过错，从而四季循环不会有差错；圣人顺应规律来行动，这样就会刑罚清楚而百姓敬服。豫卦的时机道义是多么的伟大啊！

三、象辞

《象》曰：雷出[①]地奋[②]，豫。先王以作乐[③]崇德[④]，殷荐之上帝[⑤]，

以配祖考[6]。

注释：

① 雷出：雷声在地上。

② 地奋：震动轰鸣。

③ 作乐：制礼作乐。

④ 崇德：推崇美德。

⑤ 殷荐之上帝：丰盛的祭礼敬献天帝。

⑥ 以配祖考：同时也配享给历代的祖先。

译文：

《象辞》说：雷声在地上震动轰鸣，这就是豫卦的卦象。先王从豫卦中得到启示，制礼作乐推崇美德，用丰盛的祭礼敬献于上帝，同时也配享给历代的祖先。

四、爻辞

初六，鸣[1]豫[2]，凶。

象曰：初六鸣豫，志穷凶[3]也。

注释：

① 鸣：宣扬、自鸣得意。

② 豫：安逸享乐。

③ 志穷凶：志向是穷途末路会有凶险。

译文：

初六，欢乐而自鸣得意，有凶险。

象辞说：初六爻欢乐而自鸣得意，是志向是穷途末路会有凶险

六二，介于石[1]，不终日[2]，贞吉。

象曰：不终日，贞吉，以中正[3]也。

注释：

① 介于石：坚固的像磐石。

② 终日：整天。

③ 中正：行为居中行正。

译文：

六二，耿介如石，不会整日贪图享乐，守正则吉祥。

象辞说：不会整日贪图享乐，守正则吉祥，是因为行为居中行正。

六三，盱[①]豫，悔，迟[②]有悔。

象曰：盱豫有悔，位不当也。

注释：

① 盱：向上看、溜须拍马。

② 迟：迟到。

译文：

六三，媚眼贪慕他人欢乐，必有悔恨，如果悔恨太迟将会又生悔恨。

象辞说：媚眼贪慕他人欢乐有悔恨，是因为所处位置不当。

九四，由[①]豫，大有得[②]，勿疑。朋[③]盍[④]簪[⑤]。

象曰：由豫，大有得，志大行[⑥]也。

注释：

① 由：自由、自然。

② 大有得：大的收获、大吉大利。

③ 朋：朋友。

④ 盍：通“合”，会合、都。

⑤ 簪：扎束头发的首饰、美好事物。

⑥ 志大行：志向得到大力施行。

译文：

九四，顺其自然的欢乐，必大有所得，不会有猜疑，朋友都聚集而来。

象辞说：顺其自然的欢乐，必大有所得，是因为志向得到大力施行。

六五，贞，疾，恒[①]不死[②]。

象曰：六五贞疾，乘刚也。恒不死，中[③]未亡也。

注释：

① 恒：恒久、永远。

② 不死：不会有问题、不会灭亡。

③ 中：居中守正。

译文：

六五，坚守正道，防止问题，会永久存在下去。

象辞说：六五爻坚守正道防止问题，是因为乘驾阳爻。永久存在下去，是中正没有灭亡。

上六，冥[①]豫，成[②]有渝[③]，无咎。

象曰：冥豫在上[④]，何可长也。

注释：

① 冥：冥顽不化。

② 成：养成。

③ 渝：改变。

④ 在上：位居最上位。

译文：

上六，沉迷于享乐之中，养成的习惯如能及时改正，则无灾害。

象辞说：沉迷于享乐在最上爻，怎么能长久呢？

17【泽雷随】䷐

一、卦辞

随。元亨利贞[①]，无咎。

注释：

① 元亨利贞：根元、亨通、利益、正道。

译文：

随卦。具有根元的、亨通的、利益的、守正道的德性，当然是没有灾祸的。

二、彖辞

《彖》曰：随，刚来而下柔[①]，动而说[②]，随。大亨贞，无咎，而天下随时[③]，随时之义大矣哉！

注释：

① 刚来而下柔：刚来指下卦震卦为阳刚之卦，居于上卦兑卦阴柔之卦之下。

② 动而说：震为雷为动，兑为悦为说。

③ 天下随时：天下万物都随从时间时机。

译文：

《彖辞》说：随，阳刚前来而下卦阴柔，震动而和悦，所以叫随卦。大的亨通贞正，没有咎害，天下万物都随从时间时机，随从于时机的意义是多么伟大啊！

三、象辞

《象》曰：泽中有雷，随。君子以向晦入宴息[①]。

注释：

① 向晦入宴息：到了黄昏时候，便要安静休息。

译文：

《象辞》说：泽湖中有雷在蛰伏，这就是随卦的卦象。君子由此要在到了黄昏时候，便要进入安静休息的状态。

四、爻辞

初九，官有渝[①]，贞吉，出门交有功[②]。

象曰：官有渝，从正[③]吉也。出门交有功，不失[④]也。

注释：

① 官有渝：官方来了命令。

② 交有功：结交有实力人物。

③ 从正：随从正道。

④ 不失：不失误，没有过失。

译文：

初九，官方来了任职命令，贞正则吉祥，出门交往有实力的人物。

象辞说：官方来了任职命令，随从正道吉祥。出门交往有实力的人物，没有过失。

六二，系小子[①]，失丈夫[②]。

象曰：系小子，弗兼与[③]也。

注释：

① 系小子：与小人交往。

② 失丈夫：失去了结交正直人士的机会。

③ 弗兼与：不能同时兼得。

译文：

六二：与小人交往，失去了结交正直人士的机会。

象辞说：与小人交往，不能同时兼得。

六三，系丈夫，失小子。随[①]，有求得，利居贞。

象曰：系丈夫，志舍下[②]也。

注释：

① 随：随和、随众。

② 志舍下：志向舍得放弃（小子）。

译文：

六三，和正直人士交往，失去了小人。追随就会有求必得，利于居安守正。

象辞说：和正直人士交往，在于志向舍得放弃（小子）。

九四，随，有获[①]，贞凶。有孚在道[②]，以明[③]，何咎？

象曰：随，有获，其义凶[④]也。有孚在道，明功[⑤]也。

注释：

① 有获：有所收获。

② 在道：在内心、在执行。

③ 以明：可以看得到。

④ 其义凶：道义上有凶险。

⑤ 明功：明察的功劳。

译文：

九四，追随就会有收获，虽然贞正，但还是有凶险。心怀诚信走正道，能明察，有什么咎害呢？

象辞说：追随就会有收获，道义上有凶险。心怀诚信走正道，是明察的功劳。

九五，孚于嘉[①]，吉。

象曰：孚于嘉，吉，位正中也。

注释：

① 嘉：嘉奖、赞许。

译文：

九五，广施诚信获得了广泛的美名，吉利。

象辞说：广施诚信获得了广泛的美名，吉利，是因为所处位置中正。

上六，拘[①]系之，乃从[②]，维[③]之，王用亨[④]于西山[⑤]。

象曰：拘系之，上穷[⑥]也。

注释：

① 拘：拘禁。

② 乃从：顺从。

③ 维：释放。

④ 亨：祭祀。

⑤ 西山：岐山。

⑥ 上穷：君上手段已经穷尽了。

译文：

上六，拘禁了他，从而顺从，又放走了他，于是君王在西山举行献祭。

象辞说：拘禁了他，君上手段已经穷尽了。

18【山风蛊】䷑

一、卦辞

蛊。元亨，利涉大川。先甲三日[①]，后甲三日[②]。

注释：

① 先甲三日：甲日前三天。

② 后甲三日：甲日后三天。

译文：

蛊卦。具有根元、亨通的德性，利于涉渡大川。在治蛊之前要详细谋划，在治蛊之后要总结经验。

二、彖辞

《彖》曰：蛊，刚上而柔下[①]，巽而止，蛊。"蛊，元亨"，而天下治[②]也。"利涉大川"，往有事[③]也。"先甲三日，后甲三日"，终则有始[④]，天行[⑤]也。

注释：

① 刚上而柔下：指艮卦居上，巽卦居下。

② 天下治：天下大治。

③ 往有事：前往会事业有成。

④ 终则有始：一件事情终结，就有新的事情开始。

⑤ 天行：天道运行的规律。

译文：

《彖辞》说：蛊，上卦阳刚而下卦阴柔，逊顺而静止，所以叫蛊卦。"蛊卦，具有根元、亨通的德性"，从而天下大治。"利于涉渡大川"，前往会事业有成。"在治蛊之前要详细谋划，在治蛊之后要总结经验。"是一件事情终结就有新的事情开始，这是天道运行的规律。

三、象辞

《象》曰：山下有风，蛊。君子以振民[1]育德[2]。

注释：

① 振民：振兴民生。

② 育德：培育道德。

译文：

《象辞》说：山下吹着风，这就是蛊卦的卦象。君子因此要振兴民生，培育道德。

四、爻辞

初六，干父[1]之蛊[2]，有子，考[3]无咎。厉，终吉。

象曰：干父之蛊，意承考[4]也。

注释：

① 干父：纠正父辈。

② 蛊：过失。

③ 考：父亲。

④ 意承考：意在继承父辈的事业。

译文：

初六，纠正父辈的过失，有这样儿子继承，父辈没有危害。有危险，终获吉祥。

象辞说：纠正父辈的过失，意在继承父辈的事业。

九二，干母[1]之蛊，不可贞。

象曰：干母之蛊，得中道[2]也。

注释：

① 母：母亲、母辈。

② 得中道：得到了中正之道。

译文：

九二，纠正母辈的过失，不能贞正。

象辞说：纠正母辈的过失，得到了中正之道。

九三，干父之蛊，小有悔[1]，无大咎。

象曰：干父之蛊，终无咎也。

注释：

① 小有悔：小有悔意、过意不去。

译文：

九三，纠正父辈的过失，有小的悔恨，但没有大的灾祸。

象辞说：纠正父辈的过失，最终没有咎害。

六四，裕[1]父之蛊，往见吝。

象曰：裕父之蛊，往未得[2]也。

注释：

① 裕：宽裕、纵容。

② 往未得：长此以往不会获得。

译文：

六四，放任父辈的过失，长此以往会有危险。

象辞说：放任父辈的过失，长此以往不会获得。

六五，干父之蛊，用誉[1]。

象曰：干父之蛊，承以德[2]也。

注释：

① 用誉：受到赞誉。

② 承以德：用美德来继承父辈事业。

译文：

六五，纠正父辈的过失，并赞誉父亲。

象辞说：纠正父辈的过失，是用美德来继承父辈事业。

上九，不事[①]王侯，高尚其事[②]。

象曰：不事王侯，志可则[③]也。

注释：

① 不事：不再侍奉。

② 高尚其事：重点执行自己事业。

③ 志可则：志向值得效法。

译文：

上九，不去侍奉王侯，自己高尚事业为重。

象辞说：不去侍奉王侯，志向值得效法。

19【地泽临】䷒

一、卦辞

临。元亨利贞。至于[①]八月有凶。

注释：

① 至于：到了。

译文：

临卦。具有根元、亨通、有利、贞正的四种德性。但到了八月有凶祸。

二、彖辞

《彖》曰：临，刚浸而长[①]。说而顺[②]，刚中而应[③]，大亨以正，天之道也。“至于八月有凶”，消不久[④]也。

注释：

① 刚浸而长：指下面两个阳爻日渐增长。

② 说而顺：说为兑卦，顺为坤卦。

③ 刚中而应：指九二爻居中与六五爻呼应。

④ 消不久：阳气渐消，不能长久了。

译文：

《彖辞》说：临，下面两个阳爻日渐增长。和悦而顺遂，九二爻居中与六五爻呼应，因为中正而大大的亨通，是天的规律原因。“到了八月有凶祸”，是因为阳气渐消，不能长久了。

三、象辞

《象》曰：泽上有地，临。君子以教思无穷[①]，容保民[②]无疆[③]。

注释：

①教思无穷：教化民众至于无穷。

②容保民：宽容保护民众。

③无疆：没有止境。

译文：

《象辞》说：地在泽的上面，这就是临卦的卦象。君子要按照临卦之道，尽自己能力教化民众至于无穷，宽容保护民众没有止境。

四、爻辞

初九，咸[①]临[②]，贞吉。

象曰：咸临，贞吉，志行正[③]也。

注释：

①咸：每、都。

②临：君临、统治。

③志行正：志向施行是中正的。

译文：

初九，经常处理朝政，关心百姓，就是贞正的和吉祥的。

象辞说：经常处理朝政，关心百姓，就是贞正的和吉祥的，这样就是志向施行是中正的。

九二，咸临，吉无不利[①]。

象曰：咸临，吉无不利，未顺命[②]也。

注释：

①吉无不利：吉祥无往不利。

② 未顺命：没有顺从命运的安排。

译文：

九二，经常处理朝政，关心百姓，吉祥，无所不利。

象辞说：经常处理朝政，关心百姓，吉祥，无所不利，是没有顺从命运的安排。

六三，甘[①]临，无攸利。既忧[②]之，无咎。

象曰：甘临，位不当也。既忧之，咎不长[③]也。

注释：

① 甘：甘甜、甜言蜜语。

② 忧：忧虑。

③ 咎不长：咎害不会长久了。

译文：

六三，用甜言蜜语治理天下，无利可得。若开始忧惧这种政策，则无害。

象辞说：用甜言蜜语治理天下，所处位置不当。若开始忧惧这种政策，则咎害不会长久了。

六四，至[①]临，无咎。

象曰：至临无咎，位当[②]也。

注释：

① 至：亲自莅临。

② 位当：居位正当。

译文：

六四，亲自莅临到百姓中间，体察民情，则没有咎害。

象辞说：亲自莅临到百姓中间，体察民情，没有咎害，是因为居位正当。

六五，知[①]临，大君[②]之宜[③]，吉。

象曰：大君之宜，行中之谓[④]也。

注释：

① 知：知晓、掌握。

② 大君：一国之君。

③ 之宜：应该、必须。

④ 行中之谓：奉行中正之道。

译文：

六五，掌握了治理天下的方法，这是君王应该的事情，吉祥。

象辞说：君王应该的事情，是奉行中正之道。

上六，敦[1]临，吉，无咎。

象曰：敦临之吉，志在内[2]也。

注释：

① 敦：敦厚、亲切。

② 志在内：志向在于国家民众事务。

译文：

上六，用敦厚诚恳政策治理百姓，吉祥，无害。

象辞说：用敦厚诚恳政策治理百姓而获得的吉祥，是志向在于国家民众事务。

20【风地观】䷓

一、卦辞

观。盥[1]而不荐[2]，有孚[3]颙若[4]。

注释：

① 盥：祭祀前洗净双手。

② 不荐：还没有供献祭品。

③ 有孚：心中有信仰。

④ 颙若：恭敬的状态。

译文：

观卦。祭祀前洗净双手，还没有供献祭品，已经是心中有信仰、恭敬的状态。

二、彖辞

《彖》曰：大观在上[①]，顺而巽，中正[②]以观天下[③]。“观，盥而不荐，有孚颙若”，下观[④]而化[⑤]也。观天[⑥]之神道[⑦]，而四时不忒[⑧]，圣人以神道[⑨]设教[⑩]，而天下服[⑪]矣。

注释：

① 大观在上：伟大的“观”高高在上。

② 中正：以中正之道。

③ 以观天下：来观察天下。

④ 下观：民众观仰。

⑤ 而化：得到教化。

⑥ 观天：观仰天下大自然。

⑦ 神道：神圣规律。

⑧ 四时不忒：四季循环没有差错。

⑨ 以神道：以大自然的神圣规律。

⑩ 设教：制定教化。

⑪ 天下服：天下顺服。

译文：

《彖辞》说：伟大的“观”高高在上，顺遂而谦逊，以中正之道来观察天下。“观卦，祭祀前洗净双手，还没有供献祭品，已经是心中有信仰、恭敬的状态”，是民众观仰而得到教化。观仰天下大自然的神圣规律，从而四季循环没有差错，圣人以大自然的神圣规律来制定教化，那么天下就顺服了。

三、象辞

《象》曰：风行地上，观。先王以省方[①]观民[②]设教[③]。

注释：

① 省方：省视四方。

② 观民：观察民情。

③ 设教：设立教化。

译文：

《象辞》说：风吹拂于地上，这就是观卦的卦象。先王由此得到启示，要省视四方，观察民情，设立教化。

四、爻辞

初六，童[①]观[②]，小人无咎，君子吝。

象曰：初六童观，小人道[③]也。

注释：

① 童：儿童。

② 观：观察、刺探。

③ 小人道：小人浅显之道。

译文：

初六，像儿童一样观察事物，对小人没有危害，君子必有吝害。

象辞说：初六爻像儿童一样观察事物，是小人浅显之道。

六二，窥[①]观，利女贞[②]。

象曰：窥观女贞，亦可丑[③]也。

注释：

① 窥：窥视、看不全面。

② 女贞：守静、不乱动。

③ 亦可丑：稍有不慎也可能会羞丑的。

译文：

六二，暗中偷偷观察，有利于像女子那样的不乱动。

象辞说：暗中偷偷观察，守静、不乱动，稍有不慎也可能会羞丑的。

六三，观我生[①]，进退。

象曰：观我生，进退，未失道[②]也。

注释：

① 我生：自己情况。

② 未失道：未失正道、观仰之道。

译文：

六三，观察自身情况，以决定进退。

象辞说：观察自身情况，以决定进退，未失正道。

六四，观国之光[①]，利用宾[②]于王[③]。

象曰：观国之光，尚宾[④]也。

注释：

① 国之光：国家实力。

② 宾：宾客、臣子。

③ 王：君王。

④ 尚宾：礼尚尊重宾贤。

译文：

六四，观察对方的国家实力，有利于以做臣子身份辅佐国君。

象辞说：观察对方的国家实力，礼尚尊重宾贤。

九五，观我生[①]，君子无咎。

象曰：观我生，观民[②]也。

注释：

① 我生：自己实力、自己情况。

② 观民：观察民众自身。

译文：

九五，观察自身实力，这样君子就可以无咎害了。

象辞说：观察自身实力，就是观察民众自身。

上九，观其生[①]，君子无咎。

象曰：观其生，志未平[②]也。

注释：

① 其生：对手的实力。

② 志未平：进取向上志向不停止。

译文：

上九，观察对方的实力，这样君子就可以无咎害了。

象辞说：观察对方的实力，进取向上志向不停止。

21【火雷噬嗑】䷔

一、卦辞

噬嗑。亨。利用狱[1]。

注释：

① 利用狱：有利于判案和施用刑狱。

译文：

噬嗑卦。亨通，有利于判案和施用刑狱。

二、彖辞

《彖》曰：颐中有物[1]，曰噬嗑。噬嗑而亨，刚柔分[2]，动而明[3]，雷电合[4]而章[5]。柔得中而上行[6]，虽不当位[7]，利用狱也。

注释：

① 颐中有物：口中有食物。

② 刚柔分：指此卦阴爻和阳爻各有三个。

③ 动而明：震卦为雷为动，离卦为火为明。

④ 雷电合：震雷和闪电交互相合。

⑤ 章：彰显本色。

⑥ 柔得中而上行：六二和六五均为阴爻，所以柔得中，从六二到六五就是上行。

⑦ 虽不当位：指六五爻不当位。

译文：

《彖辞》说：口中有食物，所以叫噬嗑卦。噬嗑从而亨通，阳刚和阴柔实力均分，震动而光明，震雷和闪电交互相合而彰显本色。阴柔居中位从而向上行进，虽然不当位，但可以利用刑狱。

三、象辞

《象》曰：雷电噬嗑，先王以明罚[①]敕法[②]。

注释：

① 明罚：明确刑罚。

② 敕法：确定法律。

译文：

《象辞》说：雷电交加、电闪雷鸣，这就是噬嗑卦的卦象。因此，先王应该效法噬嗑卦，要明确刑罚，确定法律，公布以民众，使民众有所畏惧，不触犯法律。

四、爻辞

初九，履[①]校[②]灭趾[③]，无咎。

象曰：履校灭趾，不行[④]也。

注释：

① 履：戴着。

② 校：木制刑具。

③ 趾：脚趾。

④ 不行：不再前行犯错误。

译文：

初九，脚上戴着刑具，伤及到了脚趾，这样做是没有咎害的。

象辞说：脚上戴着刑具，伤及到了脚趾，是指不再前行犯错误。

六二，噬肤[①]，灭鼻[②]，无咎。

象曰：噬肤灭鼻，乘刚[③]也。

注释：

① 噬肤：咬噬肤肉。

② 灭鼻：割鼻。

③ 乘刚：指六二爻乘驾于初九阳爻之上，就是对刚强者就要强压在其上。

译文：

六二，咬噬肤肉，割掉鼻子，没有过错。

象辞说：咬噬肤肉，割掉鼻子，是因为乘驾阳刚的缘故。

六三，噬腊肉[①]，遇毒[②]，小吝，无咎。

象曰：遇毒，位不当也。

注释：

① 腊肉：冬天风干的肉。

② 毒：不顺。

译文：

六三，吃掉腊肉，遇到不顺，有小的不好，但最终没有灾祸。

象辞说：遇到不顺，是因为所处位子不当。

九四，噬干胏[①]，得金矢[②]，利艰贞，吉。

象曰：利艰贞吉，未光[③]也。

注释：

① 干胏：带骨头的干肉。

② 金矢：金色箭头。

③ 未光：未获得光明、未达光明境界。

译文：

九四，啃吃带骨的干肉，得到了金箭头，利于在艰难中守持正道，吉祥。

象辞说：利于在艰难中守持正道，吉祥，是还未获得光明、未达光明境界。

六五，噬干肉[①]，得黄金，贞厉，无咎。

象曰：贞厉无咎，得当[②]也。

注释：

① 干肉：风干干瘪的肉。

② 得当：行为得当。

译文：

六五，吃干硬的肉，得到了黄金，守持正道以防危险，没有灾祸。

象辞说：守持正道以防危险，没有灾祸，是因为行为得当。

上九，何[①]校[②]灭耳[③]，凶。

象曰：何校灭耳，聪不明[④]也。

注释：

① 何：通“荷”，扛着。

② 校：刑具。

③ 灭耳：耳朵割掉。

④ 聪不明：耳朵不听劝告。

译文：

上九，肩上扛着刑具，耳朵被割掉，有凶险。

象辞说：肩上扛着刑具，耳朵被割掉，是因为耳朵不听劝告。

22【山火贲】䷕

一、卦辞

贲。亨，小利[①]，有攸往[②]。

注释：

① 小利：小的方面利益。

② 有攸往：可以前往。

译文：

贲卦。亨通，可以有小利，可以前往。

二、彖辞

《彖》曰：“贲，亨”，柔来[①]而文刚[②]，故亨。分刚上[③]而文柔[④]，

故“小利，有攸往”。刚柔交错⑤，天文⑥也。文明以止⑦，人文⑧也。观乎天文⑨，以察时变⑩；观乎人文⑪，以化成天下⑫。

注释：

① 柔来：下卦离卦阴柔前来。

② 文刚：文饰上卦阳刚艮卦。

③ 分刚上：又分出艮卦阳刚居上。

④ 文柔：文饰下卦阴柔离卦。

⑤ 刚柔交错：阳刚和阴柔交错。

⑥ 天文：天的文饰。

⑦ 文明以止：用文明来约束制止，即下卦离卦为文明，上卦艮卦为止。

⑧ 人文：人类的文明。

⑨ 观乎天文：观察天的文饰。

⑩ 以察时变：可以观察到四时的变化。

⑪ 观乎人文：观察人类的文饰。

⑫ 以化成天下：教化天下达成文明世界。

译文：

《彖辞》说：“贲卦，亨通”，下卦离卦阴柔前来，文饰上卦阳刚艮卦，所以亨通。又分出艮卦阳刚居上来文饰下卦阴柔离卦，所以“可以有小利，可以前往。” 阳刚和阴柔交错，是天的文饰。用文明来约束制止，是人类的文明。观察上天的文饰，可以观察到四时的变化；观察人类的文饰，可以教化天下达成文明世界。

三、象辞

《象》曰：山下有火，贲。君子以明庶政①，无敢折狱②。

注释：

① 明庶政：明治各种政事。

② 无敢折狱：不敢轻率断案治狱。

译文：

《象辞》说：山下升起了火，这就是贲卦的卦象。君子看到贲卦这样的形象，就要明治各种政事，不可带着文饰和求情去治狱。

四、爻辞

初九，贲[①]其趾，舍车[②]而徒[③]。

象曰：舍车而徒，义[④]弗乘[⑤]也。

注释：

① 贲：打扮、装饰。

② 舍车：不乘车。

③ 徒：徒步、走路。

④ 义：道义。

⑤ 弗乘：不应该乘车。

译文：

初九，修饰自己的脚，不乘车徒步而走。

象辞说：不乘车徒步而走，道义讲不应该乘车。

六二，贲其须[①]。

象曰：贲其须，与上兴[②]也。

注释：

① 须：胡须。

② 与上兴：与九三爻共同兴起，发挥文饰作用。

译文：

六二，修饰自己的胡子。

象辞说：修饰自己的胡子，指与九三爻共同兴起，发挥文饰作用。

九三，贲如濡[①]如，永贞，吉。

象曰：永贞之吉，终莫之陵[②]也。

注释：

① 濡：浸润、干净。

② 终莫之陵：始终不被欺凌。

译文：

九三，打扮俊靓、干净，永久守持正道，吉祥。

象辞说：永久守持正道的吉祥，是始终不被欺凌。

六四，贲如皤[①]如，白马翰如[②]，匪寇[③]，婚媾。

象曰：六四，当位疑[④]也。匪寇婚媾，终无尤[⑤]也。

注释：

① 皤：白、白白净净。

② 翰如：气宇轩昂。

③ 匪寇：不是劫匪。

④ 当位疑：虽当位还是有疑虑。

⑤ 终无尤：最终没有怨尤。

译文：

六四，打扮得洁白素净，骑着高头白马，不是强寇，是来求婚配的。

象辞说：六四爻，虽当位还是有疑虑。不是强寇，是来求婚配的，最终没有怨尤。

六五，贲于丘园[①]，束帛[②]戋戋[③]，吝，终吉。

象曰：六五之吉，有喜[④]也。

注释：

① 丘园：庄园。

② 束帛：扎起来的丝帛。

③ 戋戋：小、少。

④ 有喜：有喜庆。

译文：

六五，装饰山丘园林，小小的丝帛来装扮，会有遗憾，但会终获吉祥。

象辞说：六五爻的吉祥，是有喜庆。

上九，白[①]贲，无咎。

象曰：白贲无咎，上得志[②]也。

注释：

① 白：朴素。

② 上得志：居于上位志向得到实现。

译文：

上九，朴素，不加修饰，没有害处。

象辞说：朴素，不加修饰，没有害处，是居于上位志向得到实现。

23【山地剥】䷖

一、卦辞

剥。不利有攸往[①]。

注释：

① 不利有攸往：不利于有所前往。

译文：

剥卦。不利于有所前往。

二、彖辞

《彖》曰：剥，剥也，柔变刚[①]也。“不利有攸往”，小人长[②]也。顺而止之[③]，观象[④]也。君子尚[⑤]消息盈虚[⑥]，天行[⑦]也。

注释：

① 柔变刚：柔在改变替代刚，即阴爻逐渐替代阳爻。

② 小人长：小人势力在增长。

③ 顺而止之：顺势止住，下卦坤为顺，上卦艮为止。

④ 观象：观察卦象而知。

⑤ 尚：尊尚。

⑥ 消息盈虚：消亡增长盈满虚空。

⑦ 天行：大自然的运行规律。

译文：

《彖辞》说：剥，剥蚀的意思，柔在改变替代刚。“不利于有所前往”，小人势力在增长。顺势止住，观察卦象而知。君子尊尚按照消长盈虚的转化规律，这是大自然的运行规律。

三、象辞

《象》曰：山附于地，剥，上以厚下[①]安宅[②]。

注释：

①厚下：厚待下民。

②安宅：使其安居。

译文：

《象辞》说：山依附于地上，这就是剥卦的卦象。统治者要以民为本，厚待下民，使其安居。

四、爻辞

初六，剥[①]床以足[②]，蔑[③]贞，凶。

象曰：剥床以足，以灭下[④]也。

注释：

①剥：腐败、剥蚀。

②足：床腿。

③蔑：蔑视、忽视。

④以灭下：用以灭蚀下部。

译文：

初六，剥蚀到床腿，床腿将被毁掉，有凶险。

象辞说：剥蚀到床腿，用以灭蚀下部。

六二，剥床以辨[①]，蔑贞，凶。

象曰：剥床以辨，未有与[②]也。

注释：

① 辨：床板。

② 未有与：没有得到帮助。

译文：

六二，剥蚀到了床头，床头将被毁掉，有凶险。

象辞说：剥蚀到了床头，是因为没有得到帮助。

六三，剥之[①]，无咎。

象曰：剥之无咎，失上下[②]也。

注释：

① 剥之：清除掉。

② 失上下：指与六二、六四都不应，而独自与上九呼应，也是六二、六四不受牵连。

译文：

六三，清除掉剥蚀，无咎害。

象辞说：清除掉剥蚀，无咎害，是因为其与六二、六四都不呼应。

六四，剥床以肤[①]，凶。

象曰：剥床以肤，切近灾[②]也。

注释：

① 肤：肌肤。

② 切近灾：迫切接近灾祸了。

译文：

六四，剥蚀到了床板，伤到了肌肤，有凶险。

象辞说：剥蚀到了床板，是迫切接近灾祸了。

六五，贯鱼[①]，以宫人宠[②]，无不利。

象曰：以宫人宠，终无尤[③]也。

注释：

① 贯鱼：像鱼一样鱼贯而入，有次序。

② 宫人宠：宠幸后宫。

③ 终无尤：终究没有过失。

译文：

六五，按顺序处理剥蚀现象，就像皇帝按秩序宠后宫妃子一样，无所不利。

象辞说：像皇帝按秩序宠后宫妃子一样，终究没有过失。

上九，硕果不食[①]，君子得舆[②]，小人剥庐[③]。

象曰：君子得舆，民所载[④]也。小人剥庐，终不可用也。

注释：

① 硕果不食：不侵吞公产。

② 得舆：得到一车赏赐。

③ 剥庐：房子被毁。

④ 民所载：民众拥戴载护。

译文：

上九，硕大果实没被摘食，君子将得到一大车的赏赐，小人将失去房屋。

象辞说：君子将得到一大车的赏赐，是因为民众拥戴载护。小人将失去房屋，是因为最终不可采用。

24【地雷复】䷗

一、卦辞

复。亨。出入无疾[①]，朋来无咎[②]。反复其道[③]，七日来复[④]，利有攸往。

注释：

① 出入无疾：初生生长没有阻挡、没有侵害。

② 朋来无咎：友朋前来没有灾咎。

③ 反复其道：阴阳此消彼长之道。

④ 七日来复：过了七天就变为复卦。

译文：

复卦。亨通。阳气初生生长没有阻挡、没有侵害，其他诸阳朋友必定结伴前来，渐次生长，自然没有灾祸。阴阳此消彼长之道，过了七天就变为复卦，利于有所前往。

二、彖辞

《彖》曰：复亨[①]，刚反[②]，动而以顺行[③]，是以“出入无疾，朋来无咎”。“反复其道，七日来复”，天行[④]也。“利有攸往”，刚长[⑤]也。复[⑥]其见天地之心乎[⑦]。

注释：

① 复亨：复来，亨通。

② 刚反：阳刚返回。

③ 动而以顺行：阳动而顺畅通行，指下卦震卦动，上卦坤卦顺应。

④ 天行：天道运行的规律。

⑤ 刚长：阳刚日渐增长。

⑥ 复：复返。

⑦ 其见天地之心乎：体现了天地孕育万物的用心。

译文：

《彖辞》说：复来，亨通，阳刚返回，阳动而顺畅通行，所以“初生生长没有阻挡、没有侵害，友朋前来没有灾咎”。“阴阳此消彼长之道，过了七天就变为复卦”，这是天道运行的规律。“利于有所前往”，是阳刚日渐增长。复返，体现了天地孕育万物的用心。

三、象辞

《象》曰：雷在地中复，先王以至日[①]闭关[②]，商旅[③]不行[④]，后[⑤]不省方[⑥]。

注释：

① 至日：冬至这一天。

② 闭关：闭上关卡。

③ 商旅：商旅的人。

④ 不行：不许出行。

⑤ 后：国君。

⑥ 不省方：不省察四方。

译文：

《象辞》说：地中雷在孕育，这就是复卦的卦象。先王因此在冬至这一天，闭上关卡，安静修养，商旅的人在这一天也不出行，国君也不再省察四方。

四、爻辞

初九，不复[①]远，无祇[②]悔，元吉。

象曰：不远之复，以修身[③]也。

注释：

① 复：侦察、刺探情报。

② 祇：大。

③ 以修身：以此来修正自身。

译文：

初九，在外围刺探情报，没有大悔恨，大吉利。

象辞说：不到太远地方去刺探情报，以此来修正自身。

六二，休[①]复，吉。

象曰：休复之吉，以下仁[②]也。

注释：

① 休：美好。

② 以下仁：对下属仁慈（所以下属愿意出力）。

译文：

六二，准确的情报刺探，吉祥。

象辞说：准确的情报刺探的吉祥，是对下属仁慈（所以下属愿意出力）。

六三，频[①]复，厉[②]，无咎。

象曰：频复之厉，义无咎也。

注释：

① 频：频繁。

② 厉：严厉、仔细。

译文：

六三，频繁地刺探情报，有危险，终获无害。

象辞说：频繁地刺探情报，有危险，但道义上没有咎害。

六四，中行[①]独复[②]。

象曰：中行独复，以从道[③]也。

注释：

① 中行：中军定夺。

② 独复：独自决策。

③ 以从道：遵从正道。

译文：

六四，汇总到中军大帐，独立做出决策。

象辞说：汇总到中军大帐，独立做出决策，是遵从正道。

六五，敦[①]复，无悔。

象曰：敦复无悔，中[②]以自考[③]也。

注释：

① 敦：敦促。

② 中：中正。

③ 自考：自省考察自身。

译文：

六五，敦厚诚恳地返回，无所悔恨。

象辞说：敦厚诚恳地返回，无所悔恨，是中正而自省考察自身。

上六，迷[1]复，凶，有灾眚[2]。用行师[3]，终有大败，以其国君凶。至于十年不克征。

象曰：迷复之凶，反君道[4]也。

注释：

① 迷：迷失、迷茫。

② 灾眚：灾难伤亡。

③ 行师：用兵打仗。

④ 反君道：与君王之道背道而驰。

译文：

上六，刺探情报失误，就有凶险，有灾祸。如果行军打仗，连国君都会有凶险。以至于十年都不能出兵征讨。

象辞说：刺探情报失误，就有凶险，是与君王之道背道而驰。

25【天雷无妄】䷘

一、卦辞

无妄。元亨利贞。其匪正[1]有眚[2]，不利有攸往。

注释：

① 匪正：妄为不守正道。

② 有眚：有灾祸。

译文：

无妄卦。不妄为，则元始亨通、利于坚守正道。如果妄为不守正道就有灾祸，不利于有所前往。

二、彖辞

《彖》曰：无妄，刚自外来[1]，而为主于内[2]。动而健，刚中而应[3]，大亨以正[4]，天之命[5]也。“其匪正有眚，不利有攸往”，无妄之往[6]，何之矣[7]？天命不佑[8]，行矣哉[9]？

注释：

① 刚自外来：阳刚自外部而来。

② 为主于内：成为内部的主宰。

③ 刚中而应：九五阳刚居中而与六二相应。

④ 大亨以正：大的亨通坚守正道。

⑤ 天之命：天命使然。

⑥ 无妄之往：不妄为的时候却要前往。

⑦ 何之矣：哪有路走呢？

⑧ 天命不佑：上天不保佑。

⑨ 行矣哉：行为中止吧。

译文：

《彖辞》说：无妄，阳刚自外部而来，成为内部的主宰。震动而强健，九五阳刚居中而与六二相应，大的亨通坚守正道，这是天命使然。“如果妄为不守正道就有灾祸，不利于有所前往”，不妄为的时候却要前往，哪有路走呢？上天不保佑，行为就中止吧。

三、象辞

《象》曰：天下雷行，物与无妄[①]，先王以茂对时[②]，育万物[③]。

注释：

① 物与无妄：万事万物都敬畏不敢妄为。

② 茂对时：顺时而行使万物茂盛。

③ 育万物：繁育万物。

译文：

《象辞》说：天下打雷，万事万物都敬畏不敢妄为。先王观察无妄卦现象，就要凭借威严来顺时而行，来使百姓和万物都茂盛、繁育。

四、爻辞

初九，无妄[①]，往吉。

象曰：无妄之往，得志也。

注释：

① 无妄：不妄想妄为。

译文：

初九，不胡来妄为，前往必会吉祥。

象辞说：不胡来妄为得前往，是得偿志向了。

六二，不耕[①]获[②]，不菑[③]畲[④]，则利有攸往。

象曰：不耕获，未富也。

注释：

① 不耕：不去耕种。

② 获：收获。

③ 不菑：不去翻地垦荒。

④ 畲：熟地肥地。

译文：

六二，不耕种就不会有收获，不开荒就不会有良田，明白了这些道理就利于有所前往。

象辞说：不耕种就不会有收获，还未富裕。

六三，无妄之灾[①]，或[②]系[③]之牛，行人之得，邑[④]人之灾。

象曰：行人得牛，邑人灾也。

注释：

① 无妄之灾：无故灾祸。

② 或：例如、比如。

③ 系：拴住。

④ 邑：村邑。

译文：

六三，没有妄为却遭灾了，好比栓牛在外，路人顺手牵走了，村邑人遭殃了。

象辞说：路人顺手牵走了牛，村邑人有灾祸了。

九四，可贞[①]，无咎。

象曰：可贞无咎，固有之[②]也。

注释：

① 可贞：固守正道。

② 固有之：固守正道自然会有的结果。

译文：

九四，固守正道，一身正气，自然没有灾祸。

象辞说：固守正道，一身正气，自然没有灾祸，这是固守正道自然会有的结果。

九五，无妄之疾[①]，勿药[②]有喜[③]。

象曰：无妄之药，不可试[④]也。

注释：

① 疾：问题。

② 勿药：不要吃药、不要干预。

③ 有喜：好了、好事。

④ 不可试：不可胡乱尝试。

译文：

九五，老老实实不妄为，会有效率慢的弊病，但不用改正，会有喜庆。

象辞说：老老实实不妄为的干预，不可以胡乱尝试。

上九，无妄，行有眚[①]，无攸利。

象曰：无妄之行，穷之灾[②]也。

注释：

① 眚：牵绊、灾祸。

② 穷之灾：穷尽之时必有灾祸。

译文：

上九，一直的过于不妄为，行动就会有牵绊，没有利益。

象辞说：一直的过于不妄为的前行，那么穷尽之时必有灾祸。

26【山天大畜】䷙

一、卦辞

大畜。利贞。不家食[①]，吉。利涉大川。

注释：

① 不家食：不食于家中（食禄于朝廷）。

译文：

大畜卦。有利于坚守正道。不食于家中（食禄于朝廷），吉祥。有利于涉渡大河。

二、彖辞

《彖》曰：大畜，刚健笃实[①]，辉光[②]日新其德[③]，刚上[④]而尚贤[⑤]。能止健[⑥]，大正[⑦]也。"不家食，吉"，养贤[⑧]也。"利涉大川"，应乎天[⑨]也。

注释：

① 刚健笃实：刚健指下卦乾卦为天，笃实指上卦艮卦为山。

② 辉光：光辉光大。

③ 日新其德：日日增新其美德。

④ 刚上：下卦乾卦阳刚向上。

⑤ 尚贤：上卦艮卦能容纳贤才。

⑥ 能止健：能止住健壮。

⑦ 大正：极大的正道。

⑧ 养贤：蓄养贤人。

⑨ 应乎天：顺应天道。

译文：

《彖辞》说：大畜，下卦刚健上卦笃实，光辉光大日日增新其美德，下卦乾卦阳刚向上，而上卦艮卦能容纳贤才。能止住健壮，是极大的正道。"不食于家中（食禄于朝廷），吉祥"，是在蓄养贤人。"有利于涉渡大河"，是顺应天道。

三、象辞

《象》曰：天在山中，大畜。君子以多识[①]前言往行[②]，以畜其德[③]。

注释：

① 多识：多学习。

② 前言往行：前贤往哲的言谈举止。

③ 以畜其德：积蓄自己的德性。

译文：

《象辞》说：天包含在山中，这就是大畜卦的卦象。君子由此要学习大畜卦，学习山的蓄藏能力，多学习前贤往哲的言谈举止，以此来积蓄自己的德性。

四、爻辞

初九，有厉[①]，利已[②]。

象曰：有厉利已，不犯灾[③]也。

注释：

① 厉：厉害、危险。

② 已：通“已”，停止。

③ 不犯灾：不冒着犯险灾患前行。

译文：

初九，有危险，利于暂时停止行动。

象辞说：有危险，利于暂时停止行动，是为了不冒着犯险灾患前行。

九二，舆[①]说辐[②]。

象曰：舆说辐，中无尤[③]也。

注释：

① 舆：车子。

② 辐：辐条。

③ 中无尤：居中不犯险不会有过失。

译文：

九二，车轴从车厢脱落了。

象辞说：车轴从车厢脱落了，但居中不犯险不会有过失。

九三，良马逐，利艰贞。曰[①]闲[②]舆卫[③]，利有攸往。

象曰：利有攸往，上合志[④]也。

注释：

①曰：通“日”，每日。

②闲：练习。

③舆卫：驾车马和防卫技术。

④上合志：与上天意志相合，也是九三与上九同为阳爻，阳刚有力共同强盛军力。

译文：

九三，良马互相竞逐，利于艰难中守正。不停练习驾马和防卫术，利于前往。

象辞说：利于前往，与上天意志相合。

六四，童牛[①]之牿[②]，元吉。

象曰：六四元吉，有喜[③]也。

注释：

①童牛：小牛。

②牿：横木。

③有喜：有欣喜。

译文：

六四，小牛角上有横木绑着（伤不到人），大吉祥。

象辞说：六四爻大吉祥，是有欣喜。

六五，豶豕[①]之牙，吉。

象曰：六五之吉，有庆[②]也。

注释：

① 豮豕：阉割过的公猪。

② 有庆：值得庆贺。

译文：

六五，阉割过的公猪有锋利的牙齿，吉祥。

象辞说：六五爻吉祥，值得庆贺。

上九，何[①]天之衢[②]，亨。

象曰：何天之衢，道大行[③]也。

注释：

① 何：通“荷”，肩负，意指打通。

② 衢：大道。

③ 道大行：蓄养之道大行于天下。

译文：

上九，打通了通往天上的大道，亨通。

象辞说：打通了通往天上的大道，是蓄养之道大行于天下。

27【山雷颐】䷚

一、卦辞

颐。贞吉。观颐[①]，自求口实[②]。

注释：

① 观颐：观察万物养育之道。

② 自求口实：自己要努力谋求生存下去的食物。

译文：

颐卦。颐，养的意思。养正则吉利。观察万物养育之道，明白自己要努力谋求生存下去的食物。

二、彖辞

《彖》曰："颐，贞吉"，养正①则吉也。"观颐"，观其所养②也。"自求口实"，观其自养③也。天地养万物④，圣人养贤，以及万民，颐之时大矣哉！

注释：

① 养正：守正道的颐养。

② 观其所养：观察万物的颐养方法。

③ 观其自养：观察自身的颐养方法。

④ 天地养万物：天地养育万物。

⑤ 圣人养贤，以及万民：圣人养育贤者并推及天下百姓。

译文：

《彖辞》说："颐卦。颐，养的意思。养正则吉利"，守正道的颐养就会吉祥。"观察万物养育之道"，观察万物的颐养方法。"明白自己要努力谋求生存下去的食物"，观察自身的颐养方法。天地养育万物，圣人养育贤者并推及天下百姓，颐养的功劳太大了。

三、象辞

《象》曰：山下有雷，颐。君子以慎言语①，节饮食②。

注释：

① 慎言语：要谨慎言语。

② 节饮食：节制饮食。

译文：

《象辞》说：山下响动震雷声，这就是颐卦的卦象。君子从颐卦中得到的启示，要谨慎言语，节制饮食。

四、爻辞

初九，舍①尔灵龟，观②我朵颐③，凶。

象曰：观我朵颐，亦不足贵④也。

注释：

① 舍：舍弃、不顾。

② 观：观察、看。

③ 朵颐：进食、吃饭。

④ 不足贵：不值得尊重。

译文：

初九，舍弃你手中的灵龟，贪看我进食的腮帮，有凶险。

象辞说：贪看我进食的腮帮，是不值得尊重的。

六二，颠[①]颐，拂经[②]于丘[③]，颐征凶。

象曰：六二征[④]凶，行失类[⑤]也。

注释：

① 颠：颠倒了、空了。

② 拂经：违反道理。

③ 丘：山丘。

④ 征：征途、作为。

⑤ 行失类：行为失了规则，异类。

译文：

六二，自己饿的东倒西歪，于是违反道路，跑到高丘上抢劫路人，这样的吃饭之道有凶险。

象辞说：六二爻的作为有凶险，是因为行为失了规则。

六三，拂[①]颐，贞凶，十年勿用，无攸利。

象曰：十年勿用，道大悖[②]也。

注释：

① 拂：违反。

② 道大悖：与颐养之道大大违背。

译文：

六三，违反颐养常理，守持正道以防凶险，十年之内不能有所作为，无利可得。

象辞说：十年之内不能有所作为，是因为与颐养之道大大违背。

六四，颠颐，吉。虎视眈眈，其欲[1]逐逐[2]，无咎。

象曰：颠颐之吉，上施光[3]也。

注释：

① 欲：欲望。

② 逐逐：紧紧追逐。

③ 上施光：居上而能向下施撒光明。

译文：

六四，自己饿的东倒西歪，但不去抢粮食，吉祥。像老虎紧盯猎物，追逐的欲望不舍，没有灾害。

象辞说：自己饿的东倒西歪，但不去抢粮食，吉祥，是因为居上而能向下施撒光明。

六五，拂经[1]，居[2]贞吉。不可涉大川。

象曰：居贞之吉，顺以从上[3]也。

注释：

① 拂经：违反道理。

② 居：安于、采取。

③ 顺以从上：顺从依从于上九。

译文：

六五，违背吃饭之道，居守正道可获吉祥，但不可涉越大河。

象辞说：居守正道的吉祥，是顺从依从于上九的缘故。

上九，由[1]颐，厉，吉，利涉大川。

象曰：由颐厉吉，大有庆[2]也。

注释：

① 由：自由、自然而然。

② 大有庆：大有福庆。

译文：

上九，终于迎来了自由的吃饭之道，虽然粮多有危险，终获吉祥，有利于涉越大河。

象辞说：终于迎来了自由的吃饭之道，虽然粮多有危险，终获吉祥，这样大有福庆。

28【泽风大过】䷛

一、卦辞

大过。栋桡[①]，利有攸往，亨。

注释：

① 栋桡：栋梁弯曲了。

译文：

大过卦。栋梁虽然弯曲了，仍有利于有所前往，亨通。

二、彖辞

《彖》曰：大过，大者过[①]也。"栋桡"，本末弱[②]也，刚过而中[③]，巽而说行[④]。"利有攸往"，乃亨。大过之时义大矣哉！

注释：

① 大者过：指大的方面过了，此处指中间四个阳爻过多，

② 本末弱：首尾两端弱势，指初六爻和上六爻。

③ 刚过而中：阳刚过甚且居中。

④ 巽而说行：谦逊而和悦地行事，巽指下卦巽卦，说指上卦兑卦。

译文：

《彖辞》说：大过，指大的方面过了。"栋梁弯曲了"，是首尾两端弱势的原因，阳刚过甚且居中，谦逊而和悦地行事。"有利于有所前往"，所以亨通。大过卦的时机和道义是多么伟大啊。

三、象辞

《象》曰：泽灭木，大过。君子以独立不惧[①]，遁世无闷[②]。

注释：

① 独立不惧：敢作敢为、独立自主、无所畏惧。

② 遁世无闷：隐身遁世无怨无悔、不苦闷。

译文：

《象辞》说：泽水淹没了树木，这就是大过卦的卦象。君子看到此象，要审时度势，进则敢作敢为、独立自主，退则隐身遁世无怨无悔、不苦闷。

四、爻辞

初六，藉[①]用白茅[②]，无咎。

象曰：藉用白茅，柔在下[③]也。

注释：

① 藉：衬垫。

② 白茅：白色茅草。

③ 柔在下：初六阴柔之爻居于下。

译文：

初六，用白色茅草做衬垫，必无灾咎。

象辞说：用白色茅草做衬垫，是阴柔在下。

九二，枯杨[①]生稊[②]，老夫[③]得其女妻[④]，无不利。

象曰：老夫女妻，过以相与[⑤]也。

注释：

① 枯杨：枯杨树。

② 生稊：生出嫩芽。

③ 老夫：老年男人。

④ 女妻：年轻妻子。

⑤ 过以相与：虽然阳刚过甚，但仍能与初六阴柔相结合。

译文：

九二，枯杨树生出嫩芽，老年男人娶了年少娇妻，没有不利。

象辞说：老年男人年少娇妻，虽然阳刚过甚，但仍能与初六阴柔相结合。

九三，栋桡[①]，凶。

象曰：栋桡之凶，不可以有辅[②]也。

注释：

① 栋桡：栋梁弯曲。

② 有辅：加以辅助。

译文：

九三，栋梁弯曲了，有凶险。

象辞说：栋梁弯曲的凶险，不可以再加以辅助了。

九四，栋隆[①]，吉。有它[②]，吝。

象曰：栋隆之吉，不桡乎下[③]也。

注释：

① 隆：隆起。

② 有它：有意外。

③ 不桡乎下：栋梁不再向下弯曲。

译文：

九四，栋梁隆起了，吉利。但一旦有意外，必有吝害。

象辞说：栋梁隆起的吉利，是因为栋梁不再向下弯曲。

九五，枯杨生华[①]，老妇[②]得士夫[③]，无咎无誉。

象曰：枯杨生华，何可久[④]也。老妇士夫，亦可丑[⑤]也。

注释：

① 生华：开花。

② 老妇：老妇人。

③ 士夫：强壮丈夫。

④ 何可久：怎么能长久呢？

⑤ 亦可丑：也可成为羞丑的事情。

译文：

九五，枯杨树开花，老妇人得到强壮丈夫，无害也无赞誉。

象辞说：枯杨树开花，怎么能长久呢？老妇人得到强壮丈夫，也可成为羞丑的事情。

上六，过涉[①]灭顶[②]，凶，无咎。

象曰：过涉之凶，不可咎[③]也。

注释：

① 过涉：过河。

② 灭顶：淹没头顶。

③ 不可咎：不可追究责怪。

译文：

上六，过河时水淹没了头顶，有凶险，终获无害。

象辞说：过河时的凶险，不可追究责怪。

29【坎为水】䷜

一、卦辞

习坎。有孚，维心[①]，亨，行有尚[②]。

注释：

① 维心：坚定内心的信念。

② 行有尚：付出行动也会有希望。

译文：

习坎卦。心有诚信，坚定内心的信念，就会亨通，付出行动也会有希望。

二、彖辞

《彖》曰：习坎，重险[①]也。水流[②]而不盈[③]，行险[④]而不失其信[⑤]。“维心，亨”，乃以刚中[⑥]也。“行有尚”，往有功[⑦]也。天险[⑧]不可升[⑨]

也，地险山川丘陵[10]也，王公设险[11]以守其国[12]，险之时用大矣哉!

注释:

① 重险：重重险境。

② 水流：水一直流。

③ 不盈：见不到盈满。

④ 行险：行事而有险境。

⑤ 不失其信：不失信义。

⑥ 刚中：阳刚居中。

⑦ 往有功：前往会有功绩。

⑧ 天险：天险是最高险。

⑨ 不可升：没有能超过它的。

⑩ 地险山川丘陵：地险就是山川丘陵，可以凭借。

⑪ 设险：凭借这些险境。

⑫ 以守其国：设防来守卫国境。

译文:

《彖辞》说：习坎，重重险境。水一直流却见不到盈满，行事而有险境但仍不失信义。“坚定内心的信念，就会亨通”，是由于阳刚居中。“付出行动会有希望”，是因为前往会有功绩。天险是最高险，没有能超过它的；地险就是山川丘陵，可以凭借；王公凭借这些险境来设防来守卫国境，险境的可用之处是多么的伟大啊。

三、象辞

《象》曰：水洊至[1]，习坎，君子以常德行[2]，习教事[3]。

注释:

① 水洊至：前水至后水又至。

② 常德行：经常进行道德修行。

③ 习教事：练习、学习教育之事。

译文:

《象辞》说：前水至后水又至，这就是坎卦的卦象。君子要效法坎水的长流不息的精神，要经常进行道德修行，同时练习、学习教育之事。

四、爻辞

初六，习坎[①]，入于坎窞[②]，凶。

象曰：习坎入坎，失道[③]凶也。

注释：

① 习坎：习惯了坎险。

② 窞：深坑。

③ 失道：迷失正道。

译文：

初六，险坑重重叠叠，掉入深坑，有凶险。

象辞说：险坑重重叠叠，掉入深坑，是因为迷失正道，会有凶险。

九二，坎有险[①]，求小得。

象曰：求小得，未出中[②]也。

注释：

① 险：险境。

② 未出中：未脱离险中。

译文：

九二，在坑穴中遭遇险境，此时不宜想着做大事，要从小处着想，必有所得。

象辞说：从小处着想，是因为还未脱离险中。

六三，来之坎坎[①]，险且枕[②]，入[③]于坎窞，勿用。

象曰：来之坎坎，终无功[④]也。

注释：

① 坎坎：险难和麻烦事多。

② 枕：接受。

③ 入：掉入。

④ 无功：无所功绩。

译文：

六三，来了到处都是坎险，那么就要在坎险中接受它，掉入坎险之中，不可施展才用。

象辞说：来了到处都是坎险，最终无所功绩。

六四，樽酒①，簋贰②，用缶③，纳约自牖④，终无咎。

象曰：樽酒簋贰，刚柔际⑤也。

注释：

① 樽酒：一樽酒。

② 簋贰：两碗饭。

③ 用缶：用简陋的缶盛饭。

④ 纳约自牖：自窗户递饭进来。

⑤ 刚柔际：正处于六四阴柔与九五阳刚交际之位，二者可以交接。

译文：

六四，一樽酒，两碗饭，用缶盛着，通过窗户递进来，终将不会有灾害。

象辞说：一樽酒，两碗饭，阳刚和阴柔交际。

九五，坎不盈①，祇②既平③，无咎。

象曰：坎不盈，中未大④也。

注释：

① 不盈：未满、未平。

② 祇：通“坻”，小山丘。

③ 既平：已经铲平。

④ 中未大：虽中正但还未发扬光大。

译文：

九五，坎险还没填满，小丘已被铲平，必无灾害。

象辞说：坎险还没填满，说明虽中正但还未发扬光大。

上六，系[①]用徽纆[②]，置[③]于丛棘[④]，三岁不得，凶。

象曰：上六失道，凶三岁[⑤]也。

注释：

① 系：捆住。

② 徽纆：绳子。

③ 置：放置、困置。

④ 丛棘：荆棘丛中。

⑤ 凶三岁：凶险要连续多年。

译文：

上六，被用绳子捆住，困置于荆棘丛中，三年不能解脱，有凶险。

象辞说：上六爻失去正道，凶险因此要连续多年。

30【离为火】䷝

一、卦辞

离。利贞，亨。畜牝牛[①]，吉。

注释：

① 畜牝牛：蓄养母牛。

译文：

离卦。有利于贞正，亨通。蓄养母牛，吉利。

二、彖辞

《彖》曰：离，丽[①]也。日月[②]丽乎天[③]，百谷草木丽乎土[④]，重明[⑤]以丽乎正[⑥]，乃化成天下[⑦]。柔丽乎中正[⑧]，故亨，是以"畜牝牛吉"也。

注释：

① 丽：附丽。

② 日月：太阳月亮。

③ 丽乎天：附丽于天上。

④ 丽乎土：附丽于土地。

⑤ 重明：光明又光明。

⑥ 以丽乎正：并附丽于正道上。

⑦ 乃化成天下：于是能教化天下。

⑧ 柔丽乎中正：柔顺附丽于中正之道，指六二爻、六五爻居中位。

译文：

《彖辞》说：离，附丽的意思。太阳月亮附丽于天上，百谷草木附丽于土地，光明又光明并附丽于正道上，于是能教化天下。柔顺附丽于中正之道，所以亨通，所以“蓄养母牛可获吉利”。

三、象辞

《象》曰：明两作[①]，离。大人以继明照于四方[②]。

注释：

① 明两作：太阳明照两次出现。

② 继明照于四方：继承光明照耀四方。

译文：

《象辞》说：太阳明照两次出现，是非常的更加的明亮，这就是离卦之象。大人圣贤由此卦象启发，要继承此光明、前人的明德，照耀四方。

四、爻辞

初九，履[①]错然[②]，敬[③]之，无咎。

象曰：履错之敬， 以辟咎[④]也。

注释：

① 履：脚步。

② 错然：错落有致。

③ 敬：敬意、尊敬。

④ 以辟咎：为了避免咎害。

译文：

初九，许多人前来拜访，门前脚步错落，要对他们有恭敬之心，就没有咎害。

象辞说：脚步错落的敬意，是为了避免咎害。

六二，黄[①]离[②]，元吉。

象曰：黄离元吉，得中道[③]也。

注释：

① 黄：温暖、和平。

② 离：离开、交接。

③ 中道：居守中正之道。

译文：

六二，和平的交接权力，至为吉利。

象辞说：和平的交接权力，至为吉利，是得益于居守中正之道。

九三，日昃[①]之离，不鼓缶[②]而歌[③]，则大耋[④]之嗟[⑤]，凶。

象曰：日昃之离，何可久[⑥]也。

注释：

① 日昃：太阳西斜。

② 鼓缶：敲起缶盆。

③ 歌：作歌。

④ 大耋：老年人。

⑤ 嗟：叹息、遗憾。

⑥ 何可久：怎么能长久呢？

译文：

九三，太阳将落西山，此时不敲起缶盆作歌，必将导致垂暮哀叹，有凶险。

象辞说：太阳将落西山，还怎么能长久呢？

九四，突如其来[①]如，焚[②]如，死[③]如，弃[④]如[⑤]。

象曰：突如其来如，无所容[⑥]也。

注释：

① 突如其来：突然降临、突然发生。

② 焚：烧杀。

③ 死：死刑。

④ 弃：放弃、流放。

⑤ 如：像……样子。

⑥ 无所容：没有任何商量的余地。

译文：

九四，突然发生重大事情，就要及时果断的该杀的杀，该抓的抓，该流放的流放。

象辞说：突然发生重大事情，就没有任何商量的余地。

六五，出涕[①]沱若[②]，戚[③]嗟[④]若，吉。

象曰：六五之吉，离王公[⑤]也。

注释：

① 出涕：哭泣。

② 沱若：滂沱。

③ 戚：哀伤。

④ 嗟：叹息。

⑤ 离王公：附丽于九五王公尊位之上，即为了王公尊位。

译文：

六五，泪水滂沱不绝，哀愁叹息悲切，吉利。

象辞说：六五爻的吉利，是为了王公尊位。

上九，王[①]用[②]出征，有嘉[③]折首[④]，获匪[⑤]其丑[⑥]，无咎。

象曰：王用出征，以正邦[⑦]也。

注释：

① 王：君王。

② 用：利用。

③ 嘉：嘉奖、收获。

④ 折首：拿下敌首。

⑤ 匪：敌人。

⑥ 丑：同类、附庸。

⑦ 以正邦：是为了严正国邦的权威。

译文：

上九，君王出师征伐，斩获了敌首，俘获对方的异己分子，没有咎害。

象辞说：君王出师征伐，是为了严正国邦的权威。

31【泽山咸】䷞

一、卦辞

咸。亨，利贞，取女吉[①]。

注释：

① 取女吉：娶妻吉祥。

译文：

咸卦。亨通，利于坚守正道，娶妻吉祥。

二、彖辞

《彖》曰：咸，感[①]也。柔上而刚下[②]，二气感应以相与[③]，止而说[④]，男下女[⑤]，是以“亨，利贞，取女吉”也。天地感[⑥]而万物化生[⑦]，圣人感人心[⑧]而天下和平[⑨]。观其所感[⑩]，而天地万物之情可见矣！

注释：

① 感：交感。

② 柔上而刚下：阴柔在上阳刚在下，指上卦为兑卦为阴柔、下卦为艮卦为阳刚。

③ 二气感应以相与：阴阳二气交感呼应，互相亲和。

④ 止而说：稳重而喜悦，指艮卦为止、兑卦为说为悦。

⑤ 男下女：男子屈膝礼下女子。

⑥ 天地感：天地交感。

⑦ 而万物化生：从而万物变化孕生。

⑧ 圣人感人心：圣人感受到人心亲和。

⑨ 而天下和平：而带来天下的太平。

⑩ 观其所感：观察这一感应的现象。

译文：

《彖辞》说：咸，交感的意思。阴柔在上阳刚在下，阴阳二气交感呼应，互相亲和，稳重而喜悦，男子屈膝礼下女子，所以“亨通，利于坚守正道，娶妻吉祥”。天地交感从而万物变化孕生，圣人感受到人心亲和而带来天下的太平。观察这一感应的现象，天地万物的性情可以明白了。

三、象辞

《象》曰：山上有泽，咸。君子以虚受人[①]。

注释：

① 以虚受人：以虚怀若谷来接受别人。

译文：

《象辞》说：泽湖在山上面，这就是咸卦的卦象。君子受咸卦启发，要虚怀若谷，虚心接受众人。

四、爻辞

初六，咸其拇[①]。

象曰：咸其拇，志在外[②]也。

注释：

① 咸其拇：亲吻脚拇指。

② 志在外：志向是向外发展，指志向不仅于此。

译文：

初六，亲吻脚拇指。

象辞说：亲吻脚拇指，指志向不仅于此。

六二，咸其腓[①]，凶，居[②]吉。

象曰：虽凶，居吉，顺[③]不害[④]也。

注释：

① 腓：小腿肚。

② 居：安静、不动。

③ 顺：顺从。

④ 不害：没有灾害。

译文：

六二，亲吻小腿肚上，有凶险，安居静止可获吉祥。

象辞说：虽然凶险，安居静止可获吉祥，是顺从则没有灾害。

九三，咸其股[①]，执其随[②]，往吝。

象曰：咸其股，亦不处[③]也。志在随人[④]，所执下[⑤]也。

注释：

① 股：大腿。

② 执其随：控制其活动。

③ 亦不处：不再能安静停止下来。

④ 志在随人：志向在随从别人。

⑤ 所执下：所控制的地方过于在下。

译文：

九三，亲吻到了大腿上，控制其不乱动，活动就会有悔吝。

象辞说：亲吻到了大腿上，不再能安静停止下来。志向在随从别人，因为所控制的地方过于在下。

九四，贞吉，悔亡。憧憧[①]往来，朋从尔思[②]。

象曰：贞吉悔亡，未感害[③]也。憧憧往来，未光大[④]也。

注释：

① 憧憧：心意朦胧。

② 朋从尔思：友朋依从了你的心思。

③ 未感害：没有因为交感而受到伤害。

④ 未光大：交感还未公开光明正大化。

译文：

九四，遵循正道，吉祥，悔恨会消亡。朦朦胧胧的频繁往来，友朋终会随了你的所思。

象辞说：遵循正道，吉祥，悔恨会消亡，是没有因为交感而受到伤害。朦朦胧胧的频繁往来，是因为交感还未公开光明正大化。

九五，咸其脢[①]，无悔。

象曰：咸其脢，志末[②]也。

注释：

① 脢：背部。

② 志末：志向到达了最后。

译文：

九五，亲吻到了背部，没有悔恨。

象辞说：亲吻到了背部，是志向到达了最后。

上六，咸其辅颊舌[①]。

象曰：咸其辅颊舌，滕口说[②]也。

注释：

① 辅颊舌：嘴、脸颊、舌头。

② 滕口说：都是用嘴亲吻。

译文：

上六，亲吻到了脸颊和口舌上了。

象辞说：亲吻到了脸颊和口舌上了，都是用嘴亲吻的。

32【雷风恒】䷟

一、卦辞

恒。亨，无咎，利贞[①]。利有攸往。

注释：

① 利贞：利于贞正。

译文：

恒卦。亨通，没有灾祸，利于贞正。利于有所前往。

二、彖辞

《彖》曰：恒，久也。刚上而柔下，雷风相与①，巽而动②，刚柔皆应③，恒。"恒，亨，无咎，利贞"，久于其道④也。天地之道，恒久而不已⑤也。"利有攸往"，终则有始⑥也。日月得天⑦，而能久照⑧。四时变化⑨，而能久成⑩。圣人久于其道⑪，而天下化成⑫。观其所恒⑬，而天地万物之情可见矣！

注释：

① 雷风相与：雷鸣风啸互相助力。

② 巽而动：巽顺而运动。

③ 刚柔皆应：阳刚和阴柔都呼应。

④ 久于其道：恒久保持这样的规律。

⑤ 恒久而不已：恒久而不会停止。

⑥ 终则有始：终了又会有开始。

⑦ 日月得天：日月得到了天。

⑧ 而能久照：从而能永久照耀。

⑨ 四时变化：四季循环变化。

⑩ 而能久成：从而能永远生成万物。

⑪ 圣人久于其道：圣人永久发扬其德行。

⑫ 而天下化成：从而达到天下教化。

⑬ 观其所恒：观察这些恒久不变的现象。

译文：

《彖辞》说：恒，久远的意思。阳刚在上阴柔在下，雷鸣风啸互相助力，巽顺而运动，阳刚和阴柔都呼应，所以叫恒卦。"恒卦。亨通，没有灾祸，利于贞正"，是因为恒久保持这样的规律。"利于有所前往"，是因为终了又会有开始。日月得到了天，从而能永久照耀。四季循环变化，从而能永远生成万物。圣人永久发扬其德行，从而达到天下教化。观察这些恒久不变的现象，而天地万物的性情可以明白了。

三、象辞

《象》曰：雷风，恒。君子以立[①]不易[②]方[③]。

注释：

① 立：树立。

② 不易：不变易。

③ 方：操守。

译文：

《象辞》说：雷与风交相互动，这就是恒卦的卦象。君子因此要立身修德，不变易自己的操守。

四、爻辞

初六，浚[①]恒[②]，贞凶，无攸利。

象曰：浚恒之凶，始[③]求深[④]也。

注释：

① 浚：深。

② 恒：恒久。

③ 始：刚开始。

④ 求深：求之过深。

译文：

初六，急切深求恒久之道，守正以防风险，无利可得。

象辞说：急切深求恒久之道的凶险，是因为刚开始就求之过深了。

九二，悔亡[①]。

象曰：九二悔亡，能久中[②]也。

注释：

① 亡：消亡。

② 久中：恒久中正。

译文：

九二，悔恨消亡。

象辞说：九二爻悔恨消亡，是因为能够恒久中正。

九三，不恒其德[①]，或承之羞[②]，贞吝。

象曰：不恒其德，无所容[③]也。

注释：

① 德：德行。

② 承之羞：承受羞辱。

③ 无所容：无所容纳其身。

译文：

九三，不能恒久保持德行，有时会遭受羞辱，守持正道以防憾事。

象辞说：不能恒久保持德行，是无所容纳其身。

九四，田[①]无禽[②]。

象曰：久非其位[③]，安得禽也。

注释：

① 田：田野。

② 禽：禽兽。

③ 久非其位：长久处在不属于自己的位置。

译文：

九四，打猎没有猎获禽兽。

象辞说：长久处在不属于自己的位置，怎么能猎获禽兽？

六五，恒其德，贞，妇人[①]吉，夫子[②]凶。

象曰：妇人贞吉，从一而终[③]也。夫子制义[④]，从妇凶[⑤]也。

注释：

① 妇人：家庭妇女。

② 夫子：丈夫。

③ 从一而终：嫁给了一个男人并至终生。

④ 夫子制义：丈夫制定道义规则。

⑤ 从妇凶：随从妇人则有凶险。

译文：

六五，恒久保持美德，守持正道。妇人可获吉祥，男子则会有凶险。

象辞说：妇人守持正道吉祥，是因为嫁给了一个男人并至终生。丈夫制定道义规则，但随从妇人则有凶险。

上六，振[①]恒，凶。

象曰：振恒在上[②]，大无功[③]也。

注释：

① 振：振动、振荡。

② 在上：已到了最上位。

③ 大无功：大大的没有功绩。

译文：

上六，长久振荡，无恒之道，有凶险。

象辞说：长久振荡在最上位，将是大大的没有功绩。

33【天山遁】䷠

一、卦辞

遁。亨，小利贞[①]。

注释：

① 小利贞：小的利益和贞正。

译文：

遁卦。亨通，有小的利益和贞正。

二、彖辞

《彖》曰："遁，亨"，遁而亨[①]也。刚当位而应[②]，与时行[③]也。"小利贞"，浸而长[④]也。遁之时义大矣哉！

注释：

① 遁而亨：退遁从而亨通。

② 刚当位而应：指九五阳爻当位并与六二呼应。

③ 与时行：与时势顺行。

④ 浸而长：阴气渐渐浸入增长。

译文：

《彖辞》说："遁卦，亨通"，是因为退遁从而亨通。阳刚当位而呼应，是与时势顺行。"有小的利益和贞正"，是阴气渐渐浸入增长。退遁的时机和道义是多么的伟大啊。

三、象辞

《象》曰：天下有山，遁。君子以远小人①，不恶而严②。

注释：

① 远小人：远避小人。

② 不恶而严：不显露声色的厌恶。

译文：

《象辞》说：天底下矗立着大山，这就是遁卦的卦象。君子由此遁卦象，要远避小人，不显露声色的厌恶，同时也要庄严持重。

四、爻辞

初六，遁①尾，厉②，勿用，有攸往。

象曰：遁尾之厉，不往③何灾④也。

注释：

① 遁：退遁、逃遁。

② 厉：危险。

③ 不往：不前往。

④ 何灾：哪来的灾祸。

译文：

初六，逃遁时被尾追，有危险，不要采用，从而才有利于前往。

象辞说：逃遁时被尾追的危险，不前往还哪来的灾祸呢？

六二，执[①]之用黄牛之革[②]，莫[③]之胜说[④]。

象曰：执用黄牛，固志[⑤]也。

注释：

① 执：控制、捆绑。

② 革：皮革。

③ 莫：不能。

④ 说：通“脱”，逃脱。

⑤ 固志：巩固意志。

译文：

六二，用黄牛皮制的革带捆绑住，没有能够挣脱的。

象辞说：用黄牛皮制的革带捆绑住，是为了巩固意志。

九三，系[①]遁，有疾[②]，厉。畜臣妾[③]，吉。

象曰：系遁之厉，有疾惫[④]也。畜臣妾吉，不可大事[⑤]也。

注释：

① 系：用绳拴住。

② 有疾：有害。

③ 畜臣妾：蓄养臣仆侍妾。

④ 有疾惫：有疾患并会被疲惫拖累。

⑤ 不可大事：不可以做大事。

译文：

九三，用绳捆绑住逃遁的人，会有疾患，危险。允许其蓄养臣仆侍妾，吉祥。

象辞说：用绳捆绑住逃遁的人造成的危险，是因为有疾患并会被疲惫拖累。蓄养臣仆侍妾吉祥，是不可以做大事。

九四，好[①]遁，君子吉，小人否[②]。

象曰：君子好遁，小人否也。

注释：

① 好：好生。

② 小人否：小人做不到。

译文：

九四，好生安顿逃遁的人，君子吉祥，小人不能办到。

象辞说：君子好生安顿逃遁的人，小人做不到。

九五，嘉[①]遁，贞吉。

象曰：嘉遁贞吉，以[②]正志[③]也。

注释：

① 嘉：优待。

② 以：用来。

③ 正志：端正志向。

译文：

九五，优待逃遁的人，贞正和吉祥。

象辞说：优待逃遁的人而获得贞正和吉祥，是用来端正志向。

上九，肥[①]遁，无不利。

象曰：肥遁，无不利，无所疑[②]也。

注释：

① 肥：宽容。

② 无所疑：没有任何疑虑。

译文：

上九，宽容逃遁的人，无所不利。

象辞说：宽容逃遁的人，无所不利，是因为没有任何疑虑。

34【雷天大壮】䷡

一、卦辞

大壮。利贞[①]。

注释：

① 利贞：利于贞正。

译文：

大壮卦。利于贞正。

二、彖辞

《彖》曰：大壮，大者壮[①]也。刚以动[②]，故壮。“大壮，利贞”，大者正[③]也。正大[④]而天地之情可见矣！

注释：

① 大者壮：刚大者过于壮大，即阳爻为四个。

② 刚以动：刚健而健动，刚指下卦乾卦，动指上卦震卦。

③ 大者正：刚大又中正。

④ 正大：中正刚大。

译文：

《彖辞》说：大壮，是刚大者过于壮大。刚健而健动，所以壮。“大壮卦，利于贞正”，是因为刚大又中正。中正刚大从而天地的性情可以知晓了。

三、象辞

《象》曰：雷在天上，大壮。君子以非礼[①]弗履[②]。

注释：

① 非礼：不合礼的事情。

② 弗履：不履行。

译文：

《象辞》说：雷在天上滚动轰轰作响，这就是大壮卦的卦象。君子学习大壮卦处世，不做不合礼的事情，要做就要做的光明正大、守礼守则。

四、爻辞

初九，壮[①]于趾[②]，征凶，有孚。

象曰：壮于趾，其孚穷[③]也。

注释：

① 壮：健壮。

② 趾：脚趾。

③ 孚穷：诚信穷尽。

译文：

初九，脚趾健壮，往前行会有凶险，应保持诚信。

象辞说：脚趾健壮，其诚信穷尽了。

九二，贞吉。

象曰：九二贞吉，以中[①]也。

注释：

① 以中：因为居中的原因。

译文：

九二，贞正固守可获吉祥。

象辞说：九二爻贞正固守可获吉祥，是因为居中的原因。

九三，小人用壮[①]，君子用罔[②]，贞，厉，羝羊[③]触藩[④]，羸[⑤]其角。

象曰：小人用壮，君子罔[⑥]也。

注释：

① 用壮：硬拼硬。

② 罔：不。

③ 羝羊：公羊。

④ 触藩：冲撞藩篱。

⑤ 羸：缠住。

⑥ 君子罔：君子不用。

译文：

九三，小人强调用蛮力取胜，君子不滥用，守持正道以防凶险。公羊触篱，羊角被卡住了。

象辞说：小人强调用蛮力取胜，君子不用。

九四，贞吉，悔亡。藩[①]决[②]，不羸，壮于大舆[③]之辐[④]。

象曰：藩决不羸，尚往[⑤]也。

注释：

① 藩：藩篱。

② 决：决口。

③ 大舆：大车。

④ 辐：车辐条。

⑤ 尚往：崇尚勇往直前。

译文：

九四，守持正道，吉祥，悔恨消失。就像藩篱被撞开了决口而羊角不再被卡住，好比大车的车辐力量强大。

象辞说：藩篱被撞开了决口而羊角不再被卡住，是因为崇尚勇往直前。

六五，丧[①]羊于易[②]，无悔。

象曰：丧羊于易，位不当也。

注释：

① 丧：丧失。

② 易：古代一地名。

译文：

六五，在“易”这个地方丢了羊，没有悔恨。

象辞说：在“易”这个地方丢了羊，是因为所处位置不当。

上六，羝羊[①]触[②]藩，不能退，不能遂[③]，无攸利。艰则吉。

象曰：不能退，不能遂，不祥也。艰则吉，咎不长也。

注释：

① 羝羊：公羊。

② 触：冲撞。

③ 遂：进。

译文：

上六，公羊触篱，进退不得，无利可得。艰难之中守住，最终就会吉祥。

象辞说：进退不得，不吉祥。艰难之中获得吉祥，那么咎难不会长了。

35【火地晋】䷢

一、卦辞

晋。康侯[①]用锡马蕃庶[②]，昼日三接[③]。

注释：

① 康侯：安国康民的诸侯。

② 用锡马蕃庶：被天子赏赐了众多马匹。

③ 昼日三接：一日之中多次受到接见。

译文：

晋卦。安国康民的诸侯被天子赏赐了众多马匹，一日之中多次受到接见。

二、彖辞

《彖》曰：晋，进[①]也。明出地上[②]，顺而丽乎大明[③]，柔进而上行[④]。是以"康侯用锡马蕃庶，昼日三接"也。

注释：

① 进：长进。

② 明出地上：太阳升出地面。

③ 顺而丽乎大明：柔顺而附丽在太阳之上。顺指下卦坤卦，丽指上卦离卦。

④ 柔进而上行：柔顺前进而向上前行。

译文：

《彖辞》说：晋，长进的意思。太阳升出地面，柔顺而附丽在太阳之上，柔进而上行。所以叫“安国康民的诸侯被天子赏赐了众多马匹，一日之中多次受到接见”。

三、象辞

《象》曰：明出地上，晋。君子以自昭明德①。

注释：

① 自昭明德：使得自己的固有品德彰显出来。

译文：

《象辞》说：太阳从地上升起，这就是晋卦的卦象。君子因此要效法晋卦，使得自己的固有品德彰显出来，显示自己光明的德性，由此会得到赏识，得到晋升。

四、爻辞

初六，晋①如，摧②如，贞吉。罔孚③，裕④，无咎。

象曰：晋如，摧如，独行正⑤也。裕无咎，未受命⑥也。

注释：

① 晋：前进。

② 摧：摧枯拉朽。

③ 罔孚：没有认同。

④ 裕：宽裕。

⑤ 独行正：独自行动坚守正道。

⑥ 未受命：没有得到授命。

译文：

初六，进攻时摧枯拉朽，持守正道则吉祥。还没得到信任，给予时间，则没有咎害。

象辞说：进攻时摧枯拉朽，是独自行动坚守正道。给予时间，则没有咎害，是因为没有得到授命。

六二，晋如，愁①如，贞，吉。受②兹③介福④，于其⑤王母。

象曰：受之介福，以中正⑥也。

注释：

① 愁：发愁。

② 受：受到。

③ 兹：这种。

④ 介福：大福。

⑤ 于其：来自。

⑥ 以中正：因为居中的缘故。

译文：

六二，进攻时也有发愁的时候，守持正道可获吉祥。将会获得大福气，是来自于王母。

象辞说：获得大福气，是因为居中的缘故。

六三，众允①，悔亡。

象曰：众允之，志上行②也。

注释：

① 允：允许、归降。

② 志上行：志向在于向上前行。

译文：

六三，众人都信任允许，悔恨消亡。

象辞说：众人都信任允许，因为他志向在于向上前行。

九四，晋如鼫鼠①，贞厉。

象曰：鼫鼠贞厉，位不当也。

注释：

① 鼫鼠：技不如人的鼠、行动缓慢。

译文：

九四，进攻时速度放缓，守持贞正以防危险。

象辞说：速度慢就要贞正以防危险，是由于所处位子不当的缘故。

六五，悔亡，失得[①]勿恤[②]，往吉，无不利。

象曰：失得勿恤，往有庆[③]也。

注释：

① 失得：失去和得到。

② 恤：忧虑。

③ 往有庆：前往会有福庆。

译文：

六五，悔恨消亡，不用忧虑得失，前往会有吉祥，无所不利。

象辞说：不用忧虑得失，前往会有福庆。

上九，晋其角[①]，维用[②]伐邑[③]，厉吉，无咎，贞吝。

象曰：维用伐邑，道未光[④]也。

注释：

① 角：角尖、最难攻的地方。

② 维用：只能用。

③ 伐邑：攻伐城邑。

④ 道未光：正道未发扬光大。

译文：

上九，进攻其最难攻打的地方，不可避免进行了城邑中的巷战，有危险却可获吉祥，没有咎害，坚守贞正以防憾事。

象辞说：不可避免进行了城邑中的巷战，是因为正道未发扬光大。

36【地火明夷】䷣

一、卦辞

明夷。利艰贞[①]。

注释：

① 利艰贞：利于在艰难中守正。

译文：

明夷卦。利于在艰难中守正。

二、彖辞

《彖》曰：明入地中①，明夷②。内文明而外柔顺③，以蒙大难④，文王以之⑤。利艰贞，晦其明⑥也，内难⑦而能正其志⑧，箕子以之⑨。

注释：

① 明入地中：太阳落入地中。

② 明夷：光明受伤。

③ 内文明而外柔顺：向内守住文明，向外展现柔顺。

④ 以蒙大难：由此承受住大灾难。

⑤ 文王以之：周文王就是凭借此渡过难关。

⑥ 晦其明：隐晦收敛光明。

⑦ 内难：深陷被困住的艰难。

⑧ 能正其志：仍旧守正志向。

⑨ 箕子以之：箕子就是采用了这个方法对待困境的。

译文：

《彖辞》说：太阳落入地中，是光明受伤了。向内守住文明，向外展现柔顺，由此承受住大灾难，周文王就是凭借此渡过难关。利于艰苦中守住贞正，隐晦收敛光明，深陷被困住的艰难，仍旧守正志向，箕子就是采用了这个方法对待困境的。

三、象辞

《象》曰：明入地中，明夷。君子以莅从①，用晦②而明③。

注释：

① 莅从：莅临政事统领民众。

② 用晦：采用晦藏手段。

③ 而明：心中坚持光明。

译文：

《象辞》说：光明潜入大地，这就是明夷卦的卦象。君子看到这样的卦象，就要莅临政事统领民众，要晦藏聪明智慧之手段，韬光养晦，以赢得光明到来。

四、爻辞

初九，明夷[①]于飞[②]，垂其翼[③]。君子于行[④]，三日不食[⑤]。有攸往，主人有言。

象曰：君子于行，义⑥不食也。

注释：

① 明夷：光明受伤。

② 飞：飞翔。

③ 垂其翼：低垂翅膀。

④ 行：行走、赶路。

⑤ 不食：不吃饭。

⑥ 义：道义上。

译文：

初九，在光明损伤时向外飞，却低垂着翅膀飞不起来。君子快速行动，三天不吃东西。离开是对的，但是主人就不高兴了。

象辞说：君子快速行动，道义上不允许食用。

六二，明夷，夷于左股[①]，用拯马壮[②]，吉。

象曰：六二之吉，顺以则[③]也。

注释：

① 夷于左股：受伤在左大腿。

② 用拯马壮：利用良马来拯救。

③ 顺以则：顺应形势坚持原则。

译文：

六二，光明损伤，像伤了左腿，得到良马拯救，吉祥。

象辞说：六二爻的吉祥，是因为顺应形势坚持原则。

九三，明夷，于南狩[①]，得其大首[②]，不可疾[③]，贞。

象曰：南狩之志，乃大得[④]也。

注释：

① 南狩：南面狩猎。

② 大首：首领、头头。

③ 疾：快、操之过急。

④ 乃大得：是想获取大的收获。

译文：

九三，光明损伤时去南方征伐，捉得元凶首恶。此时不可操之过急，要守持正道。

象辞说：去南方征伐，是想获取大的收获。

六四，入于左腹[①]，获明夷之心[②]，于出门庭[③]。

象曰：入于左腹，获心意[④]也。

注释：

① 左腹：左腹部。

② 心：心脏，此处指比干之心。

③ 于出门庭：视死如归。

④ 获心意：获得对方的心的意思。

译文：

六四，打主意比干的心脏，获取了比干之心，比干则是视死如归，毅然跨出门庭走出家门。

象辞说：打主意比干的心脏，是想获得对方的心的意思。

六五，箕子[①]之明夷，利贞。

象曰：箕子之贞，明不可息[②]也。

注释：

① 箕子：商朝大臣。

② 明不可息：光明不可熄灭。

译文：

六五，像箕子在光明损失时的作为一样，利于守持贞正。

象辞说：箕子的贞正，光明不可熄灭。

上六，不明[①]，晦[②]，初登于天[③]，后入于地。

象曰：初登于天，照四国[④]也。后入于地，失则[⑤]也。

注释：

① 明：光明。

② 晦：黑暗、暗无天日。

③ 天：高高在上。

④ 照四国：光芒照耀四方诸侯国。

⑤ 失则：失掉了法则原则。

译文：

上六，不带来光明却带来昏暗，起初登临高位，后落于地下。

象辞说：起初登临高位，是光芒照耀四方诸侯国。后落于地下，是失掉了法则原则。

37【风火家人】䷤

一、卦辞

家人。利女贞[①]。

注释：

① 利女贞：利于女子守持正道。

译文：

家人卦。利于女子守持正道。

二、彖辞

《彖》曰：家人，女正位[①]乎内，男正位乎外。男女正[②]，天地之大义也。家人有严君[③]焉，父母之谓也。父父[④]，子子，兄兄，弟弟，夫夫，妇妇，而家道正[⑤]。正家 f 而天下定矣。

注释：

① 正位：正当之位。

② 男女正：男女各正其位。

③ 严君：严正的家长。

④ 父父（子子、兄兄、弟弟、夫夫、妇妇）：父亲（子女、兄长、丈夫、妻子）尽到父亲（子女、兄长、丈夫、妻子）的责任。

⑤ 家道正：家道端正。

⑥ 正家：端正家道。

译文：

《彖辞》说：家人，女子在内居于正当之位，男子在外居于正当职位。男女各正其位，这就是天地的大的道义。家里有严正的家长，这就是存在父母的原因。父亲尽到父亲的责任，子女尽到子女的责任，兄长尽到兄长的责任，小弟尽到小弟的责任，丈夫尽到丈夫的责任，妻子尽到妻子的责任，从而家道端正。家风正则天下就安定了。

三、象辞

《象》曰：风自火出，家人。君子以言有物[①]，而行有恒[②]。

注释：

① 言有物：说话要诚实、要有事实根据。

② 行有恒：做事要有规矩、要持之以恒。

译文：

《象辞》说：火燃烧就生成了风，这就是家人卦的卦象。君子因此说话要诚实、要有事实根据，做事要有规矩、要持之以恒。

四、爻辞

初九，闲[1]有家，悔亡。

象曰：闲有家，志未变[2]也。

注释：

① 闲：家规。

② 志未变：志向尚未改变。

译文：

初九，家有家规，悔恨消亡。

象辞说：家有家规，因为志向尚未改变。

六二，无攸遂[1]，在中馈[2]，贞吉。

象曰：六二之吉，顺以巽[3]也。

注释：

① 无攸遂：没有大的成就。

② 中馈：家中饮食。

③ 顺以巽：柔顺而谦逊。

译文：

六二，没有大的成就，在家掌管饮食事宜，守持贞正可获吉祥。

象辞说：六二爻的吉祥，是柔顺而谦逊。

九三，家人嗃嗃[1]，悔厉吉。妇子嘻嘻[2]，终吝。

象曰：家人嗃嗃，未失[3]也。妇子嘻嘻，失家节[4]也。

注释：

① 嗃嗃：嗷嗷叫苦。

② 嘻嘻：嬉笑怒骂。

③ 未失：未失掉家道。

④ 失家节：有失家道礼节。

译文：

九三，治家严格导致家人嗷嗷叫苦，尽管有悔恨危险但终获吉祥。要是家人嬉笑打闹，最终会有遗憾。

象辞说：治家严格导致家人嗷嗷叫苦，但未失掉家道。家人嬉笑打闹，是有失家道礼节。

六四，富[①]家，大吉。

象曰：富家大吉，顺在位[②]也。

注释：

① 富：富裕。

② 顺在位：顺应形势，在正当之位。

译文：

六四，能使家庭富裕起来，大为吉祥。

象辞说：家庭富裕，大为吉祥，是顺应形势，在正当之位。

九五，王[①]假[②]有家，勿恤，吉。

象曰：王假有家，交相爱[③]也。

注释：

① 王：君王。

② 假：到。

③ 交相爱：相互交感爱慕。

译文：

九五，君王前往到其家庭，学习经验运用到国家中，没有忧虑，吉祥。

象辞说：君王前往到其家庭，是相互交感爱慕。

上九，有孚，威[①]如，终吉。

象曰：威如之吉，反身之谓[②]也。

注释：

① 威：威严、威信。

② 反身之谓：反过来严格要求自己。

译文：

上九，以诚信和威严治家，终获吉祥。

象辞说：威严从而吉祥，是因为反过来严格要求自己。

38【火泽睽】䷥

一、卦辞

睽。小事吉[①]。

注释：

① 小事吉：做小事吉利。

译文：

睽卦。做小事吉利。

二、彖辞

《彖》曰：睽，火动而上[①]，泽动而下[②]。二女同居[③]，其志不同行。说而丽乎明[④]，柔进而上行[⑤]，得中而应乎刚，是以“小事吉”。天地睽，而其事同[⑥]也。男女睽，而其志通[⑦]也。万物睽，而其事类[⑧]也。睽之时用大矣哉！

注释：

① 火动而上：火性燃动向上。

② 泽动而下：泽水流动向下。

③ 二女同居：两个女子在一起。

④ 说而丽乎明：和悦地附丽于光明，说指下卦兑卦，丽指上卦离卦。

⑤ 柔进而上行：柔顺前进而向上前行。

⑥ 而其事同：其所在的事理是相同的。

⑦ 而其志通：其志向是相通的。

⑧ 而其事类：其事情是类似的。

译文：

《彖辞》说：睽，火性燃动向上，泽水流动向下。两个女子在一起，两者志向不相同。和悦地附丽于光明，柔顺前进而向上前行，居中而又与阳刚呼应，所以“做小事吉利”。天地睽违，其所在的事理是相同的。男女睽违，但其志向是相通的。万物睽违，其事情是类似的。睽违之时的用途是多么广大啊。

三、象辞

《象》曰：上火下泽，睽。君子以同而异[①]。

注释：

① 以同而异：求大同而存小异。

译文：

《象辞》说：火焰上窜，泽水下流，这就是睽卦的卦象。君子体察睽卦，在处世中，要求大同而存小异。

四、爻辞

初九，悔亡。丧马[①]，勿逐[②]，自复[③]。见恶人，无咎。

象曰：见恶人，以辟咎[④]也。

注释：

① 丧马：马丢了。

② 逐：追逐。

③ 自复：自己回来。

④ 以辟咎：以此来规避咎害。

译文：

初九，悔恨消亡。马匹走失，不要追赶，会自己回来。遇到恶人，没有灾咎。

象辞说：遇到恶人，以此来规避咎害。

九二，遇主[①]于巷[②]，无咎。

象曰：遇主于巷，未失道也。

注释：

① 主：事主。

② 巷：小巷。

译文：

九二，在巷道里遇到事主，没有灾祸。

象辞说：在巷道里遇到事主，没有失去正道。

六三，见舆曳[①]，其牛掣[②]，其人天且劓[③]。无初，有终。

象曰：见舆曳，位不当也。无初有终，遇刚[④]也。

注释：

① 见舆曳：看到大车被拖曳而行

② 掣：牵制。

③ 天且劓：削发和割鼻。

④ 遇刚：遇到了刚强者的帮助。

译文：

六三，看见一辆大车被拖曳难行，驾车的牛也受牵制，车夫被刺字削鼻，开始不妙，最终是好的。

象辞说：看见一辆大车被拖曳难行，是所处位子不当。开始不妙，最终是好的，是遇到了刚强者的帮助。

九四，睽孤[①]，遇元夫[②]，交孚[③]，厉，无咎。

象曰：交孚无咎，志行[④]也。

注释：

① 睽孤：背离了，孤单一个人。

② 元夫：德高望重的人。

③ 交孚：以诚交往。

④ 志行：志向得到施行。

译文：

九四，在背离孤独时，遇德高望重的人，交流和信任，虽有不好，最终无害。

象辞说：交流和信任，没有咎害，是因为志向得到施行。

六五，悔亡，厥宗[①]噬肤[②]，往何咎？

象曰：厥宗噬肤，往有庆[③]也。

注释：

① 厥宗：同宗族。

② 噬肤：吃肉。

③ 往有庆：前往会有喜庆。

译文：

六五，悔恨消失，同宗族人一起吃肉，前往还会有灾祸呢？

象辞说：同宗族人一起吃肉，前往会有喜庆。

上九，睽孤，见豕负涂[①]，载鬼一车，先张[②]之弧[③]，后说[④]之弧。匪寇，婚媾，往遇雨[⑤]则吉。

象曰：遇雨之吉，群疑亡[⑥]也。

注释：

① 豕负涂：猪背有泥。

② 张：张弓。

③ 弧：弓箭。

④ 说：通“脱”，放下。

⑤ 遇雨：下了雨、清醒了，沟通交流了。

⑥ 群疑亡：种种猜疑都消失了。

译文：

上九，背离孤独时，看到猪背背负污泥，一辆车上满载鬼怪一样的人，先张弓欲射，后又放下弓箭。原来并不是强寇，是求婚配的，前往遇下雨会吉祥。

象辞说：遇下雨会吉祥，是因为种种猜疑都消失了。

39【水山蹇】䷦

一、卦辞

蹇。利西南[①]，不利东北。利见大人，贞吉。

注释：

① 利西南，不利东北：去往西南有利，去往东北不利。

译文：

蹇卦。去往西南有利，去往东北不利。利于出现大人物（救难），从而贞正吉祥。

二、彖辞

《彖》曰：蹇，难也，险在前也。见险[①]而能止[②]，知矣哉[③]！“蹇，利西南”，往得中[④]也。“不利东北”，其道穷[⑤]也。“利见大人”，往有功[⑥]也。当位“贞吉”，以正邦[⑦]也。蹇之时用大矣哉！

注释：

① 见险：遇到险难。

② 能止：能及时停止。

③ 知矣哉：多么明智。

④ 往得中：前往会得到中正。

⑤ 其道穷：这条道是穷困的。

⑥ 往有功：前往会有功绩。

⑦ 以正邦：正名端正邦国。

译文：

《彖辞》说：蹇，蹇难的意思。艰险在前。遇到险难而能及时停止，是多么的明智。“蹇卦，去往西南有利”，是因为前往会得到中正。“去往东北不利”，是因为这条道是穷困的。“利于出现大人物”，是因为前往会有功绩。居于正当之位会有“贞正吉祥”，可以正名端正邦国。蹇难之时采取的措施是多么的伟大啊。

三、象辞

《象》曰：山上有水，蹇。君子以反身[①]修德[②]。

注释：

① 反身：反省自身。

② 修德：加强自我修德。

译文：

《象辞》说：水漫山上，山上有水，这就是蹇卦的卦象。君子从蹇卦中学到，要在遇到困难险阻的时候，首先是反求诸己，从自己身上找问题，反省自身，加强自我修德。

四、爻辞

初六，往蹇[①]，来誉[②]。

象曰：往蹇来誉，宜待[③]也。

注释：

① 往蹇：前往会有蹇难。

② 来誉：归来就会有赞誉。

③ 宜待：宜于等待时机。

译文：

初六，前往会有蹇难，归来就会有赞誉。

象辞说：前往会有蹇难，归来就会有赞誉，是说宜于等待时机。

六二，王臣[①]蹇蹇[②]，匪躬之故[③]。

象曰：王臣蹇蹇，终无尤[④]也。

注释：

① 王臣：王公大臣。

② 蹇蹇：愁眉苦脸、自身难保。

③ 匪躬之故：不是自身原因。

④ 终无尤：最终没有担心和过失。

译文：

六二，君王的臣子处境艰难，不是自身原因所致。

象辞说：君王的臣子处境艰难，但最终没有担心和过失。

九三，往蹇，来反[①]。

象曰：往蹇来反，内喜之[②]也。

注释：

① 来反：前来就赶快返回去。

② 内喜之：内卦六二爻欢喜其归来。

译文：

九三，前往会有蹇难，前来就赶快返回去。

象辞说：前往会有蹇难，前来就赶快返回去，那么内心就会欣喜。

六四，往蹇，来连[①]。

象曰：往蹇来连，当位实[②]也。

注释：

① 连：连在一起，联合。

② 当位实：居正当之实位。

译文：

六四，前往会有蹇难，归来去联合其他诸侯。

象辞说：前往会有蹇难，归来去联合其他诸侯，是因为居正当之实位。

九五，大蹇[①]，朋来。

象曰：大蹇朋来[②]，以中节[③]也。

注释：

① 大蹇：大难。

② 朋来：朋友纷纷到来。

③ 以中节：是因为保持了中正的节操。

译文：

九五，大的蹇难即将到来，朋友纷纷前来。

象辞说：大的蹇难即将到来，朋友纷纷前来，是因为保持了中正的节操。

上六，往蹇，来硕[①]，吉，利见大人。

象曰：往蹇来硕，志在内[②]也。利见大人，以从贵[③]也。

注释：

① 来硕：硕果到来。

② 志在内：壮志在内心。

③ 以从贵：愿意追随贵人。

译文：

上六，前往会有蹇难，归来会有硕果到来，吉祥，利于出现大人。

象辞说：前往会有蹇难，归来会有硕果到来，是因为壮志在内心。利于出现大人，是愿意追随贵人。

40【雷水解】䷧

一、卦辞

解。利西南，无所往[①]，其来复吉[②]。有攸往，夙吉[③]。

注释：

① 无所往：不需要有所前往。

② 其来复吉：返回来可重获吉祥。

③ 夙吉：越早解决越吉利。

译文：

解卦。利于前往西南，没有险难就不要前往，退回来仍然吉利。有险难就要前往，越早解决越吉利。

二、彖辞

《彖》曰：解，险以动[①]，动而免乎险[②]，解。"解，利西南"，往得众[③]也。"其来复吉"，乃得中[④]也。"有攸往，夙吉"，往有功[⑤]也。天地解，而雷雨作，雷雨作，而百果草木皆甲坼[⑥]，解之时大矣哉！

注释：

① 险以动：险境之时奋力行动，险指下卦坎卦，动指上卦震卦。

② 动而免乎险：奋力行动就会脱离险境。

③ 往得众：前往就会得到民众的拥护。

④ 乃得中：是因为得到了居中的德性。

⑤ 往有功：前往会有功绩。

⑥ 甲坼：破壳萌芽。

译文：

《彖辞》说：解，险境之时奋力行动，奋力行动就会脱离险境，这就是解卦。“解卦，利于前往西南”，是因为前往就会得到民众的拥护。“退回来仍然吉利”，是因为得到了居中的德性。“有险难就要前往，越早解决越吉利”，是因为前往会有功绩。天地得到解除蹇难，从而雷雨大作，雷雨大作从而百果草木都破壳萌芽，解除困难的意义是真的太大了。

三、象辞

《象》曰：雷雨作，解。君子以赦过[①]宥罪[②]。

注释：

① 赦过：赦免民众的过失。

② 宥罪：宽恕轻罚有罪的人。

译文：

《象辞》说：打雷降下雨水，这就是解卦的卦象。君子即统治阶级从解卦中得到启示，就是先前的困难都解除了，那么也要赦免民众的过失、宽恕轻罚有罪的人。

四、爻辞

初六，无咎。

象曰：刚柔之际[①]，义无咎[②]也。

注释：

① 刚柔之际：初六与九四呼应，与九二也交际，得到阳刚的帮助。

② 义无咎：道义上来讲没有灾咎。

译文：

初六，(瓦解政策)没有问题。

象辞说：阳刚和阴柔交际，道义上来讲没有灾咎。

九二，田[①]获三狐[②]，得黄矢[③]，贞吉。

象曰：九二贞吉，得中道[④]也。

注释：

① 田：田猎。

② 三狐：三只狐狸战利品。

③ 黄矢：黄色箭头。

④ 得中道：得到了中正之道。

译文：

九二，田猎捕获三只狐狸，捡到黄色箭头，坚守正道可得吉祥。

象辞说：九二爻贞正吉祥，是因为得到了中正之道。

六三，负且乘[①]，致寇至[②]，贞吝。

象曰：负且乘，亦可丑[③]也。自我致戎，又谁咎[④]也。

注释：

① 负且乘：负载重物在大车上。

② 致寇至：导致敌寇到来。

③ 亦可丑：也是羞丑的。

④ 又谁咎：又是谁的过失呢?

译文：

六三，负载重物在大车上，招致强寇来抢，好事变成了坏事。

象辞说：负载重物在大车上，也是羞丑的。自己招致强寇来抢，又是谁的过失呢?

九四，解[①]而拇[②]，朋至[③]斯孚[④]。

象曰：解而拇，未当位[⑤]也。

注释：

① 解：解除。

② 拇：脚拇指。

③ 朋至：和解、成为朋友。

④ 斯孚：有诚意。

⑤ 未当位：所居的位子不当。

译文：

九四，解除脚拇指上的束缚（意指摆脱其心理负担），朋友纷纷被说服前来。

象辞说：解除脚拇指上的束缚，是因为所居的位子不当。

六五，君子维有解[①]，吉，有孚于小人。

象曰：君子有解，小人退[②]也。

注释：

① 维有解：维持瓦解政策。

② 小人退：小人退离了。

译文：

六五，君子一直维持瓦解政策，吉祥，用诚信感化小人。

象辞说：君子有瓦解政策，因此小人退离了。

上六，公[①]用射隼[②]于高墉[③]之上，获之，无不利。

象曰：公用射隼，以解悖[④]也。

注释：

① 公：西周君主。

② 隼：老鹰，指商纣王。

③ 高墉：高墙，指商朝朝歌城墙。

④ 以解悖：以解决悖逆者的问题。

译文：

上六，王公在高大城墙上射下隼，一举射中，没有不利。

象辞说：王公射下隼，是为了解决悖逆者的问题。

41【山泽损】䷨

一、卦辞

损。有孚，元吉，无咎，可贞，利有攸往。曷之用[①]？二簋可用享[②]。

注释：

① 曷之用：减损之道怎么表现出来呢？

② 二簋可用享：用二簋祭品就足够表示祭祀的诚敬。

译文：

损卦。心中有诚信，就会元始、亨通，没有灾祸，可以守持正道，可以有所前往。减损之道怎么表现出来呢？就是用二簋祭品就足够表示祭祀的诚敬了。

二、彖辞

《彖》曰：损，损下益上[①]，其道上行[②]，损而"有孚，元吉，无咎，可贞，利有攸往。曷之用？二簋可用享"。二簋应有时[③]，损刚益柔有时[④]。损益盈虚[⑤]，与时偕行 f。

注释：

① 损下益上：减损下面的，增益上面的。

② 其道上行：其道义指向是在上的。

③ 二簋应有时：奉献二簋祭品应在合适的时机。

④ 损刚益柔有时：减损下面的阳刚而增益上面的阴柔时候也要合适时机。

⑤ 损益盈虚：减损、增益、盈满、亏虚。

⑥ 与时偕行：在合适的时机进行。

译文：

《彖辞》说：损，减损下面的，增益上面的，其道义指向是在上的，损卦于是"心中有诚信，就会元始、亨通，没有灾祸，可以守持正道，可以有所前往。减损之道怎么表现出来呢？就是用二簋祭品就足够表示祭祀的诚敬了"。奉献二簋祭品应在合适的时机，减损下面的阳刚而增益上面的阴柔时候也要合适时机。减损、增益、盈满、亏虚，都要在合适的时机进行。

三、象辞

《象》曰：山下有泽，损。君子以惩忿[①]窒欲[②]。

注释：

① 惩忿：惩戒自己的愤怒。

② 窒欲：控制自己的私欲。

译文：

《象辞》说：山下有湖泽，这就是损卦的卦象。君子从损卦中学到的，就是要惩戒自己的愤怒，控制自己的私欲。

四、爻辞

初九，已事[①]遄往[②]，无咎，酌损之[③]。

象曰：已事遄往，尚合志[④]也。

注释：

① 已事：过去的事。已，通“已”，已经。

② 遄往：快速地过去了。

③ 酌损之：斟酌减损。

④ 尚合志：与上志向相合。

译文：

初九，过去的事情已经过去了，不再追究，酌情减损其过失。

象辞说：过去的事情已经过去了，因为与上志向相合。

九二，利贞，征凶，弗损[①]，益[②]之。

象曰：九二利贞，中以为志[③]也。

注释：

① 弗损：不损害。

② 益：增益。

③ 中以为志：以中正作为自己的志向。

译文：

九二，利于坚守正道，出征有凶险，不减损还增益。

象辞说：九二爻利于坚守正道，是因为以中正作为自己的志向。

六三，三人行[①]，则损一人。一人行[②]，则得其友[③]。

象曰：一人行，三则疑[④]也。

注释：

① 三人行：大部队、大阵仗。

② 一人行：轻装前行。

③ 得其友：说服对方。

④ 三则疑：三人同行就会有疑心。

译文：

六三，三人前行，会引起猜疑，会有损失。一人独行，则会获得信任，获得朋友。

象辞说：一人独行，因为三人同行就会有疑心。

六四，损其疾[①]，使遄[②]有喜，无咎。

象曰：损其疾，亦可喜也。

注释：

① 损其疾：减少其顾虑。

② 遄：迅速。

译文：

六四，减损其顾虑，这样能使其很快有喜悦，没有咎害。

象辞说：减损其顾虑，也是可以有喜庆的。

六五，或益[①]之十朋之龟[②]，弗克违[③]，元吉。

象曰：六五元吉，自上祐[④]也。

注释：

① 益：赠送。

② 十朋之龟：贵重大龟。

③ 弗克违：不推辞。

④ 自上祐：来自君上的护佑。

译文：

六五，有人送给价值十朋的大龟，无法推辞，至为吉祥。

象辞说：九五爻至为吉祥，是因为有来自君上的护佑。

上九，弗[①]损，益之，无咎，贞吉，利有攸往，得臣[②]无家[③]。

象曰：弗损益之，大得志[④]也。

注释：

① 弗：不减损。

② 得臣：臣服。

③ 无家：放弃原家。

④ 大得志：大大的实现了自己的志向。

译文：

上九，不用减损还要增益别人，无咎害，守持正道吉祥，有利于前往，得到更多臣子的效忠，忘记其原来的家国。

象辞说：不用减损还要增益别人，是大大的实现了自己的志向。

42【风雷益】䷩

一、卦辞

益。利有攸往，利涉大川[①]。

注释：

① 利涉大川：利于涉渡大河。

译文：

益卦。有利于有所前往，利于涉渡大河。

二、彖辞

《彖》曰：益，损上益下，民说无疆[①]。自上下下[②]，其道大光[③]。“利

有攸往”，中正有庆④。“利涉大川”，木道乃行⑤。益动而巽⑥，日进无疆⑦。天施地生⑧，其益无方⑨。凡益之道⑩，与时偕行。

注释：

① 民说无疆：民众无比喜悦。

② 自上下下：自上面来惠及下面。

③ 其道大光：其道义是大的光大。

④ 中正有庆：守持中正从而有喜庆，指六二、九五都是中正。

⑤ 木道乃行：上卦巽为木，为船，所以可以（在利涉大川时）畅行。

⑥ 益动而巽：增益之时是下面动起来而上面顺应之。

⑦ 日进无疆：每日增进无限没有边际。

⑧ 天施地生：上天施撒恩惠而地上孕生万物。

⑨ 其益无方：此种增益遍及四方。

⑩ 凡益之道：任何增益之道。

译文：

《彖辞》说：益，减损上面的来增益下面的，民众无比喜悦。自上面来惠及下面，其道义是大的光大。“有利于有所前往”，守持中正从而有喜庆。“利于涉渡大河”，有木为船所以可行。增益之时是下面动起来而上面顺应之，每日增进无限没有边际。上天施撒恩惠而地上孕生万物，此种增益遍及四方。任何增益之道，都是与时势同行。

三、象辞

《象》曰：风雷，益。君子以见善则迁①，有过则改②。

注释：

① 见善则迁：见到善处就学习改变。

② 有过则改：有了过错马上就改。

译文：

《象辞》说：风裹挟雷声，雷助风势，这就是益卦的卦象。君子从中要学习到，见到别人善处的能增益自己的就要学习改变，自己的缺点过错就要改正。

四、爻辞

初九，利用[①]为大作[②]，元吉，无咎。

象曰：元吉无咎，下不厚事[③]也。

注释：

① 利用：有利于。

② 大作：大作为、大事情。

③ 下不厚事：此时的众下还好统治，没有大本事。

译文：

初九，有利于做大事，大吉，没有咎害。

象辞说：大吉，没有咎害，是因为此时的众下还好统治，没有大本事。

六二，或[①]益之十朋之龟，弗克违，永贞吉。王用享[②]于帝[③]，吉。

象曰：或益之，自外来[④]也。

注释：

① 或：有的、有人。

② 享：祭祀。

③ 帝：天帝、上天。

④ 自外来：指增益是来自外面进献的。

译文：

六二，有人送给价值十朋的大龟，无法推辞，永保贞正可获吉祥。君王以此龟祭祀天帝，吉祥。

象辞说：有人赠送，说明增益是来自外面进献的。

六三，益[①]之用凶事[②]，无咎。有孚中行[③]，告公[④]用圭[⑤]。

象曰：益用凶事，固有之[⑥]也。

注释：

① 益：增益。

② 凶事：打仗。

③ 中行：正义行天下。

④ 告公：告知天下。

⑤ 圭：玉圭。

⑥ 固有之：以往都会固有的做法。

译文：

六三，自己增益后就要出兵征讨，必无咎害。心存诚信，中正而行，手执玉圭来公告公众。

象辞说：增益后就要出兵征讨，这是以往都会固有的做法。

六四，中行告公从①，利用为依②迁国③。

象曰：告公从，以益志④也。

注释：

① 从：依从、顺从。

② 依：依据。

③ 迁国：迁国都。

④ 以益志：用来增益志向。

译文：

六四，持中慎行公告公众来听从，有利于依此建议迁都。

象辞说：公告公众来听从，从而用来增益志向。

九五，有孚惠心①，勿问②，元吉。有孚惠我德。

象曰：有孚惠心，勿问之矣。惠我德，大得志也。

注释：

① 惠心：惠及百姓的心。

② 勿问：不需要占卜。

译文：

九五，以诚信之心施惠天下百姓，不必占问，定然大吉。天下人也会有诚信来感谢报答我的恩德。

象辞说：以诚信之心施惠天下百姓，不必占问。感谢报答我的恩德，那就会大大的实现志向。

上九，莫益之[①]，或击[②]之，立心勿恒[③]，凶。

象曰：莫益之，偏辞[④]也。或击之，自外来[⑤]也。

注释：

① 莫益之：不要增益他。

② 击：攻打。

③ 立心勿恒：心还没恒定。

④ 偏辞：一面之词，不与别人一致。

⑤ 自外来：（攻打）来自外部。

译文：

上九，不要增益他，反而要去攻击他，因为他用心不恒定，凶险。

象辞说：不要增益他，是一面之词。去攻击他，则（攻打）来自外部。

43【泽天夬】䷪

一、卦辞

夬。扬于王庭[①]，孚号有厉[②]，告自邑[③]，不利即戎[④]，利有攸往。

注释：

① 扬于王庭：在王庭上当众公布小人的罪恶。

② 孚号有厉：以至诚之心去号令众人提高警惕戒备。

③ 告自邑：诏令告知城邑之人。

④ 不利即戎：不利于立即兴兵动武制裁。

译文：

夬卦。在王庭上当众公布小人的罪恶，以至诚之心去号令众人提高警惕戒备，并诏令告知城邑之人，不利于立即兴兵动武制裁，有利于继续前进。

二、彖辞

《彖》曰：夬，决也，刚决柔[①]也。健而说[②]，决而和[③]。“扬于王庭”，柔乘五刚[④]也。“孚号有厉”，其危乃光[⑤]也。“告自邑，不利即戎”，所尚乃穷[⑥]也。“利有攸往”，刚长乃终[⑦]也。

注释：

① 刚决柔：阳刚决断阴柔，指下面五个阳爻即将要决断最上面阴爻。

② 健而说：刚健而喜悦，健指下卦乾卦，说指上卦兑卦。

③ 决而和：决断而又和悦。

④ 柔乘五刚：指一阴爻乘驾于下面五个阳爻。

⑤ 其危乃光：那个危险就会曝光出来。

⑥ 所尚乃穷：所依仗的武力此时已穷尽，不可使用。

⑦ 刚长乃终：阳刚继续增长最终会消灭阴柔。

译文：

《彖辞》说：夬，决断的意思，阳刚决断阴柔。刚健而喜悦，决断而又和悦。“在王庭上当众公布小人的罪恶”，因为一阴爻乘驾于下面五个阳爻。“以至诚之心去号令众人提高警惕戒备”，这样那个危险就会曝光出来。“诏令告知城邑之人，不利于立即兴兵动武制裁”，是因为所依仗的武力此时已穷尽，不可使用。“利于继续前进”，是因为阳刚继续增长最终会消灭阴柔。

三、象辞

《象》曰：泽上于天，夬。君子以施禄及下[①]，居德则忌[②]。

注释：

① 施禄及下：普施恩禄于下面百姓。

② 居德则忌：居功自居不施惠于百姓则是大忌。

译文：

《象辞》说：泽水蒸发至天上，这就是夬卦的卦象。君子要效法夬卦，普施利禄于下面百姓，最忌居功自居而不施惠于百姓。

四、爻辞

初九，壮[①]于前趾[②]，往不胜[③]，为吝。

象曰：不胜而往，咎也。

注释：

① 壮：强壮。

② 前趾：脚前趾。

③ 往不胜：前往不会取胜。

译文：

初九，仗着脚前趾强壮，前往不会取胜，会有灾祸。

象辞说：不会取胜的前往，有咎害。

九二，惕号[①]，莫夜[②]有戎[③]，勿恤。

象曰：莫夜有戎，得中道也。

注释：

① 惕号：戒备命令。

② 莫夜：暮夜、半夜。

③ 戎：兵乱、偷袭。

译文：

九二，警惕呼号，夜里敌兵偷袭，不必忧虑。

象辞说：夜里敌兵偷袭，但已经获得了中正之道（所以不必忧虑）。

九三，壮于頄[①]，有凶。君子夬夬[②]独行，遇雨[③]，若濡[④]，有愠[⑤]，无咎。

象曰：君子夬夬，终无咎也。

注释：

① 頄：面颊。

② 夬夬：气势汹汹。

③ 遇雨：遇到及时雨、得到帮助。

④ 若濡：沾湿了衣服。

⑤ 有愠：不高兴。

译文：

九三，面颊强盛，有凶险。君子果断独自前行，遇上下雨淋湿了，心里不快，没有咎害。

象辞说：君子果断，终究没有咎害。

九四，臀[①]无肤[②]，其行[③]次且[④]。牵羊[⑤]悔亡，闻言不信。

象曰：其行次且，位不当也。闻言不信，聪不明[⑥]也。

注释：

① 臀：臀部。

② 肤：皮肤。

③ 行：行走。

④ 次且：通“趑趄”，行动困难。

⑤ 牵羊：有人说情送礼。

⑥ 聪不明：听到了却不明事理。

译文：

九四，臀部失去皮肤，走路困难。要是牵着羊悔恨就会消失，无奈听到了建言却不信从。

象辞说：走路困难，是因为所处位置不当。听到了建言却不信从，因为听到了却不明事理。

九五，苋陆[①]夬夬[②]，中行[③]无咎。

象曰：中行无咎，中未光[④]也。

注释：

① 苋陆：苋陆草。

② 夬夬：决断、斩断。

③ 中行：中正而行。

④ 中未光：中正之道尚未发扬光大。

译文：

九五，要像铲除苋陆草那样果断清除小人，中正而行没有灾咎。

象辞说：中正而行没有灾咎，是因为中正之道尚未发扬光大。

上六，无号[①]，终有凶。

象曰：无号之凶，终不可长[②]也。

注释：

① 无号：无话可说。

② 终不可长：终究不能长久。

译文：

上六，再也无话可说，凶险终究难逃。

象辞说：无话可说的凶险，终究是不能长久的。

44【天风姤】䷫

一、卦辞

姤。女壮，勿用取女[①]。

注释：

① 勿用取女：不宜娶此女为妻室。

译文：

姤卦。女子太强壮强势，不宜娶此女为妻室。

二、彖辞

《彖》曰：姤，遇也，柔遇刚也。“勿用取女”，不可与长[①]也。天地相遇[②]，品物咸章[③]也。刚遇中正[④]，天下大行[⑤]也。姤之时义大矣哉！

注释：

① 不可与长：不可与其长久在一起。

② 天地相遇：天与地相交姤遇。

③ 品物咸章：万物都得到了生长。

④ 刚遇中正：众刚爻又遇到九五为中正。

⑤ 天下大行：天下大大的施行。

译文：

《彖辞》说：姤，姤遇、相遇的意思，阴柔遇到了阳刚。“不宜娶此女为妻室”，是因为不可与其长久在一起。天与地相交姤遇，万物都得到了生长。众刚爻又遇到九五为中正，抱负可以在天下大大的施行。姤遇的意义是多么伟大啊。

三、象辞

《象》曰：天下有风，姤。后以施命[①]诰四方[②]。

注释：

① 施命：施发自己的命令。

② 诰四方：昭告到四方。

译文：

《象辞》说：天下有风吹起，这就是姤卦的卦象。君王因此要施发自己的命令广泛昭告到四方，使得每个人都知道，遵照执行。

四、爻辞

初六，系[①]于金柅[②]，贞吉。有攸往，见凶，羸豕[③]孚蹢躅[④]。

象曰：系于金柅，柔道牵[⑤]也。

注释：

① 系：牵系、依附。

② 金柅：刹车器。

③ 羸豕：饥饿的猪。

④ 蹢躅：躁动不安。

⑤ 柔道牵：柔顺之道要受到牵制。

译文：

初六，系在坚固的刹车器上，守持正道可获吉祥。若急于前往，将遇凶险。像羸弱的母猪一样躁动不安。

象辞说：系在坚固的刹车器上，柔顺之道要受到牵制。

九二，包[①]有鱼，无咎，不利宾[②]。

象曰：包有鱼，义不及宾[③]也。

注释：

① 包：通“庖”，厨房。

② 宾：宾客。

③ 义不及宾：道义上此时不宜宴请宾客。

译文：

九二，厨房里有鱼，没有咎害，但不宜用来待客。

象辞说：厨房里有鱼，但道义上此时不宜宴请宾客。

九三，臀无肤[①]，其行次且[②]，厉，无大咎。

象曰：其行次且，行未牵[③]也。

注释：

① 臀无肤：臀部没有皮肤。

② 次且：通“趑趄”，行动困难。

③ 行未牵：（之前）行为没受到牵制。

译文：

九三，臀部没有皮肤，走路都困难，有危险，但无大咎害。

象辞说：走路都困难，是因为（之前）行为没受到牵制。

九四，包无鱼，起凶[①]。

象曰：无鱼之凶，远民[②]也。

注释：

① 起凶：起争执。

② 远民：远离民心了。

译文：

九四，厨房里没有鱼，会引起凶险。

象辞说：没有鱼的凶险，是因为远离民心了。

九五，以杞包瓜[①]，含章[②]，有陨[③]自天。

象曰：九五含章，中正也。有陨自天，志不舍命[④]也。

注释：

① 以杞包瓜：用杞树枝叶包护甜瓜

② 含章：隐含才华。含，隐含。章，通“彰”，才华。

③ 陨：陨石陨落。

④ 志不舍命：志向没有背离天命。

译文：

九五，用杞树枝叶包护甜瓜，就像隐藏才华，意味着将有机遇从天而降。

象辞说：九五爻隐藏才华，是行中正之道。有机遇从天而降，是因为志向没有背离天命。

上九，姤[①]其角，吝，无咎。

象曰：姤其角，上穷吝[②]也。

注释：

① 姤：遭遇、碰到。

② 上穷吝：已到最上，已穷尽，无路可退。

译文：

上九，就要硬顶上去，有遗憾，最终没有灾祸。

象辞说：就要硬顶上去，是因为已到最上，已穷尽，无路可退了。

45【泽地萃】䷬

一、卦辞

萃。亨，王假有庙[①]。利见大人，亨，利贞。用大牲吉[②]，利有攸往。

注释：

① 王假有庙：君王至庙中祭祀。

② 用大牲吉：用大牲口祭祀吉利。

译文：

萃卦。亨通，君王至庙中祭祀。利于出现大人（统治指挥），亨通，利于守正。用大牲口祭祀吉利，利于有所前往。

二、彖辞

《彖》曰：萃，聚也。顺以说，刚中而应，故聚也。“王假有庙”，致孝享[1]也。“利见大人，亨”，聚以正[2]也。“用大牲吉，利有攸往”，顺天命[3]也。观其所聚[4]，而天地万物之情[5]可见矣[6]。

注释：

① 致孝享：致敬孝意供献享品。

② 聚以正：用正道来会聚。

③ 顺天命：顺从天道规律。

④ 观其所聚：观察会聚之道。

⑤ 情：运行规律。

⑥ 可见矣：可以理解了。

译文：

《彖辞》说：萃，汇聚的意思。柔顺而喜悦，阳刚居中而呼应，所以叫萃卦。“君王至庙中祭祀”，是为了致敬孝意供献享品。“利于出现大人，亨通”，是为了正道来会聚。“用大牲口祭祀吉利，利于有所前往”，是顺从了天道规律。观察会聚之道，天地万物的运行规律就可以理解了。

三、象辞

《象》曰：泽上于地萃。君子以除戎器[1]，戒不虞[2]。

注释：

① 除戎器：修治兵器。

② 戒不虞：防备不测之变。

译文：

《象辞》说：水不断汇聚形成泽居于地上，这就是萃卦的卦象。君子观察萃卦之象，就要做到平时要修治兵器，以防备不测之变，防范出乱子。

四、爻辞

初六，有孚，不终[1]，乃乱[2]乃萃[3]。若号[4]，一握为笑，勿恤，往无咎。

象曰：乃乱乃萃，其志乱[5]也。

注释：

① 不终：没有善终。

② 乃乱：在乱世之中。

③ 乃萃：荟萃，尽显英雄本色。

④ 若号：哭号。

⑤ 其志乱：其志向乱了。

译文：

初六，心中有诚信，却最终没有善终，在乱世之中尽显英雄本色。痛哭，又破涕为笑，不用忧虑，前往无害。

象辞说：在乱世之中尽显英雄本色，其志向乱了，没有找好自己的定位。

六二，引[1]吉，无咎，孚[2]乃利用禴[3]。

象曰：引吉无咎，中未变[4]也。

注释：

① 引：引导、引领。

② 孚：心诚。

③ 禴：简祭。

④ 中未变：中正之心一直没有改变。

译文：

六二，引导前来，吉祥，无害，只要心有诚信，用微薄的禴祭都是有利的。

象辞说：引导前来，吉祥，是因为中正之心一直没有改变。

六三，萃如[1]，嗟如，无攸利。往[2]无咎，小吝。

象曰：往无咎，上巽[3]也。

注释：

① 萃如：群英荟萃。

② 往：过往。

③ 上巽：对上巽顺。

译文：

六三，群英荟萃，又感叹命运多舛，无利可得。过往没有错误，但有小遗憾。

象辞说：过往没有错误，因为对上巽顺。

九四，大吉[①]，无咎。

象曰：大吉无咎，位不当[②]也。

注释：

① 大吉：大吉利。

② 位不当：所处位子不当。

译文：

九四，大为吉祥，没有灾祸。

象辞说：大为吉祥，没有灾祸，是因为所处位子不当。

九五，萃有位[①]，无咎，匪孚[②]。元永贞，悔亡。

象曰：萃有位，志未光[③]也。

注释：

① 位：牌位。

② 匪孚：不再飘零。

③ 志未光：志向没有实现和光大。

译文：

九五，荟萃而有尊位，没有灾祸，不再飘零。大大的永久贞正，没有悔恨。

象辞说：荟萃而有尊位，说明志向没有实现和光大。

上六，赍咨[①]涕洟[②]，无咎。

象曰：赍咨涕洟，未安上[③]也。

注释：

① 赍咨：哀叹、叹息。

② 涕洟：眼泪鼻涕。

③ 未安上：未能为祖上心安。

译文：

上六，哀叹痛哭流涕，没有咎害。

象辞说：哀叹痛哭流涕，也未能为祖上心安。

46【地风升】䷭

一、卦辞

升。元亨，用见大人①，勿恤②，南征吉③。

注释：

① 用见大人：此时利于出现大人物。

② 勿恤：不要担忧。

③ 南征吉：往南开拓事业会吉利。

译文：

升卦。元始亨通，此时利于出现大人物，不要担忧，往南前进吉利。

二、彖辞

《彖》曰：柔以时升①，巽而顺②，刚中而应③，是以大亨。“用见大人，勿恤”，有庆也。“南征吉”，志行④也。

注释：

① 柔以时升：柔顺并顺时而上升。

② 巽而顺：顺从而柔顺。

③ 刚中而应：阳刚九二居中又与六五相应。

④ 志行：志向得到施行。

译文：

《彖辞》说：柔顺并顺时而上升，顺从而柔顺，阳刚居中而与六五呼应，所以大大的亨通。“利于出现大人物，不要担忧”，有喜庆。“往南前进吉利”，是因为志向得到了施行。

三、象辞

《象》曰：地中行木，升。君子以顺德①，识小以高大②。

注释：

① 顺德：顺理而进的德行。

② 识小以高大：遵循积小成大的道理。

译文：

《象辞》说：地中生长出树木，这就是升卦的卦象。君子看到升卦的景象，就要顺理而进，遵循积小成大的道理，最终在修身和从政上变得成熟稳重，能成大事。

四、爻辞

初六，允升①，大吉。

象曰：允升大吉，上合志②也。

注释：

① 允升：允许升格。

② 上合志：与祖上的志向相合。

译文：

初六，允许升格，大为吉祥。

象辞说：允许升格，大为吉祥，是因为与祖上的志向相合。

九二，孚①，乃利用禴②，无咎。

象曰：九二之孚，有喜也。

注释：

① 孚：心诚。

② 禴：简祭。

译文：

九二，心存诚信，则用微薄的禴祭都是有利的，没有灾害。

象辞说：九二爻的诚信，是有喜庆了。

九三，升[①]虚[②]邑[③]。

象曰：升虚邑，无所疑也。

注释：

① 升：升格。

② 虚：中虚。

③ 邑：城邑，此处指丰邑。

译文：

九三，升格已经中虚的城邑。

象辞说：升格已经中虚的城邑，没有任何疑问。

六四，王[①]用亨[②]于岐山[③]，吉，无咎。

象曰：王用亨于岐山，顺事[④]也。

注释：

① 王：君王。

② 亨：祭祀。

③ 岐山：陕西岐山，西周发源和发展之地。

④ 顺事：事情顺利成功了。

译文：

六四，君王在岐山祭祀神灵，吉祥，无咎害。

象辞说：君王在岐山祭祀神灵，说明事情顺利成功了。

六五，贞吉，升阶[①]。

象曰：贞吉升阶，大得志[②]也。

注释：

① 升阶：进阶、升官。

② 大得志：大大的得偿所愿和志向了。

译文：

六五，守持正道获得吉祥，全部官升一级。

象辞说：守持正道获得吉祥，全部官升一级，是大大的得偿所愿和志向了。

上六，冥[①]升，利于不息之贞[②]。

象曰：冥升在上，消不富[③]也。

注释：

① 冥：冥界。

② 不息之贞：不熄灭的光芒和荣耀。

③ 消不富：消除之前的不富贵。

译文：

上六，追封祖先，让他们的光芒永远为世人所知，不会熄灭。

象辞说：追封祖先高高在上，是为了消除之前的不富贵。

47【泽水困】䷮

一、卦辞

困。亨，贞，大人吉[①]，无咎。有言不信[②]。

注释：

① 大人吉：大人物吉祥。

② 有言不信：说话没有人相信。

译文：

困卦。亨通，坚守正道，大人物吉祥，没有灾祸。说话没有人相信。

二、彖辞

《彖》曰：困，刚掩[①]也。险以说[②]，困[③]而不失其所[④]。“亨”，其唯君子乎[⑤]！“贞，大人吉”，以刚中[⑥]也。“有言不信”，尚口乃穷[⑦]也。

注释：

① 刚掩：阳刚被掩盖。

② 险以说：处于险境还能愉悦。险指下卦坎卦，说指上卦兑卦。

③ 困：处于困境。

④ 不失其所：还不失去内心的坚持。

⑤ 其唯君子乎：真的是君子。

⑥ 以刚中：是因为阳刚居中。

⑦ 尚口乃穷：崇尚口舌导致穷尽困顿没人信了。

译文：

《彖辞》说：困，是阳刚被掩盖了。处于险境还能愉悦，处于困境还不失去内心的坚持。“亨通”，这真的是君子。“坚守正道，大人物吉祥”，是因为阳刚居中。“说话没有人相信”，是因为崇尚口舌导致穷尽困顿没人信了。

三、象辞

《象》曰：泽无水，困。君子以致命[①]遂志[②]。

注释：

① 致命：即使要牺牲生命。

② 遂志：实现志向。

译文：

《象辞》说：泽中没有水，这就是困卦的卦象。君子从困卦中得到启示，即使要牺牲生命，也要实现志向，即舍生取义，也在所不惜。

四、爻辞

初六，臀[①]困[②]于株木[③]，入于幽谷[④]，三岁[⑤]不觌[⑥]。

象曰：入于幽谷，幽不明[⑦]也。

注释：

① 臀：臀部。

② 困：困住。

③ 株木：此处指监狱的木制设施。

④ 幽谷：监狱。

⑤ 三岁：多年。

⑥ 觌：见。

⑦ 幽不明：幽暗见不到光明。

译文：

初六，被困在监狱里，放眼望去都是木制设施，就好像进入了幽深的山谷，多年见不到人。

象辞说：好像进入了幽深的山谷，是因为里面幽暗见不到光明。

九二，困于酒食，朱绂方来[①]，利用亨祀[②]。征[③]凶，无咎。

象曰：困于酒食，中有庆[④]也。

注释：

① 朱绂方来：朝廷的命令方才到来。朱绂，尊贵礼服，指代朝廷。

② 亨祀：祭祀。

③ 征：征途。

④ 中有庆：居守中正必有喜庆。

译文：

九二，为酒食所困，但朝廷改善伙食的命令方才到来，利于主持祭祀。目前的处境很危险，但终获无害。

象辞说：为酒食所困，居守中正必有喜庆。

六三，困于石[①]，据[②]于蒺藜，入于其宫[③]，不见其妻，凶。

象曰：据于蒺藜，乘刚也。入于其宫，不见其妻，不祥也。

注释：

① 石：石墙。

② 据：割据、隔开。

③ 宫：牢房。

译文：

六三，为乱石所困住，被刺荆棘所围住，退回到自己居室，没见到自己妻子，有凶险。

象辞说：被刺荆棘所围住，是因为乘驾在阳刚之上。退回到自己居室，没见到自己妻子，则不吉祥。

九四，来徐徐[①]，困于金车[②]，吝，有终[③]。

象曰：来徐徐，志在下[④]也。虽不当位[⑤]，有与[⑥]也。

注释：

① 徐徐：缓慢。

② 金车：装满金银珠宝的车。

③ 有终：有善终。

④ 志在下：志向在于甘居下位、俯首称臣。

⑤ 虽不当位：虽然居位不妥当。

⑥ 有与：有东西给予、会得到帮助。

译文：

九四，迟缓地到来，被一辆金车所困，有吝惜，但会善终。

象辞说：迟缓地到来，志向在于甘居下位、俯首称臣。虽然居位不妥当，但会得到帮助。

九五，劓刖[①]，困于赤绂[②]。乃徐[③]有说[④]，利用祭祀。

象曰：劓刖，志未得也。乃徐有说，以中直[⑤]也。利用祭祀，受福[⑥]也。

注释：

① 劓刖：削鼻断足。

② 赤绂：赤色围裙，高官服饰，即高官身份。

③ 徐：慢慢。

④ 说：说情。

⑤ 以中直：是因为中正正直的原因。

⑥ 受福：承受有福的事情。

译文：

九五，看到削鼻截足的重刑，困穷于尊位。但可以慢慢摆脱困境，利于采用举行祭祀大礼。

象辞说：削鼻截足的重刑，说明志向还未实现。慢慢摆脱困境，是因为中正正直的原因。利于采用举行祭祀大礼，是承受有福的事情。

上六，困于葛藟[①]，于臲卼[②]，曰动[③]悔，有悔，征吉。

象曰：困于葛藟，未当[④]也。动悔有悔[⑤]，吉行[⑥]也。

注释：

① 葛藟：爬藤植物。

② 臲卼：危险、惊恐不安。

③ 曰动：言语行动。

④ 未当：行为不当。

⑤ 动悔有悔：行动就后悔了而且是真的后悔。

⑥ 吉行：吉祥的行为。

译文：

上六，为葛蔓藟藤所困，心神不安，此时行动就后悔了而且是真的后悔，最终会逃出来，吉祥。

象辞说：为葛蔓藟藤所困，是因为行为不当。行动就后悔了而且是真的后悔，则是吉祥的行为。

48【水风井】䷯

一、卦辞

井。改邑[①]不改井[②]，无丧无得[③]，往来井井[④]。汔至[⑤]，亦未繘井[⑥]，羸其瓶[⑦]，凶。

注释：

① 改邑：城邑可以迁移。

② 不改井：井不可以随意移动。

③ 无丧无得：不见少也不见多。

④ 往来井井：来来往往的人都汲用这口井水。

⑤ 汔至：汲水瓶快要提出井口了。

⑥ 亦未繘井：但还未到达井口。

⑦ 羸其瓶：汲水瓶却翻了。

译文：

井卦。城邑可以迁移，但井却不可以随意移动，井水（虽经常汲取）不见少也不见多，来来往往的人都汲用这口井水。用绳子拴着瓶罐汲水，汲水瓶快要提出井口了，但还未到达井口，汲水瓶却翻了，有凶险。

二、彖辞

《彖》曰：巽乎水[①]而上水[②]，井。井养而不穷[③]也。“改邑不改井”，乃以刚中[④]也。“汔至，亦未繘井”，未有功[⑤]也。“羸其瓶”，是以凶也。

注释：

① 巽乎水：顺着利用水的特性。

② 上水：取水上来。

③ 井养而不穷：井水养人没有穷尽。

④ 乃以刚中：是因为有阳刚居中的缘故，指九二、九五都居中。

⑤ 未有功：没有功绩、收获。

译文：

《彖辞》说：顺着利用水的特性来取水上来，这就是井卦。井水养人没有穷尽。“城邑可以迁移，但井却不可以随意移动”，是因为有阳刚居中的缘故。“用绳子拴着瓶罐汲水，汲水瓶快要提出井口了，但还未到达井口”，是没有功绩、收获。“汲水瓶翻了”，所以是凶险。

三、象辞

《象》曰：木上有水，井。君子以劳民劝相[①]。

注释：

① 劳民劝相：号召人民互相帮助。

译文：

《象辞》说：木头之上有水，这就是井卦的卦象。君子观察井卦之象，就要激励人民勤劳，号召人民互相帮助。

四、爻辞

初六，井泥不食[①]，旧井[②]无禽[③]。

象曰：井泥不食，下[④]也。旧井无禽，时舍[⑤]也。

注释：

①井泥不食：井田上只有泥土，没有粮食。

②旧井：荒凉破旧的井田。

③禽：禽鸟。

④下：居下面（不干净）。

⑤时舍：在那时被舍弃了。

译文：

初六，井田上只有泥土，没有粮食，不能食用。年久失修的老井，禽鸟都不来。

象辞说：井田上只有泥土，没有粮食，不能食用，是居下的缘故。年久失修的老井，禽鸟都不来，是因为在那时就被舍弃了。

九二，井谷[①]射鲋[②]，瓮敝漏[③]。

象曰：井谷射鲋，无与[④]也。

注释：

①井谷：井田地势低洼处。

②射鲋：射鱼充饥。

③瓮敝漏：水瓮破敝漏水。瓮，水瓮。敝，破敝。漏，漏水。

④无与：没有人帮助（只能靠自己）。

译文：

九二，井田地势低洼处，射鱼充饥，水瓮却破损漏水了。

象辞说：井田地势低洼处，射鱼充饥，是因为没有人帮助。

九三，井渫不食[①]，为我心恻[②]，可用汲[③]，王明[④]，并受其福。

象曰：井渫不食，行恻[⑤]也。求王明，受福也。

注释:

① 井渫不食：井田里太干净了，不毛之地，没有粮食可食。渫，干净。食，粮食。

② 心恻：心生恻隐、悲痛。

③ 汲：利用。

④ 王明：君王圣明。

⑤ 行恻：行为让人伤悲。

译文:

九三，井田里太干净了，不毛之地，没有粮食可食，使人心生伤悲，可以利用起来，君王圣明，臣民都会受到福泽。

象辞说：井田里太干净了，不毛之地，没有粮食可食，心生恻隐。求得君王圣明，从而受到福泽。

六四，井甃[①]，无咎。

象曰：井甃无咎，修井[②]也。

注释:

① 甃：井壁砌砖，指立界限。

② 修井：即要及时修井。

译文:

六四，对井田勘界设桩，没有咎害。

象辞说：对井田勘界设桩，没有咎害，是需要及时修井了。

九五，井洌[①]，寒泉[②]食[③]。

象曰：寒泉之食，中正也。

注释:

① 洌：清洌。

② 寒泉：清凉泉水。

③ 食：食用。

译文：

九五，井水变得干净清澈，那井水就如清凉的泉水涌出来一样可以食用。

象辞说：清凉的泉水可以食用，是因为行为中正。

上六，井收①，勿幕②。有孚元吉。

象曰：元吉在上，大成③也。

注释：

① 井收：井田收获。

② 幕：幕布、遮盖。

③ 大成：大获成功。

译文：

上六，井田获得了大丰收，不需要遮盖住。心怀诚信，至为吉祥。

象辞说：至为吉祥在最上位，说明大获成功了。

49【泽火革】䷰

一、卦辞

革。己日乃孚①，元亨，利贞，悔亡。

注释：

① 己日乃孚：己日施行变革，取得信任。

译文：

革卦。变革在己日施行，可以取得信任支持，可以元始、亨通，有利于贞正，没有悔恨。

二、彖辞

《彖》曰：革，水火相息①，二女同居，其志不相得②，曰革。“己日乃孚”，革而信之③。文明以说④，大亨以正⑤，革而当⑥，其悔乃亡⑦。天地革⑧而四时成⑨，汤武革命⑩，顺乎天 k 而应乎人⑫，革之时大矣哉！

注释：

① 水火相息：水和火相克。

② 其志不相得：双方志向不相合。

③ 革而信之：变革并得到信任。

④ 文明以说：文饰光明从而得到喜悦。

⑤ 大亨以正：大为亨通从而走在正道。

⑥ 革而当：变革并且是正当的。

⑦ 其悔乃亡：所有的悔恨都消亡了。

⑧ 天地革：天地变革。

⑨ 而四时成：从而四季变换形成。

⑩ 汤武革命：商汤和周武王的革命。

⑪ 顺乎天：顺应了天道。

⑫ 应乎人：和呼应了民众。

译文：

《彖辞》说：革，水和火相克，两女子在一起，双方志向不相合，所以叫革卦。“变革在己日施行”，则变革会得到信任。文饰光明从而得到喜悦，大为亨通从而走在正道，变革并且是正当的，所有的悔恨都消亡了。天地变革从而四季变换形成，商汤和周武王的革命，顺应了天道和呼应了民众，革卦的时势的意义是多么伟大啊！

三、象辞

《象》曰：泽中有火，革。君子以治历[①]明时[②]。

注释：

① 治历：制定历法。

② 明时：明确时令。

译文：

《象辞》说：泽水中有火，这就是革卦的卦象。君子从革卦中得到启示，要制定历法，明确时令，以跟上变革和变化，方便民众安排生产生活和作息。

四、爻辞

初九，巩[1]用黄牛之革。

象曰：巩用黄牛，不可以有为[2]也。

注释：

① 巩：捆绑住、约束住。

② 有为：有所作为。

译文：

初九，用黄牛的皮革牢固绑缚住。

象辞说：用黄牛的皮革来牢固，不可有所作为。

六二，己日乃革之[1]，征吉，无咎。

象曰：己日革之，行有嘉[2]也。

注释：

① 己日乃革之：在己日进行变革。

② 行有嘉：采取行动会获得嘉美结果。

译文：

六二，在预示变革的己日进行变革，前往必有吉祥，没有灾祸。

象辞说：在预示变革的己日进行变革，那么采取行动会获得嘉美结果。

九三，征凶，贞厉，革言[1]三就[2]，有孚。

象曰：革言三就，又何之矣[3]。

注释：

① 革言：革命的建言。

② 三就：广泛采纳。

③ 又何之矣：又何必急于前进呢？

译文：

九三，征战有凶险，守正以防危险，变革的意见要多次研究和采纳，内心更加坚定。

象辞说：变革的意见要多次研究和采纳，又何必急于前进呢？

九四，悔亡，有孚，改命[①]，吉。

象曰：改命之吉，信志[②]也。

注释：

① 改命：改朝换代。

② 信志：坚信志向。

译文：

九四，悔恨消亡，心有诚信，改朝换代，吉利。

象辞说：改朝换代的吉利，是因为坚信志向。

九五，大人[①]虎变[②]，未占[③]，有孚。

象曰：大人虎变，其文炳[④]也。

注释：

① 大人：指周武王。

② 虎变：变为君王，君王也比作虎。

③ 未占：不需要占卜。

④ 其文炳：其文韬是光彩闪耀的。

译文：

九五，周武王由诸侯变为君王，不需要占卜，内心坚定。

象辞说：周武王由诸侯变为君王，是因为其文韬是光彩闪耀的。

上六，君子[①]豹变[②]，小人[③]革面[④]。征凶，居[⑤]贞吉。

象曰：君子豹变，其文蔚[⑥]也。小人革面，顺以从君[⑦]也。

注释：

① 君子：大臣。

② 豹变：变身富贵。

③ 小人：小人物。

④ 革面：表面改过。

⑤ 居：休养生息。

⑥ 其文蔚：其文韬蔚然巨大。

⑦ 顺以从君：归顺从而降从于君子。

译文：

上六，开国功臣们也都官升一级、加官晋爵，而小人则洗心革面。此时不宜大动干戈，要生养生息。

象辞说：开国功臣们也都官升一级、加官晋爵，因为其文韬蔚然巨大。小人则洗心革面，是归顺从而降从于君子。

50【火风鼎】䷱

一、卦辞

鼎。元吉[①]，亨。

注释：

① 元吉：至为吉祥。

译文：

鼎卦。元始吉祥，亨通。

二、彖辞

《彖》曰：鼎，象也。以木巽火[①]，亨饪也。圣人亨[②]以享上帝[③]，而大亨[④]以养圣贤[⑤]。巽[⑥]而耳目聪明[⑦]，柔进而上行[⑧]，得中而应乎刚[⑨]，是以元亨。

注释：

① 以木巽火：用木材顺就着火而燃烧。

② 圣人亨：圣人烹饪。

③ 以享上帝：来享奉于天帝。

④ 大亨：大规格的烹饪。

⑤ 养圣贤：来供养贤良人才。

⑥ 巽：谦逊顺从。

⑦ 耳目聪明：眼睛看得远、耳朵听得明。

⑧ 柔进而上行：柔顺前进从而进一步上进前行。

⑨ 得中而应乎刚：六五居中位而与九二呼应。

译文：

《彖辞》说：鼎，是烹饪之器的形象表示。用木材顺就着火而燃烧，是烹饪食物的意思。圣人烹饪从而来享奉于天帝，大规格的烹饪从而来供养贤良人才。谦逊顺从就会眼睛看得远耳朵听得明，柔顺前进从而进一步上进前行，六五爻柔得中又与九二爻阳刚呼应，所以至为亨通。

三、象辞

《象》曰：木上有火，鼎。君子以正位[①]凝命[②]。

注释：

① 正位：找正自己位子。

② 凝命：聚焦自己的使命。

译文：

《象辞》说：木在燃烧，这就是鼎卦的卦象。君子观鼎之象，找正自己位子，倾力凝心于自己的使命。

四、爻辞

初六，鼎颠趾[①]，利出否[②]。得妾以其子[③]，无咎。

象曰：鼎颠趾，未悖[④]也。利出否，以从贵[⑤]也。

注释：

① 鼎颠趾：鼎足颠倒。

② 利出否：利于倒出里面的废物。

③ 得妾以其子：娶妾是为了生儿子。

④ 未悖：并不悖理。

⑤ 以从贵：是为了尊贵。

译文：

初六，鼎足颠倒，利于倒出里面的废物。就像娶妾生子扶为正室，无咎害。

象辞说：鼎足颠倒，并不悖理。利于倒出里面的废物，是为了尊贵。

九二，鼎有实[①]，我仇有疾[②]，不我能即[③]，吉。

象曰：鼎有实，慎所之[④]也。我仇有疾，终无尤[⑤]也。

注释：

① 实：食物。

② 我仇有疾：我的仇人忌惮。

③ 不我能即：不敢靠近。

④ 慎所之：谨慎前行或采取行动。

⑤ 终无尤：最终没有忧虑。

译文：

九二，鼎里装满了食物，我的仇人忌惮，不敢靠近，吉祥。

象辞说：鼎里装满了食物，所以要谨慎前行或采取行动。我的仇人忌惮，那么最终没有忧虑。

九三，鼎耳革[①]，其行塞[②]，雉膏[③]不食。方雨亏悔[④]，终吉。

象曰：鼎耳革，失其义[⑤]也。

注释：

① 鼎耳革：鼎的耳朵坏了。

② 塞：阻塞、无法移动。

③ 雉膏：野鸡汤。

④ 方雨亏悔：一旦下雨，才感觉到吃亏悔恨。

⑤ 失其义：失掉了本来的道义。

译文：

九三，鼎的耳朵坏了，导致移行受阻，鼎里精美的野鸡肉不能吃上。一旦下雨，才感觉到吃亏悔恨，最终会获吉祥。

象辞说：鼎的耳朵坏了，因为失掉了本来的道义。

九四，鼎折足[①]，覆公餗[②]，其形渥[③]，凶。

象曰：覆公餗，信如何[④]也。

注释:

① 折足：腿断了。

② 覆公餗：倾覆了公家的美食。餗，有米有肉的美食。

③ 其形渥：其样子丑陋。

④ 信如何：还怎么信任呢?

译文:

九四，鼎难承重负折足了，倾覆了公家的美食，其样子丑陋，有凶险。

象辞说：倾覆了公家的美食，还怎么信任呢?

六五，鼎黄耳①，金铉②，利贞。

象曰：鼎黄耳，中以为实③也。

注释:

① 黄耳：黄铜做的结实的鼎耳。

② 金铉：刚硬的鼎杠。

③ 中以为实：中正的做法才是符合实际的。

译文:

六五，黄铜做的结实的鼎耳，刚硬的鼎杠，利于守持正道。

象辞说：黄铜做的结实的鼎耳，这样中正的做法才是符合实际的。

上九，鼎玉铉①，大吉，无不利。

象曰：玉铉在上②，刚柔节③也。

注释:

① 玉铉：镶玉的鼎杠。

② 玉铉在上：镶玉的鼎杠高居上位。

③ 刚柔节：阳刚阴柔能够互相节制。

译文:

上九，鼎器配有镶玉的鼎杠，大吉利，没有不利。

象辞说：镶玉的鼎杠居最上位，阳刚阴柔能够互相节制。

51【震为雷】䷲

一、卦辞

震。亨。震来虩虩[①]，笑言哑哑[②]。震惊百里[③]，不丧匕鬯[④]。

注释：

① 震来虩虩：地震来的时候惶恐畏惧。

② 笑言哑哑：谈笑自如、镇定自若。

③ 震惊百里：地震来时震惊百里。

④ 不丧匕鬯：手里拿着的匕和鬯没有掉。

译文：

震卦。亨通。地震来的时候，惊惧而战战兢兢，又表现出谈笑自如、镇定自若。地震来时震惊百里，却不会吓丢掉手里拿着的匕和鬯。

二、彖辞

《彖》曰："震，亨，震来虩虩"，恐致福[①]也。"笑言哑哑"，后有则[②]也。"震惊百里"，惊远[③]而惧迩[④]也。出[⑤]可以守宗庙社稷[⑥]，以为祭主[⑦]也。

注释：

① 恐致福：惊恐戒惧反而会带来福庆。

② 后有则：惊惧后有了分寸。

③ 惊远：震惊到达了很远的地方。

④ 惧迩：都很惊惧。

⑤ 出：出世。

⑥ 守宗庙社稷：守卫宗庙社稷的安危。

⑦ 以为祭主：可以成为领路人。

译文：

《彖辞》说："震卦，亨通，地震来的时候，惊惧而战战兢兢"，这样惊恐戒惧反而会带来福庆。"谈笑自如、镇定自若"，是惊惧后有了分寸。"地震来时震惊百里"，是震惊到达了很远的地方，方圆之内都很惊惧。出世则可以守卫宗庙社稷的安危，可以成为领路人。

三、象辞

《象》曰：洊雷，震。君子以恐惧[①]修省[②]。

注释：

① 恐惧：惊恐戒惧。

② 修省：修身省过。

译文：

《象辞》说：地震一个接着一个，接连不断，震惊四方，这就是震卦的卦象。君子体察震卦，就要以恐惧敬畏之心，来修身省过。

四、爻辞

初九，震来虩虩[①]，后笑言哑哑[②]，吉。

象曰：震来虩虩，恐致福也。笑言哑哑，后有则也。

注释：

① 虩虩：恐惧。

② 笑言哑哑：笑语阵阵。

译文：

初九，地震震动使人诚惶诚恐，谨言慎行后笑语阵阵，吉祥。

象辞说：地震震动使人诚惶诚恐，是因为惊恐戒惧反而会带来福庆。谈笑自如、镇定自若，是惊惧后有了分寸。

六二，震来，厉[①]。亿丧贝[②]，跻[③]于九陵[④]，勿逐，七日得。

象曰：震来厉，乘刚[⑤]也。

注释：

① 厉：厉害、猛烈。

② 亿丧贝：损失了许多钱财。亿，数量大。丧，损失。贝，钱财。

③ 跻：登高。

④ 九陵：九是阳极之数，指高。指高地。

⑤ 乘刚：乘驾于阳刚之上。

译文：

六二，地震骤来，比之前更加猛烈了。损失了许多钱财，都登上高陵去躲避，此时不要冒险去抢出财物，不用寻找，等地震过后再去寻得。

象辞说：地震骤来，比之前更加猛烈了，是因为乘驾于阳刚之上。

六三，震苏苏[①]，震行，无眚[②]。

象曰：震苏苏，位不当[③]也。

注释：

① 苏苏：小恐惧。

② 眚：灾祸。

③ 位不当：所居位置不当。

译文：

六三，地震发生时惶恐不安，震惧而行从而谨慎，无灾祸。

象辞说：地震发生时惶恐不安，是因为所居位置不当。

九四，震遂泥[①]。

象曰：震遂泥，未光[②]也。

注释：

① 遂泥：掉落泥土。

② 未光：未发扬光大。

译文：

九四，地震震动，泥土掉落。

象辞说：地震震动，泥土掉落，是还未发扬光大。

六五，震往来[①]，厉，亿，无丧[②]，有事[③]。

象曰：震往来厉，危行[④]也。其事在中[⑤]，大无丧[⑥]也。

注释：

① 震往来：地震时断时续。

② 无丧：不再有大损失。

③ 有事：是因为有了处理事情的法则。

④ 危行：危险的行动。

⑤ 其事在中：所作的事守正持中。

⑥ 大无丧：没有大的损失。

译文：

六五，地震持续震动，更加厉害，损失了大量的财产，好在没有人在地震中死亡，但伤者还是难免的。

象辞说：地震持续震动，更加厉害，此时是危险的行动。所作的事守正持中，没有大的损失。

上六，震索索[①]，视矍矍[②]，征凶。震不于[③]其躬[④]，于其邻，无咎，婚媾有言[⑤]。

象曰：震索索，未得中[⑥]也。虽凶无咎，畏邻戒[⑦]也。

注释：

① 索索：惊呆、吓傻。

② 矍矍：惶恐不安。

③ 震不于：地震没有波及。

④ 其躬：其身，本人。

⑤ 言：议论、怨言。

⑥ 未得中：未居中正之位。

⑦ 畏邻戒：畏惧邻居从而有所戒备。

译文：

上六，地震震动时恐惧畏缩不前，目光惊恐不安，前途不会好。地震没有波及到其身，波及到邻居身上，无害。若谋求婚配会导致议论。

象辞说：地震震动时恐惧畏缩不前，是因为未居中正之位。虽然凶险但最终无咎害，是畏惧邻居从而有所戒备。

52【艮为山】䷳

一、卦辞

艮其背[①]，不获其身[②]，行其庭[③]，不见其人，无咎。

注释：

① 艮其背：止住其背。

② 不获其身：不能看到其本人。

③ 行其庭：行走在其庭院中。

译文：

（艮卦。）止住其背，就不能看到其本人了，行走在其庭院中，（由于背对）看不到其人，没有灾祸。

二、彖辞

《彖》曰：艮，止也。时止则止[①]，时行则行[②]，动静不失其时[③]，其道光明[④]。艮其止，止其所[⑤]也。上下敌应[⑥]，不相与[⑦]也。是以“不获其身，行其庭，不见其人，无咎”也。

注释：

① 时止则止：该停止就停止。

② 时行则行：该行动就行动。

③ 动静不失其时：动静都紧贴时机。

④ 其道光明：这样的做法光大文明。

⑤ 止其所：止住是适得其所。

⑥ 上下敌应：上下卦对应的爻都不呼应。

⑦ 不相与：不能互相帮助。

译文：

《彖辞》说：艮，止住的意思。该停止就停止，该行动就行动，动静都紧贴时机，这样的做法光大文明。艮卦的止住，止住是适得其所。上下卦对应的爻都不呼应，都不能互相帮助。所以“不能看到其本人了，行走在其庭院中，看不到其人，没有灾祸”。

三、象辞

《象》曰：兼山，艮。君子以思[①]不出其位[②]。

注释：

① 思：思考、思虑和思想。

② 不出其位：不能超出自己的本位。

译文：

《象辞》说：两山并立，这就是艮卦的卦象。君子效法艮卦之道，思考、思虑和思想不能超出自己的本位。

四、爻辞

初六，艮其趾[①]，无咎，利永贞。

象曰：艮其趾， 未失正[②]也。

注释：

① 艮其趾：抑止他的脚趾。

② 未失正：尚未失去正道。

译文：

初六，抑止他的脚趾，无咎害，利于永久守持正道。

象辞说：抑止他的脚趾，尚未失去正道。

六二，艮其腓[①]，不拯[②]其随，其心不快[③]。

象曰：不拯其随，未退听[④]也。

注释：

① 腓：小腿。

② 不拯：不能拯救。

③ 不快：不快活、不高兴。

④ 未退听：没有清退它的听命现象。

译文：

六二，抑止他的小腿，不能上承身体的运动，心里不快。

象辞说：不能上承身体的运动，是因为没有清退它的听命现象。

九三，艮其限[①]，列其夤[②]，厉，薰心[③]。

象曰：艮其限，危薰心也。

注释：

① 艮其限：止住其腰部。

② 列其夤：撕裂其脊背的肉。

③ 薰心：心被烟熏火燎。

译文：

九三，抑止他的腰，以致背脊肉裂开了，十分危险，就像烈火熏灼其心一样。

象辞说：抑止他的腰，那么危险就像烈火薰心一样。

六四，艮其身[①]，无咎。

象曰：艮其身，止诸躬[②]也。

注释：

① 艮其身：抑止他的身体。

② 止诸躬：能够抑止住各种欲望。

译文：

六四，抑止他的身体，没有咎害。

象辞说：抑止他的身体，就能够抑止住各种欲望。

六五，艮其辅[①]，言有序[②]，悔亡。

象曰：艮其辅，以中正[③]也。

注释：

① 艮其辅：抑止他的嘴。

② 言有序：说话有条理、有深度。

③ 以中正：就可以中正了。

译文：

六五，抑止他的嘴（使不妄语），说话变得有条理，悔恨消亡。

象辞说：抑止他的嘴，就可以中正了。

上九，敦[①]艮，吉。

象曰：敦艮之吉，以厚终[②]也。

注释：

① 敦：敦厚。

② 以厚终：是因为厚重的品质保持至终。

译文：

上九，以敦厚品德抑止邪欲，吉祥。

象辞说：敦厚品德抑止邪欲的吉祥，是因为厚重的品质保持至终。

53【风山渐】䷴

一、卦辞

渐。女归吉[①]，利贞。

注释：

① 女归吉：女子出嫁是吉利的。

译文：

渐卦。女子出嫁是吉利的，利于贞正。

二、彖辞

《彖》曰：渐之进也，女归吉也。进得位[①]，往有功[②]也。进以正[③]，可以正邦也。其位刚，得中也。止而巽[④]，动不穷[⑤]也。

注释：

① 进得位：前进必得正位。

② 往有功：前往会有功绩。

③ 进以正：渐进而遵循正道。

④ 止而巽：能控制止抑又谦逊。

⑤ 动不穷：行动就不会穷困。

译文：

《彖辞》说：渐卦的渐进，女子出嫁是吉利的。前进必得正位，前往会有功绩。渐进而遵循正道，从而可以端正邦国了。其位阳刚，居中位。能控制止抑又谦逊，这样行动就不会穷困。

三、象辞

《象》曰：山上有木，渐。君子以居贤德[①]善俗[②]。

注释：

① 居贤德：积累贤德。

② 善俗：改善风俗。

译文：

《象辞》说：山上的树木依山势而生长，这就是渐卦的卦象。君子学习渐卦之象，就要积累贤德，改善风俗。

四、爻辞

初六，鸿[①]渐[②]于干，小子厉，有言[③]，无咎。

象曰：小子之厉，义无咎[④]也。

注释：

① 鸿：大雁。

② 渐：婚嫁要遵循严格的循序渐进次序，然后夫妻逐渐相互了解，渐入佳境，所以代表“婚姻安家”。

③ 有言：有不妥。

④ 义无咎：道义方面没有过错。

译文：

初六，鸿雁把窝安在河水边，对小雁子会不好，会有讨论，无害。

象辞说：对小雁子会不好，这在道义方面没有过错。

六二，鸿渐于磐[①]，饮食衎衎[②]，吉。

象曰：饮食衎衎，不素饱[③]也。

注释：

① 磐：磐石、大石头。

② 衎衎：愉快幸福的样子。

③ 不素饱：平常没有吃饱。

译文：

六二，鸿雁把窝安在大石头上，快乐地饮水进食，吉祥。

象辞说：快乐地饮水进食，这是平常没有吃饱的缘故。

九三，鸿渐于陆[①]，夫征不复[②]，妇孕不育[③]，凶。利御寇[④]。

象曰：夫征不复，离群丑[⑤]也。妇孕不育，失其道[⑥]也。利用御寇，顺相保[⑦]也。

注释：

① 陆：平地。

② 夫征不复：丈夫远征不复返。

③ 妇孕不育：妻子怀孕但孩子没有保住。

④ 御寇：对抗外敌。

⑤ 离群丑：离开了自己人就会有羞丑危险的事情。

⑥ 失其道：失掉了正道。

⑦ 顺相保：依顺互相保卫。

译文：

九三，鸿雁把窝安在平地上，丈夫远征不复返，妻子怀孕但孩子没有保住，有凶险。有利于防御敌人。

象辞说：丈夫远征不复返，那么离开了自己人就会有羞丑危险的事情。妻子怀孕但孩子没有保住，因为失掉了正道。利于拿来防御敌人，这样依顺互相保卫。

六四，鸿渐于木[①]，或得其桷[②]，无咎。

象曰：或得其桷，顺以巽[③]也。

注释：

① 木：高高树上。

② 桷：树枝茂密宽阔的地方。

③ 顺以巽：顺势又顺从。

译文：

六四，鸿雁把窝安在高高的树上，挑选了树枝茂密宽阔的地方，无害。

象辞说：挑选了树枝茂密宽阔的地方，这样就会顺势又顺从。

九五，鸿渐于陵[①]，妇三岁[②]不孕，终莫之胜[③]，吉。

象曰：终莫之胜，吉，得所愿[④]也。

注释：

① 陵：山陵。

② 三岁：三年、多年。

③ 终莫之胜：最终不能战胜。

④ 得所愿：得到所愿望的。

译文：

九五，鸿雁把窝安在山陵上，就像（夫君远离）妻子三年不孕，没人能够屈服她，吉祥。

象辞说：没人能够屈服她，吉祥，得到所愿望的。

上九，鸿渐于陆（路）[①]，其羽[②]可用为仪[③]，吉。

象曰：其羽可用为仪，吉，不可乱[④]也。

注释：

① 陆（路）：天路。

② 其羽：它的羽毛。

③ 可用为仪：可作仪仗之用。

④ 不可乱：不可乱用。

译文：

上九，鸿雁双双飞到空中翱翔，它的羽毛可作礼仪活动的装饰，吉祥。

象辞说：它的羽毛可作礼仪活动的装饰，吉祥，是因为不可乱用。

54【雷泽归妹】䷵

一、卦辞

归妹。征凶[①]，无攸利。

注释：

① 征凶：前往就会有凶险。

译文：

归妹卦。前往就会有凶险，没有获利之处。

二、彖辞

《彖》曰：归妹，天地之大义[①]也。天地不交[②]，而万物不兴[③]。归妹，人之终始[④]也。说以动[⑤]，所归妹[⑥]也。"征凶"，位不当也。"无攸利"，柔乘刚也。

注释：

① 天地之大义：天地间的大事情。

② 天地不交：天地阴阳不相交。

③ 万物不兴：万物无法繁荣兴旺。

④ 人之终始：人类终而复始生命得以延续。

⑤ 说以动：喜悦而行动。

⑥ 所归妹：这样就可以出嫁少女了。

译文：

《彖辞》说：归妹，天地间的大事情。天地阴阳不相交，那么万物就无法繁荣兴旺。归妹的出嫁少女，是使得人类终而复始生命得以延续。喜悦而行动，这样就可以出嫁少女了。"前往就会有凶险"，是因为所处位子不当。"没有获利之处"，是因为阴柔乘驾于阳刚之上。

三、象辞

《象》曰：泽上有雷，归妹。君子以永终[①]知敝[②]。

注释：

① 永终：永远坚持男女生息之道。

② 知敝：知道弊坏的害处。

译文：

《象辞》说：雷在沼泽上震动轰鸣，这就是归妹卦的卦象。君子观察归妹卦之象，就要永远坚持男女生息之道，同时要知道弊坏的害处，有所预防。

四、爻辞

初九，归妹以娣[①]，跛能履[②]，征吉。

象曰：归妹以娣，以恒[③]也。跛能履吉，相承[④]也。

注释：

① 归妹以娣：出嫁少女作为侧室。

② 跛能履：脚跛了还能走路。

③ 以恒：可以作为恒久之道。

④ 相承：共同奉承夫君。

译文：

初九，嫁少女并且少女妹妹陪嫁作侧室，就像脚跛了还能走路，前往会吉祥。

象辞说：嫁少女并且少女妹妹陪嫁作侧室，可以作为恒久之道。脚跛了还能走路的吉祥，是因为共同奉承夫君。

九二，眇[①]能视，利幽人[②]之贞。

象曰：利幽人之贞，未变常[③]也。

注释：

① 眇：瞎了一只眼。

② 幽人：幽居的人。

③ 未变常：未曾改变恒常之道。

译文：

九二，瞎了一只眼勉强还能看见，利于幽居的人守持正道。

象辞说：利于幽居的人守持正道，是因为未曾改变恒常之道。

六三，归妹以须[①]，反归[②]以娣。

象曰：归妹以须，未当[③]也。

注释：

① 须：等待。

② 反归：返归回去。

③ 未当：未失妥当。

译文：

六三，少女出嫁期盼成为正室，但最终还是嫁作侧室。

象辞说：少女出嫁期盼成为正室，这未失妥当。

九四，归妹愆期[①]，迟归有时[②]。

象曰：愆期之志，有待而行[③]也。

注释：

① 愆期：拖延婚期。

② 迟归有时：迟点归来，等待时机。

③ 有待而行：是为了等待夫君再展开行动。

译文：

九四，待嫁少女延误婚期，但最终还是会嫁出去的，只是迟了一些时间的问题。

象辞说：拖延婚期的志向，是为了等待夫君再展开行动。

六五，帝乙[①]归妹，其君之袂[②]不如其娣之袂[③]良，月几望[④]，吉。

象曰：帝乙归妹，不如其娣之袂良也。其位在中[⑤]，以贵行[⑥]也。

注释：

① 帝乙：商纣王之父。

② 其君之袂：正室衣服。

③ 其娣之袂：侧室衣服。

④ 月几望：月亮虽满未盈、谦虚。

⑤ 其位在中：其地位行为是守正的。

⑥ 以贵行：是尊贵的身份来行动。

译文：

六五，帝乙嫁女儿，作为正室的服饰不如侧室的服饰好看，（其美德）如临近十五月亮将圆而不盈，吉祥。

象辞说：帝乙嫁女儿，正室服饰不如侧室的服饰好看。其地位行为是守正的，是以尊贵的身份来行动。

上六，女承筐无实[①]，士刲羊无血[②]，无攸利。

象曰：上六无实，承虚筐[③]也。

注释：

① 承筐无实：手持筐篮，里面没有果实礼品。

② 士刲羊无血：男子杀羊却不见血腥。

③ 承虚筐：是因为手持虚空的筐篮。

译文：

上六，女子捧着筐子，筐中无物，男子杀羊却不见血腥，无利可得。

象辞说：上六爻没有果实礼品，是因为手持虚空的筐篮。

55【雷火丰】䷶

一、卦辞

丰。亨，王假之[①]，勿忧，宜日中[②]。

注释：

① 王假之：君王到来。

② 宜日中：适宜在日中出现。

译文：

丰卦。亨通，君王到来，不用担忧，日蚀适宜在日中出现。

二、彖辞

《彖》曰：丰，大也。明以动[①]，故丰。“王假之”，尚大[②]也。“勿忧，宜日中”，宜照天下[③]也。日中则昃[④]，月盈则食[⑤]，天地盈虚[⑥]，与

时消息[7]，而况于人乎[8]？况于鬼神乎[9]？

注释：

① 明以动：心中有了光明从而行动。

② 尚大：崇尚大的。

③ 宜照天下：应当照耀天下。

④ 日中则昃：太阳在正午之后就会西斜。

⑤ 月盈则食：月亮在满盈之后就会亏蚀。

⑥ 天地盈虚：天地之间的盈满亏虚现象。

⑦ 与时消息：与时间共同消亡增长。

⑧ 而况于人乎：更何况人呢？

⑨ 况于鬼神乎：更何况鬼神呢？

译文：

《彖辞》说：丰，大的意思。心中有了光明从而行动，所以叫丰卦。“君王到来”，是崇尚大的。“不用担忧，日蚀适宜在日中出现”，是应当照耀天下。太阳在正午之后就会西斜，月亮在满盈之后就会亏蚀，天地之间的盈满亏虚现象，与时间共同消亡增长，更何况人呢？更何况鬼神呢？

三、象辞

《象》曰：雷电皆至，丰。君子以折狱[1]致刑[2]。

注释：

① 折狱：审判讼案。

② 致刑：决定刑罚。

译文：

《象辞》说：雷的威震和电的闪耀一起到来，这就是丰卦的卦象。君子因此要效法丰卦，就要威严光明公正的判案，决定刑罚尺度。

四、爻辞

初九，遇其配主[1]，虽旬[2]无咎，往有尚[3]。

象曰：虽旬无咎，过旬灾[4]也。

注释：

① 遇其配主：遇上和自己匹配的君主。

② 旬：时间没多久。

③ 往有尚：前往会有成就。

④ 过旬灾：认识久了反而会有灾祸。

译文：

初九，遇上和自己相匹配君主，虽然相识没多久没有咎害，前往会得到嘉尚。

象辞说：虽然相识没多久没有咎害，认识久了反而会有灾祸。

六二，丰其蔀①，日中见斗②，往得疑疾③。有孚发若④，吉。

象曰：有孚发若，信以发志⑤也。

注释：

① 丰其蔀：丰大他的草帘。

② 日中见斗：正中午见到北斗星。

③ 往得疑疾：前往会被猜疑。

④ 有孚发若：发挥自己的诚信。

⑤ 信以发志：以诚信来发扬自己的志向。

译文：

六二，增大他的草帘，以致正午看见了北斗星，意味着前往会有被猜疑的疾患。此时发挥自己的诚信，会获吉祥。

象辞说：发挥自己的诚信，是以诚信来发扬自己的志向。

九三，丰其沛①，日中见沫②。折其右肱③，无咎。

象曰：丰其沛，不可大事④也。折其右肱，终不可用⑤也。

注释：

① 丰其沛：丰大河中的水流。

② 日中见沫：正午看见了水中泛水沫。

③ 折其右肱：折断右手臂。

④ 不可大事：不可做大事。

⑤ 终不可用：终究不能再用。

译文：

九三，增大河中的水流，以致正午看见了水中泛水沫。如能像折断右手臂一样委屈自己，则不致咎害。

象辞说：增大河中的水流，这样不可做大事。折断右手臂，终究不能再用。

九四，丰其蔀，日中见斗，遇其夷主[①]，吉。

象曰：丰其蔀，位不当也。日中见斗，幽不明[②]也。遇其夷主，吉行[③]也。

注释：

① 遇其夷主：遇到敌方的诸侯。

② 幽不明：幽暗光线不明。

③ 吉行：这趟出行是吉祥的。

译文：

九四，增大他的草帘，以致正午看见了北斗星，此时遭遇了地方的诸侯，降服了对方，吉祥。

象辞说：增大他的草帘，所处位子不当。正午看见了北斗星，是幽暗光线不明。遭遇了地方的诸侯，则这趟出行是吉祥的（没白来）。

六五，来章[①]，有庆誉[②]，吉。

象曰：六五之吉，有庆也。

注释：

① 来章：归来有表彰。章，通“彰”，表彰。

② 有庆誉：有庆祝和赞誉。

译文：

六五，归来有表彰，必有福庆和赞誉，吉祥。

象辞说：六五爻的吉祥，是有庆祝和赞誉。

上六，丰其屋[①]，蔀其家[②]，窥其户[③]，阒其无人[④]，三岁不见[⑤]，凶。

象曰：丰其屋，天际翔[⑥]也。窥其户，阒其无人，自藏[⑦]也。

注释：

① 丰其屋：丰大他的房屋。

② 蔀其家：用草帘遮蔽居室。

③ 窥其户：窥视他的窗户。

④ 阒其无人：寂静没有人影。

⑤ 三岁不见：多年没看到人。

⑥ 天际翔：在天涯海角出门自由自在去了。

⑦ 自藏：自己躲藏起来了。

译文：

上六，增大他的房屋，用草帘遮蔽居室，窥视他的窗户，寂静没有人影，多年没看到人，有凶险。

象辞说：增大他的房屋，是因为在天涯海角出门自由自在去了。窥视他的窗户，寂静没有人影，是自己躲藏起来了。

56【火山旅】䷷

一、卦辞

旅。小亨，旅贞吉[①]。

注释：

① 旅贞吉：羁旅在外守正才能吉利。

译文：

旅卦。小的亨通，羁旅在外守正才能吉利。

二、彖辞

《彖》曰："旅，小亨"，柔得中乎[①]，外而顺乎刚[②]，止而丽乎明[③]，是以"小亨，旅贞吉"也。旅之时义大矣哉！

注释：

① 柔得中乎：阴柔居中，指六二、六五都为阴爻。

② 外而顺乎刚：向外则顺从阳刚，指六二、六五都顺从于九三爻、上九爻。

③ 止而丽乎明：抑止而且附丽于光明，止指下卦艮卦，丽指上卦离卦。

译文：

《彖辞》说："旅卦，小的亨通"，是因为阴柔居中，向外则顺从阳刚，抑止而且附丽于光明，所以"小的亨通，羁旅在外守正才能吉利"。行旅的意义是多么伟大啊。

三、象辞

《象》曰：山上有火，旅。君子以明慎用刑①，而不留狱②。

注释：

① 明慎用刑：明察狱情，谨慎定刑

② 不留狱：不滞留拖延或不判狱案

译文：

《象辞》说：山上有火在燃烧，这就是旅卦的卦象。君子效法旅卦，就要明察狱情，谨慎定刑，而不滞留拖延或不判狱案。

四、爻辞

初六，旅琐琐①，斯其所②，取灾③。

象曰：旅琐琐，志穷灾④也。

注释：

① 旅琐琐：旅途当中忧心忡忡。

② 斯其所：离开住所。

③ 取灾：迎回父亲灵柩。

④ 志穷灾：意志穷尽的灾祸，一筹莫展的样子。

译文：

初六，旅途当中忧心忡忡，离开住所，去迎回父亲灵柩。

象辞说：旅途当中忧心忡忡，是意志穷尽的灾祸

六二，旅即次[①]，怀其资[②]，得童仆，贞。

象曰：得童仆贞，终无尤[③]也。

注释：

① 次：住宿。

② 怀其资：怀带资财。

③ 终无尤：最终没有忧虑。

译文：

六二，行旅住进旅舍，怀带资财，拥有童仆，要守正。

象辞说：拥有童仆而贞正，最终没有忧虑。

九三，旅焚其次[①]，丧其童仆，贞厉。

象曰：旅焚其次，亦以伤矣[②]。以旅与下[③]，其义丧[④]也。

注释：

① 旅焚其次：旅社住宿的地方着火了。

② 亦以伤矣：也遭到了损伤。

③ 以旅与下：以旅行外人的态度对待下属。

④ 其义丧：这样的道义是丧失正道的。

译文：

九三，旅行住的旅舍着火了，丧失了童仆，应守持正道以防危险。

象辞说：旅行住的旅舍着火了，自己也遭到了损伤。以旅行外人的态度对待下属，这样的道义是丧失正道的。

九四，旅于处[①]，得其资斧[②]，我心不快[③]。

象曰：旅于处，未得位[④]也。得其资斧，心未快[⑤]也。

注释：

① 处：歇息之处。

② 资斧：资助。

③ 不快：不快乐。

④ 未得位：未得正当之位。

⑤ 心未快：心中不甚快乐。

译文：

九四，旅人暂时得到了栖息之处，得到了资财，但心中不甚快乐。

象辞说：旅人暂时得到了栖息之处，说明未得正当之位。得到了资财，但心中不甚快乐。

六五，射雉①，一矢②亡③，终以誉命。

象曰：终以誉命④，上逮⑤也。

注释：

① 射雉：射野鸡。

② 一矢：一支箭。

③ 亡：损失。

④ 终以誉命：最终获得赞誉和使命。

⑤ 上逮：是一直追随君上的缘故。

译文：

六五，射野鸡，一支箭失去，终将获得赞誉和使命。

象辞说：终将获得赞誉和使命，是一直追随君上的缘故。

上九，鸟焚其巢①，旅人先笑，后号啕。丧牛于易②，凶。

象曰：以旅在上③，其义焚④也。丧牛于易，终莫之闻⑤也。

注释：

① 鸟焚其巢：高处的鸟巢失火。

② 丧牛于易：在易地丢失了牛。易，古代一地名。

③ 以旅在上：身为旅人却高高在上不谦虚。

④ 其义焚：这是被焚巢的原因。

⑤ 终莫之闻：终究会没人知道。

译文：

上九，高处的鸟巢失火，旅人先是欢笑，后大哭。犹如牛在易地走失，有凶险。

象辞说：身为旅人却高高在上不谦虚，这是被焚巢的原因。牛在易地走失，但终究会没人知道。

57【巽为风】䷸

一、卦辞

巽。小亨[1]，利有攸往，利见大人。

注释：

① 小亨：小的亨通。

译文：

巽卦。小的亨通，有利于有所前往，利于出现大人。

二、彖辞

《彖》曰：重巽[1]以申命[2]。刚巽乎中正[3]而志行[4]，柔皆顺乎刚[5]。是以“小亨，利有攸往，利见大人”。

注释：

① 重巽：反复顺逊。

② 以申命：来申明君主的政令。

③ 刚巽乎中正：阳刚是谦逊的持中正之道。

④ 而志行：从而意志得到施行。

⑤ 柔皆顺乎刚：柔顺都顺从于阳刚，指的是上下卦中的阴爻都在阳爻之下。

译文：

《彖辞》说：反复顺逊来申明君主的政令。阳刚是谦逊的持中正之道从而意志得到施行，柔顺都顺从于阳刚。所以“小的亨通，有利于有所前往，利于出现大人”。

三、象辞

《象》曰：随风，巽。君子以申命[1]行事[2]。

注释：

① 申命：先行申明政令。

② 行事：付诸行动。

译文：

《象辞》说：风紧接着风不断地吹拂，这就是巽卦的卦象。君子从巽卦中得到启示，要先行申明政令，使民众广泛听到，听令付诸行动。

四、爻辞

初六，进退[①]，利武人[②]之贞。

象曰：进退，志疑[③]也。利武人之贞，志治[④]也。

注释：

① 进退：进退自如。

② 武人：军队将帅。

③ 志疑：心存怀疑。

④ 志治：志向在于治理。

译文：

初六，进退自如，利于勇武之人守持正道。

象辞说：进退自如，是因为心存怀疑。利于勇武之人守持正道，是因为志向在于治理。

九二，巽[①]在床下[②]，用史巫[③]纷若[④]，吉，无咎。

象曰：纷若之吉，得中也。

注释：

① 巽：顺从。

② 床下：指谦卑。

③ 史巫：都是古代负责祷告祈福的官员，在神灵面前当然要谦卑。

④ 纷若：很多的样子。

译文：

九二，像顺从地趴在床下那样的放低姿态，若效法祝史和巫觋那样谦卑事神，则获吉祥，必无咎害。

象辞说：获得很多的吉祥，是因为能居中的缘故。

九三，频巽①，吝。

象曰：频巽之吝，志穷②也。

注释：

① 频巽：频繁顺从。

② 志穷：志向受限。

译文：

九三，若频繁地顺从，会有遗憾。

象辞说：频繁地顺从的吝害，是因为志向受限。

六四，悔亡，田获①三品②。

象曰：田获三品，有功③也。

注释：

① 田获：打猎。

② 三品：许多猎物。

③ 有功：有功绩。

译文：

六四，悔恨消失，打猎获得三类猎物。

象辞说：打猎获得三类猎物，有功绩。

九五，贞吉，悔亡，无不利。无初①，有终②。先庚三日，后庚三日，吉。

象曰：九五之吉，位正中也。

注释：

① 无初：刚开始不认识。

② 有终：最终相识。

译文:

九五，守持正道吉祥，悔恨消亡，无所不利。事情起初不顺，但最终有好结果。在象征变革的庚日前三天发布新令，在庚日后三天实施命令，必获吉祥。

象辞说：九五爻的吉祥，是因为所处位置位正且居中。

上九，巽在床下，丧[①]其资斧[②]，贞凶。

象曰：巽在床下，上穷[③]也。丧其资斧，正乎凶[④]也。

注释:

① 丧：丧失。

② 资斧：资本、尊严。

③ 上穷：居上位方法不对。

④ 正乎凶：正是遇上了凶事。

译文:

上九，再次放低姿态，丧失尊严，初心是好的，但是有凶险。

象辞说：再次放低姿态，是由于居上位方法不对。

58【兑为泽】䷹

一、卦辞

兑。亨，利贞[①]。

注释:

① 利贞：利于贞正。

译文:

兑卦。亨通，利于贞正。

二、彖辞

《彖》曰：兑，说也。刚中而柔外[①]，说以利贞[②]，是以顺乎天[③]，而应乎人[④]。说以先民[⑤]，民忘其劳[⑥]。说以犯难[⑦]，民忘其死[⑧]。说之大[⑨]，民劝矣哉[⑩]！

注释:

① 刚中而柔外：阳刚居中而阴柔在外，刚指九二、九五爻，柔指六三、上九爻。

② 说以利贞：喜悦而利于贞正。

③ 是以顺乎天：所以顺应天道。

④ 而应乎人：而又顺应民心。

⑤ 说以先民：首先要演讲说服民众。

⑥ 民忘其劳：民众就会忘记辛劳。

⑦ 说以犯难：说服民众愿意闯险犯难。

⑧ 民忘其死：民众就会舍生忘死。

⑨ 说之大：说话演讲是如此伟大。

⑩ 民劝矣哉：民众就能被劝动鼓舞起来了。

译文:

《彖辞》说：兑，悦的意思。阳刚居中而阴柔在外，喜悦而利于贞正，所以顺应天道，而又顺应民心。首先要演讲说服民众，民众就会忘记辛劳。说服民众愿意闯险犯难，民众就会舍生忘死。说话演讲是如此伟大，民众就能被劝动鼓舞起来了。

三、象辞

《象》曰：丽泽，兑。君子以朋友① 讲习②。

注释:

① 朋友：志同道合的朋友。

② 讲习：讨论研习。

译文:

《象辞》说：悦上加悦，则更加喜悦，泽连着泽，则更加浸润彼此，这就是兑卦的卦象。君子从兑卦得到启示，就要和志同道合的朋友一起互相讨论研习，互相增益进步。

四、爻辞

初九，和[①]兑[②]，吉。

象曰：和兑之吉，行未疑[③]也。

注释：

① 和：和气的喜悦。

② 兑：开会、说话。

③ 行未疑：行为没有疑问之处。

译文：

初九，和气的开会，吉祥。

象辞说：和气的开会的吉祥，说明行为没有疑问之处。

九二，孚[①]兑，吉，悔亡。

象曰：孚兑之吉，信志[②]也。

注释：

① 孚：诚信。

② 信志：心中是充满诚信的。

译文：

九二，带着诚信来开会，吉祥，悔恨消失。

象辞说：带着诚信来开会的吉祥，是因为心中是充满诚信的。

六三，来兑[①]，凶。

象曰：来兑之凶，位不当[②]也。

注释：

① 来兑：主动要求参会。

② 位不当：所处位子不正当。

译文：

六三，主动来参会的，有凶险。

象辞说：主动来参会的，有凶险，是因为所处位子不正当。

九四，商兑[①]未宁[②]，介疾[③]，有喜。

象曰：九四之喜，有庆也。

注释：

① 商兑：商讨开会。

② 未宁：未达成共识。

③ 介疾：去除不好的。

译文：

九四，商谈开会之事，但未达成共识，要去除里面不合理的主张，最终会是好事。

象辞说：九四爻的好事，是有喜庆了。

九五，孚[①]于剥[②]，有厉。

象曰：孚于剥，位正当也。

注释：

① 孚：诚信、真实。

② 剥：打折扣、剥削。

译文：

九五，开会决策仓促打折扣的去达成结果，有危险。

象辞说：开会决策仓促打折扣的去达成结果，但所居之位是正当的。

上六，引兑[①]。

象曰：上六引兑，未光[②]也。

注释：

① 引兑：引导开会达成共识。

② 未光：还没有光大统一。

译文：

上六，引导开会达到一个共识。

象辞说：上六爻引导开会达到一个共识，说明目标还没有光大统一。

59【风水涣】䷺

一、卦辞

涣。亨。王假有庙①，利涉大川，利贞。

注释：

① 王假有庙：君王至庙中祭祀。

译文：

涣卦。亨通。君王至庙中祭祀，有利于涉渡大河，利于贞正。

二、彖辞

《彖》曰："涣，亨"，刚来而不穷①，柔得位乎外而上同②。"王假有庙"，王乃在中③也。"利涉大川"，乘木有功④也。

注释：

① 刚来而不穷：阳刚到来而不显得穷困，刚指九二，处于阴爻包围之中。

② 柔得位乎外而上同：阴柔得位并与上面同心，柔指六四，与九五呼应。

③ 王乃在中：君王深得居中的道理，此处指九五爻。

④ 乘木有功：乘着的木舟起到了功用。

译文：

《彖辞》说："涣卦，亨通"，说明阳刚到来而不显得穷困，阴柔得位并与上面同心。"君王至庙中祭祀"，说明君王深得居中的道理。"有利于涉渡大河"，是因为乘着的木舟起到了功用。

三、象辞

《象》曰：风行水上，涣。先王以享于帝①立庙②。

注释：

① 享于帝：祭享天帝。

② 立庙：建立宗庙。

译文：

《象辞》说：风吹水面，这就是涣卦的卦象。涣卦卦象给了反面的启示，就是如何使人心不涣散，那就是祭祀天帝，建立宗庙，传播信仰，只有信仰才能把人心凝聚在一起。

四、爻辞

初六，用拯马壮[①]，吉。

象曰：初六之吉，顺[②]也。

注释：

① 用拯马壮：利用健壮良马来拯救。

② 顺：顺应形势。

译文：

初六，涣散时用健壮良马拯救，吉祥。

象辞说：初六爻的吉祥，是因为顺应形势。

九二，涣[①]，奔其机[②]，悔亡。

象曰：涣奔其机，得愿[③]也。

注释：

① 涣：内部涣散，此处指周朝内部叛乱。

② 奔其机：直奔其机要部分。

③ 得愿：得偿所愿了。

译文：

九二，涣散之时，直奔其机要部分，悔恨消亡。

象辞说：涣散之时，直奔其机要部分，这样就能得偿所愿了。

六三，涣其躬[①]，无悔。

象曰：涣其躬，志在外[②]也。

注释：

① 涣其躬：涣散其主力。

② 志在外：志向在外部敌方力量，志在必得。

译文：

六三，涣散其主力，没有悔恨。

象辞说：涣散其主力，志向在外部敌方力量。

六四，涣其群①，元吉。涣有丘②，匪夷所思③。

象曰：涣其群，元吉，光大④也。

注释：

① 群：叛乱联盟。

② 丘：堆成丘。

③ 匪夷所思：不可思议。

④ 光大：发扬光大了。

译文：

六四，涣散朋党，大吉祥。涣散小群能聚成山丘似的大群，这真是让人百思不得其解。

象辞说：涣散朋党，大吉祥，说明发扬光大了。

九五，涣汗①其大号②，涣王居③，无咎。

象曰：王居无咎，正位④也。

注释：

① 汗：去掉、革除。

② 大号：名号。

③ 王居：王室居所。

④ 正位：正应当做的。

译文：

九五，像涣散身上汗水一样革除对方的名号，拿掉对方的居所，无咎害。

象辞说：针对对方的居所，这是正应当做的。

上九，涣其[①]，血去[②]，逖出[③]，无咎。

象曰：涣其血，远害[④]也。

注释：

① 涣其：解散、平叛。

② 血去：忧虑散去。

③ 逖出：警惕消除。

④ 远害：让危害远离。

译文：

上九，涣散掉了叛乱力量，忧虑散去，警惕消除，没有灾祸。

象辞说：涣散掉忧虑，是为了让危害远离。

60【水泽节】䷻

一、卦辞

节。亨，苦节[①]不可贞[②]。

注释：

① 苦节：过分节制。

② 不可贞：不可守正长久。

译文：

节卦。亨通，过分节制是不可守正长久的。

二、彖辞

《彖》曰："节，亨"，刚柔分[①]，而刚得中[②]。"苦节不可贞"，其道穷[③]也。说以行险[④]，当位以节[⑤]，中正以通[⑥]。天地节[⑦]而四时成[⑧]，节以制度[⑨]，不伤财，不害民。

注释：

① 刚柔分：阳刚与阴柔均分，既指阴阳爻各占三个，也指下卦为柔、上卦为刚。

② 而刚得中：阳刚居中，指九二、九五。

③ 其道穷：这样的道路会穷途末路。

④ 说以行险：喜悦从而愿意冒险。说指下卦兑卦，险指上卦坎卦。

⑤ 当位以节：居位正当从而节制。

⑥ 中正以通：守持中正从而畅通。

⑦ 天地节：天地有所节制。

⑧ 而四时成：从而四季形成。

⑨ 节以制度：以节来制定标准规则。

译文：

《彖辞》说："节卦，亨通"，是因为阳刚与阴柔均分，阳刚居中。"过分节制是不可守正长久"，说明这样的道路会穷途末路。喜悦从而愿意冒险，居位正当从而节制，守持中正从而畅通。天地有所节制从而四季形成，以节来制定标准规则，不损伤财物，不损害民众利益。

三、象辞

《象》曰：泽上有水，节。君子以制数度[①]，议德行[②]。

注释：

① 制数度：制定不同的礼节待遇。

② 议德行：考察人的道德行为。

译文：

《象辞》说：泽湖上面还有水，这就是节卦的卦象。君子从节卦得到启示，要按照人的尊卑贵贱制定不同的礼节待遇，并考察人的道德行为是否节制合规。

四、爻辞

初九，不出户庭[①]，无咎。

象曰：不出户庭，知通塞[②]也。

注释：

① 不出户庭：在家庭受教育。

② 知通塞：知道通畅和堵塞的时机。

译文：

初九，在家庭受教育，没有遗憾。

象辞说：在家庭受教育，知道通畅和堵塞的时机。

九二，不出门庭[①]**，凶。**

象曰：不出门庭，失时极[②]**也。**

注释：

① 不出门庭：未脱离闭门造车、门户之见。

② 失时极：极大的丧失了时机。

译文：

九二，未脱离闭门造车、门户之见，有凶险。

象辞说：未脱离闭门造车、门户之见，是因为极大的丧失了时机。

六三，不节若[①]**，则嗟若**[②]**，无咎。**

象曰：不节之嗟，又谁咎[③]**也。**

注释：

① 不节若：不节制。

② 嗟若：叹息、后悔。

③ 又谁咎：又能怪谁呢？

译文：

六三，不守节制，就会叹息后悔，没有咎害。

象辞说：不守节制的叹息，又能怪谁呢？

六四，安[①]**节，亨。**

象曰：安节之亨，承上道[②]**也。**

注释：

① 安：安下心、安定。

② 承上道：奉承君上的道路。

译文：

六四，安于奉行节制，亨通。

象辞说：安于奉行节制的亨通，是因为奉承君上的道路。

九五，甘[①]节，吉，往有尚[②]。

象曰：甘节之吉，居位中[③]也。

注释：

① 甘：转好运。

② 往有尚：前往会有好事。

③ 居位中：居于中位。

译文：

九五，节制迎来了好日子，吉祥，前往会受到嘉许。

象辞说：节制迎来了好日子，吉祥，是因为居于中位的缘故。

上六，苦节[①]，贞凶，悔亡。

象曰：苦节贞凶，其道穷[②]也。

注释：

① 苦节：在艰苦苦难中节制。

② 其道穷：这样的道路已经穷尽了。

译文：

上六，艰苦地节制，守正以防凶险，悔恨消亡。

象辞说：艰苦地节制，守正以防凶险，说明这样的道路已经穷尽了。

61【风泽中孚】䷼

一、卦辞

中孚[①]，豚鱼[②]，吉，利涉大川，利贞。

注释：

① 中孚：心中有诚信。

② 豚鱼：诚信感及河水中的小鱼。

译文：

（中孚卦）心中有诚信，使得泽水里的豚鱼也感而信之，吉利，有利于涉渡大河，利于贞正。

二、彖辞

《彖》曰："中孚"，柔在内[①]而刚得中[②]。说而巽[③]，孚乃化邦[④]也。"豚鱼，吉"，信及豚鱼[⑤]也。"利涉大川"，乘木舟虚[⑥]也。中孚以"利贞"，乃应乎天[⑦]也。

注释：

① 柔在内：柔顺在内心。柔指六三、六四爻。

② 刚得中：刚强在心中。刚指九二、九五爻。

③ 说而巽：喜悦而巽顺。说指下卦兑卦，巽指上卦巽卦。

④ 孚乃化邦：有诚信就可以教化邦国民众。

⑤ 信及豚鱼：诚信扩及到了河中的小鱼。

⑥ 乘木舟虚：驾乘木船畅行无阻。

⑦ 乃应乎天：是合乎天道的。

译文：

《彖辞》说："心中有诚信"，是因为柔顺在内心，刚强在心中。喜悦而巽顺，有诚信就可以教化邦国民众。"使得泽水里的豚鱼也感而信之，吉利"，是因为诚信扩及到了河中的小鱼。"有利于涉渡大河"，是由于驾乘木船畅行无阻。中孚卦的"利于贞正"，是因为合乎天道的。

三、象辞

《象》曰：泽上有风，中孚。君子以议狱[①]缓死[②]。

注释：

① 议狱：对狱案广泛讨论。

② 缓死：对死刑从缓执行。

译文：

《象辞》说：风吹在泽上，这就是中孚卦的卦象。君子效法中孚卦，心中有诚信，就会在判案之前不武断独断而会进行广泛调查讨论，不留可疑之处，对死刑从缓执行，以查清定罪依据，秉公执法，不留冤情。

四、爻辞

初九，虞吉[①]，有它[②]不燕[③]。

象曰：初九虞吉，志未变也。

注释：

① 虞吉：提前审查，吉祥。

② 有它：有其它问题。

③ 不燕：不安宁。

译文：

初九，提前审查，吉祥，如果有其它问题，就不安宁了。

象辞说：初九爻提前审查，吉祥，是因为志向没有改变。

九二，鸣鹤在阴[①]，其子和之[②]。我有好爵[③]，吾与尔靡之[④]。

象曰：其子和之，中心愿[⑤]也。

注释：

① 鸣鹤在阴：鹤在山阴处鸣叫。

② 其子和之：它的同类应声和之。

③ 好爵：好酒。

④ 吾与尔靡之：我与你一起分享。

⑤ 中心愿：发自内心的意愿。

译文：

九二，鹤在山阴处鸣叫，它的同类应声和之。就像我有美酒，与你共饮同乐。

象辞说：它的同类应声和之，是发自内心的意愿。

六三，得敌[①]，或鼓或罢[②]，或泣或歌[③]。

象曰：或鼓或罢，位不当也。

注释：

① 得敌：匹敌。

② 或鼓或罢：有时击鼓进攻，有时停止后退，指说话做事自由切换。

③ 或泣或歌：有时畏敌而悲泣，有时敌退而歌唱。

译文：

六三，交朋友交到了实力相当的知己朋友，那说话必然要随意“嬉笑怒骂”，说话风格可以“自由切换”。

象辞说：有时击鼓进攻，有时停止后退，说明所处位子不当。

六四，月几望[①]，马匹亡[②]，无咎。

象曰：马匹亡，绝类上[③]也。

注释：

① 月几望：月亮又要圆，指经年累月、斗转星移。

② 马匹亡：马匹消亡。

③ 绝类上：断绝与同类交往，而交往更上等的人士。

译文：

六四，交朋友，经年累月，斗转星移，就像月亮圆了又缺、马匹都消亡了，经受住了考验。

象辞说：马匹都消亡了，说明断绝与同类交往。

九五，有孚挛[①]如，无咎。

象曰：有孚挛如，位正当也。

注释：

① 挛：连在一起。

译文：

九五，双方交往关系好的像亲兄弟，没有咎害。

象辞说：双方交往关系好的像亲兄弟，说明所处位置正当。

上九，翰音[1]登于天，贞凶。

象曰：翰音登于天，何可长[2]也。

注释：

① 翰音：高音、高谈阔论。

② 何可长：怎么能长久呢？

译文：

上九，高谈阔论，声音都吵到天上了，就要守持正道以防风险。

象辞说：高谈阔论，声音都吵到天上了，怎么能长久呢？

62【雷山小过】䷽

一、卦辞

小过。亨，利贞。可小事[1]，不可大事[2]。飞鸟遗之音[3]，不宜上宜下[4]，大吉。

注释：

① 可小事：可以做寻常小事。

② 不可大事：不可以做天下国家大事。

③ 飞鸟遗之音：鸟飞过留下微音。

④ 不宜上宜下：不宜于向上飞，宜于向下飞。

译文：

小过卦。亨通，有利于守正。可以做寻常小事，但不可以做天下国家大事。鸟飞过留下微音，不宜于向上飞，宜于向下飞，大吉利。

二、彖辞

《彖》曰：小过，小者过而亨[1]也。过以利贞[2]，与时行[3]也。柔得中[4]，是以小事吉也。刚失位而不中[5]，是以“不可大事”也。有飞鸟之象焉，有“飞鸟遗之音，不宜上宜下，大吉”，上逆而下顺[6]也。

注释：

① 小者过而亨：在小事上面要过越从而亨通。

② 过以利贞：过越了有利于贞正。

③ 与时行：与时机同行。

④ 柔得中：柔顺居中，指六二、六五爻。

⑤ 刚失位而不中：阳刚失掉正位而且不中正。刚指九三爻不居中、九四爻不居位。

⑥ 上逆而下顺：往上做事会逆阻，往下做事则顺遂。

译文：

《彖辞》说：小过，在小事上面要过越从而亨通。过越了有利于贞正，与时机同行。柔顺居中，所以做寻常小事吉利。阳刚失掉正位而且不中正，所以“不可以做天下国家大事”。此处有飞鸟的形象，所以有“鸟飞过留下微音，不宜于向上飞，宜于向下飞，大吉利”，是因为往上做事会逆阻，往下做事则顺遂。

三、象辞

《象》曰：山上有雷，小过。君子以行过乎恭[①]，丧过乎哀[②]，用过乎俭[③]。

注释：

① 行过乎恭：行为更加恭敬。

② 丧过乎哀：丧事要更加哀痛。

③ 用过乎俭：花销费用要更加节俭。

译文：

《象辞》说：雷在山上响起，这就是小过卦的卦象。君子感悟小过卦，就要尽量避免犯过错，就要行为更加恭敬，丧事要更加哀痛，花销费用要更加节俭。

四、爻辞

初六，飞鸟以凶[①]。

象曰：飞鸟以凶，不可如何[②]也。

注释：

① 飞鸟以凶：鸟向上飞有凶险。

② 不可如何：不可以再这样做。

译文：

初六，飞鸟逆势上飞，会有凶险。

象辞说：飞鸟逆势上飞，会有凶险，说明不可以再这样做。

六二，过其祖[①]，遇其妣[②]，不及其君[③]，遇其臣[④]。无咎。

象曰：不及其君，臣不可过[⑤]也。

注释：

① 过其祖：超过了祖父。

② 遇其妣：到达了祖母水平。

③ 不及其君：功劳赶不上他的君主。

④ 遇其臣：与广大朝臣平起平坐。

⑤ 臣不可过：作为臣子的不可超过。

译文：

六二，超过了祖父，到达了祖母水平，功劳赶不上他的君主，与广大朝臣平起平坐，无咎害。

象辞说：功劳赶不上他的君主，是因为作为臣子的不可超过。

九三，弗过[①]，防之[②]，从或戕之[③]，凶。

象曰：从或戕之，凶如何[④]也。

注释：

① 弗过：未超过。

② 防之：防备他。

③ 从或戕之：顺从将会被伤害。

④ 凶如何：这样的凶险怎么办呢？

译文：

九三，未超过，以防为主，顺从将会被伤害，有凶险。

象辞说：顺从将会被伤害，这样的凶险怎么办呢？

九四，无咎。弗过，遇之[①]，往厉，必戒，勿用，永贞。

象曰：弗过遇之，位不当[②]也。往厉必戒，终不可长[③]也。

注释：

① 遇之：相遇、交战。

② 位不当：此时所处的位置不当（时机未到）。

③ 终不可长：最终不是长久之计。

译文：

九四，无所灾祸。没有超过，一旦交战，急于前往会有凶险，务必有所戒备，不可施展才用，要永久坚持贞正。

象辞说：没有超过，交战，则是此时所处的位置不当（时机未到）。急于前往会有凶险，务必有所戒备，因为最终不是长久之计。

六五，密云不雨[①]，自我西郊[②]。公弋取彼在穴[③]。

象曰：密云不雨，已上[④]也。

注释：

① 密云不雨：浓云密布却不下雨，指暗中发展力量。

② 我西郊：指西周。

③ 公弋取彼在穴：王公用用弓箭射杀隐藏在洞穴中野兽。

④ 已上：已实力居上了。

译文：

六五，浓云密布却不下雨，云层从西郊飘过来，指西周暗中发展力量，最终就要西周的王公用弓箭射杀隐藏在洞穴中野兽。

象辞说：浓云密布却不下雨，因为已实力居上了。

上六，弗遇[①]，过之[②]，飞鸟离之[③]，凶，是谓灾眚[④]。

象曰：弗遇过之，已亢[⑤]也。

注释：

① 弗遇：未交战。

② 过之：实力已超过。

③ 离之：离开，此处指周文王去世。

④ 灾眚：灾难、巨大损失。

⑤ 已亢：自己实力已经高亢了。

译文：

上六，未交战，实力已经超越，此时周文王逝去，凶险，遇到了灾祸。

象辞说：未交战，实力已经超越，说明自己实力已经高亢了。

63【水火既济】䷾

一、卦辞

既济。亨小，利贞。初吉[①]，终乱[②]。

注释：

① 初吉：初始吉祥。

② 终乱：最终会有变乱。

译文：

既济卦。亨通，连小事都会亨通，利于贞正。初始吉祥，最终会有变乱。

二、彖辞

《彖》曰：既济，亨，小者亨[①]也。"利贞"，刚柔正[②]而位当[③]也。"初吉"，柔得中[④]也。"终止则乱"，其道穷[⑤]也。

注释：

① 小者亨：弱小者也能最终亨通。

② 刚柔正：阳爻和阴爻都处正位。

③ 位当：各居其位。

④ 柔得中：阴柔居中，指六二爻。

⑤ 其道穷：道路走到穷尽了。

译文：

《彖辞》说：既济卦，亨通，弱小者也能最终亨通。"利于贞正"，是因为阳爻和阴爻都处正位，各居其位。"初始吉祥"，因为阴柔居中。"到终了却危乱了"，因为道路走到穷尽了。

三、象辞

《象》曰：水在天上，既济。君子以思患[1]而豫防之[2]。

注释：

① 思患：思虑祸患隐患。

② 豫防之：提前预防。

译文：

《象辞》说：水在火的上面，这就是既济卦的卦象。君子学习既济卦，就要居安思危，防微杜渐，提前思虑祸患隐患，提前预防，做到防患于未然。

四、爻辞

初九，曳其轮[1]，濡其尾[2]，无咎。

象曰：曳其轮，义无咎[3]也。

注释：

① 曳其轮：轮子陷住了。

② 濡其尾：沾湿其尾巴。

③ 义无咎：这个做法没有咎害。

译文：

初九，拖曳车轮使其缓行，小狐狸渡河尾巴被沾湿使其不能速进，没有咎害，只是延缓了一些时间。

象辞说：拖曳车轮使其缓行，这个做法没有咎害。

六二，妇丧其茀[1]，勿逐[2]，七日得。

象曰：七日得，以中道[3]也。

注释：

① 妇丧其茀：妇人丢失了自己的饰物。

② 勿逐：别找、别追逐。

③ 以中道：是因为遵循中正之道。

译文：

六二，妇人丢失了自己的饰物，不必追寻，七日内会失而复得。

象辞说：七日内会失而复得，是因为遵循中正之道。

九三，高宗[①]伐鬼方[②]，三年克[③]之，小人勿用。

象曰：三年克之，惫[④]也。

注释：

① 高宗：商王武丁。

② 鬼方：商朝西北方一诸侯国。

③ 克：战胜。

④ 惫：疲惫。

译文：

九三，殷高宗讨伐鬼方，三年才攻克它，小人不可任用。

象辞说：三年才攻克它，说明疲惫了。

六四，繻[①]有衣袽[②]，终日戒[③]。

象曰：终日戒，有所疑[④]也。

注释：

① 繻：华美衣服。

② 衣袽：破敝的衣服。

③ 戒：戒律。

④ 有所疑：有所保留疑虑。

译文：

六四，既有华美衣服也有破敝的衣服，要终日有戒律，勤俭节约。

象辞说：要终日有戒律，说明有所保留疑虑。

九五，东邻[①]杀牛，不如西邻[②]之禴祭[③]，实受其福。

象曰：东邻杀牛，不如西邻之时也。实受其福[④]，吉大来[⑤]也。

注释：

① 东邻：指商朝。

② 西邻：指西周。

③ 禴祭：简单祭祀。

④ 实受其福：切实感受到了这个好处。

⑤ 吉大来：吉祥的事情大大来到。

译文：

九五，东边邻居杀牛厚祭，不如西边邻居微薄祭祀，这样更能切实感受到了这个好处。

象辞说：东边邻居杀牛厚祭，不如西边邻居掌握时机。切实感受到了这个好处，说明吉祥的事情要大大来到了。

上六，濡其首[①]，厉。

象曰：濡其首厉，何可久[②]也。

注释：

① 濡其首：沾湿头部。

② 何可久：还怎么能长久？

译文：

上六，小狐狸过河沾湿了自己头部，有危险。

象辞说：小狐狸过河沾湿了自己头部，有危险，还怎么能长久？

64【火水未济】䷿

一、卦辞

未济。亨，小狐[①]汔济[②]，濡其尾，无攸利。

注释：

① 小狐：小狐狸。

② 汔济：快要渡过河。

译文：

未济卦。亨通，小狐狸就快要渡过河了，尾巴不慎沾湿，没有利益。

二、彖辞

《彖》曰："未济，亨"，柔得中[①]也。"小狐汔济"，未出中[②]也。

“濡其尾，无攸利”，不续终[③]也。虽不当位，刚柔应[④]也。”

注释:

① 柔得中：柔顺居中位。

② 未出中：还未掌握中正之道。

③ 不续终：不能坚持延续到最终。

④ 刚柔应：阳刚和阴柔相互呼应。指此卦阴阳爻相互呼应。

译文:

《彖辞》说：“未济卦，亨通”，因为柔顺居中位。“小狐狸就快要渡过河了”，因为还未掌握中正之道。“尾巴不慎沾湿，没有利益”，是因为不能坚持延续到最终。虽然所处位子不当，但阳刚和阴柔相互呼应。

三、象辞

《象》曰：火在水上，未济。君子以慎辨物[①]居方[②]。

注释:

① 慎辨物：谨慎辨别物类。

② 居方：找到属于自己的位置。

译文:

《象辞》说：火在水的上面，这就是未济卦的卦象。君子从未济卦中得到启示，谨慎辨别物类，又要物当位，找到属于自己的位置，各居其位，不使秩序紊乱。

四、爻辞

初六，濡其尾，吝。

象曰：濡其尾，亦不知极[①]也。

注释:

① 亦不知极：也不知道深浅。

译文:

初六，小狐狸过河沾湿了尾巴，有所遗憾。

象辞说：小狐狸过河沾湿了尾巴，是因为也不知道深浅。

九二，曳其轮，贞吉。

象曰：九二贞吉，中以行正[①]也。

注释：

① 中以行正：居中正位而且行事端正。

译文：

九二，拖曳住车轮使其缓行，守持贞正可获吉祥。

象辞说：九二爻贞正吉祥，是因为居中正位而且行事端正。

六三，未济[①]，征[②]凶，利涉大川。

象曰：未济征凶，位不当也。

注释：

① 未济：未渡河、未成功。

② 征：征战。

译文：

六三，事未成，急于冒进会有凶险，利于涉越大河。

象辞说：事未成，急于冒进会有凶险，是因为所处位置不当。

九四，贞吉，悔亡。震[①]用伐[②]鬼方，三年[③]有赏于大国[④]。

象曰：贞吉悔亡，志行[⑤]也。

注释：

① 震：此处指商王武乙。

② 伐：征伐。

③ 三年：多年后。

④ 有赏于大国：被大国赏赐。大国，指商朝。

⑤ 志行：志向得到践行。

译文：

九四，守持贞正可获吉祥，悔恨消亡。商王命令征伐鬼方，三年征战功成被封赏大国的诸侯。

象辞说：守持贞正可获吉祥，悔恨消亡，说明志向得到践行。

六五，贞吉，无悔。君子之光[①]有孚，吉。

象曰：君子之光，其晖吉也。

注释：

① 君子之光：君子之光辉，此处指季历的战绩。

其晖吉：他的光辉能带来吉祥。

译文：

六五，守持贞正可获吉祥，没有悔恨。君子的光辉有诚信的存在，所以吉祥。

象辞说：君子的光辉，因为他的光辉能带来吉祥。

上九，有孚于饮酒[①]，无咎。濡其首，有孚，失是[②]。

象曰：饮酒濡首，亦不知节[③]也。

注释：

① 有孚于饮酒：心怀诚信与人饮酒。

② 失是：失去了正常的度。

③ 不知节：不知道节制了。

译文：

上九，心怀诚信与人饮酒，没有灾祸。倘若沉湎其中（过度饮酒）就像小狐狸过河而使酒沾湿了头部，即使为人诚信，但失去了正常的度。

象辞说：饮酒沾湿了头部，说明不知道节制了。